「全部自分でできる人」になる

全部がわかる完全版

「不動産の仕事」大全

山本健司

kenji yamamoto

All
About
Real estate
Jobs

ソシム

特典PDFについて

本書の補足事項をまとめた「特典PDF」を下記のURLから入手できます。

●特典PDFダウンロードのURL

https://www.socym.co.jp/book/1376/

なお、ダウンロードを行うときには、上記のURLのWebページの記述に従ってください。

税金の税率などはその都度変更されるので、実務に当たっては必ず最新のものを使用するようにお願いします。

●本書の水先案内人

本書のいろいろなところで左のキャラクターが登場します。不動産の各業務に精通していて、「業務のポイント」「作業上注意したいところ」「ちょっとした効率化のアイディア」「無駄話」などをつぶやいています。たまに乱暴な言葉遣いもあるかもしれませんが、耳を傾けてみてください。

はじめに

　人生で最も大きな買い物と言われる不動産取引。不動産業務では手続きの流れ、土地や建物に関すること、基礎的な法律・税務・金融に関することなど、必要とされる知識は多岐にわたります。弁護士・税理士・司法書士・銀行など、幅広い関連専門業者との連携も必要になります。また、お客様のニーズはお客様ごとに異なり、物件も一つとして同じものはありません。そのため、未経験者からおおよそ一通りの経験をして、一人前になるまでに3～4年かかると言われています。

　人々の生活様式が変化した現在、住まいは一生に一度ではなく、結婚・子育て・老後・その後の相続と、ライフステージに合わせた住み替えに伴う売買が行われるようになりました。また、居住地を限定しない新しい働き方によって、今までになかった居住ニーズの発生があり、さらには、持ち家以外に不動産投資を行うなど、人々の不動産に対する関わり方は多様化しています。

　近年、不動産取引のオンライン化も進んでいますが、未だアナログな部分も多く残っているため、担当者としての業務範囲は、拡大傾向にあります。つまり、近年では、高額な取引に求められる責任に併せて、より広範囲かつスピード感を持った業務が求められるようになりました。

　このように簡単ではありませんが、取引を通じてお客様の人生に大きく関わり、お客様から大きな感謝を頂ける不動産業務は、何事にも代えがたい喜びとやりがいを感じることができる仕事でもあります。本書では、不動産の仕事が全部自分でできるようになるために、営業活動・物件調査・契約から引渡までの基本的な内容から、インターネットを活用したノウハウまで幅広く記載をしています。

　本書が不動産業に関わる方々の知識、経験向上のきっかけとなり、不動産業従事者とお客様双方が満たされた不動産取引実現のための一助となれば幸いです。

2023年1月　山本 健司

CONTENTS

CHAPTER 3

購入の流れ
～購入申し込みまで

CHAPTER 4 物件調査のポイント

CHAPTER 7 知っておきたい 売買契約の知識

本書の使い方

本書の構成

本書は次の章から構成されています。

章	名称	概要
1	不動産業者の仕事	不動産業者の役割、資格、手数料、取り巻く関係者など、仕事の全般について解説します。
2	売却の流れ～購入申し込みまで	土地・建物を売却するときの売主探しから購入の申し込みまでの業務の流れを解説します。
3	購入の流れ～購入申し込みまで	土地・建物を購入するときの物件探しから購入の申し込みまでの業務の流れを解説します。
4	物件調査のポイント	役所での調査や現地調査など、物件調査のポイントを解説します。
5	住宅ローンの基礎	住宅ローンの種類や、申込の流れまでの基礎的な知識を解説します。
6	売買契約の流れ	売主と買主がそろう売買契約に関する準備と当時の業務の流れを解説します。
7	知っておきたい売買契約の知識	売買契約では売買物件、売主、買主のさまざまな事情によって考慮すべき点があります。それらの項目を解説します。
8	契約後から引渡しまで	契約締結後から引渡しまでの間には、残代金の決済や抵当権の抹消などのイベントがあります。これらのポイントを解説します。
9	不動産の税金の基礎知識	不動産取引と税金には密接なかかわりがあります。ここではその概要を解説します。
10	仕事に必須のキーワード	ここまで解説した項目以外で、日常の業務で知っておきたい項目を解説しています。

また、これ以外にも本書に収録できなかった「重要事項説明書の書き方のポイント」などを記載した特典PDFをダウンロードすることができます。特典PDFの入手方法についてはP.002を参照してください。

本書の紙面構成

本書では、さまざまな業務を解説するために、2種類の紙面を用意しています。

・業務の流れをつかもう➡どんな業務か、大まかな作業の順番が把握できる！

不動産の業務では、一連の流れに沿った業務が数多くあります。これらの業務の概要やスケジュールを確認できます。細かい個別の作業にとりかかる前に、大まかにどのような処理が必要なのかを把握するのに便利です。

・業務をくわしく知ろう➡具体的な業務の内容や注意点がわかる！

細かい作業の詳細を1セクション1テーマで詳しく解説します。原則1テーマ1見開きで解説しています。

> 大手不動産会社のトップセールスの実践的アドバイス→「仕事のツボ」
> ページの下にある「仕事のツボ」では、大手不動産会社でトップセールスだった著者の経験から得られた実践的なアドバイスを掲載しています。

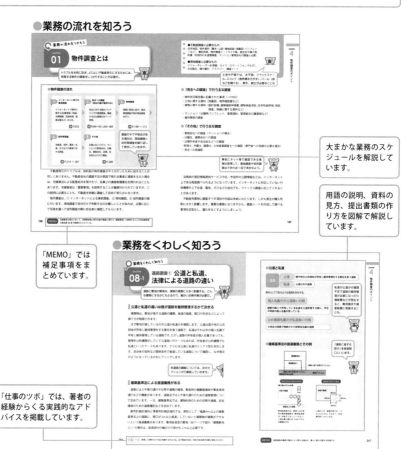

●業務の流れを知ろう

大まかな業務のスケジュールを解説しています。

用語の説明、資料の見方、提出書類の作り方を図解で解説しています。

「MEMO」では補足事項をまとめています。

●業務をくわしく知ろう

「仕事のツボ」では、著者の経験からくる実践的なアドバイスを掲載しています。

CHAPTER

1

不動産業者の仕事

本章で取扱う業務のキーワード

宅建業、賃貸仲介業、売買業、売買仲介業、不動産管理業、不動産賃貸業、宅建士、宅地建物取引士、取引態様、片手仲介、両手仲介、仲介手数料、媒介契約

Section 01 不動産業者の仕事とは

「不動産の仕事」と一言で言っても いろいろな業務があるのです。

●不動産に関わる仕事

売買仲介業	不動産（宅地建物）を売りたい人と買いたい人の仲介	宅建業（全国約12万社）	不動産業（全国約33万社）
売買業	不動産（宅地建物）を自ら購入して開発・建築などを行って売却する分譲デベロッパー・建売業者・買取転売業者		
賃貸仲介業	不動産（宅地建物）を貸したい人と借りたい人の仲介		
不動産賃貸業	所有する不動産を貸し出すオーナー・大家さん、サブリース（転借）業者	宅建業以外	
不動産管理業	賃貸ビル・マンション・アパート・土地の管理		

※全国不動産業者数　337,934
※全国宅建業者数　125,638（2018年度時点）
（出典：2021 不動産業統計集
公益財団法人不動産流通推進センター）

厳密には、「不動産業」イコール「宅建業」ではないのです。

　あなたは「不動産に関わる仕事」と聞いてどんな仕事を思い浮かべるでしょうか。大まかに分類すると上図にあるように「売買仲介業」「売買業」「賃貸仲介業」「不動産賃貸業」「不動産管理業」の5つとなります。

　一般的に「不動産業者」という言葉でイメージされるのは、「不動産を売りたい人と買いたい人をつなげる売買仲介業」と「部屋を貸したい人と借りたい人をつなげる賃貸仲介業」かもしれません。この2種類の仕事を業務として行うためには、宅建業者の免許が必要です。つまり、いわゆる「不動産業」と言われる仕事の多くは宅建業者でなければできない仕事になります。本書でもこれらの宅建業者が行え

●不動産の仕事に関わる人たち

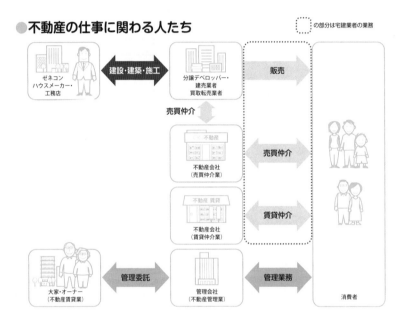

の部分は宅建業者の業務

ゼネコン
ハウスメーカー・
工務店

建設・建築・施工

分譲デベロッパー・
建売業者
買取転売業者

販売

売買仲介

不動産
不動産会社
（売買仲介業）

売買仲介

不動産 賃貸
不動産会社
（賃貸仲介業）

賃貸仲介

大家・オーナー
（不動産賃貸業）

管理委託

管理会社
（不動産管理業）

管理業務

消費者

る仕事を中心に解説をしていきます。

　不動産業者といわれる人たちは、宅建業者以外にも、上図のようにたくさん種類があります。そのうちの青い矢印（販売、売買仲介、賃貸仲介）の仕事を宅建業者はしています。ちなみに、不動産業者は全国に約33万8000あり、そのうち宅建業者は約12万5600です。

　不動産取引では、お客様の窓口となり、安全な取引を実現するためのワンストップサービスを提供する必要があります。不動産業・宅建業に携わる方や、これから携わろうとしている方は、勤務先がどの業に該当するのかをまず確認しましょう。

●不動産売買の流れと専門業とのかかわり

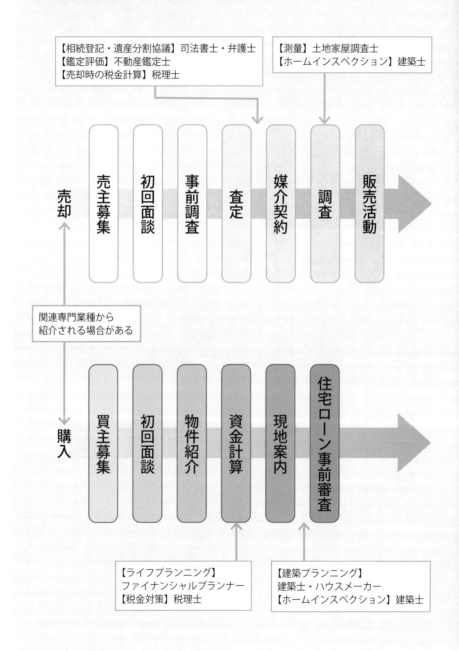

【相続登記・遺産分割協議】司法書士・弁護士
【鑑定評価】不動産鑑定士
【売却時の税金計算】税理士

【測量】土地家屋調査士
【ホームインスペクション】建築士

売却

売主募集 → 初回面談 → 事前調査 → 査定 → 媒介契約 → 調査 → 販売活動

関連専門業種から
紹介される場合がある

購入

買主募集 → 初回面談 → 物件紹介 → 資金計算 → 現地案内 → 住宅ローン事前審査

【ライフプランニング】
ファイナンシャルプランナー
【税金対策】税理士

【建築プランニング】
建築士・ハウスメーカー
【ホームインスペクション】建築士

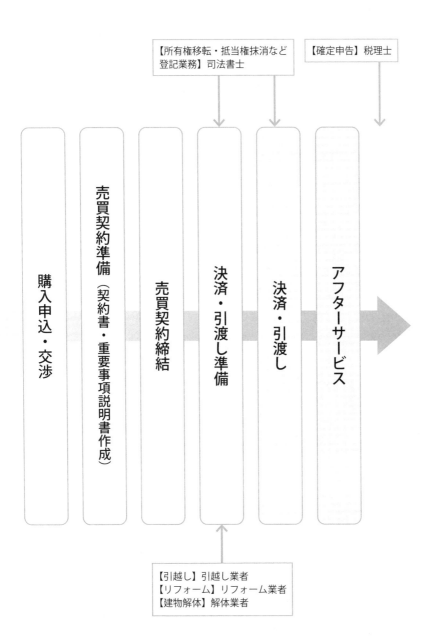

【所有権移転・抵当権抹消など
登記業務】司法書士

【確定申告】税理士

購入申込・交渉

売買契約準備（契約書・重要事項説明書作成）

売買契約締結

決済・引渡し準備

決済・引渡し

アフターサービス

【引越し】引越し業者
【リフォーム】リフォーム業者
【建物解体】解体業者

Section 02 宅建免許が必要な業務

宅地や建物の「売買・媒介・代理」を
するには、宅建業者の免許が必要なんだ。

不動産業者と宅建業者の違い

　宅建業者は正式名称を「宅地建物取引業者」といい、「宅地建物取引業法（宅建業法）」に基づく免許を受けて宅建業を営んでいます。宅建業とは「宅地もしくは建物」の「売買・媒介・代理」を「業」として行うことです。個人も法人も免許の取得が可能で、免許の有効期限は5年。それ以降も引き続き宅建業を行うためには免許を更新します。

　宅建業の免許を受けるには、事務所などに専任の宅地建物取引士（以下「宅建士」、→P.023）を置かなければなりません。「専任」とは、原則として宅建業を営む事務所に常勤し、専ら宅地建物取引業に従事する状態をいいます。パート・アルバイトや業務委託、兼業の場合は「常勤」とは認められません。また事務所で業務に従事する者5人につき1人以上の宅建士が必要です。

　宅建業者の免許が必要になるかどうかは右ページ中図の通りです。不動産業者の業務はそれぞれ専業特化していますが、自ら所有する不動産を賃貸する大家さんや、マンションやビルなどを管理するだけの会社は「宅地もしくは建物」の「売買・媒介・代理」をしていないため、宅建業の免許は不要です。

宅建士にのみ許される3つの独占業務

　不動産取引業務の中には、宅建士にのみ行うことが認められている3つの独占業務があります（右ページ下段参照）。案内や査定・調査などの不動産業務は宅建士以外でも行えますが、独占業務は不動産に関する知識や経験の少ない人々をトラブルから守るため、資格者である宅建士しか行うことができません。

　特に重要事項の説明は、不動産取引の中で買主・借主双方の意思決定に大きく影響するので、宅建士は重要な役割を担います。

●宅建業法による専任宅建士の最低設置人数

事務所
業務に従事する者
5人につき
1人以上

案内所等
※住宅展示場・モデルルームなどの仮設施設
1案内所につき
1人以上

●宅建業免許が必要な場合とは

	売買（交換）	賃貸
自己所有の不動産	業として売る（交換する）場合は　必要	賃貸する場合は　不要
他人所有の不動産	他人所有の不動産を媒介（代理）する場合は　必要	

大家さんが保有する不動産（土地、建物やその一部）を「反復継続して不特定多数」に賃貸しても宅建業の免許は不要。しかし「反復継続して不特定多数」に売却するには、宅建業の免許が必要。

●宅建士の独占業務

①重要事項説明書への記名
重要事項説明書の記載内容に誤りがないことを確認して宅建士が記名します。重要事項説明書には、買主・借主が契約締結のために知っておくべき重要な事項が記載されています。

②重要事項の説明
買主・借主に対して、記名した重要事項説明書の内容について説明をします。説明は売買契約締結までに行い、相手に宅建士証を提示する必要があります。

③37条書面（契約書）への記名
取引内容が記載された契約書に誤りがないことを確認し、記名を行います。37条書面と呼ばれるのは宅建業法の37条に定められているためです。

●宅建業者が扱う不動産の種類

　宅建業法では、「売買・媒介・代理」をするのに免許が必要な不動産を「宅地若しくは建物」と定めています。

　「宅地」は「建物の敷地に供せられる土地」で、宅建業法第2条第1項で下のように定義されています。また「用途地域」内の土地とそれ以外の土地で、宅地に該当するかどうかの基準が異なります。

　「建物」は住宅や事務所・店舗・工場・倉庫・マンションの一室など、柱・壁・屋根のある建築物が該当します。

宅地建物取引業法（宅建業法）の用語の定義

第2条
1 宅地
　建物の敷地に供せられる土地をいい、都市計画法（昭和43年法律第100号）第8条第1項第1号の用途地域内のその他の土地で、道路、公園、河川その他政令で定める公共の用に供する施設の用に供せられているもの以外のものを含むものとする。

2 宅地建物取引
　宅地若しくは建物の売買若しくは交換又は宅地若しくは建物の売買、交換若しくは貸借の代理若しくは媒介をする行為で業として行うものをいう。

3 宅地建物取引業
　第3条第1項の免許を受けて宅地建物取引業を営む者をいう。

用途地域内と用途地域外の違い

用途地域内
・全ての土地（道路・公園・河川など公共施設の敷地を除く）

用途地域外
・すでに建物の敷地として供される土地
・建物の敷地として今後供されることを目的として取引される土地

MEMO　都市計画法では、市街化区域内を13種類の「用途地域」に分け、それぞれ建てられる建物の種類や規模などを定めている。用途地域内の土地は基本的に宅地として利用できる（→ P.228）。

宅建士（宅地建物取引士）になるには

宅建士（宅地建物取引士、取引士）になるには、宅地建物取引士資格試験（宅建試験）に合格して取引士資格登録をし、宅地建物取引士証の交付を受ける必要があります。宅建試験は例年 7 月に申込が始まり、10 月の第 3 日曜日に全国の都道府県で実施されます。合格率は 15 ～ 17％で合格者は毎年約 3 万人。しっかりと勉強をすれば取得できる資格です。

宅建士の有効期間は 5 年ですが、10 種類の「欠格事由」に 1 つでも該当すると、宅建士の登録をすることはできません。登録すると、都道府県の宅地建物取引士資格登録簿に「氏名・住所・本籍・宅建業者に勤めている場合は業者名と免許証番号」などが記載されます。これらに変更があった場合は「遅滞なく」届け出なければなりません。

宅地建物取引士の「欠格事由」

①成年被後見人、被保佐人、復権を得ていない破産者

②免許を取り消され、取消しの日から 5 年を経過していない者

③免許取消処分前に廃業し、廃業届から 5 年を経過しない者

④禁錮以上の刑に処せられ、その刑の執行が終わって 5 年、または時効の完成などにより刑の執行を受けることがなくなった日から 5 年を経過しない者

⑤一定の罰金刑に処せられ、その刑の執行が終わって 5 年、または時効の完成などにより刑の執行を受けることがなくなった日から 5 年を経過しない者

⑥免許申請前 5 年以内に、宅建業に関して不正または著しく不当な行為をした者

⑦宅建業に関して不正または不誠実な行為をするおそれが明らかな者

⑧事務禁止処分を受け、その禁止期間中に本人の申請により登録の消除がなされ、まだ禁止期間が満了していない者

⑨宅建業の営業に関し、成年者と同一の行為能力を有しない未成年者

⑩暴力団員による不当な行為の防止等に関する法律に規定する暴力団員または暴力団員でなくなった日から 5 年を経過しない者

建物やそれが建つ土地の取引をする仕事には、宅建業者の免許がいるんだね。

MEMO　以前の「宅地建物取引士」の名称は「宅地建物取引主任者」でしたが、不動産取引が複雑化・多様化してその責任や役割が大きくなったため、2015（平成 27）年に「宅地建物取引士」に変更された。

023

Section 03
宅建業者・宅地建物取引士の倫理観と使命感

不動産業に対するかつてのイメージが変わり、信頼感が求められる職業になっているんだ。

不動産取引には専門家と素人の "非対称性" がある

人々が生活するための住まいや、事業を行うためのオフィスなど、不動産は人々の日常生活や経済活動の基盤となります。しかも不動産の売買や賃貸借はしばしば高額な取引になるので、一つ間違えば多大な損失を被ってしまうかもしれません。

宅建業者や宅建士は日常的に不動産取引を行っていますが、一般の個人や企業にとってはそう何度も経験することのない非日常的なできごとです。そのためプロと素人である両者の間には、不動産に関する知識や情報量に大きな偏りがあります。

こうした "非対称性" が存在するため、一般の顧客は宅建業者やその担当者を信頼して宅地建物取引を任さざるを得ません。その信頼に応えるため、宅建業者や宅建士には、不動産取引全般のプロとして、公正な立場から、安全かつ円滑に業務を遂行する使命があります。

宅建業者と宅建士は当事者に損害を与えないことが第一

宅建業者は宅地建物取引の専門家として、安全で円滑な取引業務を行い、適切な助言をして顧客を始めとする当事者が損害を被ることがないようにしなければなりません。このような社会的責任を果たすために、従業者に対して必要な教育を行うことが求められます。

不動産取引の現場に関わる個々の担当者も、誠実な姿勢で業務を遂行しなければなりません。ことに宅建士は、重要事項の説明、重要事項説明書および契約締結後に交付する書面への記名など、責任の重い職務を遂行することになり、公平で適切な助言を行う立場にあります。

仕事のツボ　宅建士資格を持つことで、お客様からの信頼度は格段にアップします。一方では宅建士でない場合、独占業務が行えずに資格者に代行してもらうことになるので、不動産会社によっては評価が下がることも。

●不動産会社（宅建業者）と宅建士・従業者の社会的使命

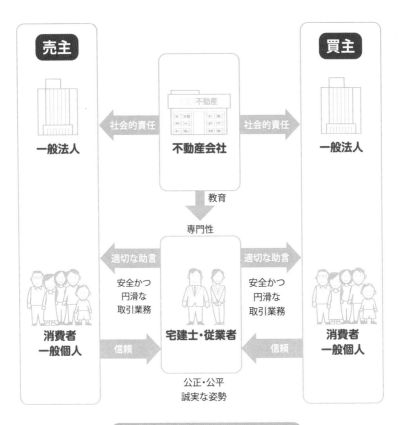

不動産のプロとして、安心してスムーズに取引ができるように仕事をする社会的使命を担っているんだ。

顧客に不信感を持たれない対応を

　不動産会社によっては、従業者に最新の情報を提供しなかったり、教育が不十分なケースも。一般の人々もインターネットや報道で自ら情報を集めていますから、不信感を持たれないようにしないといけません。

仕事のツボ　宅建士は、リフォーム会社・損害保険会社・金融機関などと連携し円滑な取引を図ります。宅建士資格を取得した後も、最新の法令や税金制度、ローンなどの知識習得と能力向上に努めましょう。

Section 04 売買における宅建業者の取引態様

取引態様は、宅建業者がどのような立場で
不動産の取引に関わるのかを示しているよ。

取引態様の種類は物件の広告を見ると分かる

宅建業者が宅地・建物の売買取引に関与するときには、「売主」になるか、「代理」になるか、「媒介（仲介）」をするかという3つのうちのいずれかの立場になります。賃貸取引の場合は、「貸主」になるか、「代理」になるか、「媒介（仲介）」をするかのうちのどれかです。

このような宅建業者の取引における立場のことを「取引態様（とりひきたいよう）」と言います。取引態様によって、宅建業者の権限や行為、そして報酬額（手数料）が違います。

不動産取引に関する広告を出す場合、宅建業者はその物件についてどの取引態様かを明示する義務があります。これを怠ると、宅建業法上の監督処分の対象になりますので注意しましょう。

両手仲介と片手仲介の違い

取引態様が媒介（仲介）の場合、「両手仲介」と「片手仲介」という2種類があります。両手仲介は、宅建業者が売主と買主双方の仲介者となることです。一方、片手仲介は売主と買主がそれぞれ異なる不動産会社に仲介を依頼します。

宅建業者には、両手仲介であれば売主と買主のどちらからも仲介手数料が入ります。どちらか片方だけから手数料が入る片手仲介と較べると、一度の取引で「両取り」ができるので効率がいいといえます。しかし両手仲介を狙ってわざと他の不動産会社に物件紹介をせずに「囲い込み」（→P.440）をして、取引相手を自分だけで見つけようとするのは不正行為になるので注意しなければなりません。

MEMO 不動産を売買するときの宅建業者の仲介手数料については、P.030 を参照。

●売買取引での取引様態の種類と内容、特徴

売主
宅建業者が自ら所有している物件や建築した建物を売買する取引

売主（宅建業者）と買主が直接交渉のうえ売買を行う。直接売買のため仲介手数料を支払う必要はない。売主として仲介会社を介して売却する場合もある。

代理
所有者から委託を受けた宅建業者が所有者に代わり売買する取引

売主から委託を受けた宅建業者と買主が契約を行う。買主は不動産会社に仲介手数料を支払う必要はない。売主が不動産会社に販売報酬として代理手数料（仲介手数料の2倍が上限）を支払う。

媒介（仲介）
宅建業者が売主と買主の間に入って両者の売買を成立させる取引
※売買契約の当事者は売主と買主

宅建業者が媒介業者として売主・買主間の仲介を行う。売主と買主は宅建業者に仲介手数料を支払う。

●賃貸取引での取引様態の種類と内容、特徴

貸主
宅建業者が自ら所有している物件を貸主として取引

貸主（宅建業者）から借主が直接賃貸する。そのため仲介手数料はかからない。

代理
宅建業者とは別に、物件を所有する貸主がいて、この貸主を代理して不動産会社が取引

貸主から契約する権限を与えられ代理人として借主と契約。基本的には貸主が宅建業者に手数料を払う。

媒介（仲介）
宅建業者が貸主と借主の間に立って賃貸契約を成立させる取引
※賃貸契約の当事者は貸主と借主

宅建業者が媒介業者として貸主・借主の仲介を行う。貸主と借主はそれぞれ宅建業者に賃料の0.5か月分を仲介手数料として支払う（どちらか一方のみが1か月分の賃料を支払う場合もある）。※

※宅建業者が受け取る賃貸取引の仲介手数料は、合計1か月分が上限となります。

●売買取引での取引様態の種類と内容、特徴の違い

売主の時の仕事の流れ

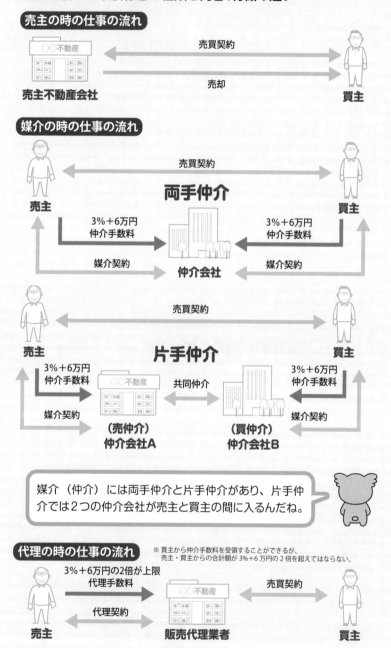

○○不動産
売主不動産会社 ←売買契約→ **買主**
売却

媒介の時の仕事の流れ

売主 ←売買契約→ **買主**

両手仲介

3%＋6万円
仲介手数料
仲介会社
媒介契約

3%＋6万円
仲介手数料
媒介契約

売主 ←売買契約→ **買主**

片手仲介

3%＋6万円
仲介手数料
媒介契約
○○不動産
（売仲介）
仲介会社A

共同仲介

（買仲介）
仲介会社B
3%＋6万円
仲介手数料
媒介契約

媒介（仲介）には両手仲介と片手仲介があり、片手仲介では2つの仲介会社が売主と買主の間に入るんだね。

代理の時の仕事の流れ

※買主から仲介手数料を受領することができるが、売主・買主からの合計額が3%＋6万円の2倍を超えてはならない。

3%＋6万円の2倍が上限
代理手数料
代理契約
○○不動産
販売代理業者 ←売買契約→ **買主**
売主

MEMO ・「ジカ」「チョク」＝売主と買主が「直」に取引すること
・「ダブル」＝両手取引（ダブルカウント）

●賃貸取引での取引様態の種類と内容、特徴の違い

貸主の時の仕事の流れ

賃貸借契約

貸主不動産会社 — 借主

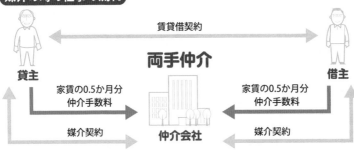

媒介の時の仕事の流れ

賃貸借契約

両手仲介

貸主 — 仲介会社 — 借主

家賃の0.5か月分 仲介手数料
媒介契約

家賃の0.5か月分 仲介手数料
媒介契約

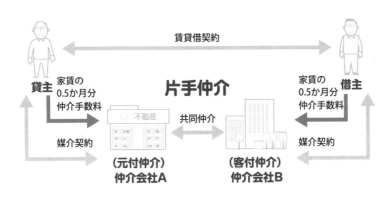

賃貸借契約

片手仲介

貸主

家賃の0.5か月分 仲介手数料
媒介契約

（元付仲介）仲介会社A

共同仲介

（客付仲介）仲介会社B

家賃の0.5か月分 仲介手数料
媒介契約

借主

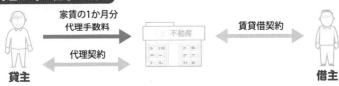

代理の時の仕事の流れ

貸主

家賃の1か月分 代理手数料
代理契約

○○不動産

賃貸借契約

借主

MEMO ・「囲い込み」＝両手取引を狙ってほかの不動産会社に物件の存在を知らせないようにすることで不正行為になる

業務をくわしく知ろう

Section
05

仲介手数料の計算

不動産売買の仲介手数料は速算式で出せる。売買価格に含まれている消費税の金額も確認しよう。

不動産売買時の仲介手数料の計算方法

不動産の売買で仲介をした宅建業者が受領できる手数料には上限があります。その額は売買価格に応じて決まります。もし上限額を超える仲介手数料を請求したり実際に受け取ると、宅建業法違反となります。

宅建業者の仲介手数料の計算方法は、右ページのように定められています。ここでは5000万円の不動産の場合を計算してみます。

計算方法	200万円×5%＋200万円×4%＋4600万円×3%
計算式	10万円＋8万円＋138万円＝156万円(税別)

実務上は計算の手間を省くために、右ページの速算式で計算します。

速算式の計算	売買価格5000万円×3%＋6万円＝156万円(税別)

仲介手数料の算定基礎となる売買価格は税別価格です。売主から宅建業者に実際に支払われる手数料は、これに消費税10%分が加算されて次のようになります。

156万円 × 1.1 ＝ 171万6000円(税込)

消費税の課税事業者の場合

売主が消費税の課税事業者の場合、不動産の売買価格に消費税が含まれています。その場合は次のように消費税分を引いて計算します。

売買価格5000万円に消費税100万円が含まれる場合

(売買価格5000万円−消費税100万円)×3%＋6万円＝153万円(税別)

MEMO 不動産（建物）を売却すると、その条件により消費税が課税されます。売主が個人でも消費税の課税事業者となるケースがあります。

●宅建業者の仲介手数料の計算方法

売買価格	仲介手数料
200万円以下の部分	売買価格 ✕ 5% ※税別
200万円を超え 400万円以下の部分	売買価格 ✕ 4% ※税別
400万円を超えた部分	売買価格 ✕ 3% ※税別

●速算式による計算方法

売買価格	仲介手数料
200万円以下の部分	売買価格 ✕ 5% ※税別
200万円を超え 400万円以下	売買価格 ✕ 4% ＋ 2万円 ※税別
400万円超	売買価格 ✕ 3% ＋ 6万円 ※税別

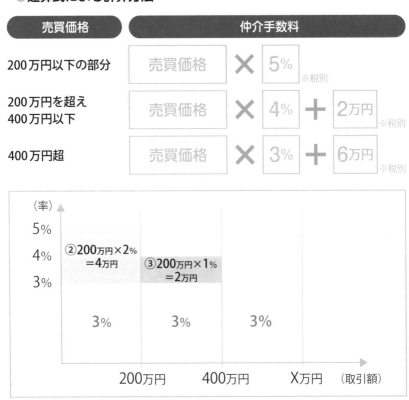

Section
06

レインズとは

レインズを活用することで、買いたい物件を全国から探せるし、売却もやりやすくなるんだ。

レインズは不動産の売買や査定にも活用できる

　「レインズ（REINS）」とは、国土交通大臣から指定を受けた不動産流通機構が運営しているコンピューターネットワークシステムです。「Real Estate Information Network System（不動産流通標準情報システム）」の頭文字が通称になっています。4つの対象エリアごとに分けて運営されており、それぞれ運営団体が異なります。

　レインズの会員になっている宅建業者は、そこに登録されている物件を検索して顧客に紹介できます。自社の物件情報を登録して他の不動産会社に紹介してもらうことも可能になります。

　また過去に取引された事例が豊富に蓄積されているので、たくさんの情報を参考にして適正価格を見積もり、不動産の査定に活用することができます。

　このようにレインズは、宅建業者が不動産取引の実務を行うための重要なインフラとなっているのです。

> レインズのURL　http://www.reins.or.jp/about/
> 会員でなくても掲載されている紹介記事などを見ることができる。

レインズへの登録義務があるケースも

　不動産売買の媒介契約には、「専属専任媒介契約」「専任媒介契約」「一般媒介契約」の3種類があります。このうち「専属専任媒介契約」と「専任媒介契約」では、宅建業者はその物件をレインズに登録することが義務付けられています。

　レインズに登録されれば、売主は自分の物件が適切に取引されているかを確認することも可能になります。こうしてレインズに登録することで、より安全で公平な不動産取引が行われるようになるのです。

MEMO　媒介契約は、宅建業者と売主や買主の間で取り交わす契約のこと。詳しくは P.078 を参照。

●レインズのしくみ

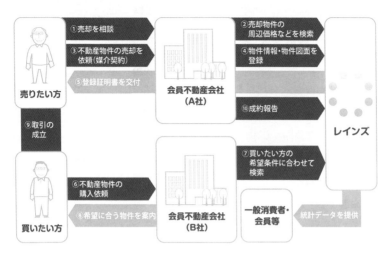

●レインズは全国に4つの団体がある

東日本レインズ (公財)東日本不動産流通機構	北海道・青森県・岩手県・宮城県・秋田県・山形県・ 福島県・茨城県・栃木県・群馬県・埼玉県・千葉県・ 東京都・神奈川県・新潟県・山梨県・長野県
中部レインズ (公社)中部圏不動産流通機構	富山県・石川県・福井県・岐阜県・静岡県・愛知県・ 三重県
近畿レインズ (公社)近畿圏不動産流通機構	滋賀県・京都府・大阪府・兵庫県・奈良県・ 和歌山県
西日本レインズ (公社)西日本不動産流通機構	鳥取県・島根県・岡山県・広島県・山口県・徳島県・ 香川県・愛媛県・高知県・福岡県・佐賀県・長崎県・ 熊本県・大分県・宮崎県・鹿児島県・沖縄県

Section 07 宅建業者・宅建士と関わる専門業者

専門業者とうまく連携しなければ、宅建業者や宅建士は仕事をすることができないんだ。

　不動産の売買に伴い所有権を移転するには「司法書士」に依頼する必要があり、争いが発生した際は「弁護士」に依頼します。このように宅建業者や宅建士は多くの専門業者と関わりを持ちます。ここでは不動産取引に関連する代表的な専門業者として、司法書士・土地家屋調査士・建築士・ハウスメーカー・不動産鑑定士・税理士・ファイナンシャルプランナー（FP）・弁護士・行政書士・解体業者・引越業者・リフォーム業者の紹介をします。

司法書士

国家資格者。主に法務局に対する登記手続きを行う登記の専門家。所有権の移転登記、ローンの抵当権設定、ローン返済に関わる抵当権抹消登記、相続の登記などを行う不動産取引に欠かせない存在。

土地家屋調査士

国家資格者。土地・建物に関する測量業務や登記の専門家。新築した建物の表示登記や、土地の測量・境界標の設置・土地の分筆などを行う。

建築士

国家資格者。建物の設計や工事の施工管理を行う専門家。建物のプラン作成の際に建築設計を依頼する。建築士資格は1級・2級・木造の3種類があり、設計できる建物の規模と構造に違いがある。建築設計以外の業務として、ホームインスペクター資格を持つ建築士に既存住宅の「ホームインスペクション（住宅診断）」を依頼することがある。

ハウスメーカー

戸建の注文建築を独自のブランドで展開する住宅メーカー。家づくり全般にわたるサービスを行う。明確な定義はないが、狭い施工エリアで住宅工事を請け負う業者は工務店と呼ばれる。ハウスメーカーから顧客を紹介されて建築する土地探しを手伝ったり、不動産会社から住宅建築を希望する顧客を紹介するなど相互に紹介関係にある。

不動産鑑定士

国家資格者。不動産を鑑定評価する専門家。不動産を売却・購入・贈与する際の価値判定、相続時の遺産分割に関する裁判所提出書類の作成、有効利用に関するコンサルティングを行う。「不動産鑑定評価書」の作成は不動産鑑定士だけに認められている独占業務。

税理士

国家資格者。税金に関する業務を行う専門家。計算が複雑な税申告の手続きや、贈与・節税対策などの相談を行う。不動産取引にかかわる確定申告や相続対策などを相談できる。

ファイナンシャルプランナー（FP）

ライフプランを提案するお金の専門家。FP技能士は国家資格。このほかにFP資格には民間検定も含まれる。住宅ローン・保険・子供の教育資金、老後の生活資金など、お金に関する不安を解決していく。宅建士とFPのダブルライセンスでトータルサービスを提供して活躍する人も。

弁護士

国家資格者。法律全般に関する業務を行う専門家。相続・破産・不動産に関する争いを裁判等により解決する。不動産業務で発生したトラブルの解決を依頼する。弁護士から不動産査定や売却の依頼を受けることもある。

行政書士

国家資格者。役所に対する手続きの代行や書類の作成を行う専門家。「宅建業免許」申請の手続きを代行する。

解体業者

建築物やそれに付随する構築物を取り壊す専門業者。建物が老朽化して取り壊す必要がある場合に解体を依頼する。

引越業者

引越しの専門業者。多くの顧客が不動産取引後に引越しが必要になる。提携引越業者を必要な顧客に紹介する。

リフォーム業者

建物の改築や改修工事を行う専門業者。顧客の所有する建物や不動産業者が買取した販売用不動産の改修を依頼する。

● **宅地建物取引業法(第15条第1項)宅地建物取引士の業務処理の原則**

宅地建物取引士は、宅地建物取引業の業務に従事するときは、宅地又は建物の取引の専門家として、購入者等の利益の保護及び円滑な宅地又は建物の流通に資するよう、公正かつ誠実にこの法律に定める事務を行うとともに、**宅地建物取引業に関連する業務に従事する者との連携に努めなければならない。**

宅建業者や宅建士と専門業者との連携の大切さについては、法律でもこのように規定しているよ。

2

売却の流れ〜購入申し込みまで

本章で取扱う業務のキーワード

査定、簡易査定、机上査定、訪問査定、公示地価、ブルーマップ、住宅地図、再建築不可物件、事故物件、瑕疵物件、査定価格、成約予想価格、売出上限価格、一般媒介、専属専任媒介、専任媒介、媒介契約書、マネー・ロンダリング、設備表、付帯設備表、物件状況等報告書、確定測量、現況測量、マイソク、現地販売会、内覧立ち合い、営業活動報告、専属返し、専任返し

Section 01 売主募集から売買契約までの流れ

物件の売却希望者を見つけることは、不動産仲介業務の第一歩だよ。

●不動産売却の流れ

1 売主からの相談

売却動機・希望条件の確認、売却にかかる諸費用の算出、法律・税務相談など

→ P.044 ～ 051

2 物件の調査・査定

机上調査、訪問査定、物件調査、売却方法の提案など

→ P.052 ～ 077

——— 1~2 週間 ———

3 媒介契約の締結

媒介種類の検討、売主との媒介契約の締結

→ P.078 ～ 093

4 売却活動

レインズの登録、インターネットへの掲載、チラシ配布など

→ P.102 ～ 131

5 条件交渉

購入希望者に対して価格や引渡し条件などを交渉・調整

→ P.132 ～ 138

——— 1~3 か月 ———

6 不動産売買契約の締結

不動産売買契約の締結と手付金の授受

→ Chapter6、7

7 物件引渡しの準備

抵当権抹消、測量、売却物件の最終確認

→ Chapter8

8 残代金の受領と物件の引渡し

引渡し・決済準備と案内、決済、引渡し確認証の締結

→ Chapter8

——— 1~3 か月 ———

●売主を見つければ販売物件が増える

　不動産仲介業は、売主・買主間の売買契約を成立させることで利益を得ます。ですから「売主が見つからない」「買い手が集まらない」という状態のままではビジネスが成り立ちません。そのため、まずは、売主・買主の集客が大切な仕事になります。

　特に売主の募集は、うまく進めば自社で販売できる物件が増え、その物件に買主を集めることも期待できます。

　一般的な不動産売却の仕事の流れは、左図のようになります。この章では、売主を見つけるところから売買契約に至るまでの業務内容について解説します。不動産購入の仕事は続く第3章で、物件の調査については第4章で、売買契約関係とその後の業務については第5章以降で説明します。

売却の相談を受けてから売買契約、そして引渡しまでは、早ければ2か月余り、長いと半年以上かかるのが目安だよ。

売主を見つける集客方法

売主募集では、効果的な方法に労力を集中して、自社や自分自身の強みをしっかり伝えることが大切だよ。

オンラインを始め様々な集客手法がある

以前は不動産の売主の集客といえば、チラシ・ポスティング・飛び込み営業が定番でした。それが今ではインターネットの普及とITリテラシーの向上により方法が多様化しています。

不動産業界でも、ウェブマーケティングが一般的に行われています。自社ホームページだけでは差別化が難しく、オンライン・オフライン双方からの様々なアプローチになります。自社の規模や得意分野、広告予算などによって実行可能なアプローチが異なるため、それぞれの集客方法のポイントを理解して効率よく売主を募集しましょう。

どんな売却物件を扱うのかを考えながら、受注率の高い方法をいくつか組み合わせて限られた予算をうまく使えるといいね。

「買い替え」を狙おう

単純な売主募集アプローチは、競合が多くなかなか成果につながりにくい。そんなときは、住み替え先の物件情報を告知して、購入相談から、住み替え希望の売却相談獲得を狙ってみよう。買主募集と売主募集を同時に行えるため、効率がよい。

仕事のツボ 取り扱い物件が成約したら、マンションなら棟内、戸建なら周辺に「成約御礼（成約したことの告知）」のポスティングをすると、実績を認知してもらえます。一方的な「売りませんか？」よりも効果的。

●会社規模別・業務内容別の集客例

大手不動産会社	潤沢な予算でオンライン・オフラインともに会社が集客をしてくれます。ネームバリューがあるので、ハウスメーカーや士業への営業で紹介が受けやすいメリットがあります。
中堅不動産会社	会社のサービス内容に合わせ、効果的な手法に比重を置いてオンライン・オフラインで集客します。
地元密着不動産会社	自社ホームページで地域のコンテンツを充実させ、地域の士業や関連業種に紹介を依頼します。
小規模・スタートアップの不動産会社	費用を抑えて反響を獲得するために、一括査定サイトや電話営業、無料セミナーで集客します。各種交流会に参加して人脈をつくることも必要です。
不動産買取業者	買取専門業者では、不動産仲介会社や企業・一般顧客へのテレアポと飛び込み営業が目立ちます。

●不動産売却希望者の募集方法（オンライン集客）

自社ホームページ

大手不動産会社であれば自社ホームページから反響があるが、中小規模だとほぼない。とはいえ不動産売却の見込み客は必ずホームページを確認する。信頼されるようスタッフの写真や自己紹介を掲載する。スタッフのブログ、地域の物件情報、お役立ち情報、売却実績など見込み客にとって価値のある情報は効果的。

（費用）ホームページ作成費用
（特徴）自社ホームページへの反響があれば期待度が高い。

インターネット

SNS 広告、リスティング広告、アフィリエイト広告、SEO（検索順位を上げる）対策、MEO（マップの登録店舗の検索順位を上げる）対策、メルマガなどの活用。

（費用）インターネット広告費用など
（特徴）少額では効果が出にくい。ある程度の予算と専門知識が必要。

一括査定サイト

1 件当たりの反響課金なので、少額の予算でも確実に反響が得られる。だが「査定金額だけ知りたい」見込み客が多く、面談まで進む確率は 10 〜 20% 程度。実績・強みのアピール、スピード対応、中長期的なフォローが必要。競合も多く、営業担当の腕次第。

（費用）相談 1 件あたり 1 万円〜 3 万円程度
（特徴）査定だけで終わることが多く、確率はよくない。

●不動産売却希望者の募集方法（紹介による集客）

ハウスメーカーからの紹介

建築予定の顧客が所有する不動産の売却案件を紹介してもらう。

士業からの紹介

弁護士・税理士などの士業から、離婚・相続・節税などで不動産を売却する必要がある顧客を紹介してもらう。

その他からの紹介

冠婚葬祭や生命保険などライフイベントに関係する業種から見込み客を紹介してもらう。

(費用)

紹介はすぐには期待できない。無料査定や紹介元の雑用などをこなし、根気よく取り組む。すでに提携先や不動産関連会社がある場合はそもそも紹介が出ないので、見極めが必要。

ユーザーからの紹介

ユーザー（既契約者）から友人や親族など不動産の売却見込み客を紹介してもらう。

(費用)

すでに実績があるため紹介があれば期待度は高い。契約後もユーザーと連絡を続けるなど信頼関係を築くことが大切。

●不動産売却希望者の募集方法（オフライン集客）

店頭看板

店頭やオフィスビルの1階部分に「売却物件募集」の看板を設置する。道路上に看板を設置することは撤去や罰則の対象になるので注意。

(費用) 看板代

(特徴) 看板を見て来店すれば確率はかなり高い。

ポスティング

売却物件募集のチラシをポストに投函する。かつては「この物件をすぐに買いたい人がいます」といった架空の買主を連想させる虚偽募集チラシが主流だったが、最近はコンプライアンスの関係で減少傾向。

※「ポスティング禁止」の注意書きを無視して投函すると、重大なクレームにつながる可能性があるため注意。

(費用) 印刷代

(特徴) 1万部配布して1件も反響が来ないことも。効率は悪いが一定の効果があるため、今も続けられている。

仕事のツボ チラシに自社ホームページへのリンクを記載するなどしてオンライン集客につなげたり、実店舗へのアクセス情報を載せよう。見込み客へと導く流れを作ることも大切です。

ダイレクトメール(DM)

街中で見つけた空地や空家、ポスティング中に見てポストが郵便物でいっぱいだったり、テープが貼られているマンションの部屋などは不要資産の可能性あり。こうした不動産は売却依頼の反響率が高い。不動産の登記簿で所有者を調べてダイレクトメールを送付する。

(費用) 郵便代

(特徴) 他紙媒体に比べて効率はよい。一度ではなく継続して実施するのが効果的。

新聞折込チラシ

配達される新聞に折り込まれる紙の広告。インターネットを利用しない年齢層の見込み客へのアプローチに一定の効果が期待できる。自社の対応が可能な地域でチラシを折り込む新聞の種類・配布エリアを選定する。

(費用) 1枚当たり3円〜9円（用紙サイズ・種類・色・地域により異なる）

(特徴) 反響獲得のために継続する必要があり、広告費が高額になりがち。

セミナー

不動産に関する情報を提供する無料セミナーで集客する。「相続」「節税」などのテーマで税理士など専門家と共同で行うと信頼性が高い。セミナー終了後に開催される「無料相談」で見込み客を開拓する。開催しやすく参加もしやすいウェブセミナーも最近は多い。

(費用) 会場費（ウェブセミナーであれば無料）

(特徴) 無料セミナーは参加のハードルが低いが、その分中長期的に継続した対応が必要。

電話営業

いわゆる「テレアポ」。相手の時間を突然奪うため、嫌がられやすい。1日に何百件も「売りませんか？」「情報はありませんか？」と電話をかける強い精神力が必要。投資用不動産を取り扱う会社に多い。

(費用) 電話料金

(特徴) 反応がすぐに分かるため、割り切れば効率よく営業できる。

飛び込み

その名の通り「飛び込み」営業すること。いまだに新人研修として行う会社があるが、たいていはブラック体質。不動産仲介業ではほぼ行われていない。

(費用) なし

(特徴) 買取業者が仲介会社や銀行などに飛込み営業をして情報を集める。

Section 03-1 初回対応① 最初のヒアリングで信頼感を獲得

初回対応は提案に必要なことを聞き取るけど、それ以上に信頼してもらえるようにすることを心がけよう。

初対面で信頼関係が得られるかが分かれる

「不動産の売却を検討したい」という問い合わせがあれば、電話や対面（オンラインも含む）でのヒアリングへと進みます。これがお客様候補と不動産会社の初対面になります。

このとき問い合わせをしてきた相手は、何よりも信頼できる会社なのか、いい担当者がいるのかを見極めようとしています。ですからいきなりセールストークに入ることなく、相談相手となって話の内容に寄り添い、丁寧にヒアリングを進めるよう心がけてください。初回対応の目的はなによりもまず「信頼関係の構築」。自分本位な考えではいけません。

提案に必要なヒアリングをする

初回対応では、主に次のような内容をヒアリングします（右ページも参照）。いずれも次の提案をするために必要となる事項です。

売却動機	「手狭な住まいから住み替えたい」「相続した不動産を売りたい」など、売却の動機は多岐にわたります。離婚など後ろ向きな理由の場合もあるので、言葉を選ぶなどの配慮が必要になります。また初回から本音で話してもらえるとは限りません。その場合は、希望条件から売却動機へとつなげる質問が効果的です。
希望条件	売却希望価格、希望時期、その他の希望など、相談者が何を重視しているのかをしっかり確認します。ここで聞き漏らしやとらえかたの相違があると、ボタンの掛け違いでトラブルに発展するおそれも。
不動産に関すること	価格査定や売却プラン提案のために、不動産の基本情報、売却にプラスになることやマイナスになることを確かめます。

仕事のツボ 高額な不動産の売却を任せてもらえるか否かは、第一印象が大きく影響する。対面の際はきちんとした身だしなみを心がける。ビジネスの基本ではあるが大切なことです。

●ヒアリングをする内容とその回答例

売却希望者からの相談内容		・査定価格（相場・売れる価格）が知りたい ・販売方法を知りたい ・手続きや流れ・スケジュールが知りたい ・不動産に関するサービスが知りたい
売却動機		・買い替えを予定しているため ・相続などによるため ・（ローンの）支払いがきつい ・その他
希望条件	価格	・〇〇〇〇万円で売りたい ・手取り〇〇〇〇万円を確保したい （現在のローン借入残高は〇〇〇〇万円など） ・金額によっては売却も検討する
	期日	・できる限り早く売却したい ・〇年〇月までに売却したい ・特に明確な期限はない
	その他	・周囲に知られたくない ・価格よりも時期を重視したい（早くしたい） ・なによりも価格を重視したい ・手間をかけたくない
不動産に関すること		住所（マンション名・号室） 土地・建物の面積　間取り 良い点（日当たり・環境・設備など） 悪い点（近隣トラブル・故障不具合など）

本音を引き出す質問とは……

下のような質問をすることで、隠れたニーズを顕在化させて本音を知ることが可能になる。

● なぜ、できる限り早い売却を希望しているのか？
　➡ 収入が減り、生活が苦しくなっている

● なぜ、周囲に知られずに売却したいのか？
　➡ 離婚するために売却せざるを得ない

● なぜ、手間をかけずに売却したいのか？
　➡ 近隣とトラブルがあり、近隣とかかわらずに売却したい

● 手取り〇〇〇〇万円を確保したいという理由は？
　➡ 次の住み替え先の自己資金にしたい
　　親と同居するため、実家のリフォーム資金にしたい

> 相談を受けてよく聞いてみると、今は売却のタイミングではないことも。相手の身になって助言をすると、プロとして信頼してもらえるよ。

仕事のツボ　電話でのヒアリングよりは、互いに顔が見える対面形式の方が安心してもらえる。「よろしければご来店いただいて、しっかりと相談に乗りたいのですが」と提案しよう。相手によってはウェブ面談での提案も有効。

初回対応② スケジュールは 対話を重ねながら固める

不動産を売るのは不安なもの。いつ頃どのタイミングで何をすればいいかを説明して安心してもらおう。

売却までの手順を把握してもらう

ヒアリングをした後に、一般的な不動産売却の一連の流れを説明して、具体的な売却に向けた相談に入っていきます。

不動産の売却は、普通は人生で何度も経験することではありません。どんな手続きが必要か、売却までに何をするのかを把握している人は多くありません。売却すると確実に決まっていない段階でも、おおよそのスケジュールを立てる必要があるので、このまま進めてしまっていいのかと不安になるはずです。

そういう落ち着かない気持ちを受け止めて、どのタイミングで何をするのかを早い時期から理解してもらうことが信頼につながります。

会話の中から必要な情報を得ていく

一般的には、時間に余裕があるほど金額を優先した販売ができます。逆に売却までの期日が差し迫っているなど、スケジュールに余裕がない場合は、ある程度落とした金額を設定しなければなりません。

ほかにも子供の入学や進学、仕事の都合など、売る側はいろいろな事情を抱えています。ヒアリングした内容のうち、金額・時期・その他条件のどれを優先するかによってもスケジュールは変わります。

しかもこの時点では、売主は何をどうするのか分かっていません。それに必要な情報をすべて開示してもらっていない可能性もあります。そのことも念頭に起きながら、「販売開始から完了までは概ねこれぐらいの期間を要しますが、大丈夫でしょうか？」などと会話を重ねつつ、目指すゴールへのイメージを一緒に固めていきましょう。

MEMO　相続が発生して不動産を売却する場合は、遺産分割協議書ができていないと販売開始できない場合があるので注意。(→ P.380、418 参照)

● 不動産売却の相談から契約、引渡しまでの流れ

売却の相談	価格や売り出しのタイミングをアドバイス。

▼

査定・販売方法の提案	不動産を調査して価格を査定。売却時期や価格に応じた売却方法を提案。

▼

媒介契約	正式に売却の依頼を受けると売主との間で媒介契約を結ぶ。

▼

販売活動	買主を見つけるため、インターネットや新聞折込、ポスティング、ダイレクトメールなどで販売活動を行う。購入検討者に内覧してもらう。

売れない場合は価格改定

▼

売買契約	買主と調整した取引条件や不動産の内容について重要事項の説明を行い、売買契約を締結。契約書に署名・捺印して、手付金の授受を行う。

▼

決済・引渡しの準備	引渡し日までに売主の借入金の返済、抵当権の抹消手続き、各種書類の準備や引っ越しなどを行う。

▼

決済・引渡し	買主が残代金を支払う。所有権移転登記に必要な各種書類を買主に引渡す。仲介手数料など諸費用を受け取り決済完了。買主に鍵を渡して引渡す。その後も引き続き確定申告など売主の相談に乗る。

販売開始から完了まで〜6か月が目安

（媒介契約〜売買契約）1〜3か月が目安

（売買契約〜決済・引渡し）1〜3か月が目安

いつまでに何をするのかを共有することが大切。進行表を作ってスケジュールを提案しよう。具体的な日付が記入できるとなおいいよ。

MEMO 買い替えでは、売却だけでなく新居購入のスケジュールとの連動が重要。一時的な仮住まいの用意や資金のつなぎのリスクなど、一般の人が気づきにくい点もあらかじめ説明しておこう（→ P.302、360、406）。

業務をくわしく知ろう

Section 03-3 初回対応③ 諸費用を含めた概算額の提示

> 不動産を売却すると、その諸費用もばかにならない。売主から「知らなかった」「手取りが少ない」と言われないようにしよう。

■ ローンの返済ができなくなる場合も出てくる

不動産を売却する際には、諸費用や売却によって生じた利益にかかる税金などが発生します。売却額や不動産の現況などにより金額は異なりますが、売主には結構な出費になることを知ってもらう必要があります。

「4000万円で売却できる」と思っても、実際に手元に残る金額はそれより少なくなります。そのことをあらかじめ考えておかないと、売却前に借入をしていたローンの返済ができなかったり、その後の生活が計画通りにならないといった事態になりかねません。

ヒアリングした内容をもとに諸費用の試算表を作成し、どれぐらいの出費になりそうかの目安を示して頭に入れておいてもらいましょう。そこから売却後のライフプランづくりが始まります。

■ 主な費用は仲介手数料、税金、手数料など

では売却に伴う主な費用について、簡単に説明します。

仲介手数料	不動産業者への仲介報酬（→P.030参照）
収入印紙代	印紙税。印紙を購入して契約書や領収書に貼付する
抵当権抹消費用	住宅ローンが残っていて不動産に抵当権が設定されているような場合は、登録免許税と司法書士への報酬料が必要
土地の測量費	土地の面積や境界線を正確に把握するために必要

048 MEMO 売却時の税金については P.414 を参照。

建物の解体費	建物を解体して土地を売却する場合に必要になる
ハウスクリーニング費	売主が事前に行う場合に必要
引っ越し費用	自宅を売却して引っ越す場合に必要。仮住まいをする場合はその賃貸料とともに2度の引っ越し費用が発生する
必要書類の取得費	印鑑証明書、住民票などを取得する際に役所に支払う

●不動産売却で発生する主な費用と金額の目安

不動産売却の費用	金額の目安
仲介手数料 （売買代金400万円超の場合）	売買価格の3％＋6万円＋消費税が上限
収入印紙代 （売買価格による）	数千円〜数十万円
抵当権抹消費用	2万円〜3万円
土地の測量費 （土地面積や条件による）	35万円〜100万円
建物の解体費 （建物面積による）	100万円〜300万円
ハウスクリーニング費 （建物面積による）	10万円〜30万円
引っ越し費用	10万円〜30万円
必要書類の取得費	1通数百円〜

●不動産売却試算表の見本
（諸費用のほかに売却価格なども示している例）

● ● ● ●年●月●日

不動産売却にかかる試算表

物件名：　　　　●●マンション●●号室

● ● ●不動産㈱
担当者　●●　●●

1 売買価格

項　　　目	内　　　　　　　　容	金　　額
○ 売却価格		40,000,000 円

2 諸費用

項　　　目	内　　　　　　　　容	金　　額
◇ 契約書印紙代		10,000 円
◇ 仲介手数料（消費税込）		1,386,000 円
◇ 抵当権抹消費用	概算※正確にはお見積書の取得が必要	30,000 円
◇ 住所変更登記費用	概算※正確にはお見積書の取得が必要	30,000 円
◇ 相続登記費用	該当なし	0 円
◇ 残置物撤去費用	概算※正確にはお見積書の取得が必要	150,000 円
◇ その他	該当なし	0 円
合　　　　計		1,606,000 円

3. その他清算金

項目	内容	金額
○ （受取）固定資産税等の清算金	未定	円
○ （受取）管理費等の清算金	未定	円
計		円

4. 手取り概算（税引前）

所　有　者	持　分		売却価格按分	経費按分	ローン残債務	手取り概算（税引前）
山田 太郎 様	2 分の	1	20,000,000 円	803,000 円	10,000,000 円	9,197,000 円
山田 花子 様	2 分の	1	20,000,000 円	803,000 円	5,000,000 円	14,197,000 円
計			40,000,000 円	1,606,000 円	15,000,000 円	23,394,000 円

5. 決済・お引渡し後に要する費用(所得税・住民税)

項　　　目	内　　　　容　　金	額
◇ 譲渡益にかかる所得税・住民税　太郎様	3000万円特別控除による	0 円
◇ 譲渡益にかかる所得税・住民税　花子様	3000万円特別控除による	0 円

備考欄

※ 一定の想定に基づく概算ですので実際にかかる費用とは差異が生じる場合があります。

※ その他税制の改正等により、税額が異なる場合があります。詳細は税理士の先生にご確認ください。

※ 上記費用の他、復興特別消費税・収入の増加にともなう社会保険料の増額等の負担がございます。

※ 対象不動産およびその付属物・インフラ等になんらかの問題がある場合には、別途負担もしくは売買価格が
　低下する可能性がございます。

※ 別途、お引越し費用・新居の賃貸費用などが必要となります。

仕事のツボ　少しでもわからなかったり自信がないことがあれば、上司・先輩・専門家に確認しよう。特に税金につい
て間違って伝えると大クレームにつながる。試算表を提示する前に、必ず税理士や税務署に確認します。

たとえ1円であっても想定外の出費はトラブルの元に。見積もり前に不明な部分があれば、やや多めの金額を提示しよう。

売却資金でローン返済が難しそうなケース

　試算の結果、売却資金でローンの完済ができない場合は、自己資金でローン残高の不足分を支払えるか確認して、難しいようであれば、ローンの借入金額の残額が少なくなってか　ら売却を考えるよう提案する。

　複数人で所有する共有不動産の場合には、それぞれの人にいくら手取りがあるかを計算する（左ページの試算表「4. 手取り概算」を参照）。

仕事のツボ　スケジュールの説明や提案をしていると、「それであれば、金額よりも期日を優先したい。なぜならこうだから〜」というように潜在的なニーズが顕在化してくる。

Section 04 オンラインによる事前調査

住宅地図、ブルーマップはネットで見られるので便利。さらにグーグルマップを活用するといろんなことが分かるよ。

準備段階の調査で重宝するインターネットでの調査

売却希望者からの初回ヒアリングを終えたら、物件についての事前調査を行います。相談を受けた物件の所在地の役所や法務局に足を運び、数日間かけて調べていた時代は今や過去のものとなり、インターネットでかなりの事前調査が完結します(下表参照)。

これらのオンライン調査によって、移動時間が削減され、効率的な業務が可能になりました。正確な査定や契約書類の作成をするには役所や現地に行く必要がありますが、速やかな提案をするためには住宅地図、ブルーマップ、グーグルマップの活用がポイントになります。

インターネット調査一覧

調査するサイト	調査できるもの
Googleマップ	・現地写真・周辺環境
ゼンリン	・住宅地図・ブルーマップ・用途地域・建ぺい率・容積率
登記情報提供サービス	・登記事項証明書(→P.216) ・公図(→P.220) ・測量図・建物図面(→P.222)
行政のホームページ (地域により公開していない場合もある)	・用途地域・都市計画情報(→P.228) ・建築に係る条例など ・道路台帳・道路種別(→P.256〜273)
水道局・行政のホームページ	・上下水道台帳(→P.284)
ガス本管埋設状況サービス	・ガス管図(→P.286)
東京カンテイ・at home	・分譲時のパンフレット(→P.208)
国土交通省 標準地・基準値検索システム	・公示地価・基準地価(→P.064)
国税庁HP	・路線価(→P.064)

●住宅地図（ゼンリン）

住居表示と表札名がわかる地図。相談を受けた不動産の所在を特定します。不動産実務では㈱ゼンリンの住宅地図を使用するのが一般的（ネットで見るには登録料が必要）。売却希望者と住宅地図の表札の名前が合致しないことも、相続絡みのケースでよくあるので注意します。

●ブルーマップ（ゼンリン）

住宅地図に地番情報を重ね合わせたもの。青色で印刷されているため、ブルーマップと呼ばれています。住居表示から地番を調べることができます。また、公図界・公図番号・用途地域名・容積率・建ぺい率などが参照できます。

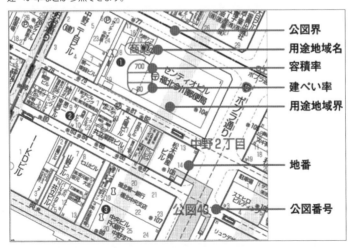

●Googleマップ

Googleがインターネットで提供している地図。ストリートビューで現地や周辺の状況、建物のおおよその外観・グレードなどが確認できます。また航空写真で3D表示にすると、建物の高さやおおよその眺望状況が分かり、日当たり、道路や電車による騒音が予想できます。

地図画面

航空写真3D画面

仕事のツボ 　私道や細い道路では、車両が入れないためグーグルマップのストリートビューで現地確認ができないところがある。その場合は現地を見に行くなど、オンラインとオフラインをうまく組み合わせよう。

ストリートビュー

オンライン調査は、移動中にスマートフォンでも可能。時間をうまく使ってスピード対応をすることで信頼度がアップするよ

仕事のツボ　住宅地図上では同一住所の物件が複数ある、隣の家を査定していたなんてことにならないよう、住宅地図・ブルーマップと登記簿謄本で併せてしっかり確認。

Section 05-1　査定① 査定は机上査定と訪問査定の2段階

査定とは、不動産が売却できそうな価格を見積もること。机上査定で売り手の心をつかみ、訪問査定で正式に仲介を依頼してもらおう。

お客様は複数の業者に机上査定を依頼する

不動産価格を見積もる査定には、机上査定と訪問査定の2種類があります。机上査定は簡易査定とも呼ばれ、建物の室内や現地などを確認する前におおよその価格を出します。その際に参考にするのは、立地条件や築年数、間取り、公示地価や路線価、周辺物件の売り出しおよび取引事例などです。

売却を検討する大多数の人が、まずは複数の不動産会社に机上査定を依頼します。その中から訪問査定に来てもらう業者を選定することになるので、机上査定は具体的な客先訪問につながる重要な仕事です。ここで手を抜かないようにしましょう。

訪問査定で机上査定の価格から増減する

訪問査定では、実際に室内や現地を確認し、建物や部屋の状態（間取り、リフォームの必要性など）、道路と敷地の位置関係、土地や土地付き戸建の場合は境界の有無など、物件の個別要素を細かく確認します。その結果をもとに、机上査定には盛り込まれていない建物のコンディション・リフォームの程度、住環境や法令関連事項による増減をして、精度の高い査定価格を算出します。

訪問査定をするということは、依頼されるまであと一歩のところに来ている証拠です。訪問時には、購入時の資料、土地の測量図、保証書、設備の資料、マンションであれば分譲時パンフレットなどをあらかじめ準備してもらうようにお願いしましょう。

MEMO　訪問査定時の現地確認のチェックポイントは P.190〜207 を参照。

●査定の流れ

①机上査定（簡易査定）
現地で物件を見る前に資料から、おおよその価格を見積もる

②訪問査定
実際に現地に出向き、物件の個別要素を細かく確認する

③査定報告書の作成
訪問調査の内容を元に建物のコンディション、リフォームの程度、住環境や法令関連事項を盛り込んで査定価格を確定し、報告書にまとめる

④査定報告書の提出・提案
売主に査定報告書を提出し、売却方針などを提案する

⑤媒介契約締結
売主と媒介契約を締結する

机上査定で見積もり額を示すだけでなく、自社のアピールポイントや取引実績を記載すると、競合業者の中から選ばれる確率が上がるよ。

机上査定はあくまで目安

机上査定は、現地を見ていないので幅を持った価格提案になる。室内状況が築年数相応で重大な瑕疵がないことを前提に、ヒアリングで得たリフォームや瑕疵などの情報を盛り込んで算出する。

仕事のツボ　対面でヒアリングをしていないケースでは、訪問査定が実際にお客様と会える最初のチャンスになる。できる限り訪問査定の提案をしよう。

Section 05-2 査定② マンションや土地の査定（取引事例比較法）

不動産会社が売却価格を査定する方法は「取引事例比較法」「原価法」「収益還元法」の3種類。物件によって使い分けよう。

似た条件の土地やマンションの取引を参考にする

最初に紹介する査定方法は「取引事例比較法」です。主にマンションや土地の査定に使われます。条件が似ている近隣の不動産がいくらで取引されたかをもとに、査定する不動産との違いなどを考慮した上で価格を算出します。

分かりやすいパターンとしては、同じマンションの上の階の取引価格を参考にして、この部屋ならこれぐらいと見積もります。土地の場合、隣地が1坪100万円で取引されて、査定する土地は角地でそれより評価が高くなるので1.1倍の1坪110万円にするといった具合です。実際には、さらに多くの条件を確認してより詳細な査定を行います。

近隣であった最近の取引と比較するとよい

取引事例比較法の査定価格は、対象とする事例が次のような条件を満たしているほど精度が上がります。

- ・取引成立年月が比較的新しい
- ・規模や周辺環境が似ている（面積が大差ない、用途地域が同じか近い、中心街との距離があまり違わないなど）
- ・同一生活圏内（最寄り駅が同じか近く、駅からの距離が同等など）
- ・同じ都市計画区域内にある

一般的な計算方法は右ページの通りです。「評点」は、不動産流通推進センターの「価格査定マニュアル」などを参考にします。「流通性比率」は、周辺の売れ筋物件の価格帯や不動産取引の頻度、その物件特有の事情、取引がいつ行われたかなどを参考にして数値を定めます。

MEMO 宅建法で、不動産会社が売出し価格の査定をするときには根拠を明示することが義務づけられている。「価格査定マニュアル」はそうした根拠に従って合理的に算出できるように作られている。

●取引事例比較法による査定価格の計算式

査定価格を求める物件を「査定物件」、比較に使用する類似物件を「事例物件」とする。

$$\text{事例物件の単価（1㎡）} \times \frac{\text{査定物件の評点}}{\text{事例物件の評点}} \times \text{査定物件の面積（㎡）} \times \text{流通性比率}$$

査定物件と事例物件のそれぞれに評点を付ける。評点を付ける項目は物件の種類ごとに異なる。

流通性比率は売りやすいか売りにくいか査定物件の市場性（物件の需給状況、地域性特性）から調整。一般的に85%〜110%の範囲で評価を行う。

●マンションの評価項目と計算例

下記の項目でそれぞれの物件の評点を算出する。

- ・交通の便（駅徒歩分・バス分など）
- ・近隣の状況（店舗等への距離・周辺環境など）
- ・住戸位置（所在階・方位・日照採光など）
- ・専有部分（維持管理状況・騒音振動・眺望景観など）
- ・敷地（所有権 または 借地権）
- ・共有部分（外壁の状況・エントランス・耐震性など）
- ・施設（セキュリティ・駐車場・コミュニティ施設など）
- ・維持管理（計画修繕の実施・保守清掃・管理員など）

●計算例
- ・事例物件の価格：30万円／㎡
- ・査定物件の面積：70㎡
- ・事例物件の評点：105点
- ・査定物件の評点：110点

$$30\text{万円}/\text{㎡} \times (110\text{点} \div 105\text{点}) \times 70\text{㎡} \times 1.00 \fallingdotseq 2200\text{万円}$$

事例物件の価格　査定物件の評点　事例物件の評点　査定物件の面積　流通性比率　査定価格

●土地の評価項目と計算例

下記の項目でそれぞれの物件の評点を算出する。

- ・交通の便（駅徒歩分・バス分など）
- ・近隣の状況（店舗等への距離・周辺環境など）
- ・環境（騒音振動・日照採光・眺望景観など）
- ・供給処理施設（騒音振動・日照採光・眺望景観など）
- ・街路状況（排水施設・ガス施設など）
- ・画地の状況（間口・形状）
- ・その他の画地の状況（路地状敷地・崖地法地など）

●計算例
- ・事例物件の価格：10万円／㎡
- ・査定物件の面積：100㎡
- ・事例物件の評点：105点
- ・査定物件の評点：110点

$$10\text{万円}/\text{㎡} \times (110\text{点} \div 105\text{点}) \times 100\text{㎡} \times 1.00 \fallingdotseq 1048\text{万円}$$

事例物件の価格　査定物件の評点　事例物件の評点　査定物件の面積　流通性比率　査定価格

仕事のツボ　不動産流通推進センターの「価格査定マニュアル」はパソコン上でも使える。「戸建住宅」「住宅地」「マンション」ごとにページが分かれ、それぞれ各種条件を入力すると査定価格を計算してくれる。

査定③
建物の査定（原価法）

一戸建住宅の査定は、建物を原価法、土地を取引事例比較法で計算し、両方の数値を合計した「積算価格」を使うことが多い。

国税庁の「標準的な建築価額表」「耐用年数表」を参照する

原価法は建物を査定するときの方法で、基本的な計算式は下になります。

建築単価(1㎡) × 延床面積(㎡) × $\dfrac{残存年数}{耐用年数}$　※残存年数＝耐用年数－経過年数

建物を新築すると、材料や設備、工事をするための人件費などがかかります。そこで売却物件を今新築したら費用がいくらかかるかという「再調達原価」を出し、そこから経過年数による損傷分を減額します。

再調達原価（新築した場合の建築価格）は国税庁「建物の標準的な建築価額表」を参照します。数値は年度によって変わるので、ウェブなどで最新のデータを調べましょう。建物の損傷具合は、国税庁「耐用年数表」にある耐用年数を基準にします。建ててから経過した年数が長いほど多く減価されます。木造の建物の耐用年数は、事業用が22年、自己居住用は33年となっています。

建物ごとに補正や調整をして算出する

実際には、これまできれいに使われてきたか、屋根や外壁の修繕が行われているか、リフォームできれいにしたかなどにより建物の価値は変動します。建物の規模、材料の品質、断熱や省エネなどの性能もまちまちです。なのでこれらの個別の要素も踏まえて、基本的な計算式による数値に補正や調整を加えて査定額を算出します。

なお一戸建住宅では、建物の価格を原価法で算出し、取引事例比較法で算出した土地価格を合計するのが一般的です。この「土地価格＋建物価格」は「積算価格」といい、土地付き建物物件の売却査定額としてよく使われます。

仕事のツボ　耐用年数が過ぎた建物でも、まだ使用できるのであれば評価は0円でなく残価率を考慮して査定する。
（例）建物再調達価格2000万円×残価率10％ ＝ 200万円（残値）

●原価法での計算例

- 建築単価：18万円
- 延床面積：100.00㎡
- 耐用年数：22年
- 残存年数：11年

$$18\,万円 \times 100.00㎡ \times \frac{11\,年}{22\,年} = 900\,万円$$

●建物の標準的な建築価額表

(単位：千円／㎡)

構造 建築年	木造・木骨モルタル	鉄骨鉄筋コンクリート	鉄筋コンクリート	鉄骨	構造 建築年	木造・木骨モルタル	鉄骨鉄筋コンクリート	鉄筋コンクリート	鉄骨	構造 建築年	木造・木骨モルタル	鉄骨鉄筋コンクリート	鉄筋コンクリート	鉄骨
昭和46	31.2	61.2	47.2	30.3	昭和61	106.2	181.9	149.5	102.6	平成13	157.2	186.1	177.8	136.4
47	34.2	61.6	50.2	32.4	62	110	191.8	156.6	108.4	14	153.6	195.2	180.5	135
48	45.3	77.6	64.3	42.2	63	116.5	203.6	175	117.3	15	152.7	187.3	179.5	131.4
49	61.8	113	90.1	55.7	平成元	123.1	237.3	193.3	128.4	16	152.1	190.1	176.1	130.6
50	67.7	126.4	97.4	60.5	2	131.7	286.7	222.9	147.4	17	151.9	185.7	171.5	132.8
51	70.3	114.6	98.2	62.1	3	137.6	329.8	246.8	158.7	18	152.9	170.5	178.6	133.7
52	74.1	121.8	102	65.3	4	143.5	333.7	245.6	162.4	19	153.6	182.5	185.8	135.6
53	77.9	122.4	105.9	70.1	5	150.9	300.3	227.5	159.2	20	156	229.1	206.1	158.3
54	82.5	128.9	114.3	75.4	6	156.6	262.9	212.8	148.4	21	156.6	265.2	219	169.5
55	92.5	149.4	129.7	84.1	7	158.3	228.8	199	143.2	22	156.5	226.4	205.9	163
56	98.3	161.8	138.7	91.7	8	161	229.7	198	143.6	23	156.8	238.4	197	158.9
57	101.3	170.9	143	93.9	9	160.5	223	201	141	24	157.6	223.3	193.9	155.6
58	102.2	168	143.8	94.3	10	158.6	225.6	203.8	138.7	25	159.9	258.5	203.8	164.3
59	102.8	161.2	141.7	95.3	11	159.3	220.9	197.9	139.4	26	163	276.2	228	176.4
60	104.2	172.2	144.5	96.9	12	159	204.3	182.6	132.3	27	165.4	262.2	240.2	197.3

※「建築着工統計（国土交通省）」の「構造別：建築物の数、床面積の合計、工事費予定額」表を基に、
1㎡当たりの工事費予定額を算出（工事費予定額÷床面積の合計）したもの。

●建物の法定耐用年数（国税庁「耐用年数の表」による）

	構造	耐用年数
木造		22年
鉄骨造	骨格材肉厚 3mm 以下	19年
	骨格材肉厚 3 〜 4mm	27年
	骨格材肉厚 4mm 以上	34年
RC造		47年

仕事のツボ　建物のグレードで再調達原価（新築建築価格）を見積もる方法も。たとえばグレードが高めに評価される
有名ハウスメーカーの建物なら床面積1坪あたり100万円、一般的な建売住宅なら50万円といった具合。

査定④ 投資用不動産の査定（収益還元法）

マンションやオフィスビルの投資物件は、部屋を貸すことで得られる収益をもとに売却価格を査定するんだ。

不動産から得られる収益を想定する

もう一つの査定法である収益還元法は、買主がその不動産を所有して収益を得ることを目的とする不動産の査定に使われます。たとえばマンションやアパートのような集合住宅を購入（全体または区分所有）し、部屋を貸し出して家賃収入を得るようなケースです。投資物件としての不動産価格を算出することが目的で、主にワンルームマンション、オーナーチェンジマンション、アパート、一棟マンション、オフィスビルや区分オフィスの査定に採用します。

想定利回りの見積もりによって査定額が変わる

収益還元法には、直接還元法とDCF法の2種類があります。

直接還元法は右ページのように、得られる年間利益を想定利回り（還元利回り）で割って出します。ここでの家賃収入は、管理費や固定資産税、入居募集広告費、修繕費などの経費を差し引いたものです（なお計算式を考えれば当然のことですが、想定利回りは想定される年間家賃収入を不動産価格で割ったものになります）。

査定価格は、想定利回りの数値をどう設定するかによって変動します。条件が似ている物件の取引例や、不動産会社などが発表している地域別利回りを参考にしますが、想定利回りを正確に見積もるのは簡単なことではありません。

より誤差の少ない査定ができる方法が、空室リスクや家賃変動リスクまで見込んで計算するDCF（ディスカウント・キャッシュフロー）法です。ただしその手順はかなり複雑です。

仕事のツボ 積算価格が低い場合、金融機関からの担保評価も低くなる。不動産投資は一般的に融資を受けて行うので、融資可能額が小さいと購入者を探しにくい。（右ページに続く）

●主な投資用マンションの種類

ワンルーム マンション	1つの居室にトイレやバス、キッチンなどがコンパクトに配置された専有面積20㎡前後の一人暮らしの学生や単身者向けのマンション。
オーナーチェンジ マンション	入居者がいる状態のまま、その賃貸借契約を引き継ぐ形で売買されるマンション。
一棟マンション	全ての部屋と共用部分を含めた建物全体と敷地全てが取引対象であるマンション。

●収益還元法（直接還元法）で不動産価格を求める計算式

収益還元法で不動産価格を決めるときの計算式は下記の通り。

$$不動産価格 = 年間利益 \div 還元利回り（\%）$$

年間利益 ＝ 家賃収入 － 経費

1年間の利益（家賃収入－経費）が1200万円で、還元利回り6％を見込む物件なら、その不動産価格の適正額は、1200万円÷6％＝2億円となる。

●利回りの種類

投資物件を紹介する際などには、一般的に表面（グロス）利回りが使われます。

表面（グロス） 利回り	不動産価格に対して現時点で家賃収入をどの程度得られているかを表した利率 ＝ 年間家賃収入 ÷ 不動産価格
実質（ネット） 利回り	購入時・運営上のコストも考慮に入れた上で、収益性がどの程度出るかを表した利率 ＝（年間家賃収入－年間コスト）÷（不動産価格 ＋ 購入時コスト）
還元利回り	不動産価格を算出する時に用いられる、不動産の収益性を表した利率 ＝ 年間利益（家賃収入－経費）÷ 不動産価格

●収益性と不動産の価値（担保評価）は必ずしも一致しない

○収益性は低いが不動産価値の高い不動産
収益還元法査定価格＝ 3000万円
土地・建物の積算価格＝ 5000万円
この場合は「土地建物の評価＞利回り」となる

○収益性は高いが不動産価値の低い不動産
収益還元法査定価格＝ 5000万円
土地・建物の積算価格＝ 3000万円
この場合は「土地建物の評価＜利回り」となる

仕事のツボ　一方で積算価格が高い場合、融資は確保しやすいが、利回りが低いと投資物件としての魅力が薄れてしまう。

査定⑤
不動産価格は「一物五価」

一物五価とは、公示地価、基準地価、相続税路線価、固定資産税評価額、実勢価格のことだよ。

公示地価がそれ以外の価格の目安となる

一つの不動産物件には、次の5つの価格があるとされています。これを「一物五価（あるいは基準地価を除いて一物四価）」と言います。

公示地価や路線価、固定資産税評価額は、実勢価格の目安となります。

 公示地価の110% 程度で取引される地域の土地査定
・実勢価格＝公示地価×110%
・実勢価格＝路線価÷80%×110%
・実勢価格＝固定資産税評価額÷70%×110%

実勢価格は、買い手とのバランスで決まるためあくまでも目安となりますが、複数の方法を活用して相場を調べられるようになるとよいでしょう。

①
公示地価

公共用地の収用や相続税路線価・固定資産税評価額の算出基準価格。一般の土地取引価格の目安になります。全国約2万6000カ所の地点で、毎年1月1日時点の更地（※ MEMO参照）価格を鑑定評価し、3月下旬頃に国土交通省から公表されます。

【調査主体】国土交通省　【基準日】1月1日　【公表日】3月下旬
【内容】土地取引の公的な指標（都市計画区域内のみ）
【価格目安】―
【情報の入手先】国土交通省 標準地・基準地検索システム
https://www.land.mlit.go.jp/landPrice/AriaServlet?MOD=2&TYP=0

不動産価格は売り手と買い手との間で決まるため、実勢価格はあくまでも目安。ほかの価格も調べて地域相場の勘どころをつかんでおこう。

MEMO　更地は、建物が建っていない状態で借地権なども付いていない宅地のこと。ただし抵当権はついていてもかまわない。

② 基準地価	公示地価と同程度に設定され、その補完的な役割を果たします。毎年7月1日時点の価格を鑑定評価し、都道府県から9月下旬頃に公表されます。 【調査主体】都道府県　【基準日】7月1日　【公表日】9月下旬 【内容】土地取引の公的な指標（都市計画区域外も含む） 【価格目安】公示地価と同程度 【情報の入手先】国土交通省 標準地・基準地検索システム https://www.land.mlit.go.jp/landPrice/AriaServlet?MOD=2&TYP=0
③ 路線価 （相続税路線価）	土地の相続税や贈与税の計算の基礎となる価格。単に「路線価」というときは相続税路線価を指します。毎年1月1日時点の路線価を7月初旬に国税庁が公表します。公示地価の80％が目安です。 【調査主体】国税庁　【基準日】1月1日　　【公表日】7月初旬 【内容】相続税・贈与税などの評価に用いられる 【価格目安】公示地価の80％程度 【情報の入手先】国税庁 財産評価基準書 路線図・評価倍率表 https://www.rosenka.nta.go.jp/
④ 固定資産税 評価額	固定資産税、都市計画税、不動産取得税、登録免許税など、全国のほとんどの土地で不動産関連の税金算出の基礎となる価格。3年ごとに更新され、基準年1月1日時点の価格を市区町村（東京23区は東京都）が4月頃に公表。公示地価および基準地価の70％を目安に決定します。 【調査主体】市町村（東京23区は東京都）　【基準日】1月1日 【公表日】4月初旬 【内容】固定資産税、都市計画税、不動産取得税、登録免許税の算定に利用される 【価格目安】公示地価の70％程度 【情報の入手先】原則としてその土地・建物の所有者、借地人、借家人のみ知ることが可能。不動産所有者は市町村から届く納税通知書で確認できる。不動産業者が調べるには所有者からの委任状が必要。
⑤ 実勢価格 （時価）	いわゆる市場価格で、需要と供給のバランスで決まります。買いたい人と売りたい人が合意した取引価格なので経済情勢や周辺環境により刻一刻と変わりますが、公示地価の100〜110％程度になることが多くなっています。 【調査主体】国土交通省、レインズ　【基準日】都度　【公表日】登録時 【内容】実際に売買が成立するときの価格 【価格目安】公示地価の100〜110％程度 【情報の入手先】「レインズ」成約事例（→P.032） 土地総合情報システム 不動産取引価格情報検索 https://www.land.mlit.go.jp/webland/servlet/MainServlet

仕事のツボ　郊外や地方の土地の場合、実勢価格は公示地価と比較的近い水準となる。ただし実勢価格は短期間で変動してしまうことがあるので、公示地価の150％以上になっていたりする。

Section
05-6 査定⑥ 事故物件・再建築不可物件の査定

過去に事件があったといった問題があると、不動産価格が下がってしまうよ。

事故物件の査定に明確な基準はない

不動産の中には、心理的瑕疵が生じたり、建築基準法に合致していないなど特殊な事情を抱えた物件があります。心理的瑕疵とは、購入したり住んだりするのには不安や抵抗感を持ってしまうような欠点です。こうした物件は敬遠され、広さ、築年数などの条件がほかと同等でも需要が低下し、査定価格が下落してしまうことが珍しくありません。

敬遠される不動産の例としてまず頭に浮かぶのは、いわゆる事故物件です。建物の中やその土地で殺人事件や火災などにより死亡者が発生した物件のことで、どれぐらい価格が下がるかは買い手の嫌悪感によります。心理面に左右されるので数式で出せるような算出方法はなく、状況の悲惨さ・亡くなった場所・地域性・時の経過を総合的に勘案しながら減額率を出して査定します。

新たに建物を立てられない土地も減額される

また土地が建築基準法に定める道路に面していない、あるいはまったく道路に面していないため、今は家が建っていても解体して更地にすると新たな建築物を建てられない物件があります。これを再建築不可物件と言います。

この場合、一般的な金利でのローンは利用しにくく購入が難しくなります。また万一火災などにより滅失してしまった場合に、建て替えが出来ないなどのリスクもあるためやはり敬遠されます。物件の規模・形状・建物の老朽化の程度・周辺の相場などにもよりますが、一般的には「周囲の不動産価格の10 〜 50%程度」の査定評価額になります。

MEMO 「瑕疵」は傷や欠点という意味で、不動産実務でよく使われる用語。土地や建物の目に見える物理的な欠陥を指す「物理的瑕疵」、建築基準法や都市計画法など法令に触れる欠陥を指す「法律的瑕疵」、（右ページへ）

●事故物件の査定イメージ

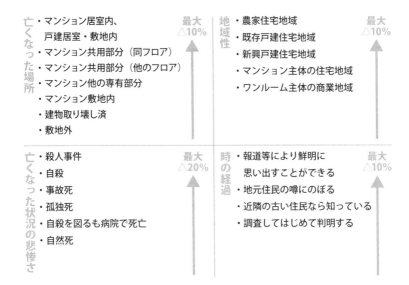

事故物件は、上のような図を参考に査定します。

例 ワンルーム主体の商業地域にあるマンションの一室で殺人事件が起き、最近まで大きく報道された場合

条件が同等のマンションの一室の査定額が3000万円のとき

ただしあくまでも参考値なので、その他の状況も併せて査定調整をします。

瑕疵物件は告知する義務がある

　不動産売買では、告知義務により心理的瑕疵・物理的瑕疵・法律的瑕疵に該当する場合、売主は取引の相手方に対してその瑕疵について事実を伝える必要があります。

●再建築不可物件の土地

　下図のように、土地がそもそも道路に面していなかったり、面していても建築基準法に定める道路に該当しない道路だと、建物を新築したり建て直すことはできません。

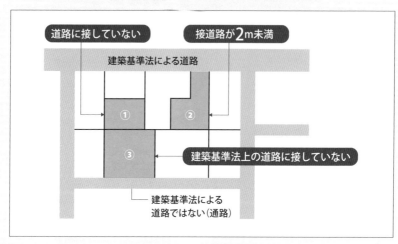

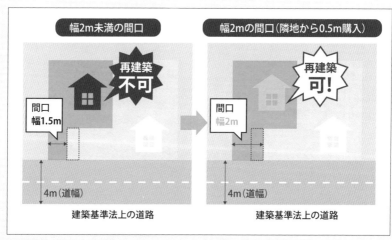

再建築不可物件でも、隣接地の土地を購入して建築基準法上の接道義務を満たせば建築可能な土地になり、不動産価値が大幅にアップするよ。

仕事のツボ　再建築不可物件の相談を受けたら、隣接地を購入できるかどうか、あるいは隣接地と同時売却の予定があるかどうかを確認しよう。

宅地建物取引業者による人の死の告知に関するガイドライン

「人の死」に関する心理的瑕疵は、当事者の受け止め方や状況がまちまちで一律に判断しにくいため、2021年に国土交通省が「宅地建物取引業者による人の死の告知に関するガイドライン」を公表しました。取引対象の居住用不動産で過去に死亡の事実があった場合、宅地建物取引業者がとる対応の指針が示されています。

ガイドラインでは、宅地建物取引業者は過去に生じた人の死に関するできごとを記した告知書などを売主や貸主に求めることで、不動産の仲介に伴う情報収集をしたことになります。つまり、こうした過去の事実を売主や貸主に文書化してもらえれば、宅地建物取引業法の調査義務違反にはなりません。

売主や貸主が事実を知りながら告知しない場合には、責任を問われる可能性があります。売主や貸主にはこの点を伝えて「これまでにこういうことが起きていませんか？」と確認しておくようにします。

買主や借主への告知については「人の死に関する事案が、取引の相手方等の判断に重要な影響を及ぼすと考えられる場合」に宅建業者は告知の義務があります。具体的には、自然死や事故などの不慮の死以外に告知が必要です。また発生当時に報道されたりした事件や事故など、社会に与えた影響が大きいケースも告知するべきです。

なお集合住宅で、隣接した物件や通常使わない共用部分で発生したのであれば原則的に告知は不要です。

告知すべき内容は、事件や事故などが発生した時期や死後時間が経って発覚した時期、死因、特殊清掃などがされた場合はその事実などです。発見時の具体的な状況や、亡くなった人の名前や年齢、家族構成までは伝える必要はありません。

査定報告書の作成

査定価格を伝えるときは、その算出根拠を
明示するよう義務づけられているんだ。

査定価格の根拠は文書にして説明するのが一般的

宅建業者の査定価格は、売却検討者が「売出価格」や「実際に売却する価格」を決定する上で大きな影響力を持ちます。そこで宅建業法では、宅建業者は「価額または評価額について意見を述べるときは、その根拠を明らかにしなければならない」（同法34条の2第2項）として、価額の根拠明示義務を定めています。それを口頭で伝えてもかまいませんが、「査定報告書」を作成して提示しながら説明をするのが一般的です。

査定報告書に記載する内容

査定報告書には右ページの上図のような内容が記載され、さらに下図のような査定不動産の資料と査定に使用した参考資料を添付します。

査定報告書の作成はシステム化されていて、独自の査定システムを持つところもあるものの、多くの不動産会社は下記のシステムを使用しています。

・東京カンテイ（不動産査定システム（取引事例比較法））：

　https://www.kantei.ne.jp/service/estate/assessment/index.html

・公益財団法人不動産流通センター：https://www.retpc.jp/

不動産鑑定士の鑑定ではないことを明記する

業としての鑑定評価は不動産鑑定士の独占業務のため、不動産鑑定評価法に違反しないよう注意が必要です。そのため査定報告書には、不動産の鑑定評価に関する法律（不動産鑑定評価法）に基づく鑑定評価書ではないことを明記します。

MEMO　一般的に「価格」は物の値段、「価額」は物の価値を表す。

●査定報告書の記載事項

①査定不動産の概要
所在・交通・土地建物や都市計画の情報など、その不動産を査定するために必要な情報を記載します。

②査定に使用した事例物件の内容
査定不動産を査定するために使用した売出・成約事例の情報を記載します。周辺に事例がある場合、査定物件に類似した、できる限り1年以内の物件を3事例ほど選定します。

③査定算出に関する計算式
物件種別により使用した取引事例比較法・収益還元法・原価法の計算式と、個別要因により行う流通性調整などの計算式を根拠として記載します。土地・戸建であれば公示地価や路線価の情報も参考価格として記載します。

④査定価格
上記③により求められた査定不動産の査定価格を記載します。一般的な査定価格は、販売開始をしてからおよそ3か月程度で成約に至ると想定される価格です。ただし1か月で売却できる売却価格査定をという希望があれば、販売期間が短い分の減価を行います。

●査定報告書の添付資料

	資料	取得先
土地・戸建、マンション共通	住宅地図・ブルーマップ	ゼンリン
	都市計画図	ゼンリンもしくは法務局
	登記簿謄本	
	建物図面	法務局
	売出・成約事例　図面	レインズ
土地・戸建	公図	法務局
	地積測量図	法務局
	（私道の場合）私道部分の登記簿謄本	法務局
	建築計画概要書	都道府県・市区町村
マンション	間取り図	東京カンテイなどのマンションパンフレットダウンロードサービス
	各階平面図	
	ほか分譲時の資料	
収益用不動産	周辺賃貸物件の募集図面・成約図面	レインズ

●査定報告書サンプル（東京カンテイの査定システムによる、抜粋）

不動産業界のDX化によって、AIによる査定システムの開発も進んでいるよ。

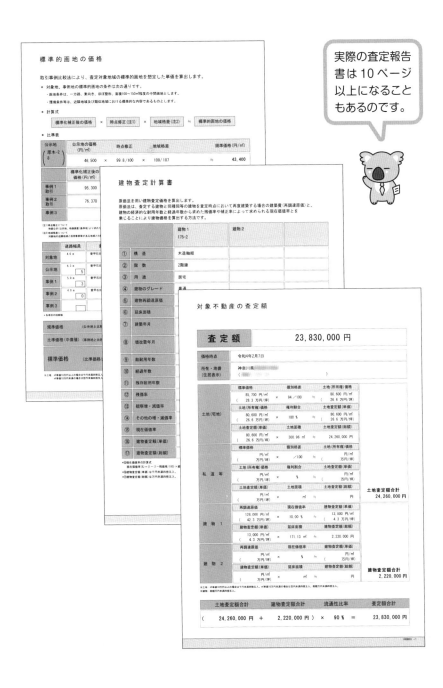

仕事のツボ　査定価格の根拠を宅建業者が明示することは法律上の義務なので、査定に要した費用は依頼者に請求できません。

査定報告・提案①
伝える価格は３種類

査定報告はできる限り対面で。やむを得ず査定報告書を送付する場合も、電話でヒアリングと説明をしよう。

高く売れる可能性がある価格も提示する

査定価格が出たら、売却希望者に報告をします。査定報告では査定価格だけでなく「成約予想価格」、「売出上限価格」を併せて伝えます。

ここで優先するのは、住み替えスケジュールや資金計画を確実に遂行するため「この価格であれば必ず売れる」という査定価格をまずしっかり伝えることです。その上で査定価格とともに「最大どれくらいで売れる可能性があるのか？」「いくらで売り出せばよいのか？」についてのアドバイスが必要です。そのためこの３種類の価格について根拠を説明し、売却スケジュールやもろもろのニーズを具体的に詰めていきます。なお、査定価格の記載しかできないシステムの場合は価格別に３種類の提案書を作成します。

根拠のない価格提示をすると信頼を失う

査定報告では、「もう少し高く売れないか？」「どのくらいの期間であれば確実に売却できるのか？」などの質問をよく受けます。こうした声から、まだ知らないニーズを確認できます。現在の不動産市場の動向・周辺の取引動向、そしてなによりも売却希望スケジュールを考慮し、実現できる最大の売出上限価格を報告します。

競合の不動産会社に競り勝とうとして、根拠がない高値の査定価格を報告することは控えましょう。不動産相場からかけ離れた売出価格だと問い合わせもなく、売却成立までに長期間かかることになりかねません。またある程度の相場はネットで確認できるので、あまりに高い査定価格はすぐに根拠がないとわかり、肝心の信用を失ってしまいます。信頼できない業者に、不動産の売却を依頼しようと思う人はいないでしょう。

仕事のツボ　お客様の事情にあわせた提案をするには「最初のヒアリング（→ P.044）」と「査定報告時のヒアリング」が重要。特に査定報告はニーズを明確にする最大のチャンスです。

●査定報告時に伝える3つの価格

①査定価格

向こう3か月の事例や市場動向を勘案し、高い確率で成約に至る価格。売出価格の下限となる。

②成約予想価格

一般的な販売を行えば成約できると予想される価格。査定価格の105%前後が目安。

③売出上限価格

実際に売り出したときに問い合わせがあると期待できる価格。査定価格の110%以内が目安。希少性があるなど条件の良い物件では、それ以上の価格を提案できる場合もある。

3つの価格の提示例

ご提案価格について

ご提案価格についてお知らせいたします。
現地調査や室内確認を実施していない場合、修繕履歴の詳細内容を確認前である場合は、状況に応じて価格に増減が生じる場合がありますので、あらかじめご承知おきください。

売出上限価格	9300万円	〜	9500万円
乖離率	108.14%		110.47%

売出上限価格とは、高値売却を狙うためのチャレンジできる上限価格です。販売開始後、お問い合わせ状況により価格を見直していく必要があります。

成約予想価格	8860万円	〜	9030万円
乖離率	103.02%		105.00%

成約予想価格とは、蓄積したデータ等から成約が予想される価格帯の下限と上限を算出したものです。

査定価格	8600万円

査定価格とは、現地調査・取引事例・市場動向を勘案の上、向こう3か月のマーケット予測をもとに高い確率で成約に至るであろう価格のことです。
今後の市場動向・社会情勢等の変化により、見直しが必要となる場合があります。

価格決定の要因は、複雑な計算式の査定報告だけではわかりにくい。査定報告書と併せて、根拠となる近隣の売出事例・成約事例などを、図面や資料を用いて丁寧に説明しよう。

Section
06-2

査定報告・提案②
売出価格の決定と資金計算

売出価格は、売るのを急ぐか1年後でもいいかで変わる。
住み替えやローンの返済計画も影響してくるよ。

売主の事情に応じた売却プランを選択する

　査定報告を終えると売出価格を決めます。売主としては、できる限り売却希望価格の上限で売りたいのですが、買主の立場になればできる限り安く購入したいものです。当初の売出価格を相場からかけ離れて設定してしまうと、問い合わせがないまま売却機会を損失するおそれがあります。査定報告の3つの価格（→P.074）を参考にして決定するとともに、成約までに値下げをすることも含めた売却プランを提案します。

　売却プランは「1年かけてじっくり高値を狙う」「3か月後の住み替え先のため資金がすぐに必要」といった希望や状況に応じて決まります。一般的にプランは「時間的余裕がある」「売却期限が決まっている」「早期に売却する必要がある」など、売主の要望に応じて選択します（右ページ参照）。

資金計画はローンの残債務や売却代金の決済日などにも気を配る

　資金計算を行うに当たって、返済すべきローンがまだ残っているときは、「思ったよりも住宅ローンが残っていて売却しても返済できなかった」とならないように、売主から「住宅ローンの返済予定表（償還表）」を開示してもらって住宅ローンの残債務の正確な額を確認します。売出価格と売却プランが決まってから、あらためて売却と返済に伴う資金計算を行います。

　また、不動産売買契約が成立しても、売買契約日に売却代金全額が入金されるわけではありません。通常、不動産売買契約の締結時に手付金として売買代金の一部を受領し、数か月後の決済・引渡し時に残額を受領します。そのため不動産売買契約後の残金決済と不動産の引渡し日程を踏まえて売却プランを立てる必要があります。

●ケース別の売却プラン：時間的余裕がある

買い替え先をすぐに探す必要がなかったり、空き家・空地の売却など販売期間に余裕が
あるときは、「売出提案価格」の上限に価格を設定して、問合せや購入検討者の状況を
見ながら段階的に売出価格を下げていく。
売出価格の目安は査定価格の110%以下。

長所 高価格で制約する可能性が高まる

短所 競合する物件に決まる可能性がある。制約に時間がかかる。

●ケース別の売却プラン：売却期限が決まっている

買い替えの購入物件が決まっている、相続税の納付期限が迫っているなど、期日までに
不動産を売却した現金が必要な時に、「売出提案価格」の下限から「成約予想価格」ま
での間を売出価格にして、期限に間に合わせる。
売出価格の目安は査定価格の105%〜108%。

長所 希望の販売価格に近く、成約率も高い。

●ケース別の売却プラン：早期に売却する必要がある

すぐに資金化する必要があるときは、「査定価格」前後に売出価格を設定して早期成約
を目指す。不動産業者に買い取ってもらい確実に売却を実現する方法もあるが、査定価
格以下の成約価格になる点に注意。
売出価格の目安は査定価格の100%前後。

長所 短期間で高い成約率を得られやすい

短所 高価格で制約する可能性を逃す

誰でも最初は高く売り出ししたいもの。で
も一定期間成約に至らなかったら、売却機
会を損失しないよう段階的な値下げのス
ケジュールと価格を提案しよう。

仕事のツボ　売却価格やプランの提案から起きるわずかなボタンの掛け違いで、大きなトラブルになることは珍しくあ
りません。気になることがあれば早めに聴き取りをして確認し、上司や先輩などにも相談を。

Section 07-1 媒介契約① 契約型式 （一般、専任、専属専任）

「一般」より「専任」や「専属専任」の方が
不動産会社にとってはありがたいんだ。

一般媒介・専任媒介・専属専任媒介の違い

　売出価格が決まると、売却希望者と不動産会社との間で媒介契約を締結します。媒介契約には「一般媒介」「専任媒介」「専属専任媒介」の3種類があります。

　「一般媒介」は媒介契約の期間中に売主が他の不動産会社にも媒介を依頼することができますが、「専任媒介」と「専属専任媒介」だと依頼する会社を1社に絞らなければなりません。また専属専任媒介では、一般媒介や専任媒介と違って、売主が自ら探した買主と直接売買契約する「自己発見取引」もできません。自ら探したのではない購入希望者と直接取引することは可能ですが、この場合は契約時に不動産会社に契約手数料を支払う必要があります。

不動産会社はどの媒介契約を提案すべきか

　専任媒介および専属専任媒介では、売主と契約した1社のみが窓口となり、直接の購入検討者や他不動産会社への対応をします。それに対して一般媒介契約は複数の不動産会社に依頼できるため、他の不動産会社の販売状況がわかりにくく、またせっかく販売活動をしても他社で成約に至ってしまう可能性があります。そのため不動産会社としては、一般媒介ではいま一つ力が入らないことは否めません。

　ただし専属・専属専任ではレインズへの登録義務があるため、おおよその物件情報が外部に知られてしまう可能性があります。「周辺を含め誰にも知られず売却をしたい」という売主の希望がある場合は、自社限定での未公開販売を前提とした上で、一般媒介契約を提案することがあります。

●売主と不動産会社、購入希望者との関係

一般媒介契約では複数の不動産業者と契約できます。専任媒介契約と専属専任媒介契約では売主の1社だけが窓口となり、ほかの不動産業者はレインズを通じて物件情報を知って購入希望者を集客します。

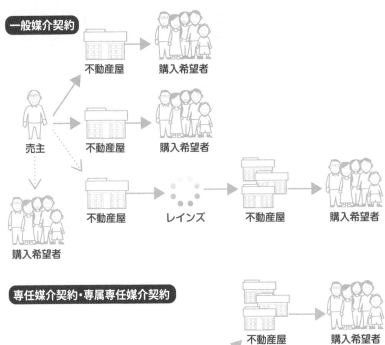

一般媒介契約

不動産屋　購入希望者
売主　不動産屋　購入希望者
不動産屋　レインズ　不動産屋　購入希望者
購入希望者

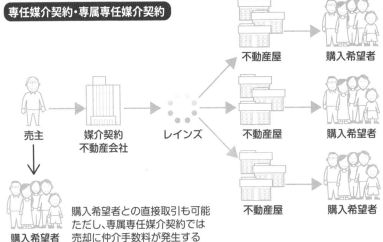

専任媒介契約・専属専任媒介契約

不動産屋　購入希望者
売主　媒介契約　不動産会社　レインズ　不動産屋　購入希望者
不動産屋　購入希望者
購入希望者

購入希望者との直接取引も可能
ただし、専属専任媒介契約では
売却に仲介手数料が発生する

専任媒介契約や専属専任媒介契約なら、一般媒介契約よりも手数料が入る可能性が高くなるよ。

仕事のツボ　専任・専属専任媒介契約は、販売活動中も物件の情報を独占できます。売主の希望が特になければ、良い条件での成約のために活動すると約束した上で、専任・専属専任媒介契約を提案しよう。

●3種類の媒介契約の違い

一般媒介契約ではレインズへの登録義務や、不動産会社から売主への報告義務はありません。契約期間は、専属専任媒介契約と専任媒介契約は3か月以内と法令で定められています。一般媒介契約でも3か月以内にという行政指導があります。

	専属専任媒介契約	専任媒介契約	一般媒介契約
売主との関係	1社のみの専属契約		専属契約なし
レインズへの登録義務	媒介契約締結後5日以内	媒介契約締結後7日以内	登録義務なし
売主への報告義務	1週間に1回以上	2週間に1回以上	報告義務なし
売主の自己発見取引	不可	可能	
契約期間	法令上は3か月以内		法令上の制限なし行政指導で3か月以内

成約情報を外に出さない抜け道がある

再販売目的の不動産業者が買主で仕入れの価格の公開を避けようとしたり、売主がいくらで売却されたか知られたくないケースでは、専任・専属専任媒介契約から一般媒介契約に切り替えを行ってから成約し、レインズに成約登録をしないという手法が一般的に行われています。ただレインズの規定では、一般媒介であっても成約については登録が必要とされています。

媒介契約書

　媒介契約書は、一般的には国土交通省が定めた標準的な媒介契約約款の条項が盛り込まれた雛形を基に作成し、売主・媒介業者双方が記名押印します。通常は2通作成する場合には双方が原本を保管し、1通のみの場合には売主が原本を、媒介業者が写し（コピー）を保管します。

本媒介契約は、国土交通省が定めた標準媒介約款に基づく契約です。

専任媒介契約書

依頼の内容	売却 ・ 購入 ・ 交換

本契約は、次の3つの契約形式のうち、専任媒介契約型式です。

・**専属専任媒介契約型式**
　依頼者は、目的物件の売買又は交換の媒介又は代理を、当社以外の宅地建物取引業者に重ねて依頼することができません。
　依頼者は、自ら発見した相手方と売買又は交換の契約を締結することができません。
　当社は、目的物件を国土交通大臣の指定する交流機構に登録します。

・**専任媒介契約型式**
　依頼者は、目的物件の売買又は交換の媒介又は代理を、当社以外の宅地建物取引業者に重ねて依頼することができません。
　依頼者は、自ら発見した相手方と売買又は交換の契約を締結することができます。
　当社は、目的物件を国土交通大臣の指定する流通機構に登録します。

・**一般媒介契約型式**
　依頼者は、目的物件の売買又は交換の媒介又は代理を、当社以外の宅地建物取引業者に重ねて依頼することができます。
　依頼者は、自ら発見した相手方と売買又は交換の契約を締結することができます。

依頼者甲は、この契約書及び専任媒介約款により、別表に表示する不動産（目的物件）に関する売買（交換）の媒介を宅地建物取引業者乙に依頼し、乙はこれを承諾します。

　　　年　　　月　　　日

甲・依頼者　住所
　　　　　　氏名　　　　　　　　　　　　　　　　　印
　　　　　　　TEL

乙・宅地建物取引業者　商号（名称）　　　株式会社
　　　　　　　　　　　代表者　　　　　　代表取締役　　　　　　　印
　　　　　　　　　　　主たる事務所 の所在地　○○県○○市
　　　　　　　　　　　免許番号　　　　　○○県知事（2）第 XXXXX 号

1　成約に向けての義務
一　乙は、契約の相手方を探索するとともに、契約の相手方との契約条件の調整等を行い、契約の成立に向けて積極的に努力します。

Section
07-2 媒介契約② 権利証や身分証明書による本人確認

> 媒介契約を締結する際には、契約する相手が本当の所有者で間違いないかをしっかり確認しよう。

▌本人確認は大切な作業

　本人確認とは、媒介契約を交わす相手が不動産の所有者本人かどうかを確認する作業で、詐欺などの犯罪による被害を防止するためにぜひとも必要な作業です。2017年には大手ハウスメーカーが地面師グループに約55億円を騙し取られる事件が発生しました。不動産所有者へのなりすましや地面師による被害を防ぐことは、犯罪組織への資金流入やマネー・ロンダリング（不正資金の洗浄）の阻止にもなります。

▌「登記事項証明書記載の所有者」＝「媒介契約者」を確認する

　本人確認の作業は大きく2つのステップがあります。まず売却しようとする物件の登記事項証明書に記載された、所有者や登記の日付などの内容と、権利証もしくは登記識別情報通知の内容が一致しているかを確認します。

　次に登記事項証明書に記載された所有者と、媒介契約をする相手が一致しているかを身分証明書で確認します。個人の場合、顔写真がある身分証明書なら右ページ下段の「1点で良いもの」の中から原本1点、顔写真のない身分証明書の場合は「2点必要なもの」の中から原本2点を提示してもらい本人確認をします（法人の場合も右ページ参照）。その際に身分証明書をコピーするなどして写しを取っておきましょう。

 MEMO　登記事項証明書は P.216 を、相続登記は P.380 を参照。

●本人確認の流れ

本人確認は次のような流れで行います。

 登記事項証明書の所有者や登記の日付が、権利書もしくは登記識別
情報通知の記載内容とあっているかを確認

 登記事項証明書に記載された所有者と媒介契約の相手が一致するか
を身分証明書などで確認（下段参照）

●本人確認に必要な書類

個人の場合

1点で良いもの (顔写真付き)	2点必要なもの (顔写真なし)
①運転免許証 ②個人番号カード 　（マイナンバーカード） 　注)個人番号の取得は不可 ③パスポート ④在留カード ⑤官公庁発行書類(写真有) ⑥身体障碍者手帳	①健康保険、国民健康保険の被保険 　者証 ②国民年金手帳 ③住民票(写)もしくは印鑑証明書 ④介護保険被保険者証 ⑤共済組合員証 ⑥後期高齢者医療被保険者証 ⑦厚生年金保険年金手帳 など

法人の場合

(法人確認書類) 下記1点	(法人担当者) 確認書類
①現在事項証明書 ②履歴事項証明書 ③代表者事項証明書	【代表者が担当の場合】 上記個人本人確認書類と同じ 【従業員が担当者の場合】 ①上記個人本人確認書類と同じ ②従業員証明書・名刺

MEMO　マイナンバーカードの個人番号の取得は不可。コピーする場合は、控えに残らないように番号が目隠しされるケースを使用する。

●権利証と登記識別情報通知

権利証と登記識別情報通知は、どちらも法務局の登記簿に登録されている土地の所有者に対して法務局から発行される書類で、不動産の売買時の名義の書き換えの手続きではどちらかが必要になります。

権利証と登記識別情報通知には不動産の所有者が記載されています。本人確認の際にはこれらの情報と付け合わせを行います。

権利証や登記識別情報通知を紛失した場合、再発行はされません。その場合売買を行うには、「本人確認情報」という制度を使って司法書士に所有権移転等を依頼する必要があります（別途5万円〜10万円程度の費用が発生します）。

権利証（登記済権利証）の見本

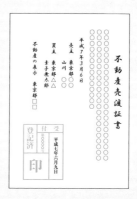

登記識別情報通知の見本

仕事のツボ　想定以上に登記準備の時間がかかると、売主の希望時期に売却が間に合わないこともあるので注意します。

●登記事項証明書に記載の内容と現状が異なる場合の手続き

異なる部分	必要な登記	理由	必要書類
住所が異なる	住所変更登記	転居(1回まで)	前住所記載の住民票(写)
		転居(繰り返している)	戸籍の附表・住民票の除票・不在証明書など
		住居表示の実施	住居表示実施証明書
		町名地番の変更	町名地番変更証明書
氏名が異なる	氏名変更登記	婚姻・養子縁組・離婚等	戸籍謄本 本籍地記載の住民票または戸籍附票

※費用は2万円前後が目安で、登記する不動産が増えると増額に。

本人確認に必要な書類が揃わないまま媒介契約を結ぶのは危険。早く受注したくて「また今度でいいです」と言うのはNGだ。

変更登記未了のケースは多い

本人確認をするもう一つの目的は、登記された内容と異なる部分がないか調べ、必要なら手続きをするためです。一般の人が頻繁に登記を行うことは少ないので、転居や結婚、離婚による変更登記が未了のことはよくあります。

登記された内容と現状が異なる部分があれば、何を起因としているのかを確認します。変更登記の内容によっては追加書類が必要になります。

仕事のツボ 本人確認時に明らかになった「必要な手続き・費用・時間」は、すぐ売主に伝えます。またわからないことがあれば司法書士に確認をしながら業務を進めましょう。

085

媒介契約③
引渡し条件の確認

売却してからも引っ越せなかったり、余計な残置物があるとトラブルになるよ。

引渡し可能な期日が限られることもある

引渡し期日は、売主・買主双方にとって重要な意味を持ちます。

売主の住み替え先の都合や、転勤・通学との兼ね合いなどで、引渡し期日が限定されることがあります。また購入者が見つかっても、現在居住している住まいをすぐに引渡すわけにはいきません。転居先は購入するのか賃貸なのか、転居に要する期間はどの程度必要かを売主に確認しながら、現実的に引渡しが履行できる期日を決定します。

不動産会社の対応が中途半端だと、購入検討者の引渡し希望日と一致しなかったり、売主が慌てて転居先を探しても見つからないといった不手際が生じ、最悪、売却機会を逃してしまう可能性もあります。

引渡し時の残置物と持参物

不動産売買では、売主が残置物を片付けた状態で引渡すことが慣習となっています。ただ買ったばかりのエアコンが残置されれば販売上の付加価値になる可能性があります。逆に古いエアコンなど買主にとって不要なものは、残っていると撤去費用が発生するので売却のマイナス要因になります。

売主によって、残置するものや次の住まいに持参したいものは異なります。残置するか持参するか、買主の希望によりどちらも対応可能なのかを確認し、その内容を設備表に記入して後日問題が起きないようにしましょう。なお売主が高齢であったりして撤去が難しい場合は、不用品処理業者を紹介します。

仕事のツボ　売主と話し合って決定した引渡し期日は、「○○年○月上旬以降」と営業活動を行う際に販売図面に明記します。ある程度、柔軟に対応できる場合は「相談」と記載します。

●土地で古家がある場合の現況渡しと更地渡しの違い

販売時には、建物をそのまま引渡す「現況渡し」か、建物を取り壊してから引渡す「更地渡し」かを選択します。古い建物を現況渡しする場合は、そのまま利用するか解体費用を負担するかを買主に委ねることになります。

買い手が見つかる前に建物を解体して更地にすると、売主は売却前に取り壊し費用がかかり、固定資産税の税額も約6倍に増えてしまいます。一方で買い手が見つかってから解体する場合は、引渡までの間に解体期間が必要になります。また嫌悪を感じるほどのボロ家だと、販売促進のために売り出す前に取り壊すこともあります。

売主のスケジュールや資金状況も考えながら、現況渡しにするか更地渡しにするか、更地渡しならどのタイミングで解体するかを決めます。

建物の引渡し		特徴	引渡し期日
現況渡し		解体費用は買主負担	買い手が見つかれば引渡し
更地渡し	買い手が決まってから取り壊し	売却資金から取り壊し費用をねん出できる	買い手が見つかってから、解体期間を経て引渡し
	先に取り壊し	先に取り壊し費用が必要 土地固定資産税が約6倍になる	買い手が見つかれば引渡し

残置物は、マンションならエアコンや家具・家電などの什器、戸建や土地の場合はそれに加えて物置、庭木、石、灯篭、鉢植えなど多岐にわたる。ゴミが残っていたりするとトラブル発生源になるので気をつけよう。

不動産売却後の「引渡し猶予」とは

不動産取引では、売買代金全額の支払いと引き換えに物件の引渡しを行うことが原則とされていますが、買い替えの場合は「引渡し猶予」が必要になることも。引渡し猶予とは、買主が売買代金全額を支払った後の一定期間、売主から買主への物件引渡しを猶予することです。

引渡し猶予期日は数日から1週間など短期間の場合が一般的で、販売図面にその旨を記載します。引渡し猶予期間中の所有権は新しい所有者にあるため、猶予期間中に売主を居住させることを了承する旨を契約時に書面で交わす必要があります。

Section 07-4 媒介契約④ 物件状況等報告書と設備表の作成

建物などに瑕疵（欠陥や不具合）があれば事前に買主に伝えることは、紛争を防ぐために欠かせないよ。

引渡し時の状態を確認する

　不動産物件が売買契約締結時にどのような状態か、引渡すときにどうなっているかは、買主の重大関心事です。年変化や損耗が生じていることがあります。それは宅建業者であっても調査や現地確認だけでは重要な不具合や心理的な瑕疵をすべて発見することはできません。

　後日、契約内容と不適合な事項が発見された場合には「利用が制限された」「想定外の出費が発生した」「そもそも知っていれば購入していなかった」など大きなクレームにつながりかねません。

　一般に売主は買主に対し、引渡しから3か月間以内に発生した不適合や瑕疵について、契約不適合責任（瑕疵担保責任）を負います。こうしたトラブルを防ぐためにも、売主に物件や設備の状態を「物件状況等報告書」と「設備表」に、正確かつ漏れなく記入してもらいます。

物件状況等報告書と設備表を作成する

　「物件状況等報告書」はどのような状態の物件を売却するか、「設備表」（付帯設備表）は水回りや付帯する物件の各設備をどのような状態で引渡すかを明記する重要な書類です。媒介契約の際に売主が作成し、売買契約前に契約内容に沿って再度作成します。そして売買契約時には売主と買主の双方が記名押印します。設備表に、設備「有」で故障・不具合が「無」と記入してあれば、使用可能な状態で引渡す必要があります。引渡日から7日以内に買主から故障不具合の請求を受けたら、売主は責任をもって修補しなければなりません。

委任状も併せて取得する

売主自身が詳細を把握していない物件状況や、契約に必要な調査のために売主（所有者）からの委任状が必要になります。固定資産税の額や宅地内の水道管を調査するにも必要なので、物件状況等報告書、設備表と併せて受け取っておきましょう。

●不動産会社が売主（所有者）から受け取る委任状の内容

委任状には以下のような事項を記入してもらいます。

①租税関係として

- ●土地建物および償却資産の評価証明書・公課証明書（および名寄帳の写し）の交付申請並びに受領。また、延滞税等がある場合にはその内容と今後の手続きに関する案内

※名寄帳の写しについては、所有不動産の存する行政区内全ての所有不動産の交付申請並びに受領

②諸設備に関連して

- ●水道供給管の埋設図面（宅地内配管および給水装置を含む）の交付申請並びに受領
- ●下水道配管の埋設図面（宅地内を含む）の交付申請並びに受領、下水道接続および下水道料金の支払いの有無、下水道受益者負担金の賦課の状況
- ●ガス供給に関する埋設図面（宅地内を含む）の交付申請並びに受領
- ●敷地内に存する電柱、敷地内を通過する送電線に関し、供給会社との契約内容の確認と今後の手続きに関する案内

③その他上記①〜②に付帯する一切の件並びに宅地建物取引業法第35条（重要事項の説明等）および第47条の規定に基づき説明が必要となる一切の件

仕事のツボ　しばらく使用していない機器（エアコン・給湯器など）は故障している可能性があるので、実際に動作確認をしよう。

●設備表の記入例

設備表は、このようなリストに従い「設備の有・無」「故障・不具合の有・無」「撤去」を記入します。
売主が把握していない場合は、一緒に設備の動作確認をしながら作成します。

設備表（区分所有建物用）[物件名： ○○マンション　　　　　　　　　]

売主は、「設備の有無」欄に「有」とした各設備を買主に引渡します。ただし、引渡す設備には経年変化および使用にともなう性能
低下、キズ、汚れ等があることをご承知ください。
「設備の有無」欄に「無」としている設備は、該当するものがないか、または売主が引渡しまでに撤去するものです。

1. 主要設備

主要設備の名称		設置箇所・設備の内容・付帯機能等	設備の有無	故障不具合	故障・不具合「有」の場合の箇所および具体的内容等
給湯関係	給湯設備	＜給湯箇所：キッチン・浴室・洗面所＞	有・無	有・無	
		＜電気・ガス・石油＞			
水廻り関係	キッチン設備	流し台	有・無	有・無	
		混合水栓	有・無	有・無	
		コンロ＜ガス・電気・IH＞	有・無	有・無	点火しないときがある
		グリル＜ガス・電気＞	有・無	有・無	
		ビルトインオーブン＜ガス・電気＞	有・無	有・無	
		レンジフード（換気扇）	有・無	有・無	作動すると大きな音がする
		浄水器＜水栓一体型・ビルトイン型＞	有・無	有・無	
		ビルトイン食器洗い機	有・無	有・無	
		ディスポーザー＜処理槽＜有・無＞	有・無	有・無	
	浴室設備	シャワー	有・無	有・無	
		混合水栓	有・無	有・無	
		浴槽＜追焚き・足し湯・保温・追張り＞	有・無	有・無	
		浴室洗面台：鏡＜有・無＞	有・無	有・無	
		浴室換気乾燥機＜ガス・電気＞	有・無	有・無	
	洗面設備	＜設置場所：洗面所＞＜洗面台・鏡照明・シャワー・コンセント・曇り止め＞	有・無	有・無	
		＜設置場所：　　＞＜洗面台・鏡照明・シャワー・コンセント・曇り止め＞	有・無	有・無	
	トイレ設備	＜設置場所：トイレ　＞＜トイレ本体温水洗浄・保温・乾燥・手洗い＞	有・無	有・無	便座にヒビが入っている
		＜設置場所：　　＞＜トイレ本体温水洗浄・保温・乾燥・手洗い＞	有・無	有・無	
	洗濯設備	防水パン	有・無	有・無	
		洗濯用水栓	有・無	有・無	
空調関係	冷暖房機	＜電気・ガス・石油＞＜場所：　＞	有・無	有・無	リビング、冷房が効きにくい
	冷暖房機	＜電気・ガス・石油＞＜場所：　＞	有・無	有・無	南側洋室
	冷暖房機	＜電気・ガス・石油＞＜場所：　＞	有・無	有・無	北西側洋室
	冷暖房機	＜電気・ガス・石油＞＜場所：　＞	有・無	有・無	北東側洋室は撤去
	床暖房設備	＜個別・全館集中＞＜電気・ガス・石油＞	有・無	有・無	
		＜場所：リビング・キッチン・　＞			
	換気扇	＜場所：浴室・洗面所・トイレ＞	有・無	有・無	
	24時間換気システム		有・無	有・無	
その他	インターホン	モニター＜有・無＞	有・無	有・無	

090

物件状況等報告書と設備表は売主本人の直筆で、代筆は不可。売主は物件の評価を落とすことは伏せておきたいのが本音だけど、記載すれば買主が知っていたものとして責任を免れる効果があることを説明して、正確に記入してもらおう。

2. その他の設備

その他の設備の名称		設置箇所・設備の内容・付帯機能等	設備の有無	故障・不具合がある場合の箇所および具体的内容等
照明関係	照明器具	すべて撤去します（ダウンライト以外）	有・**無**	
収納関係	収納棚	＜食器棚（造作）・電動昇降戸棚・つり戸棚・トイレ、洗面所につり戸棚　　＞	**有**・無	
	収納スペース	＜床下収納・小屋裏収納・　　　　　　＞	**有**・無	
	下駄箱		**有**・無	
建具関係	網戸		**有**・無	リビング網戸に穴がある
	戸・扉		**有**・無	
	ふすま		有・**無**	
	障子		有・**無**	
TV視聴関係	TV視聴施設		**有**・無	
	＜現在の視聴方法：ケーブルＴＶ　　　　　＞			
その他	カーテンレール		**有**・無	
	カーテン	リビングのカーテンは撤去、それ以外の全室	**有**・無	
	スロップシンク（屋外）		有・**無**	
	屋外水栓		有・**無**	
	住宅用火災警報器		**有**・無	

3. 消費生活用製品安全法にもとづく「特定保守製品」について

下表の製品は消費生活用製品安全法により、消費者自身による保守が難しく、経年劣化による重大事故の発生の恐れが高い「特定保守製品」に定められています。平成21年4月1日以降に製造・輸入された「特定保守製品」の所有者は、製造事業者等に対して、所有者情報（登録・変更）を提供しなければなりません。下表の製品にシール等で「特定保守製品」と表示されている場合は、以下の項目を売主から買主に伝えてください。
①製造メーカーより点検等を受けるためには、所有者情報の提供（登録・変更）が必要となります。
②当該製品は、製造メーカーが定めた点検期間に点検（有料）を行う必要があります。
③製造事業者への連絡先は製品に表示されています。

特定保守製品	設備の有無	設置場所
石油給湯器	有・**無**	
石油ふろがま	有・**無**	

売主は、買主に対し、　　　年　　　月　　　日付不動産売買契約に基づき、買主に引渡す設備およびその状態を説明し
買主は、説明を受けました。

　　　　　　　　　　　　　　　　　　　　　　　　　　　　　　　　　　　　　年　　　月　　　日

＜売主＞　　　　　　　　　　　　　　　　　＜買主＞

氏名　　　　　　　　　　　　　㊞　　　氏名　　　　　　　　　　　　　㊞

●物件状況等報告書の記入例

物件状況等報告書は、土地ならびに建物についての状態を表す書類です。

物件状況等報告書（土地建物・土地用）[物件名：○○市○○丁目3－3 一戸建て]

Ⅰ．売買物件の状況（現況更地は①～⑦、⑮の記入不要、建物解体後の更地渡しは①～③、⑤、⑮の記入不要）

売主は、売主が現在知っている売買物件の状況について、以下のとおり買主に説明いたします。

売買物件には経過年数に伴う変化や、通常使用による摩耗・損耗がありますので、あらかじめご承知おきください。

確認事項 記載の根拠	現在の状況		
	売主＝目視等により売主自ら認識している範囲で記入	調査＝調査会社等専門の業者による調査・確認の結果を記入	未確認＝確認困難なため「現在の状況」欄に記入しない
①雨漏り	☐発見していない☑過去にあった☐現在ある／雨漏り箇所：2階東側和室の天井		
☑売主☐調査☐未確認	／修補：☐未☑済2000年　8月頃 屋根葺き替え工事を行った		
②シロアリの害	☑発見していない☐過去にあった☐現在ある／被害箇所：		
☑売主☐調査☐未確認	／駆除：☐未☐済　　年　　　月頃		
	修補：☐未☐済　　年　　　月頃／予防工事：☐未☐済　　年　　　月頃		
③壁・柱等の腐食、穴、亀裂、汚損	☐発見していない☑現在ある／損傷箇所・状況：		
☑売主☐調査☐未確認			
④給排水管（敷地内配管含む）、排水桝の故障	☑発見していない☐現在ある／故障箇所：キッチン　流し台の下の配水管がときどき詰まる		
☑売主☐調査☐未確認			
⑤建物の傾き	☑発見していない☐過去にあった☐現在ある／傾き箇所：		
☑売主☐調査☐未確認	／修補：☐未☐済　　年　　　月頃		
⑥増減改築、用途変更	☐無☐不明☑有／箇所：1階サンルーム		
☑売主☐調査☐未確認	時期：1990年　1月頃／増減改築に関わった建設業者名：○○建設　　☐不明		
⑦火災（ボヤも含む）	☑無☐不明☐有／被害箇所・状況：		
☑売主☐調査☐未確認	／時期：　　年　　　月頃／修補：☐未☐済　　　年　　　月頃		
⑧境界について	取決め書：☑有☐無／紛争：☐無☑有／紛争の内容：南側所有者と境界の確認書がある		
☑売主☐調査☐未確認	境界標：☐確認できた☑確認できない／確認できない箇所：南側との境界（地番○○番－○○）		
⑨塀・フェンス・擁壁について	取決め書：☑無☐有／紛争：☐無☑有／紛争の内容：南側所有者と互いの塀の所有に関して認識が異なりトラブルになった		
☐売主☐調査☐未確認	方角：　北　側／☑塀☐フェンス☐擁壁／帰属：☑売主☐隣地所有者☐共有☐不明		
☐売主☐調査☐未確認	方角：　南　側／☑塀☐フェンス☐擁壁／帰属：☐売主☐隣地所有者☐共有☑不明		
☐売主☐調査☐未確認	方角：　　側／☐塀☐フェンス☐擁壁／帰属：☐売主☐隣地所有者☐共有☐不明		
☐売主☐調査☐未確認	方角：　　側／☐塀☐フェンス☐擁壁／帰属：☐売主☐隣地所有者☐共有☐不明		
⑩越境について	越境：☐無☐不明☑有／☐塀☐フェンス☐建物☑植栽☐給水管☐排水管☐ガス管		
☑売主☐調査☐未確認	☑　　北側 場所・状況：北側所有者の植木の枝葉が越境している		
	取決め書：☑無☐有／紛争：☑無☐有／紛争の内容：		
	引継事項：		
⑪地盤の沈下、軟弱等	☑発見していない☐過去にあった☐現在ある／状況：		
☑売主☐調査☐未確認	／修補：☐未☐済　　年　　　月頃		
⑫地中埋設物	☑発見していない☐現在ある／種類：旧建物基礎☐建築廃材☐浄化槽☐井戸☐		
☑売主☐調査☐未確認	場所・状況：		
⑬土壌汚染等に関する情報	土壌汚染の有無またはその可能性、過去の土地・建物所有者と利用状況、周辺の土地の過去及び現在の利用状況等の情報：☑無☐有／情報の概要：		
☑売主☐調査☐未確認			
⑭電波障害	☑無☐不明☐有／状況：		
☑売主☐調査☐未確認			
⑮石綿使用	☑無☐不明☐有／状況：		
☑売主☐調査☐未確認			

[売買物件の使用状況　☑売主使用　□空き家　□賃貸等第三者の使用　□　　　　　　　　]	
⑮浸水等の被害	□無□不明☑有2008年　2月頃／程度：台風0号で床下浸水
☑売主□調査□未確認	
⑯近隣の建築計画	□無□不明☑有／概要：西側道路向かいに4階建てのマンションが建築中
⑰騒音・振動・臭気等	☑無□不明□有／状況：
☑売主□調査□未確認	
⑱売買物件に影響を及ぼすと思われる周辺施設	ゴミ集積所、ゴミ処理場、暴力団・その他反社会的勢力関係者の事務所・住居・関連施設、産業廃棄物処理施設、火葬場、墓地等、一般的観点から判断して気になると思われるもの
	□無□不明☑有／概要：北東側100m先に○○寺の墓地がある
⑲売買物件に影響を及ぼすと思われる過去に起きた事件、事故等	売買物件やその他近隣で発生した事故・事件（自殺、殺傷事件、強盗、空き巣、銃器発砲など）や隣人の迷惑行為等の買主に心理的影響があると推定される事項
	☑無□不明□有／概要：
⑳近隣との申し合わせ事項等	近隣住民（自治会・町内会・私道所有者等）間での協定や取り決め（ゴミ集積所の維持管理、私道や埋設管の維持管理・掘削承諾、通行権等に関する事項）で、買主に引き継ぐべき事項
	□無□不明□有／概要：町会費　月額500円、ごみ置き場の清掃担当あり

Ⅱ. 売買物件に関する資料等（土地のみの場合は㉒〜㉚は記入不要）※「有」の資料等は買主に引渡します。

資料の種類	資料の有無	「有」の資料名
㉒建物の新築時の資料	□無☑有	☑建築確認申請書☑確認済証□検査済証☑設計図書□
㉓建物の増改築時の資料	□無☑有	□建築確認申請書□確認済証□検査済証□設計図書□
㉔建物の状況調査に関する資料	☑無□有	□建物状況調査報告書□建物状況調査の結果の概要□
㉕定期調査報告の資料	☑無□有	□定期調査報告書（建築物）□定期検査報告書（昇降機等）
㉖住宅性能評価等に関する資料	☑無□有	□既存住宅性能評価書□設計住宅性能評価書□建設住宅性能評価書
㉗耐震診断等の調査に関する資料	□無☑有	☑耐震診断結果報告書□耐震基準適合証明書□
㉘住宅瑕疵保険等の付保資料	☑無□有	□既存住宅売買瑕疵保険の付保証明書□
㉙修繕履歴に関する資料	□無☑有	☑2000年8月屋根葺き替え工事の見積り
㉚建物の石綿使用調査資料	☑無□有	□
㉛前所有者から引き継いだ資料	☑無□有	□

Ⅲ. 売買物件の取得等に関わった宅地建物取引業者等、浄化槽保守点検業者・プロパンガス業者連絡先等

㉜分譲業者	□無□不明☑有　分譲業者名：○○建設　施工業者名：○○工務店
㉝売買取得時に関わった宅地建物取引業者等	□無☑有　会社名：○○不動産
㉞プロパンガス業者連絡先	□無☑有　会社名：○○ガス　TEL：042-0000-000X
㉟浄化槽保守点検業者連絡先	☑無□有　会社名：　　TEL：

Ⅳ. 備考（「売買物件の状況」の追記等）

《売買物件の鍵の状況》

1. 現在所有している鍵の本数：　8本（内訳：玄関部分　4本、勝手口部分　4本、　　部分　　本、警備会社等への預託　　本）
2. 売主による鍵の紛失の有無：□無　☑不明　□有（内訳：　　部分　　本、　　部分　　本、　　部分　　本）
・売買物件内または近隣に民泊の存否（知らない・知っている）

※ゴミ、特に定めのない不要な家具、物品等は売主にて処分します。

　　　　年　　月　　日付不動産売買契約に基づき、売主は、売買物件の状況等について買主に説明し、買主は説明を受けました。

　　　　　　　　　　　　　　　　　　　　　　　　　　　　　　　　　　年　　月　　日

　＜売主＞　　　　　　　　　　　　　　　＜買主＞

　氏名　　　　　　　　　　　㊞　　　　　氏名　　　　　　　　　　　㊞

Section 08

建物状況調査

建物状況調査をしなくても不動産取引はできるけど、やれば買主の不安が減るというメリットがあるよ。

建物の不具合の有無を目視や計測で確認する

建物状況調査は、基礎や外壁などの部位ごとに生じているひび割れ、雨漏りなどについて、目視や計測で行う調査です。既存住宅の建物について、構造耐力上主要な部分などに生じた劣化や不具合の有無を把握するのが目的です。

建物状況調査自体は実施する義務はありませんが、宅建業法により宅建業者に一定の義務が課せられています。

大手不動産会社では、多くが無料で建物状況調査を実施するサービスを提供しています。中小規模では無料の会社もあれば、売主の負担で実施する会社もあります。調査会社によりシロアリや給排水設備などのオプション調査を設けています。

調査をするかしないかを売主に必ず尋ねる

建物状況調査に関して、不動産業者が負う義務は次の通りです。

①媒介契約書に「建物状況調査を実施する者のあっせん（紹介）に関する事項」を記載すること（売主に調査をするかしないかを確認する義務がある）

②売買契約成立までの間に「建物状況調査の結果の概要、建物の建築・維持保全の状況に関する書類の保存状況」を重要事項説明すること

③売買契約書に「建物の構造耐力上主要な部分または雨水の浸入を防止する部分の状況について、当事者の双方が確認した事項」を記載すること（調査を行った場合、その内容を記載する義務がある）

建物状況調査で劣化が発見されると「劣化事象あり」と報告書に記載されますが、補修の必要性を問われるわけではありません。また、「建物状況調査が実施されている物件か否か」では購入希望者に伝えなければなりません。

MEMO 2018年4月に既存住宅の流通促進のための宅建業法の改正により、不動産業者の建物状況調査に関する説明が義務化された。米国では多くの不動産取引で同様の「ホームインスペクション」が行われている。

●建物状況調査の検査内容

既存住宅売買瑕疵保険の検査基準と同等のものである既存住宅状況調査方法基準に従い、住宅の構造に応じた調査対象部位を調査します。

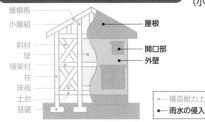

木造（在来軸組工法）の戸建住宅の例

屋根板
小屋組
斜材
壁
横架材
柱
床板
土台
基礎

2階建ての場合の骨組
（小屋組、軸組、床組）などの構成

- 屋根
- 開口部
- 外壁

――― 構造耐力上主要な部分
●―― 雨水の侵入を防止する部分

RC造（壁式工法）の共同住宅の例

排水管
屋根板
床板
壁
基礎
基礎杭

2階建ての場合の骨組
（壁、床組）などの構成

- 屋根
- 開口部
- 外壁

検査項目

※検査は、非破壊かつ目視等による

構造耐力上主要な部分

雨水の浸入を防止する部分

●建物状況調査を行うときの主な問い合わせ先

機関名称と既存住宅状況調査技術者検索 URL

一般社団法人 住宅瑕疵担保責任保険協会
http://kashihoken.or.jp/inspection/search.php

公益社団法人 日本建築士会連合会
https://aba-svc.jp/house/inspector/index.html

一般社団法人　全日本ハウスインスペクター協会
https://house-inspector.org/members/inspector

一般社団法人　日本木造住宅産業協会
http://www.mokujukyo.or.jp/initiative/inspection/

一般社団法人　日本建築士事務所協会連合会
https://kyj.jp/inspection/search

買主は、建物状況調査の結果を参考に、物件に問題がないかを確認したり、リフォームの必要性を判断できるよ。

仕事のツボ　建物状況調査を行うメリットは、住宅の状況を把握した上で売買が行われるので、取引後のトラブル抑止を期待できることにあります。

Section 09 土地の「面積」の確定と測量の種類

「公簿面積」「実測面積」「建築確認の対象面積」など
いろんな種類の面積があるから混同しないようにしよう。

「公簿面積」と「実測面積」

　土地の面積には、「公簿面積」「実測面積」「建築確認の対象面積」など、いくつかの種類があります。公簿面積は「登記簿面積」とも呼ばれ、その名の通り登記簿に記載されている面積です。これに対して、実際に測量をして算出した面積が「実測面積」です。なお測量には、「現況測量」と「確定測量」があります。

　「建築確認の対象面積」は、敷地に道路が含まれる場合などにその分を除いた面積で、実際に建物を建てることができる面積を表し、「有効宅地面積」と呼ばれます。

正確な面積を知ることが不可欠

　不動産取引を進めるには、物件の面積が正確に分かっていなければなりません。ところが、測量図がないのできちんとした寸法がわからない、あるいは境界が不明確といった理由で、土地の面積が不明なまま時間が経っていることが少なくありません。このような場合には、測量やそれに付随した登記をする必要があり、測量・登記業務は土地家屋調査士に依頼をすることになります。

　わずかな面積の違いで、売価が何百万円も変わってくることもあります。たとえば敷地面積の最低限度が70㎡の地域では、139㎡の土地だと1区画としてしか利用できません。ところが実際に測量をして1㎡多いことが分かると、140㎡を70㎡の2区画に分けて分譲することが可能になり、面積当たりの価格がはね上がることも。また買主や隣地との紛争を防ぐためにも、測量をして面積を確定することは重要な意味を持ちます。

MEMO　「敷地面積の最低限度」とは、自治体が定めた建物の建築に最低限必要な敷地面積のこと。小規模な敷地の増加で市街地が建て詰まり状態となり、日照、通風、防災などを阻害して環境が悪化する事を防ぐのが目的。

●土地の面積と測量

土地の面積の種類

公簿面積
登記簿に記載されている面積。必ずしも実測面積と同じとは限らない。

実測面積
現地で実際に測量した面積。おおよその面積を知るための「現況測量」と役所や関係者立ち会いのもとに行う「確定測量」がある。

建築確認の対象面積
敷地に道路が含まれる場合などにその分を除いた面積で、実際に建物を建てることができる面積を表わす。有効宅地面積ともいう。

測量の流れ

①境界標の確認
隣地との境を示す境界標の有無を確認

②現況測量
境界標を元に現地を測量し、土地の大きさを求める

③越境の確認
現地測量時の仮の境界線に対して隣地などからの越境物を確認

④セットバック面積の確認（道路後退が必要な敷地の場合）
現地測量図に対して道路幅員と道路後退線を記載し、セットバック面積を算出

⑤敷地内高低差の測量（敷地内に高低差がある場合）
敷地内の高低差を複数の地点で計測し、現地測量図に記載

⑥確定測量
すべての隣接土地所有者や道路管理者（官公署）の立ち会いの下に行う測量

●現況測量（仮測量）

名称	現況測量（仮測量）
概要	おおよその面積を知るために境界の位置が確定しなくても行う測量
作成される図面	現況測量図（仮測量図）
測量から図面完成までの期間	1週間から10日程度
費用	10万円〜15万円程度（土地面積による）
用途	法務局に地積測量図がない場合などに、販売活動を開始するために面積や寸法の目安を出すため実施
備考	敷地内に高低差があり、その高低測量を行う場合は、追加で費用がかかる。

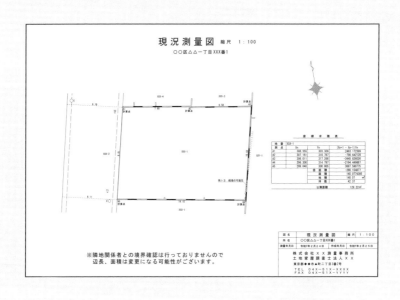

※隣地関係者との境界確認は行っておりませんので
辺長、面積は変更になる可能性がございます。

仕事のツボ　確定測量には想定以上の時間がかかる場合も。売買契約が決まってから測量をして問題が発生すると収拾がつかなくなります。売主には販売前に費用・スケジュールを承諾してもらいできる限り早く着手します。

●確定測量

名称	確定測量
概要	すべての隣接土地所有者や道路管理者（官公署）が立ち会って行う測量
作成される図面	確定測量図
測量から図面完成までの期間	2か月から長くて半年
費用	40万円〜100万円程度 （土地面積・立ち合い人数による）
用途	分筆登記（→P.101）や地積更正登記（正確な面積を出した確定測量図を登記し直すこと）を行うときに必要
備考	分筆登記や地積更正登記には、申請を行う土地の確定測量図ですべての境界が確定していることが要件。隣地との境界線が明確であることを証明するため、測量の際に境界の位置を所有者同士で確かめて確認書を取り交わす。境界標が存在しない箇所は境界標の設置が必要で、その際には接する土地の所有者全員の承諾が必要。

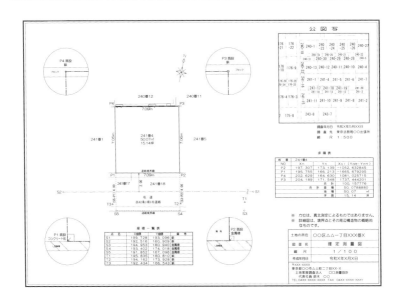

●測量図の違い

法務局が備える公的な測量図面。確定測量で決まった境界点を起点に測量し、登記（地積更正登記）することにより、公的な地積測量図となる。登記の時期が古いと内容が不正確なことがある。

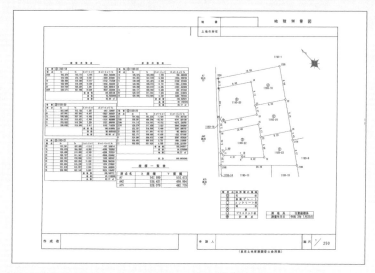

測量を行うと、面積以外にも近隣との関係や、隣の土地への建物の越境など、いろんなことが明らかになるよ。

「土地家屋調査士」と「測量士」

　「土地家屋調査士」と「測量士」は、どちらも土地や建物の測量作業を行い測量図などを作成する専門職です。土地家屋調査士は法務局への登記申請を目的として測量を行うのに対し、測量士は地図の作成や公的調査など、登記以外を目的として測量を行います。

●建築確認の対象面積

確定測量図ができても、道路のセットバック（→P.264）で建物を建築できる面積が小さくなる場合があります。敷地に道路が含まれる場合、その道路部分を建築確認の対象面積に含めることができないからです。このような場合は、道路部分の面積を明らかにしてから差し引き、建築確認の際に有効な敷地として申請できる「建築確認の対象面積」を算出します。

●分筆と合筆

敷地の一部を売却する際や、土地を区画割りして分譲地として販売するには「分筆登記」が必要です。分筆とは、1筆の土地を分割して複数の筆の土地にすることです。逆に複数の筆の土地を1筆の土地にすることを合筆といいます。

分筆や合筆の際には、面積を確定しておかなければなりません。ところが過去に測量技術が未熟だったときに測量していたり、登記制度が整っていなかったりして、登記簿に記載された「公簿面積」と実際の面積に差異がある土地は多く存在します。「残地分筆」などのような誤差が大きい分筆方法をとった場合も、こうした誤差が生まれやすいのです。

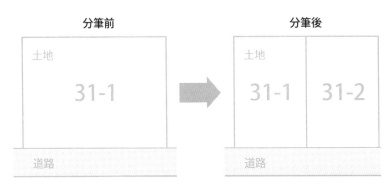

この例では、地番「31-1」の土地が分筆後「31-1」と「31-2」に分かれる

Section
10-1

販売活動①
販売図面の作成

販売価格が決まり、媒介契約を済ませていよいよ販売活動のスタート。その第一歩は販売図面の作成だよ。

販売図面づくりから販売活動が始まる

販売図面はマイソクやハウジングマップとも呼ばれ、販売価格や物件の概要、キャッチコピー、取引の条件などが記載されています。不動産広告となるため、所定のルールに従って作成する必要があります。統一されたフォーマットはなく、独自のツールやパワーポイント、エクセルを使用するなど不動産会社により作成方法は異なります。

売主も販売図面の完成度をチェックしている

綺麗な写真や分かりやすいキャッチコピーの販売図面は、どんな物件か見てみたくなります。反対に間取と最低限の情報だけしかない販売図面は目に留まらないかもしれません。このように、販売図面は売却物件の売れ行きに大きく影響します。写真はできるだけ大きく見せる、間取り図が小さいと物件も小さく感じてしまうなど、その作り方にもノウハウがあります。

販売図面をしっかり作り込むことで、売主も「しっかりと販売活動をしてくれているな」と感じます。売主にとって大切な不動産を売却しているのですから、販売図面に載せるキャッチコピーなどは売主とコミュニケーションをとりながら作成を進めることが大切です。

写真撮影の注意点

販売図面に掲載する写真は、天気が良い日、日当たりの良い時間帯に撮影を。室内写真にプライバシーに関するものが映り込まないように注意し、かつ生活感が出ないようにしましょう。

●販売図面の基本構成

物件概要

価格・面積・権利や都市計画情報、マンションであれば管理に関する事など、記載が定められた不動産情報

キャッチコピー

販売物件のセールスポイント
特徴のあるメリットや住環境などを記載する

間取り・地型図

建物がある場合は間取り図、土地の場合は敷地の形状がわかる地型図。間取りは分譲時のパンフレットや建築時の資料、地型図は地積測量図などを基に作成する

写真

販売物件の外観・内観、周辺環境など、マンションであれば共有部分も掲載する

その他情報

案内図・リフォームや修繕履歴・周辺施設・ライフインフォメーション・設備など

帯

販売図面の最下部にある部分のこと。不動産業者情報・所属団体・担当名・連絡先・取引態様・広告の可否・手数料率などを記載する

●情報の記載に際して注意すること

物件の形質や内容について「完全」「完璧」「絶対」などの表現は禁止

例 ×完璧なセキュリティで絶対に泥棒に入られません！
○防犯システムとしてA社のセキュリティシステムを採用

「日本一」「日本初」「抜群」など競合よりも優位に立つことを意味する用語の表現は禁止

例 ×日本一の眺望を誇るマンション
○ワイドスパンのバルコニーから富士山を望む住戸※ただし天候状況による

「最高」「最上級」「極」など最上級を意味する用語の禁止

例 ×広い道路に面しているため日当たり風通し最高！
○南側公道約6m×東側公道約4mの角地に位置するため、日照・通風良好

その他禁止用語

「お買い得」「掘り出し物」「格安」「破格」「特選」「厳選」「決定版」など

MEMO 坪と㎡の換算計算式 「㎡→坪 ㎡×約0.3025＝坪」
「坪→㎡ 坪×約3.3058＝㎡」

●販売図面の物件概要に記載すべき主な事項

共通

価格	建物に消費税が課税される場合は税込価格を表示
交通	最寄り駅および所要時間を記載 ※1分…80mで算出（端数は切り上げ）
名称	建物の名称や所在階を記載。マンションの場合、個人情報保護の観点から号室は記載しない
所在	登記の地番ではなく住居表示を記載。居住中の戸建の場合、個人情報保護の観点から「○○1丁目」と詳細住所を表示しない
都市計画	都市計画法による用途地域等の内容を記載
土地権利	所有権か借地権か、土地の所有形態を記載
土地面積等	マンションは敷地面積と共有持ち分を記載。土地・戸建は土地面積（公簿・実測）・地目・地勢・私道負担について記載
ライフライン （電気・ガス・上下水）	マンションは給湯（ガス・オール電化）について、土地・戸建はガス（都市ガス・集中プロパン・個別プロパン）・水道（公営・私営）・汚水（本下水・個別浄化槽・集中浄化槽・組取式）雑排水（本下水・側溝・浸透）を記載（→P.284～287）
現状	居住中か空き家か、土地であれば現状古家が存在するか記載
引渡し	引き渡し時期や、引渡し時の状況を記載
備考	取引内容・物件により告知する内容がある場合に記載

マンション・戸建

建物面積	建物の面積を記載。マンションは登記簿に記載された面積（登記面積）ではなく分譲時パンフレット面積（壁芯面積）を記載
間取り	建物の間取りを記載する。 DK・LDK表示の最低畳数について 居室が1つの場合……DK（4.5畳）／LDK（8畳） 居室が2つ以上……DK（6畳）／LDK（10畳） ※なお、1畳は1.62㎡で計算
築年数	登記簿に記載された築年数を記載
駐車場	マンションは敷地内の駐車場の有無・空き状況・使用料を記載。戸建は駐車スペースの有無と種類（車庫・カーポート・カースペース）を記載

土地・戸建

道路	接地する道路の向き、公道私道の種別、接道の幅員、状況を記載。私道であれば私道持ち分について記載。
建築に関する事項	建ぺい率・容積率の制限の内容や、高度地区・防火地域・その他都市計画法・建築基準法で定められた建築に関する事項を記載（→ P.238 〜 255）

マンション

総戸数	分譲時パンフレットで確認したマンション全体の住戸の戸数を記載
バルコニー・専用庭	バルコニー（ルーフバルコニー）・専用庭の面積を記載。使用料がある場合はその負担金額も記載
エレベーター	エレベーターの有無を記載
分譲会社・施工会社・管理会社	新築分譲当時の売主・建物を建築した会社・建物の管理を担当している会社を記載（大手不動産会社分譲・大手建設会社施工のマンションは人気が高い）
管理形態	管理の方式（全部委託・一部委託・自主管理）を記載（→ P.210）
管理人	管理員の勤務状況（常駐・日勤・巡回）を記載
管理費・修繕積立金・その他費用	管理費・修繕積立金の月額金額を記載。マンション全体で必ず発生する月額費用（ケーブルテレビやインターネット使用料など）がある場合は併せて記載

賃貸中（オーナーチェンジ）

賃料	賃貸中の場合は「現状」の部分を賃貸中として月額賃料を記載。「その他情報」の部分に利回りを記載

借地

借地権の種類・借地料・借地期間	借地権の種類と地主に対して月々支払う土地使用料・借地期間を記載（→ P.430 〜 433）

> 販売図面を作成したら、公開前に売主に内容を確認してもらおう。掲載してはいけない写真があったりするよ。

●マンション販売図面の例

仕事のツボ 物件の良いところを一番知っているのは売主です。見落としていたセールスポイントがあれば、販売図面をあらかじめ見てもらってその情報を生かさない手はありません。

●賃貸中（オーナーチェンジ）マンション販売図面の例

●一戸建販売図面の例

●土地販売図面の例

107

Section 10-2 販売活動② 物件情報のレインズへの登録

レインズに登録されると、他の不動産業者が購入検討者への紹介や広告活動を始めて、物件情報がマーケットの隅々まで広まっていくよ。

■ 売主にレインズ登録証明書を交付する

売主と専任媒介契約か専属専任媒介契約を締結した不動産業者には、その物件情報のレインズへの登録が義務付けられています。登録は専任媒介契約の場合契約から7日以内、専属専任媒介契約では5日以内にしなければなりません（→P.078）。一般媒介契約ではレインズの登録義務はありませんが、登録するのは自由です。物件情報の登録は、レインズにログインして行いますが、不動産会社によっては自社のシステムと連動しているところもあります。

専任もしくは専属専任媒介契約をした場合は、宅地建物取引業法で売主へのレインズ登録証明書の交付が義務付けられています。登録が完了したらなるべく早く売主に渡しましょう。登録証明書には、売却依頼主（売主）向けのIDとパスワードが記載されていて、インターネット上の専用確認画面で売却を依頼した物件のレインズ登録内容や販売図面、取引の現状が確認できます。

■ 販売中の取引状況も入力する義務がある

専任もしくは専属専任媒介契約物件の場合は、物件の「取引状況」を必ず入力する必要があります。取引状況は「公開中」「書面による購入申込みあり」「売主都合で一時紹介停止中」から選択します。

なお専属専任・専任媒介契約物件で、取引状況が「書面による購入申込あり」か「売主都合で一時紹介停止中」のときには「取引状況の補足」欄への入力が必須です。未入力だとエラーが表示されます。

専任もしくは専属専任媒介物件で成約したら、レインズに成約登録をしなければなりません。成約登録を行った後は、他の不動産会社が取引相場を調べる際の参考成約事例として利用されることになります。

MEMO　両手仲介を狙う不動産業者の中には、あえて紹介されないようにレインズに販売図面を登録しないところもある。

●レインズの「取引状況」

公開中	客付業者からの案内などが受けられる状態
書面による購入申込みあり	客付業者等から書面による購入申込みを受けた状態
売主都合で一時紹介停止中	売主の事情により一時的に物件を紹介できないとき

●「取引状況の補足」欄の記入例

公開中

下記のように売主の希望する条件などを記載する場合がある
- **案内受入れ日時を指定するとき**
  売主都合で土、日の午前中のみ紹介可
- **相手先を限定するとき**
  売主の希望で現金決済可能な方のみ紹介可
- **相手先の情報の事前提供を望むとき**
  売主の希望で事前に氏名、年齢、職業等の情報が事前提供できない方への紹介不可
- **購入申込みが破棄されて公開中に戻したとき**
  公開再開日（購入申込み破棄受付日：令和○年○月○日）

書面による購入申込みあり

- **申し込みがあった日時を記載する**
  購入申込書面受領日：令和○年○月○日
- **受付を継続する場合**
  売主意向により受付継続中

売主都合で一時紹介停止中

売主都合により令和○年○月○日まで紹介停止、売主申し出日：令和○年○月○日

「物件調査→販売図面作成→レインズ登録」を期限までに完了するには、手際のよいスケジューリングが求められる。宅建業法違反にならないようなるべく早く登録を。その後も情報を随時更新しよう。

販売活動③
インターネットによる告知

販売図面や紙広告では掲載できる不動産情報に限りがあるけど、
インターネットならたくさんの内容を提供できるよ。

購入検討者は必ずインターネットで調べる

販売活動では、インターネット経由の集客が主流であり、反響が最も多くあります。折込チラシやポスティング広告（→P.112〜115）を見て室内状態が気になったり、内見をしたが設備の有無をもう一度確認したいという場合にも便利で、購入検討者は必ずといっていいほど物件情報が掲載されたサイトを閲覧します。またレインズを見て購入検討者に紹介しようとする他の不動産会社の担当者もインターネットで確認します。

サイトに訪れる人は、紙面では確認できない情報を求めています。ですからインターネットにはできる限り多くの写真を掲載し、情報を充実させることが販売促進のコツです。

不動産会社の自社サイトに掲載する

不動産物件情報サイトには、「自社サイト」と「不動産ポータルサイト」があります。

自社サイトでは、不動産会社が自ら取り扱う物件情報を発信します。大手の不動産会社やフランチャイズ不動産会社が運営する自社サイトは、多くの購入検討者が閲覧しています。

中小規模の不動産会社だと、自社サイトの閲覧数が伸び悩むこともあります。会社によっては物件情報を掲載する機能を備えていないことも。だからといって物件情報を載せない手はありません。売主に「責任をもって販売活動をしてくれているんだ」と認識してもらうためにも、自社サイトには不動産情報を登録しましょう。

仕事のツボ　広告費用に限りがある場合は、売れる物件から優先的に掲載するのも1つの手段です。

不動産ポータルサイトは反響が大きい

　不動産ポータルサイトは、複数の不動産会社の物件情報広告を多数まとめてウェブ上で公開しています。最大のメリットはネット検索で上位に表示されることが多く、多くの顧客が見て問い合わせをすると見込めることです。物件情報に限らず、幅広く総合的な住まいの情報を提供していて、サイトの使い勝手もいいことから「まずは不動産ポータルサイトで情報収集を始めよう」という人がたくさんいます。

　デメリットとしては広告費がかかり、他物件より優先表示させるためには、さらに広告費が割高になることです。それでも費用対効果が高いので、掲載を検討するべきです。ポータルサイトごとに特徴があるので、広告料金を見て比較検討しながら媒体を選びましょう。

●代表的な不動産ポータルサイト

名称と URL	運営会社
SUUMO https://suumo.jp/	(株)リクルート住まいカンパニー
ライフルホームズ https://www.homes.co.jp/	(株)LIFULL
at home https://www.athome.co.jp/	アットホーム(株)
Yahoo!不動産 https://www.athome.co.jp/	ヤフー(株)
オウチーノ https://www.athome.co.jp/	(株)オウチーノ

物件情報に併せて担当者の顔写真や情報が掲載されていたりすると、安心感がアップするよ。

「従量課金制」枠と「反響課金制」枠

　不動産ポータルサイトの広告には、期間単位や件数単位で広告掲載権を購入する「従量課金制」枠と、物件掲載は無料で問い合わせ件数や成約件数に応じて料金が発生する「反響課金制」枠があります。

販売活動④
紙広告による買主募集

売却物件の紙広告と違って、販売するときの紙広告は
購入希望者をイメージしターゲットに向けて出すんだ。

販売の紙広告は近隣への配布が基本

広範囲の集客はインターネットが主流ですが、地域限定なら新聞の折り込み
やポスティングのチラシも反響が期待できます。新聞折込を広範囲に実施する
と、かなりの費用が発生します。また広範囲のポスティングも相当の労力が必
要です。紙媒体の販促は販売物件の近隣地域に限定するのが基本です。

すぐに反響がなくても、チラシをとっておき時間が経過してから問い合わせ
てくるケースもあります。下記のように購入検討者のニーズをイメージすると、
効率よく集客ができます（ただし違反広告にならないように注意）。

①マンションは「同マンション内」

想定される購入ニーズは「両親を同じマンションに住まわせたい」「高層階
に住み替えたい」「今賃貸で借りているが同じマンションで購入したい」

②戸建は「同学区内のマンション」「同駅利用のマンション」

想定されるニーズは「通学・通勤環境を変えずに広い家に住み替えたい」

③急行停車駅のマンションや戸建は「隣の各駅停車駅のマンションや戸建」

想定されるニーズは「住み替えるならより通勤・通学時間を短縮できる環境
に住み替えたい」

紙広告からネットの情報サイトに導くには

紙チラシを見た検討者の多くは、不動産情報が掲載されたサイトを訪れよう
と思います。次のように、サイトにたどり着きやすく、また問い合わせをしや
すいようにしましょう。

● 会社の電話番号、担当の携帯電話番号を大きく分かりやすく表示する
● 物件情報の掲載ページや自社HPのアドレス、QRコードを記載する

仕事のツボ　購入希望者向けの紙広告から、売却の査定相談が来ることもあります。たとえば「同じマンション・同じ
間取りで2階上の部屋を売るといくらになるか？」といったケースです。

●紙広告（新聞折込／ポスティング）の例

戸建の広告

マンションの広告

> 購入する顧客のイメージがなかったり、様々な顧客が予想される物件は、紙媒体ではなくインターネット広告を強化するほうがベターかも。

紙広告に住宅ローンの毎月返済額を表示する

不動産の販売価格も重要ですが、買主にとっては月々の住宅ローン返済額がいくらになるのかも気になるものです。住宅ローン返済例の表示を行うことで「これくらいの月々支払なら」と購入を前向きに検討いただける可能性が高まります。

月々のお支払い例：頭金・ボーナス払い無

毎月返済（年12回）
毎月返済額：○○，○○○円
（借入金額○○○○万円、変動金利0.875%、返済期間○○年）
※上記支払い例は概算です。ほかに諸費用が必要になります。金融機関の審査等によりご利用がいただけない場合や上記金利が適用できない場合があります。また、返済期間途中で金利が変更となる場合があります。

仕事のツボ 不動産の販売価格だけでなく、月々の住宅ローン返済額の表示があれば購入検討者に「これくらいの月々の支払いなら購入できるかも」と思ってもらえることもあります。ただし記載方法には注意します。

隣接地訪問とポスティング

隣接地の所有者や同じマンションの居住者が購入を検討する可能
性は高いので、隣接地訪問やポスティングが有効だよ。

隣接地所有者は購入予備軍でもあり、良好な関係を築く

隣接地を購入すれば今の敷地が有効活用でき、資産価値が向上する可能性が
あるので「隣の土地は借金をしてでも買え」と昔から言われます。ですから土
地や戸建を販売する際には、隣接する土地所有者に物件資料を持って訪問しま
しょう。

そのまま検討して購入してもらえれば一番いいですが、購入に至らなくても、
現地販売会などで顔を合わせたり、測量で立ち合いをお願いすることがありま
す（→P.096）。物件について知り得なかった有益な情報を教えてもらえること
もあるので、隣接地所有者とは、良好な関係を構築したいところです。

同マンションへのポスティングも意外に有効

マンションの販売も、同じマンションの居住者が購入を検討する可能性が高
くなります。とはいえ集合住宅だと一棟に何十世帯が入居し、大型のマンショ
ンなら総戸数は何百戸にもなるので、すべてを訪問して回るわけにはいきませ
ん。また何百戸クラスになると、ダイレクトメールを郵送するにしても所有者
調査のための登記事項証明書の閲覧、郵送代金などで費用が高額になってしま
います。

対象を周囲の世帯に絞り、「販売の案内文」と「販売図面やチラシ」を封筒
に入れてポスティングすれば、こうした費用をかけなくて済みます。通常のポ
スティングのチラシだと右から左へと捨てられてしまいがちですが、この場合
は興味を持つ人の目に留まる可能性が高くなります。

ただ高額な物件を、予算が届かない相手に案内しても効果は期待できません。
想定されるニーズとのマッチングにも配慮しましょう。

●隣接地訪問時に持っていくもの

名刺	会社概要
販売図面や物件資料	販売開始の手紙と封筒 （訪問して不在だった場合に投函するため）

レインズやインターネットに掲載する前に、未公開情報として隣接地や周囲の人に紹介すると、希少性が高いので興味を持ってもらえるよ。

物件によっては銀行や士業にダイレクトメールを

販売物件が節税対策に有効だったり、際立って高級な不動産だと、ダイレクトメールによる販売促進が効果的な場合があります。送付先は、銀行や税理士・公認会計士、地元の有力企業などです。相続対策・節税を必要とする人や、高ランク顧客へ紹介をしてもらうことが期待できるからです。

仕事のツボ　測量の立ち合いが必要になる隣接地所有者には、必ず事前に訪問します。登記簿・公図・測量図で説明をしておくことで、後々の作業がスムーズに行えます。

Section
10-6

販売活動⑥
現地販売会の実施

現地販売会は、近隣の人や購入検討者が
室内まで確認できるいい機会になるよ。

現地販売会で物件を売り込むのは NG

現地販売会は、来場が見込める土日に開催するのが一般的です。

多くの人に来てもらえるかどうかは、事前の周知や広告活動しだいで大きく
違ってきます。周辺エリアへの折込やポスティングチラシ、インターネット告
知を忘れずに行いましょう。

人気物件や希少性のある物件を別とすれば、現地販売会の来場者がその場で
購入意思を示してくれることは期待できません。見学後アンケートに記入して
もらい、今の住まいに対する悩みや住宅に対する要望を集めます。これが購入
ニーズを知る貴重な資料となります（→ P.146）。しつこく販売物件を売込む
ことは控えて、次回のアポイントにつなげましょう。

●現地販売会の開催方法

準備	①**売主に現地販売会の許可をとる** マンションの場合は管理組合からも許可を得ます。マンションによっては、掲示板に開催告知書面を掲示する必要があります。
	②**現地販売会を告知する** 自社HP、ポータルサイトでの告知／新聞折込チラシ（土日に開催する場合は土曜日の朝刊に折込）／周辺ポスティングチラシ
	③**必要な販促物を搬入する** のぼり旗／看板／折り畳み椅子や机（接客できるように椅子は 3～4 脚用意するとよい）／マットやカーペット／スリッパ（4 足以上）／資料（販売図面・概算資金計画・物件資料・会社概要・周辺の売出物件情報など）／アンケート用紙
当日	④**看板やのぼり旗を設置する** ⑤**来場者に対応する**
終了後	⑥**設置物、搬入物の撤収**

MEMO　現地販売会は「オープンハウス」、マンションの場合は「オープンルーム」と呼ばれることもある

●現地販売会の例【外観】

・交通の妨げにならないように、看板は敷地内に設置
・のぼり旗は倒れないようにしっかりと設置する。注水式ポール台を使用する場合は事前に台に水を入れておく（物件の水道が使えない場合に公園の水道を使うのは盗水行為なのでNG）
・横断幕などデコレーションをすると目立つが、しない場合も多い
・自社の車が駐車をする場合は、事前に売主の許可を得る

●現地販売会の例【室内】

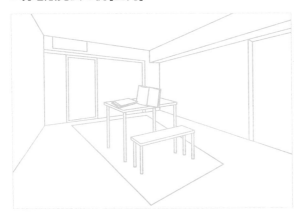

・家具がない場合は、床を傷つけないようにマットやカーペットを敷いて机や椅子を設置する。机の上には資料を置く。

来場者には必ずアンケート記入をお願いしよう。購入者候補リストが増えるほど営業活動の幅が広がる。

●予約制内覧会

開催時間中に現地で待機する現地販売会ではなく、インターネットで「予約制内覧会」を告知して集客する方法もあります。

> 現地の案内文の例)

「予約制内覧会　開催中」
予約制の内覧会を開催しております。現地に係員はおりませんので、お手数ですが事前にご予約をお願い申し上げます。

●現地販売会で気を付けておきたいポイント

☐ 現地販売会のチラシには、来場しやすいように地図を表示します。もしくはGoogleマップのQRコードを掲載します。

☐ 来場者や通りがかりの人が見学しやすい雰囲気づくりを心がけます。
よい例　「よろしければご自由にご覧ください」
　　　　「わからないことがあればご質問ください」と笑顔で声がけをする
悪い例　椅子に座って寝ている。ずっとスマホを見ている

☐ 訪れた人がいい印象を持って帰ることが大切。物件の検討は資料を持ち帰ってしてもらいます。

☐ エアコンを使用する場合は、あらかじめ売主に許可をもらうこと。冬場に暖房が使用できないときの現地販売会は、寒さ対策を忘れずに。

☐ 現地販売会で車内に待機していると声をかけづらいので、車から出て来場者を待ちます。天候により車内で待機しなければならない場合は、近隣の迷惑にならないようエンジンを切っておきます。

●捨て看板、電柱ビラ広告は厳禁

捨て看板、電柱ビラ広告などは、屋外広告法や条例に違反する行為で、道路交通法にも抵触します。しかも必要な事項が記載されていない場合が多く、町の美観を損ねるのみならず、掲出した不動産会社の信頼を損ねます。絶対に行わないようにしましょう。

違法な捨て看板

違法な電柱ビラ広告

違法な誘導看板

来場者に満足してもらうと同時に、ご近所に迷惑をかけないことも重要なのです。

販売活動⑦ 個人からの問い合わせへの対応

売却物件に興味を持った人から問い合わせが来たら、すぐ営業モードには入らずに、まずはていねいな対応を心がけよう。

個人からの問い合わせにはネット反響と電話反響がある

購入予備軍となる個人からの問い合わせは、大きくわけて、インターネット経由（ネット反響）と電話によるもの（電話反響）があります。

自社サイトやポータルサイトからのネット反響では、問い合わせ物件名、連絡先（メールアドレスや電話番号）、希望内容が記載された問い合わせ情報が届きます。

電話番号が記載されている場合は電話をします。ただし電話に出なかったら、出るまで何度も繰り返しかけるのではなく、あいさつを兼ねたファーストメールを送ります。「電話での連絡はしないでほしい」旨の記載があった際は、必ずメールかポータルサイト経由で連絡をします。

電話での問い合わせには安心感が持てる対応を

電話反響は、興味を持った人と直接話ができる絶好のチャンスです。ただ相手は期待半分、不安半分で、「しつこく営業されたらどうしよう」とか「必要以上に個人情報を知られたくない」と思っています。ですから、安心できるように懇切丁寧な対応を心がけます。

その上できちんとヒアリングをします。次のステップに進んでより具体的な案内をしたら、実は予算オーバーで購入できないといったことがないように、早い段階で確認しておくことが大切です。また問い合わせてきた物件以外で成約することもありますから、なるべく多くの情報を伝えてもらうようにします（→P.146）。

仕事のツボ　反響があったら、必ず内覧（現地確認）を提案します。

●ネット反響に対する返信メールの例

○○ 様
この度は●●（ポータルサイト名）よりお問い合わせを
いただき、誠にありがとうございます。
私は○○不動産株式会社の□□（ふりがな）と申します。
どうぞよろしくお願いいたします。

お問い合わせをいただいた「○○マンション」は○○駅
徒歩○分で、駅前には△△、＊＊といった日頃のお買い
物には十分なスーパーがございます。
閑静な住宅地に位置し、緑の多い○○公園へも徒歩３分
と、お子様とご一緒に過ごす環境も充実しております。

室内は大変キレイに使用されております。
また、食洗機付きシステムキッチン、広い玄関は大型
シューズロッカー付きでございます。

是非、設備に併せて、日当たりや眺望をご覧頂きたく存
じます。
内覧の際は弊社でご案内いたしますので、□□（ふりが
な）までご連絡ください。

物件についてのご質問、現地でのご案内手順、資金計画
のご相談やご不明点など、お気軽にお申し付けください。

○○様からのご返信をお待ち申し上げております。
よろしくお願いいたします。

※本メールに販売図面と物件資料をＰＤＦで添付してお
ります。
==================
会社名 ㈱○○○○
担当者名 ○○○○
TEL・FAX ○○（○○）○○○○
MAIL ○○○○○○○○
営業時間 ○○時〜○○時（休日は○○、○○）
住所 〒○○−○○ ○○○○○○○○○○○ ○○
ビル
==================

●電話反響への対応例

検討者 「チラシで○○マンションの情報を見たのです
が、この物件はありますか？」

担 当 「○○マンションですね。現在、ご紹介可能と
なっています。」

検討者 「一度中を見てみたいのですか、今週の土曜日
の13時から内見できますか？ 現地に直接向
かいたいんですが」

担 当 「はい。可能です。それでは次回土曜日の13時
にマンションのエントランス前にてお待ち合わ
せでいかがでしょうか。当日は何名でお越しい
ただきますか？ ご資金計画を作成の上、当日
お渡しさせていただきたいのですが、お客様に
ついて、差支えのない範囲でお伺いさせていた
だいてもよろしいでしょうか」

電話反響はインターネット経
由の問い合わせに比べて真
剣に検討しているケースが多
い。しっかりと対応して案内
につなげよう。

電話対応で確認する事項

・名前
・電話番号
・メールアドレス
・希望の引渡し時期（引越しの希望時期）
・購入名義人（単有、共有、他出資者の有無）

・年収
・オートローン、リボ、奨学金の有無
・毎月の支払い希望額
・子供、ペット、車の保有状況

仕事のツボ　問い合わせ物件で購入に至らないことも想定して、次回提案のためにヒアリングをしっかりと行うように
します。

販売活動⑧ 不動産業者からの問い合わせへの対応

> レインズの情報を見た他の不動産業者からも、物件確認の問い合わせが入るよ。

　不動産業者から売却物件について電話で問い合わせがあった場合は、相手が仲介会社か買取会社か、また何を希望しているかにより対応が異なります。具体的には、次のような対話になります。

●不動産仲介業者への対応例

> 仲介会社の問い合わせは「ご紹介頑張ります」と締めるのが慣習です。

①物件確認

他業者	「物件確認よろしいでしょうか。○○マンションの4階部分はございますか?」
担当	「はい。ございます」
他業者	「ありがとうございます。紹介させていただきたいのでこちら（メールアドレスやファックス番号）まで、物件資料をお送りいただけますか?」
担当	「はい。後ほど送ります」
他業者	「ご紹介頑張ります」

②広告承諾（他の不動産会社が自社の販売物件の広告を行うため）

他業者	「物件確認よろしいでしょうか。○○マンションの4階部分はございますか?」
担当	「はい。ございます」
他業者	「当社で、広告をさせていただきたいのですが、よろしいでしょうか」
担当	「はい。自社ホームページと折り込みチラシは大丈夫です。宣伝活動承諾書をお送りいただけますか?」
他業者	「後ほど承諾書を送ります。掲載用に室内の写真を撮影させていただきたいのですが、土曜日の13時から下見と撮影は可能ですか?」
担当	「はい。大丈夫です。鍵は現地エントランスに設置してありますので、到着されたらお電話ください」
他業者	「ありがとうございます。ご紹介頑張ります」

※宣伝活動承諾書は各社ごとの書式で送付される。書式がなくメールのやり取りで承諾することもある。

※一切広告承諾をしない会社もある。その場合は自社の方針に沿って対応する。

仕事のツボ　後から追加費用・懸念事項が出てくると敏感になります。物件に設備の不具合や告知すべき事項がある場合は、早い段階で伝えましょう。

③内見希望

他業者	「○○マンションの4階部分を土曜日の13時からご案内させていただけますか」
担当	「ありがとうございます。土曜日の13時からご案内可能です。鍵は当社にありますので、当日取りに来ていただけますでしょうか。また、お名刺とご案内するお客様の属性などをメールでいただけますでしょうか」
他業者	「わかりました。後ほど送ります。よろしくお願いします」

買取業者への対応

買取業者	「レインズに掲載されている○○マンションですが、当社で買取は検討できますか？」
担当	「はい。大丈夫です」
買取業者	「いくらぐらいまで下がりますか？（または「指値（希望価格の提示）が可能ですか？」）
担当	「販売開始して間もないため、売主様にお話ししてみないとわかりません。具体的に検討できる価格を教えていただけますか？」
買取業者	「○○万円くらいです」

※買取業者は事業目的で仕入れるため、仲介で売買する価格に比べて安い金額提示が多い。初回でこちらから「○○万円」と具体的な金額を伝えることは避け、先方の検討金額を確認してすり合わる。

将来ほかの不動産業者と共同で仕事をすることがあるかもしれないから、評判を落とすような言動をしないよう気をつけよう。

空室物件はキーボックスを現地に設置する

空室物件の場合は、自社で鍵を保管する場合と、現地にキーボックスを設置して対応する場合があります。特に会社と物件に距離がある場合には、キーボックスの利用は自社、案内業者ともに時間短縮が図れます。

Section 10-9 販売活動⑨ 現地案内・内覧立ち合いの注意点

物件は第一印象が肝心。現地案内で少しの工夫をするだけで、好感度がぐっと高まるよ。

売主に協力してもらって物件を好印象に

居住中の販売物件では、見学者や案内する不動産業者の内覧日時が確定すると、現地案内となります。その前の準備しだいで大きく印象が変わります、売主にも右ページに記したようなポイントを伝えて協力してもらうようにしましょう。

購入を検討している見学者や不動産会社の担当者からは、価格の値引きやエアコンや家具など残すものについて質問が出ることがあります。それに対しては明言を避けるように売主に依頼しておきます。その場の口約束が、後々売買契約の条件に影響して不利になってしまいかねないからです。

内覧が終わったら見送りをします。そして売主に内覧協力のお礼とともに、先方の検討結果がわかりしだい報告すると約束します。

積極的な営業はしなくてよい

現地案内では実際に見なければ確認できない内容や、売主しかわからないことについてしっかりと回答しましょう。不用意なことを言わないことも大切ですが、マイナスな点があればごまかさずに伝えます。「ここがいいです」「あそこが魅力です」などと言うよりも、むしろ信頼感が高まります。見学者が他の不動産会社が連れてきたお客様である場合、相手の不動産会社には事前に資料を送付しているので、物件の概要を書面で確認しているはずです。自社のお客様ではないので、営業トークは控えるようにします。

MEMO　直接自社に問い合わせがあった見学者の案内方法は、P.166〜181 を参照。

●売主に協力をお願いすること

室内を明るく	照明は全室点けて、窓外の開放感がある場合はカーテンを開けます。そうでないときはレースのカーテンだけにするなどして、室内を明るく演出します。
水回りをきれいに	水回りは印象に大きく影響します。出ている生活用品をしまったり、水気を拭き取るだけで印象がアップします。
整理整頓	部屋をスッキリと広く見せるために整理整頓をします。
部屋の臭い	人の家の生活臭は意外と気になるもの。案内予定時間の10分前には窓を開けるなど換気をして清潔感を高めます。

案内予定時間の10分前には現地に到着し、印象アップのため売主にお願いした準備ができているかを確認しよう。

●現地案内・内覧立ち合いで気を付けておきたいポイント

☐ いきなり内覧者が来ると売主の心象が悪くなるので、「これから来ます」と告げて緊張を和らげます。

☐ 仲介会社や内覧者が先に到着してしまい、待ちぼうけにならないようにします。家の前で会話をしていると目立つので、売主の近隣関係に影響する可能性もあります。

☐ 内覧時間はできる限り日当たりの良い時間にしましょう。

☐ 空室の物件を案内する場合も、事前に室内の電気をすべて点けて、窓を開けて空気を入れ換えておきます。

Section
10-10

販売活動⑩
営業活動報告の作成

専任契約や専属専任媒介契約を結んだ売主には、
営業活動の状況を定期的に報告する義務がある。

■ 営業活動報告書をメールか書面で提出する

　不動産会社と売主が媒介契約を結んだ場合、専任契約では2週間に1回、専属専任契約だと1週間に1度、営業活動の内容を売主に報告することが義務付けられています。これを営業活動報告といいます。

　営業活動報告は、契約締結時に媒介契約書で選択した方法で行います。一般的には書面（営業活動報告書）かメールになりますが、メールの場合は営業活動報告書のPDFファイルを添付して送付することが多くなっています。また最近では売主がリアルタイムで売却活動報告を確認できるツールもあります。

■ 営業活動報告の内容で売主が売却を決断することもある

　不動産会社が作成する営業活動報告書は、売主が売却を決断するかどうかを左右する重要な材料となります。問い合わせが少なく内覧者もいない状況で購入希望者があれば、貴重なチャンスが舞い込んだのかもしれません。逆に問い合わせが次々と来ていて内覧の申し込みも多いのであれば、即決しなくてもいいと判断できます。

　このように営業活動報告書は、売主にとって「自分の物件の販売状況が今どういう状況なのか」が把握できる大切な書面です。売却するか否かの決断だけでなく、媒介契約の更新や販売価格の変更（→P.128）にも大きく影響します。営業活動報告をしっかりしていると、価格変更などの条件改定も提案しやすくなります。

中身が薄い報告書を提出していると、販売力や対応の本気度を疑われてしまうよ。

(MEMO) 営業活動報告は、「定期連絡」「売却活動報告（レポート）」などと呼ぶ会社もある。

●営業活動報告書の例

○○○○年○○月○○日

○○　○○様

売却活動報告書

東京都知事（○）第○○○○号
会社名　：　○○○○不動産株式会社
所在地　：　東京都○○区○○１丁目○○
担当者　：　　○○　○○
電話番号　：　○○-○○○○-○○○○

弊社をご利用いただきありがとうございます。ご売却活動中の物件につきまして、宅建業法第３４条の２第８項の規定に基づき、経過報告をさせていただきます。
今後とも、御依頼物件の成約に向け積極的に努力してまいりますので、売却等の条件変更、その他ご意見等ございましたらお気軽にお申し付けください。

物件名	○○マンション○○○号室		
物件所在地	東京都○○区○○１丁目○-○		
媒介契約日	○○○○年○○月○日	媒介種別	専属専任媒介契約
登録指定流通機構名	東日本不動産流通機構		
登録年月日	○○○○年○○月○日	登録物件番号	○○○○
報告対象期間	○○○○年○○月○○日　〜　○○○○年○○月○○日		

販売活動状況			
	広告掲載	☑インターネット広告	
		名称　○○○○　掲載期間　○月○日〜○月○日	
		名称　○○○○　掲載期間　○月○日〜○月○日	
		名称　○○○○　掲載期間　○月○日〜○月○日	
		☑情報誌・新聞広告	
		媒体名　○○○○　掲載日　○月○日	
		媒体名　○○○　掲載日　○月○日	
		□その他	
		名称	
	情報掲示	□店頭（内）掲示・□現地看板・□その他	

折衝状況 (問合せ状況)	電話　○件　来店　○件　現地案内　○件
連絡欄	

●営業活動報告書に記載する主なこと

販売活動の状況	買い手の反応
問い合わせの件数	販促実施内容
案内（内見）数	今後の活動予定

など

　一般媒介契約では営業活動の報告義務はありませんが、１週間か２週間に１度報告書を提出することでこちらの熱意が伝わります。その結果、専任契約や専属専任契約へ切り替えてもらえることも……。

Section 10-11

販売活動⑪
媒介契約更新・価格変更

売主との媒介契約の更新時期を迎えたら、それまでの販売活動を見直し、アクションプランを提案しよう。

媒介契約の更新は売主が判断する

不動産会社と売主との媒介契約期間は、専属専任や専任では3か月以内です。一般の場合も3か月までとするよう行政から指導されています。この期間内に買主が見つからずに自社で引き続き販売するには、媒介契約更新の手続きが必要です。

一般的な媒介契約書には「有効期間の更新をしようとするときは、有効期間の満了に際して依頼者から不動産会社に対して文書でその旨を申し出る」とされています。売主が、同じ不動産会社に引き続き販売をしてほしいと判断すれば、媒介契約の更新について記載された書面に署名・押印をしてもらいます。

販売活動を振返り今後の戦略を提案する

媒介契約の更新は、それまでに成約に至っていないことを意味します。売主にとっては、販売金額や販売条件、媒介契約の種類、そして契約する不動産会社を変更することを考えるタイミングになります。

媒介契約を締結した時には複数の競合会社に競り勝ったとしても、競り負けた会社はその後も定期的に売主へのフォローをしていると考えなければなりません。販売を始めてからの活動が積極的でなかったり、進捗状況の報告義務を果たしていなかったりすると、業務怠慢とみなされて他社に切り替えられてしまいます。

しっかりと販売活動を行っているにもかかわらず問い合わせがなかったり、内見はあっても成約に至っていないのであれば、何らかの原因があるはずです。それは必ずしも価格が高いだけとは限りません。今までの販売活動を振り返り、相場価格も再確認し、成約に向けてアクションプランを提案しましょう。

MEMO 価格変更は不動産業界用語で「値こなし」とも言う。

●契約更新時の販売活動の見直し方（アクションプラン）

> 問い合わせや内見数が少ない

相場に対して価格が高い	価格変更（値こなし）を提案する

販売情報が周知されていない	インターネットや広告の露出量を増やす
	想定される検討者への販売促進を行う

販売物件の魅力が伝わっていない	写真を再撮影する
	キャッチコピーやセールスポイントを見直す

> 内見数があるにもかかわらず成約しない

周辺の販売物件に比べ、価格が高い物件比較として内見をしている（※アテブツにされている）可能性がある。	周辺の売出物件状況を整理して、価格変更（値こなし）を提案する

室内の程度が悪い、荷物が多い	不用品撤去、ハウスクリーニング、ホームステージングなどを提案する

建物・設備などに故障している部分がある	最低限の修補を提案する

仕事のツボ　媒介契約更新の提案は、期限直前にすると印象が悪くなります。2〜3週間前から始めるようにしましょう。

●媒介契約更新・価格変更提案の時に用意するもの

近隣の成約事例
販売開始してから他の物件がどれだけ売れたかなど、売出競合物件の状況がわかるもの

査定書
査定金額確認のため。査定から半年以上経過している場合は再査定してもよい

営業活動報告書
販促活動・問い合わせ・内見・検討数などを振り返る

営業に使用した図面、チラシなど
販促活動がわかるもの

媒介契約更新時は、一般媒介契約から専任媒介契約や専属専任媒介契約に切り替えることができるタイミングでもあるんだ。

媒介契約の期限

　宅建業法では、専任・専属専任媒介契約の有効期間は3か月で、これよりも長い期間を定めた場合でも3か月とすると定められています。それに対して一般媒介契約には法律上の制限はなく（国土交通省の標準契約約款では3か月以内と指導しています）、自動更新の特約も認められています。

仕事のツボ　価格変更の際には、レインズ、自社サイト、ポータルサイトなども忘れずに販売価格を変更します。価格変更時は問い合わせが増加する傾向があり、紙広告なども合わせて積極的に実施するのが効果的。

●媒介契約変更・更新申込書

年　　月　　日

_____御中

媒介契約変更・更新申込書

記

　　　年　　月　　日付で貴社と締結した後記目的物件に関する　　専属専任媒介契約　（以下原契約という）
について、下記のとおり　変更　いたしたくここに申し込みます。

変更・更新内容

□　1．媒介契約有効期間

　　　　　3ヶ月間とする　　　　　　　　　　　　年　　月　　日から　　　　　年　　月　　日まで

□　2．媒介価額

総額　金　　　　　　　　　　　　　　　円　とする

内　訳	建　物　価　額	円
	消費税額及び 地方消費税額	円
	土　地　価　額	円

□　3．その他

_____

_____

□　4．上記以外の事項については、原契約どおりとする。

目的物件の表示　（土地・建物・マンション）

所 在 地 物件名称				
所有者	住　所		氏 名	
登 記 名義人	住　所		氏 名	

住所　　　　　　　　　　　　　　　氏名

依頼者　　　　　　　　　　　　　　　　　　　　　　　　　　　　　印

_____

(注)　● 媒介契約の種類(専属専任・専任・一般)を変更する場合は、新たな契約書の締結になります。
　　　● 訂正のあったときは訂正印を押して下さい。
　　　● 1枚目はお客様の控えですので保存して下さい。
　　　● 媒介価額の内訳は、消費税及び地方消費税課税物件の場合のみ記入して下さい。

①お客様用

> 媒介契約更新と価格変更は一枚の書面で同時にしてもよい。

販売活動⑫ 購入申し込みと条件調整、売渡承諾書

> 売主だけでなく、購入希望者のことも考えながら仲介者として交渉を進めよう。

売主への説明のためにも購入検討者へのヒアリングをしっかり

物件の購入検討者から申し込みがあった際は、売主に報告し、取引を進めるかどうか判断してもらいます。不動産会社は売主の相談に乗って助言をします。売却金額だけではなく期日や諸条件なども含めて総合的に判断し、取引の安全性を確認しながら手続きを進める必要があります。

購入希望者が記入する購入申込書には定まった書式がなく、売主への報告に必要な事項が抜けていることがあります。売買契約締結の相手として問題ないことを売主に説明できるように、できるだけ多くの情報をヒアリングします。

ヒアリングが終了したら、売主に購入申し込みの事実を伝え、買主や購入条件を詳細に説明するためのアポを取ります。細かな調整や条件の確認が予想されるため、できるだけ対面かウェブ会議で行います。

不動産会社は売主と買主の仲介役として折衝にあたる

提示価格のままで、ほかの条件も売主の希望通りで購入する買主であればいいですが、実際には契約条件の調整が必要になるケースが大部分です。売主と媒介契約を結んだ不動産会社は、仲介人として買主との交渉にあたります。

売主が購入希望条件を了承したときは、売渡承諾書に署名押印をしてもらい、売買契約の締結に進みます。了承に至らずに引き続き交渉が必要であれば、売主の提示条件を購入希望者に伝えて折衝を続けます。購入希望条件に対して売主が価格アップを希望したり条件を追加する場合も、承諾が得られた内容を書面にした「売渡承諾書」を受け取っておきましょう。購入希望者に再交渉をする際にこの「売渡承諾書」を提示することで、双方の認識の違いを防止することができ、具体的な検討がしやすくなります。

仕事のツボ　売主買主間の交渉は、回数を重ねれば重ねるほど成約確率は下がるものです。早い段階から、ある程度の着地点を想定して調整を進めるよう意識します。

●購入申し込みについて確認する事項

購入金額

希望価格がある場合、なぜその金額で購入したいのか（リフォーム費用の兼ね合いか、買主なりの相場観か、借入可能金額など資金計画上の問題か）。また売主が購入希望価格に応じなかった場合には、どの程度まで金額を上げること（買い上げ）が可能か。

手付金の額

100万円以上かつ5％以上が理想。それ以下の場合は理由を明確に。

残代金引渡日

極端に長かったり短かったりした場合は、売主が応じられなかったり、リスクが発生する可能性があるため。理由を明確にして妥協点を確認。

融資金額と事前審査状況

どの金融機関でいくら借り入れをするかを明確に。ローン解約を避けるため、住宅ローン事前審査が承認されているかどうか、もしくは事前審査の申込予定と承認予定日を確認。承認済の場合はそのエビデンスも送付してもらう。

契約日時と場所、契約時の出欠席

複数日時を候補として挙げてもらい、売主が選べるようにする。代理人が契約をする場合はその理由を確認。

その他

測量、解体（古家付き土地の場合）、リフォーム、契約不適合責任（瑕疵担保責任）の有無、設備の修復義務の有無、残す設備や残置物といった条件について細かく確認。費用負担が発生する事項なので、ボタンの掛け違いがあると後々トラブルに発展する。

> 最初の購入申し込みのタイミングで、ヒアリングをしっかり行おう。ボタンの掛け違いやトラブルがあると、後になるほど解決が難しくなるよ。

●買主に関する質問事項

属性（住所・氏名・年齢・職業・勤務地・家族構成）

資金計画

物件情報の認知経路

現在の居住形態（持家か賃貸か）

購入動機

物件のどの部分が気にいり申込みをしたか

申込物件にデメリットや告知事項がある場合、その内容を理解して申し込んだか

売渡承諾書(土地建物)

＿＿＿＿＿＿＿殿

　　私（当社）は、後記表示の不動産を、以下の契約条件にて、貴殿（貴社）に売り渡すことを承諾し、本書面にて証明いたします。

≪ 契 約 条 件 ≫

売 渡 金 額	総額	円（消費税含む）		
支 払 条 件	手 付 金	契約締結時支払い		円
	第1回中間金	年　月　日までに		円
	第2回中間金	年　月　日までに		円
	残 代 金	年　月　日までに		円
契 約 時 期	年　月　日			
決 済 時 期	年　月　日			
融資利用の予定	□有・□無			円
その他の条件				
本書の有効期限	年　月　日迄			

≪ 物 件 の 表 示 ≫

	所 在	地 番	地 目	地 積	持 分
土地				㎡	
				㎡	
				㎡	
				㎡	
				㎡	
	土地面積合計			㎡	
備 考					

建物	所 在		家屋番号	
	種 類	構 造		
	床面積	階　　㎡ ・　　階　　㎡ ・　　階　　㎡		
	（その他）	延床面積		㎡

年　　　月　　　日

住　所

氏　名　　　　　　　　　　㊞

売渡承諾書（土地建物）

買主との折衝の際には、売主の希望の根拠を示す資料を示すと効果的です。必要なものは売却価格変更の際と同様です（→P.132）

「お互いによかったと思える取引」を目指す

不動産売却で重要な要素は「売却価格」「期日」「諸条件」です。価格だけではなく、期日や諸条件を含めて総合的に提案をしましょう。

若干の希望価格の違いがあっても、売主が希望する期日までに売却が確実に実現できれば値下げ検討の余地はあり、反対に価格以外の買主の条件を受け入れることを条件に売主の希望価格まで近づけることも可能です。

交渉時に重要なことは、買主と売主の条件を実現可能な範囲ですり合わせて、お互いにとってよかったと思える取引に導くことです。

買主の希望だからと売主のことを考えずに無理に条件を通そうとすると売主から嫌われてしまいますし、その逆も同じです。

少額の手付金には注意

手付金が少ないと、買主が簡単に解約できてしまいます。たえば手付金10万円だと、その10万円を諦めれば

契約を解消できてしまい、売主にとってはリスクのある売買契約を結ぶことになります。

販売活動⑬ 不動産業者による買い取りの検討

早期に売却したい、一般顧客では買い手がつかないときに使う奥の手なのです。

価格は低いが早期かつ確実に売却が見込める

販売物件を他の不動産会社が買い取ることを「業者買取」と言います。物件がマンション・中古戸建ならリフォームやリノベーションで市場価値を高め、土地なら新築戸建を建築したり、区画割りして分譲地として販売します。

業者買取のメリットは、確実にかつ早期の売却が実現できることです。また、一般的に「契約不適合（瑕疵担保）責任と設備の修復義務」が免責されるため、売主は責任を負わずに売却を完了できます。さらに、一般顧客と比べて支払いが早く、ローン特約もないので時間がかかりません。室内の残置物なども、そのままの状態でも容認されることが多く、売主は少ない負担で売却できます。

デメリットは、一般顧客への売却と比較して取引価格が7割〜8割と安くなりがちなことです（地域や物件によっては変わらない価格の提示もあり）。買い取りは不動産業者には仕入れになるため、売れると考えられる価格から商品化するための費用や経費を差し引いて買取価格を弾き出します。

当然ながら、一般顧客に高く売れる可能性があるのに、売主に虚偽の説明をして業者買取にするようなことがあってはなりません。

物件の特徴に合った業者に営業を掛ける手もあり

業者買取を進める方針ならば、大きな土地ならパワービルダー（大手分譲住宅販売会社）、マンションであればマンション業者など、物件の特徴に合わせて取り扱いの得意な業者へ積極的に資料一式を送付します。

なお土地を業者が買い取って区画分譲する場合には、確定測量（→P.096）が条件になるため、取引完了まで3か月から6か月かかる可能性があります。測量ができない場合には解約になるリスクもあることを踏まえておきます。

仕事のツボ　不動産業者に買取紹介をする際、その物件で取引に至らなくても、将来取引をする可能性があります。不動産業者も買主候補であることを忘れずに、きちんと対応しましょう。

●業者買取の提案をすべき売主の条件

近所に一切知られずに売却をしなければならない事情や要望がある

買い替えで売却しなければならない期日が差し迫っている

相続税の納税期日が差し迫っている

嫌悪を感じるほど室内の程度が非常に悪く、
最低限の修補のための修繕資金が捻出できない

一般顧客が購入するには広すぎる、広大すぎる

一般顧客が購入を懸念するほどの重大な心理的瑕疵や
物件自体の瑕疵がある

※買主の不動産会社の利益は、販売金額の10％〜20％程度（物件や地域・不動産会社により
　異なる）

●物件を紹介する買取業者の探し方

取引をしたことがある買取業者に紹介する

マイソクの「求むチラシ」の情報から紹介する

レインズで同地域、同程度物件を売り出ししている買取業者に紹介する

不動産会社の都合を優先した買取契
約にしないこと。売主の事情を考慮
して不利にならないようにしよう。

自社買取保証サービスもある

　自社で買取をする場合は、売主との直接取引のため仲介手数料がかかりません。また一定期間内に売れなかったら、あらかじめ決めた金額で自社買取する買取保証サービスもあります。

●買主になる不動産業者が負担する費用

仲介手数料、契約書印紙代
購入（仕入）時、売却時の2回分

登記費用
購入（仕入）時の移転・抵当権設定費用、売却時の抵当権抹消費用

銀行手数料、金利
借入銀行により条件が異なる

保有期間中のコスト
固定資産税や管理費・修繕積立金、光熱費など

工事代金
解体費用、リフォーム、リノベーション、設計や建築確認申請の費用、建物建築・外構・インフラ工事費用、インテリア購入費用、地盤調査改良費用

保険料等
保有期間中の火災保険料、瑕疵担保保険や適合証明などの費用

差額消費税
購入（仕入時）の消費税と売却時の消費税の差額納付金

不動産取得税
不動産を取得したことに対する税金

「専任返し」「専属返し」を狙ってみよう

買取業者には、その物件を再販売させてもらえないか確認をしましょう。専任ないし専属専任媒介契約で売却を任せてもらえたらチャンスです。これは業界用語で「専任返し」「専属返し」と呼ばれ、不動産仲介会社によっては仕入れをする際の選定条件になっていることもあります。

CHAPTER

3

購入の流れ～購入申し込みまで

本章で取扱う業務のキーワード

初回面談、購入に伴う諸費用、収入印紙、登録免許税の軽減措置、資金計画（購入）、物件紹介、現地案内前の下見、現地案内の準備、クロージング、商談、リノベーション、リフォーム

Section 01 買主募集から売買契約までの流れ

不動産は、売却よりも購入の方が希望者の反響が大きく、募集もしやすいといえるよ。

●不動産購入の流れ

1 購入相談・条件整理

購入動機、希望条件、予算をヒアリングし、優先順位付けを行う。

→ P.146 〜 153

2 物件紹介・資金計画

買主の希望に沿う物件を探し出すとともに、各種費用を含めた大まかな資金計画を提示する。

→ P.154 〜 157

3 現地見学・商談

買主を連れて現地で物件の見学を行う。見学後に買主に案内物件の評価を聞く。

→ P.160 〜 181

4 購入申し込み・条件交渉

買主の購入の意思が確認できたら、不動産購入申込書を作成し、売主と条件の詳細を詰めていく。

→ P.182

5 不動産売買契約の締結

不動産売買契約の締結と手付金の授受。

→ Chapter6

6 住宅ローン申し込み

住宅ローンの申し込みと審査、契約。

→ Chapter5

1〜3か月
※売主の都合によりこれ以上長い場合もある

7 物件引渡しの準備

抵当権抹消、測量、売却物件の最終確認。

→ Chapter8

8 残代金の支払いと物件の引渡し

引渡し・決済準備と案内、決済、引渡し確認証の締結、不動産の名義変更など

→ Chapter8

9 引越し

購入物件への引越し。必要に応じて引越し前にリフォーム、リノベーション

→ Chapter8

仕事のツボ 引越し日をゴールに設定し、そこから逆算して購入スケジュールを提案すると頭に入りやすくなります。

●隠れた買主のニーズにも対応できるようにする

現在、不動産購入希望者の問い合わせは多くがインターネット経由です。自社が専任ないし専属専任媒介契約を締結している物件情報をネットを通じて広告すれば、一定数の問い合わせは期待できます。また、建売業者や買取業者の販売物件情報を告知することも可能です。

購入希望者が自宅の住み替えを検討している場合、すぐに引越しをして住むことができるというケースは少数です。売主が居住中の物件であれば退去してもらうまで待たなければならず、購入者も実際に入居するまでの間に、売買契約や住宅ローン契約などの手続きをしなければなりません。

この章では、不動産を仲介する立場から、購入を進める手順を各段階での流れに沿って紹介していきます。買主（購入者）には留意点や行うべきアクションをあらかじめ説明し、理解してもらうことによって、どんなことをするのか事前に具体的なイメージを持てるようにしましょう。それぞれの段階で用意すべき書類を伝えるだけでも、買主の手間や心理的な負担は少なくなります。

スケジュールの打ち合わせをするうちに、最初は「親からの資金贈与を受けられるので今年中に買えればいい」という話だったのが、実は「小学校の学区を決めるためにこの月までに引越しをしなければならない」といった期日に関する潜在ニーズが明らかになることもあります。

買い替えの場合は、売却スケジュールと連動して計画を立てる必要があるのだ。

Section 02 買主を見つける集客方法

買主募集でも、費用や労力を集中し効果的に。
手持ちの不動産の売却ニーズも出てくるよ。

購入希望者の集客経路を開拓する

買主の募集は、顧客との接点づくりであるとともに、その後の信頼関係構築の第一歩です。不動産の購入を検討している人（買主）は，いくつもある物件情報の中から複数の不動産会社に同時に問い合わせを行っています。そのため物件を紹介しても気にいらないと、そのまま関係が途絶えることが珍しくありません。

そうならないためには、問い合わせのあった物件の紹介にとどまらず、類似した物件をあらかじめ用意しておいたり、自社のサービスの強みを把握して分かりやすく伝える必要があります。また物件の問い合わせを待つだけでなく、購入を検討する人を紹介してもらう経路を持つようにして、継続的に集客できる体制を構築しましょう。

買い替えにも対応することをアピールする

買主が自宅の買い替えを希望している場合、「今の持ち家の売却についても相談したい」というニーズがあるはずです。

ですから販売物件の告知と合わせて

「買い替えについても対応します」

「自宅売却価格の無料査定ができます」

「自社で物件下取り（買取保証など）もします」

と訴求しましょう。

買い替えに対応することで、売却の媒介契約も締結し、その売却物件の告知でさらに問い合わせが来るというように、連鎖的に仕事が広がっていくことも期待できます。

●会社規模・サービス内容別の集客例

大手不動産会社	潤沢な予算でオンライン・オフラインともに会社が集客をしてくれます。大手のネームバリューがあるので多くの集客方法に挑戦し、自分に合った営業方法を見つけられます。
中堅不動産会社	会社の強みを念頭に置きながら、オンライン・オフラインの集客方法から物件や状況に応じて効果的な手法を選ぶとよいでしょう。
地元密着不動産会社	営業地域に特化した物件情報の掲載と、地元の強みを訴求することができます。
小規模・スタートアップの不動産会社	レインズを日々確認して、新しい情報をどこよりも早く得て、大手不動産ポータルサイトに掲載することで集客を行うと効率的です。
不動産買取業者	自社物件の購入見込み客を集客する場合には「直接取引のため仲介手数料無料」をアピールします。

●オンラインの集客方法

不動産ポータルサイト

SUUMO・ライフルホームズ・アットホーム・Yahoo!不動産などの不動産ポータルサイト。自社物件はもちろん売主不動産会社の情報や、他仲介会社の情報を借りて掲載することもできる

費用 掲載費用
特徴 多くの購入検討者が利用するメインの集客方法

自社ホームページ

自社物件情報を掲載する。大手不動産会社の物件ページであれば多く閲覧されるが中小規模の不動産会社独自のサイトは閲覧数が少ない

費用 ホームページ制作費用／掲載ページ運用費用
特徴 よい反響が期待できる

インターネット広告

SNS広告、リスティング広告、アフィリエイト広告、SEO対策、MEO対策、メルマガなど

費用 インターネット広告費用
特徴 不動産投資や自社に特徴的な購入サービスがある場合に向いている

●ほかからの購入希望者の紹介

ハウスメーカー
家を建てたいが、土地が決まっていない顧客（土地なし顧客）を紹介してもらう。土地ごとに建築プランについてハウスメーカーとの連携が必要

士業
弁護士・税理士などの士業から、相続対策・節税など不動産を購入する必要がある顧客を紹介してもらう

その他
冠婚葬祭や生命保険などライフイベントに関係する業種から不動産の購入見込み客を紹介してもらう

ユーザー
ユーザー（既契約者）から友人や親族など不動産の購入見込み客を紹介してもらう

買主からの疑問には要領よくポイントをつかんだ回答を

　初めての不動産取引をする買主には、ていねいな説明が必要です。一方何度か不動産取引の経験がある相手には、以前の取引で不安を感じたり不明だったことがなかったかを確認します。それに答えながらポイントを押さえて要領よく説明をするといいでしょう。

買主は不動産取引の素人。あまり先走って説明をせずに、2ステップ先ぐらいまでの提案をしていくのがベストだよ。

●オフラインの集客方法

店頭広告

路面店の窓などに販売図面を展示して集客。店舗周辺の物件情報を掲載するといい

（費用）印刷代
（特徴）広告を見ての来店に効果的

現地看板

空地・空家の販売物件と問い合わせ先を記載した売出看板を設置

（費用）看板製作費
（特徴）近隣の目に留まりやすい

紙広告

販売物件情報が記載された新聞折込チラシ・ポスティングチラシ・DM を行う。自社ホームページへのリンクを記載するなど、インターネット上の情報や実際の店舗にアクセスできる流れを作ることが重要（→ P.112 〜 115）

（費用）印刷代、広告費用
（特徴）販売物件の周辺地域に販売促進を行うと効率がいい

現地販売会

自社の媒介物件以外に、ほかの不動産業者の販売物件でも行う。レインズやマイソクに掲載された情報から、現地販売会の承諾を得る（→ P.116）

（費用）無
（特徴）完成して間もない物件だと集客率アップ

電話営業（テレアポ）

連絡先リストに何百件も「買いませんか？」と電話をかける。投資用不動産などで用いられる手法。住宅の販売ではほぼ行われていない

（費用）電話料金
（特徴）反応がすぐに分かり、割り切れば効率よく営業できる

セミナー

不動産・節税・リノベーション・住まいに関する情報を提供する無料セミナーを開催して集客。最近では開催者・参加者にとっても気軽なウェブセミナーの開催も多い

（費用）無
（特徴）不動産投資や自社に特徴的な購入サービスがある場合に向く

購入希望も売却希望と同じようにネット反響が大多数だけど、チラシを始めほかの露出機会を増やすとさらに顧客が見つけやすくなるよ。

Section 03-1 初回面談① 問い合わせ・ヒアリング・優先順位の整理

不動産購入の相談を最初に受けるときは、「本当のニーズは何か」を見分けることが大切だ。

■ 購入希望者自身が気づいていないニーズがある

物件情報を見た買主から問い合わせを受けたら、その物件について詳しい内容を説明するとともに、不動産を購入する理由や基本的な考え方、希望をヒアリングします。

初回面談では、相手の意見に真剣に耳を傾けましょう。対話を重ねながら、アドバイスをしたり共感する姿勢を示すことで、お客様に心を開いてもらえます。初回面談のチェック項目は右ページのようになります。希望条件については、聞いたらすぐ次の項目に進むのではなく、「それはなぜでしょうか?」と一つひとつ確認しましょう。

気負って質問責めにしてしまい、相手が引いてしまうというのはありがちなミスです。なお「売却物件の住所だけ教えてほしい」という問い合わせも多くありますが、その場合は相手の氏名と連絡先を聞いた上で伝えます。

■ 希望条件から「真のニーズ」が見えてくる

一通り希望条件をヒアリングしたら、その優先順位を確認します。優先順位の高い項目は、現在の住まいが抱える一番の悩みである可能性が高いので、「真のニーズ」を探り出すヒントになります。

「こんな家がほしい」という声を鵜呑みにして仲介業者が紹介し、結局真のニーズを満たさない不動産を紹介されて、モヤモヤしている……というのはよくあることです。不動産のプロとしては、本当に実現したかった生活をもたらしてくれる物件を紹介したいものです。それには現在抱えている課題や悩みを深掘りして、どんな物件がその人にふさわしいかを明確に描き出すことです。

仕事のツボ 購入相談専用の記入用紙(フォーマット)を用意するなどして、希望条件が明確になるよう心がけよう。

●初回面談のチェック項目

相談内容		□物件の詳細が知りたい	□手続きや流れ・スケジュールが知りたい
		□実際に現地を確認したい	□購入に関する資金計画の相談をしたい
相談者について		氏名・住所・連絡先・家族構成・年収・勤務先などの確認	
購入動機		□手狭で広い住まいに移りたい	□転勤や家族構成の変化
		□家賃を支払うことがもったいない	□ローンが組めるうちに購入したい
		□通学・通勤環境を良くしたい	□資産運用として購入したい
		□親族と同居したい、近くに住みたい	□その他
希望条件	場所	□路線や地域限定	□高層マンションがある都心部
		□通勤・通学時間を考慮	□実家から〇〇分以内
		□利便性の良い場所を優先	□賃貸ニーズがある場所
		□住環境の良い低層住居地域	□その他
	住まいの種類	□マンション	□新築物件や注文住宅
		□一戸建	□リノベーションできる物件
	期日	□明確な期限はない。良い物件があれば	□学期が変わるまでに
		□〇〇年〇〇月までに購入したい	□その他
購入予算		□諸費用を含め〇〇万円まで	
		□月々のローン等支払いが〇〇円以内	
その他条件		□築年数(〇年まで)	□周辺環境
		□間取り・広さ(〇〇㎡)	□駐車場・駐輪場(あり/なし)
		□日当たり・眺望	□ペット可
		□駅までの距離(時間)	□その他

初回面談は相手の話を聞くことに徹しよう。そこから潜在ニーズを引き出すことが提案のヒントになるよ。

●より深く話を聞くと、こんなふうに話が進むことも

「広い家が欲しい」という希望	「一戸建に住みたい」という希望	「新築一戸建に限定」という希望
テレワークが増えて在宅勤務時に使用する部屋がないことがストレス	居住している賃貸マンションで子供の足音で階下から苦情を受けた	本当は注文建築がいいが高いから無理だと思っている
広さよりも部屋数を優先して住まい探しをする	階下のない1階部分や、階下がエントランスの2階部分であれば検討する。マンションなら予算も戸建より抑えられる	資金計画を聞くと無理ではなく、地元工務店に依頼すれば十分実現できる

Section
03-2

初回面談②
購入に伴う諸費用の説明

どのタイミングで、どんな費用がいくらか
かかるかを事前に説明しておく必要があるよ。

「不動産購入価格＋諸費用」の資金準備が必要になる

　不動産の購入にあたっては、その物件自体の価格のほかに諸費用が発生します。ケースによって異なりますが、物件価格の6 〜 8%程度が目安です。この諸費用を見積もることを忘れていると、資金計画に誤算が生じます。特に資金準備のために有価証券等を現金化したり、親の資金援助を受けることを前提に不動産を購入しようとしている場合は、問題が発生したときに影響が多方面に波及してしまいます。

さまざまな費用がかかる

　購入時に発生する費用は、右ページのように多岐にわたります。購入時に発生する費用は、費用がかかるタイミングである程度分類することができます。

　そのタイミングとは「売買契約締結時」「住宅ローン契約時」「残金決済・引渡し時」「引渡し後」の4つとなります。買主には適切なタイミングで必要な費用について抜け落ちがないように確実にかつ早めに説明をすることが求められます。

住宅ローンは保証料、事務
手数料、金利などトータルで
選択することが重要だ。

「定額型」と「定率型」

　事務手数料・保証料の支払いは、大きく分けて「定額型」と「定率型」があります。定額型は約10万円前後の費用が一律にかかります。定率型の金額は融資額の2%前後です。

MEMO　資金計画については、P.154を参照。

●契約時の費用が掛かるタイミング

売買契約締結	手付金 印紙代 仲介手数料（半金） 内金（契約による）	
住宅ローン契約	印紙代	
残金決済・引渡し	残代金 登録免許税 司法書士報酬 固定資産税等清算金 管理費等清算金	火災保険料 事務手数料 保証料 団体信用生命保険 仲介手数料（半金）
引渡し後	リフォーム費用 引っ越し費用 不動産取得税	

●売買契約締結時にかかる費用

手付金

P.332 を参照

印紙代

売買契約書に貼る印紙です。租税特別措置法による軽減措置が講じられ、税率が引き下げられています。
（※令和6年3月31日まで。P.152 の表を参照）

仲介手数料

半金。P.030 を参照

内金

かかる／かからないは契約内容によります。

仕事のツボ　　住宅ローン審査では源泉徴収票が必要です。手元にない場合は勤務先に再発行の手続きが必要ですが、審査直前で差し迫ったタイミングだとストレスが溜まるので早めに一声かけておきます。

●住宅ローン契約時にかかる費用

印紙代

住宅ローンなどを利用する際に、金銭消費貸借契約書に貼る印紙代が必要です。ネット銀行など電子契約に対応している金融機関だと、印紙代が不要の場合もあります。

●残金決済・引渡し時にかかる費用

残代金

売買価格から手付金（ある場合は内金）を差引いた金額

登録免許税、司法書士報酬

所有権移転や抵当権の設定登記に必要な税金と、司法書士の手続きに関する報酬です。新築住宅ではさらに家屋の表示・保存登記費用も発生します。なお住宅を購入するときは軽減措置を受けて税率が下がる場合があります。
（※土地は令和 5 年 3 月 3 1 日まで、住宅用家屋は令和 6 年 3 月 31 日まで。P.153 を参照）

固定資産税等清算金、管理費等清算金

固定資産税は毎年 1 月 1 日時点の所有者に課税されます。1 年の途中で不動産の売買があると、売主と買主で納税を分担し、引渡し日を起点に日割り清算します。マンションの取引では、管理費・修繕積立金も同様に清算します。

火災保険料

建物や家財などの財産が火災や落雷などの災害で損害を受けたときに、その復旧のための費用を補償する保険です。地震保険は火災保険の半分の年数を最大期間として加入できます。なお、最長の保険期間は短縮される傾向にあります。

事務手数料

金融機関が融資手続きすることに対する手数料。保証料のように後から戻ってくることはありません。事務手数料が高いと保証料が安く、保証料がかかると事務手数料が安いという傾向があります。また事務手数料のみで保証料がかからない金融機関も増えています。金利が上乗せされるがその分保証料や事務手数料を安くしたり、ネット系銀行だと事務手数料定額のプランもあります。

保証料

信用保証会社の保証を受けるための費用。何らかの理由で住宅ローンの返済が滞ると、金融機関は信用保証会社に住宅ローンの返済の肩代わりを求めます。信用保証会社は住宅ローンの借入債務者の代わりに金融機関に返済しますが、債務者は返済を免れるわけではなく、信用保証会社に返済をすることになります。保証料の金額は借入期間や融資額、審査結果、物件の担保評価などによって決まり、金融機関により異なります。借り換えや繰り上げ返済をした際に一部が戻ってくることがあります。

団体信用生命保険

民間金融機関で一般的な住宅ローンを借入れる場合は、ローン契約者が支払う保険料は 0 円です。フラット 35 を利用する場合は、機構団信特約料がかかります。

仲介手数料

半金。P.030 を参照

●引渡し後にかかる費用

リフォーム費用

実施するリフォームの内容によって価格は異なります。

引っ越し費用

荷物の量、距離によって価格は異なります。

不動産取得税

不動産を取得した時に一度だけ納めます。所有権移転後、4 〜 6 か月程度で納税通知書が届きます。一定の要件を満たす不動産には軽減措置があり、東京都であれば東京都主税局のHP で計算ができます。
〈不動産取得税計算ツール〉
https://www.tax.metro.tokyo.lg.jp/shisan/syutokuzei.html

●不動産の取引時で必要になる印紙

一連の不動産の取引時に印紙（正式名称は「収入印紙」）が必要となるのは売買契約書と住宅ローンの契約書に添付するためのものになります。いくらの印紙を添付するかは、契約書に記載される取引金額によって異なります。

●売買契約書印紙代

契約金額		印紙額	
		本則税率	軽減税率
10万円超	50万円以下	400円	200円
50万円超	100万円以下	1000円	500円
100万円超	500万円以下	2000円	1000円
500万円超	1000万円以下	1万円	5000円
1000万円超	5000万円以下	2万円	1万円
5000万円超	1億円以下	6万円	3万円
1億円超	5億円以下	10万円	6万円
5億円超	10億円以下	20万円	16万円
10億円超	50億円以下	40万円	32万円
50億円超		60万円	48万円

●住宅ローンなどを利用する際の印紙代

目的の額		印紙額
1万円未満		非課税
10万円以下		200円
10万円超	50万円以下	400円
50万円超	100万円以下	1000円
100万円超	500万円以下	2000円
500万円超	1000万円以下	1万円
1000万円超	5000万円以下	2万円
5000万円超	1億円以下	6万円
1億円超	5億円以下	10万円
5億円超	10億円以下	20万円
10億円超	50億円以下	40万円
50億円超		60万円

●登録免許税の軽減措置

不動産の売買では、所有権移転や抵当権の設定登記を行います。これらの登記には登録免許税がかかります。登録免許税の税額は次の計算式で求めます。

登録免許税 = 物件の評価額 × 税率

税率は、当期の内容や物件の種類によって異なりますが、下記の要件を満たす住宅には、税率の軽減措置が設けられており、本則の税額よりも低い税率になっています。

①自宅用住居であること

②住宅の建築部分の登記簿上の面積が50㎡以上であること

③新耐震基準に適合する住宅であること（登記簿上の建築年月日が昭和57年1月1日以降の家屋は新耐震基準に適合とみなす）

なお、軽減措置は今のところ次の期限までとなっています。

土地所有権移転登記の軽減税率　　　令和5年（2023年）3月31日まで

・建物所有権保存登記
・建物所有権移転登記　の軽減税率　　令和6年（2024年）3月31日まで
・抵当権設定登記

◎土地の税率

登記	本則税率	軽減税率
所有権移転登記	2.0%	**1.5%**

◎建物の税率

登記	本則課税	一般住宅軽減税率	特定長期優良住宅軽減税率	認定低炭素住宅軽減税率
新築 （所有権保存登記）	0.4%	0.15%	0.1%	0.1%
中古戸建 （所有権移転登記）	2.0%	0.3%	0.2%	
中古マンション （所有権移転登記）	0.4%	0.3%	0.1%	

◎抵当権設定の税率

登記	本則課税	軽減税率
抵当権設定 （抵当権設定登記）	0.4%	0.1%

資金計画

大多数の買主にとって住宅ローンの利用は必須なのです。

資金計画は「毎月いくらなら返せるか」で考える

　一般的に年収の7倍程度が住宅ローンの目安と言われていますが、購入する物件や、年収層・家族構成・生活スタイルにより住宅費の割合は異なります。無理な返済計画だと、人生設計に無理が生じてしまうため30年や40年先を見据えて適切な提案が必要です。資金計画は「いくらまで借りられるか」ではなく「毎月いくらなら返せるか」で考えます。不動産購入後の収入や貯蓄はどう変化するか、月々のランニングコストや修繕費、教育資金や老後資金などライフイベントにかかる支出など人生設計をふまえて、適切な購入予算を具体化して、中長期的な視点から資金計画を作成します。

●資金計画の手順

①物件購入費用総額を計算する

不動産を購入する際は、物件価格以外に、税金・保険料・手数料など様々な諸費用（→P.148）が発生します。それら諸経費を計算して、物件購入費用総額を計算します。固定資産税・管理費の清算金や、引っ越し・リフォーム費用など時期や内容によって額の増減がある部分は、最後に資金が足りなかったとならない様に、少し多めに計算します。

●物件購入費用総額＝物件価格＋諸経費
　諸経費は（物件価格の6~8%目安※家財購入費用やリフォーム費用は除く）

②資金計画（自己資金・住宅ローン借入額）を検討する

物件購入費用総額に対して、自己資金・頭金（物件価格に対しての自己資金）・住宅ローンの割合を検討します。頭金を多くすれば住宅ローンの返済額は少なくなりますが、いざというときの貯蓄は必要です。また、新居の家財等購入資金も備えておかねばなりません。住宅ローン借入可能額や月々のローン返済額を算出するため、お客様に以下の内容を確認します。

●資金計画のために、お客様に確認する事項
　・現在の家賃など住宅費に充てている金額……住宅ローン返済額の目安になる。
　・自己資金……購入に際して用意できる自己資金。家族からの援助も含む。
　・年収等……年収、勤務先、勤続年数により選択できる金融機関が変わる。

MEMO 返済早見表に記載がない年数・金利の計算を行う場合であっても、ローン電卓や住宅ローン計算アプリを利用して計算できる。

●資金計画のパターン

不動産の購入時の資金計画は 4 つのパターンに分類することができます。実際に下記の例で見てみましょう。

物件購入費用総額 3780 万円＝物件価格 3500 万円＋諸費用 280 万円

(単位：万円)

	住宅ローン	自己資金	諸費用ローン
パターン①：頭金を入れて物件価格全額ローン	3500	280	0
パターン②：頭金を入れて物件価格残額ローン	3000	780	0
パターン③：物件費用全額自己資金	0	3780	0
パターン④：諸費用を含む物件購入費用全額ローン	3500	0	280

一般的に①のパターンが多く、物件価格 3500 万・適用金利 2 ％・借入年数 30 年の場合は
　　（100 万円当たりの返済額：3696 円※早見表は P.388 参照）×（3500 万円÷ 100 万円）
　　＝住宅ローン月額返済額 12 万 9360 円　となります。

> 「借入 100 万円あたりの月額返済額
> 早見表」は P.388 に掲載されています。

●年収から借入可能額を把握する

まずは買主の住宅ローン借入可能額を計算します。住宅ローン借入可能額の上限額の計算方法は以下の通りです。

【住宅ローン借入可能額計算方法】
(年収×返済比率) ÷ 12 か月÷審査金利での 100 万円当たりの月額返済額× 100 万円

「返済比率」は、年収に占める年間返済額の割合のことで、銀行ごとに家計の安全度や滞納リスクを考慮して設定されています（→ P.292、下の MEMO も参照）。「審査金利」とは、実際の適用金利とは別に、審査用に高く設定されている金利であり、多くの銀行でおおよそ 3~4 ％程度とされています。
ここで計算した住宅ローン借入可能額＋自己資金が予算の上限となるため、多く借入できることに越したことはないですが、適用金利とのバランスも重要です。返済負担率・審査金利・適応金利を銀行に確認のうえ、複数の銀行を比較提案します。

【具体的な住宅ローン借入可能額の計算】
　　年収550万円、返済比率35%、審査金利3%、35年借入の場合　※その他ローン借入なし
　　（年収 550 万円× 35%）÷ 12 か月÷
　　（審査金利 3%、35 年借入での 100 万円当たりの月額返済額：3,848 円）× 100 万円
　　＝住宅ローン借入可能額：約 4168 万円

●月々の支払額から予算を検討する

住宅ローン借入可能金額の計算の次に月々の住宅ローン返済額から予算を検討します。例えば、適用金利 1.5％・35 年借入で月々のローン返済額を 12 万円にする場合は以下のようになります。

> 12 万円÷（適用金利 1.5％・35 年借入での 100 万円当たりの月額返済額：3061 円）× 100 万円
> ＝住宅ローン借入額：約 3920 万円

ただし、これはあくまでも住宅ローン返済額のみのため、他にも住宅費としてかかる費用があります。

> 住宅費＝住宅ローン返済額・毎月の管理費と積立金・毎年の固定資産税等
> 　　　　将来の修繕のための費用の貯蓄

月々の支払額から資金計画を考えるときには、以下に注意が必要です。
- ・ボーナス時の返済を併用する場合、ボーナスに頼った返済計画になっていないか。
- ・給与のベースアップやボーナスの増加を前提とした返済計画になっていないか。
- ・夫婦共働きの場合には、休職・離職による収入減を考慮した返済計画になっているか。
- ・将来の修繕費用、子供の教育費、車の購入費用、老後の生活費のための貯蓄計画は考慮されているか。
- ・定年後もローン支払いが続く場合、繰り上げ返済のための貯蓄計画や退職金は考慮されているか。

●戸建とマンションの資金計画の違い

戸建とマンションの購入では月々の支払額や修繕に対する準備額が下記のように異なります。

> （月々）　マンション：月々ローン返済＋管理費・修繕積立金＋駐車場・駐輪場
> 　　　　　戸建　　　：月々ローン返済

戸建は価格が高いとあきらめていたお客様へ資金計画を行うと、ランニングコストがかからない分、月々の支払金額がマンションと同水準になることがあります。

例えば、適用金利 1.5％・35 年借入の場合（自動車・自転車所有）

- ・マンション　　物件価格 4000 万円：
  　　月々ローン返済額12万2440円＋管理費・修繕積立金3万円＋駐車場・駐輪場3万円
  　　＝月々支払額：18 万 2440 円
- ・戸建　　　　　物件価格 6000 万円：※車庫、駐輪スペースあり
  　　月々ローン返済18万3660円＝月々支払額18万3710円

とはいえ、マンションは管理組合が積立金から外壁などの共用部分の修繕を行ってくれますが、戸建は、室外も含めて全ての修繕が、別途自己負担となることには注意が必要です。また、近年は自動車を所有しない方も増えているため、お客様のライブプランに併せて資金計画を複数提案します。

資金計画書を作成する

資金計画を行う際は、物件購入費用総額と支払計画と返済計画が一覧にされた資金計画書を作成します。資金計画書は、物件の内容やお客様の検討具合により複数回作成しますが、下記のように目的によって重視する点が異なってきます。また、お客様や物件の内容によってはローンの利用可否判断が異なる部分もあるため、利用できないローン提案をすることのないように、資金計算書を作成する際は、各銀行に条件等を確認しましょう。

①問い合わせ物件や案内予定物件のための概算資金計画

メールや電話での問い合わせで、お客様の詳細情報が確認できていない際は、物件を購入した際の一般的な概算資金計画書を作成します。概算資金計画を基にお客様の要望や現実的な計画をすり合わせして②の資金計画へと進んでいきます。

②お客様の内容をヒアリングして、要望などを盛り込んだ資金計画

検討物件に対して、お客様の要望と、現実的に実現できる案を擦り合わせします。具体的な検討ができるように資金内容・借入銀行、必要に応じてリフォーム案など複数パターンを作成します。資金内容や借入能力に不安がある場合は、先に住宅ローンの事前審査手続きを行って、金利と借入可能金額を明らかにします。

③具体的に購入する物件の詳細な資金計画

購入物件・購入条件が確定したら、かかる費用の各見積詳細金額を反映した資金計画を作成して、資金を確定します。

概算資金計画書

お客様名：　●● ●●　様　　物件名：　●●マンション　●●●号室

1.資金計画

購入予定価格・・A	5500万円
購入諸経費＜小計①+②＞	370万円
その他	180万円
上記合計・・B	550万円
合計＜A+B＞	6050万円
自己資金	1000万円
借入予定額	5050万円

マンションと戸建ての差額/月	51,800円

・マンション月額総負担額（参考）

ローン返済額	148,666円
固定資産税等	12,000円
管理費	14,800円
修繕積立金	15,000円
駐車場代	28,000円
駐輪場代	2,000円
その他	円
毎月合計	220,466円

・同価格戸建月額総負担額（参考）

ローン返済額	148,666円
固定資産税等	20,000円
地代	円
	円
	円
	円
その他	円
毎月合計	168,666円

	金融機関名	借入金額	借入年数	金利タイプ	想定金利	毎月返済予定額	ボーナス月追加
①	○○ネット銀行	5050万円	30年	変動金利	0.390%	148,666円	
②	▲▲銀行	5050万円	30年	変動金利	0.775%	157,261円	
③	■■信託銀行	5050万円	30年	全期間固定	4.500%	255,876円	
④	○○信用金庫	5050万円	35年	変動金利	1.275%	149,117円	
⑤							
⑥							

借入合計金額	5050万円
担保掛目 = 借入金額合計／購入予定金額	92%

毎月支払額（銀行①） 267,491円	賞与時支払額（銀行①）
年間支払額（銀行①） 3,209,892円	賞与時支払額×2（銀行①）

＜重要＞
※この資金計画は概算です。以下の点にご注意いただき、あくまでも目安としてご利用ください。
●金利や融資条件は、本書作成日現在のものです。申込時期および融資実行時期により変更となる場合があります。
●返済額は一定期間経過後、金利の変動・見直しにより変動となります(期間は融資内容により異なります)。
●端数処理の関係上、返済額に多少の相違がございます。●その他融資にかかる諸条件など詳細については、担当者または金融機関へお問い合わせください。
※金額はすべて概算です。予めご了承ください。※事務手数料などは金融機関によって異なります。
＜備考＞

2.購入諸経費

＜契約関係費用＞

項目	支払時期	金額
①売買契約印紙代	契約時	30,000円
②登記費用（所有権移転・抵当権設定等）	残代金時	450,000円
③固定資産税等清算金	残代金時	150,000円
④その他精算金（管理費・地代等）	残代金時	60,000円
⑤仲介手数料（消費税含む）	契約時・残代金時に各半金	1,881,000円
⑥不動産取得税	取得後6カ月～納税通知書にて	円
※上記②③④は概算です。	小計①	2,571,000円

＜住宅ローン費用＞

⑦ローン事務手数料（消費税含む）	融資実行時	円
⑧融資手数料（融資額×2.2%）	融資実行時	1,111,000円
⑨金銭消費貸借契約印紙代	融資実行時	20,200円
⑩保証料(本借入年数・借入金額)	融資実行時	円
	小計②	1,131,200円

＜フラット35費用＞

⑪事務手数料（融資額2.2%）	融資実行時	円
⑫金銭消費貸借契約印紙代	融資実行時	円
⑬団体信用生命保険契約料(機構団信)	申込時	円
⑭適合証明書取得費		
	小計③	円

＜その他＞

⑮火災保険	融資実行時	200,000円
⑯引越費用	転居時	100,000円
⑰リフォーム費用	引渡後	1,500,000円
※上記⑮⑯⑰は概算です。	小計	1,800,000円

作成日:	令和●年●月●日	○○不動産株式会社　担当	●●

最長借入期間 50 年の住宅ローンも出てきている。35 年借入に比べて、金利・借入条件が異なる場合があるので注意しよう。

物件紹介時の注意点

希望に沿って探した物件だけでなく、
ちょっと違う物件も提案してみよう。

買主のニーズに合った物件を探す

　買主の条件やニーズ、資金計画を確認したら、興味を持ってもらえそうな物件を探します。物件は、まずレインズや検索サイトのマイソクで調べますが、これらの一般公開されている物件は他社と競合しがちです。実は、不動産ポータルサイトをよく見ていると、レインズに公開されていない物件が見つかったり、日頃から関係を深めている不動産買取業者から未公開物件の情報を得られたりすることもあります。あきらめずに辛抱強く探しましょう。

　よい物件があれば、取り扱っている不動産会社に連絡して買主に紹介が可能かどうかを確かめます。可能であれば、紹介や案内をするために必要な物件資料を取り寄せます。

　なおポータルサイトや販売会社のホームページには、室内の状態の写真が多く掲載されていることがあります。取り扱う不動産会社の物件担当者の話と合わせて確認するとよいでしょう。

「興味がない」という理由を聞き真のニーズを探る

　お客様に対面ではなくメールやSNSツールで物件紹介をする場合は、物件資料のPDFファイル、お勧めポイントとともにデメリットの情報も伝えると、信頼度が高まります。送信した後には到着確認の電話をして、感想を聞きます。

　少しでも興味があるようであれば、現地案内を提案します。興味がないと言われたら、どこが希望に合わなかったか、譲歩できる希望条件はないかを聞きます。こうして繰り返し対話をするなかで、真のニーズが顕在化します。

仕事のツボ　日々レインズ新着物件を確認して、他社よりいち早く物件情報を紹介することを心がけよう。紹介した物件の値段が下がった時も知らせるようにすること。

●売却側の不動産会社への確認事項

- ☐ 住所、部屋番号

- ☐ マンション・中古戸建は室内の状態

- ☐ 土地の場合、建物の参考プランはあるか

- ☐ 新築戸建やリノベーションマンションで工事中の場合は完成時期

- ☐ 売主が一般個人や一般法人の物件は売却理由を確認

- ☐ 居住中物件である場合は、案内しやすい曜日と時間帯

- ☐ 空室物件の場合は鍵の所在（店舗保管・現地）や案内方法

- ☐ 販売図面の備考欄に告知事項などがある場合はその詳細な内容

- ☐ 販売図面が掲載されていない場合は、販売図面を請求する

●希望以外の物件を紹介する例

> マンションの代わりに一戸建を紹介する（一戸建は管理費がかからない分、マンションよりもお買い得という物件もある）

> 隣駅の物件を紹介する

> 資金計画上問題がない範囲で、希望金額より10％価格が高い物件を紹介する

仕事のツボ　情報のスピード化が進むほど、未公開情報を持つことの価値が高まる。不動産買取業者とよい関係を築き、未公開情報を優先的に紹介してもらえるようにしておこう。

現地案内前の下見の実施

案内前に下見をして現地や周辺環境を確認することで、説得力が何倍にも増すよ。

下見は購入に至るまでの重要なステップになる

物件の下見は、不動産購入の仕事の中でも非常に重要なステップになります。物件を紹介して、現地案内の期日が決まったら、できる限り下見をしておくようにします。その際に、買主がどう感じるかを意識しながら見て回ります。そして想定される質問やセールストークを考えます。

いざ不動産を購入するとなると、物件そのものだけでなく周辺環境・近隣状況・リフォームの実現性なども気になるものです。案内をする物件の順番やルートも顧客目線で決めましょう。

また、案内する物件だけでなく、購入希望者の家の住所がわかればそこも下見します。現状の生活でどのような問題があるかが分かる可能性があります。

時間帯によって下見のポイントが異なる

下見では、右ページのようにチェックすべきことがたくさんあります。

また時間帯によって確認できることが変わるので、買主からのヒアリングなどで把握したニーズに合わせて時間を選びます。

初めて行く地域は、公共交通機関を利用して向かいます。電車やバスの時刻表で運行本数も調べましょう。実際にそこで生活をすることになったときに、交通の便がどうなのかを知ることも、顧客目線でトークをするために大切です。

用意する持ち物は、メジャー、デジカメ（またはカメラ付きスマホ）、販売図面、住宅地図、物件資料などです。修繕が必要だったり、見て気になるところが見つかったらその場で写真を撮っておきます。

仕事のツボ　時間がないなどやむを得ず下見ができなければ、最低限 Google マップやストリートビューで現地と周辺環境を確認します。

●下見のチェックポイント（全般）

物件共通	日当たり、通風、周辺環境、近隣の建築計画、生活施設・商業施設・周辺施設、最寄り駅と駅から物件までの道のり、学校（お客様の家族状況にあわせて）、嫌悪施設や騒音・臭気の有無、物件までの道路状況（車両通行が可能か）
マンション	室内状況、付帯設備の劣化状況、眺望、共用部分・管理体制・管理状況、掲示板
一戸建	室内状況、屋根・外壁の状況、付帯設備の劣化状況、基礎の劣化状況、眺望、境界標、塀などの構築物、増築の有無、越境の有無、建物の傾きの有無、雨漏り・木部腐食の有無、
土地	土地の高低差、塀などの構築物、境界標、増築の有無、越境の有無

下見で物件の長所と短所を確認したら、長所は生かし短所は改善することを考えてセールストークにつなげよう。

「この人に任せたい」と思う関係をつくる

　多くの物件情報は、レインズ登録前にポータルサイトに掲載され、チラシも配布がされます。担当者が物件を探すだけでなく、購入希望者にもこうした公開情報を見てもらいましょう。気になる物件があればその詳細確認を調べて伝えます。こうした協力関係づくりは、信頼される担当者となることにつながります。

　購入希望者の家が会社の近くであれば、アポイントを取って訪問し物件を紹介してもよいでしょう。紹介できる物件がないときも、曜日や時間を決めて定期的にフォローすることをルーティンワークにします。

　なお初回面談から時間が経過するうちには、希望条件やニーズが変化することもあります。現状の希望を確認して物件を紹介しましょう。

●時間帯別のチェックポイント

ゴミ出し	収集前のゴミ置き場が確認できる。マンションであれば管理状況、戸建であれば周辺住民のゴミ出しのマナーがわかる
エレベーターの込み具合	高層マンションや大規模マンションでは、通勤時間帯に混雑具合が確認できる
午前中の日当たり	東向き・東南向きの住戸では、午前中の日当たりが確認できる

午後の下見

近隣施設の騒音	近隣に工場など騒音を発生する施設がある場合は、稼働時間の騒音を確認する
西日	西向き・東南向きに開口部がある住戸の日当たりがわかる。西日は夏場に高温になりやすいため嫌う人がいる

夕方の下見

近隣・隣接住戸の騒音など	子供の帰宅時間になるため、マンションでは上下左右の、戸建は周辺住戸の騒音が確認できる
近隣住民	周辺にどのような家族構成の世帯が居住しているか確認しやすい時間帯になる

夜の下見	
夜景	高層マンションでは売りになる夜景を確認する
騒音・臭気	繁華街付近の物件は、飲食店などからの騒音や臭気が気になることがある。幹線道路沿いだと大型トラックなどの通行に伴う騒音にも注意

「帯替え」はする？しない？

　ほかの不動産会社の取扱物件を紹介するときには、販売図面の帯の部分を自社情報の帯に置き換えて紹介するのが一般的です。

　このとき販売図面の帯を自社情報にすることを「帯替え」と呼びます。また販売を取り扱う会社は「物元（ぶ

つもと）」と呼ばれます）。

　これは、物元業者や売主不動産会社の情報を隠すのが目的ですが、最近はインターネットで調べればすぐにわかるので、帯替えをせずに紹介する不動産会社も増えています。

Section
07-1

現地案内①
事前準備の内容

複数物件を回るときは、第1候補のよさを
印象づけられるような順番を考えよう。

案内ルートづくりを考える

現地案内の第一歩は、案内ルートを考えることです。

複数の物件を案内するときは、最も興味を引きそうな候補を選びます。この第1候補を中心に考えて案内ルートを作成します。ルートづくりのパターンには次のようなものがあります。

パターン① 第1候補を最後に案内することで、その優位性を感じやすくする

パターン② 第1候補を一番先に案内し、それから第2、第3候補の順に回ることで第1候補の優位性を感じてもらう

以前は明らかに条件がよくない物件をいくつか紹介し、そのあとで第1候補物件を見せて購入を迫るという営業手法がよく用いられました。しかし今はネット環境の普及で、買主が自分で最新の売出状況や正確な不動産情報を手に入れています。強引なクロージング手法をベースにした案内ルートは避け、市場に出ていて検討候補になりそうな物件はすべて見てもらうようにしましょう。買主が案内ルートに組み込まなかった物件を、他社を通じて購入してしまったというのはよくある話です。

余裕をもったスケジュールで

複数物件の案内では、駐車場や休憩場所も念頭に入れます。特に子供がいる家族は、ゆとりをもったスケジュールにしましょう。

なお未完成物件を案内する場合は、案内物件の近くに同じような完成物件がないか調べます。該当する物件があり、その内見もできそうなら合わせて手配して見てもらうようにしましょう。

仕事のツボ　お勧め物件は、日当たりの良い時帯（東向きなら午前中、西向きなら午後）に内覧時間を合わせるなど工夫しよう。

●現地案内の準備の流れ

現地案内は商談とワンセット。自社の営業所で商談ができなければ、話がしやすい喫茶店を案内ルートに組み込もう。

案内物件の不動産会社担当者に連絡

①元付業者または売主に案内日時の連絡をする
②空家の場合は、鍵の入手方法や担当者の立会の有無を確認する
③売却理由と価格の交渉幅を確認する
④必要書類の送付を依頼する
　物件資料一式／リフォームが必要な住戸はリフォーム見積もりがあるか確認。あれば送付してもらう／古家がある土地の場合は、建物解体見積もりがあるか確認。あれば送付してもらう

買主への確認

⑤当日の待ち合わせ場所・所要時間などを伝える（何時まで対応が可能かも確認するとよい）
⑥当日の参加者の人数を確認する

準備

⑦案内に必要なものを準備する
　・スリッパ、メジャー、ローン電卓、デジカメまたはカメラ付きスマホ、方位磁石、消毒液など
　・販売図面、住宅地図、公図、測量図、建物図面、物件資料、資金計画書、購入検討者に渡す資料（ハザードマップなど。資金援助をする予定の親世帯が一緒に見学する場合は2セット準備）
⑧車で案内する場合は車両を確保　レンタカーやシェアカーは土日が埋まりやすいので早めの予約を。車内を清掃し、子供がいる場合はチャイルドシートを準備する
⑨周辺環境・利便施設・物件や設備などの質問を想定して事前に回答を整理する
⑩複数物件を案内する場合は、移動時間を含め余裕をもてるようにスケジューリングする
⑪最寄駅からの案内を始め案内ルートを入念に検討する

買主に最終確認

⑫当日の待ち合わせ場所・所要時間などを伝える

現地案内②
案内の基本と心構え

住宅購入は人生の大きな買い物。今の暮らしの不満や悩みが新しい住まいで解決できるというイメージを持ってもらおう。

購入希望者のペースで見てもらい、気になるところを説明する

現地案内は、購入候補物件をじかに見られる重要な機会です。実際に居住するイメージを持ってもらい、メリットや提案とともに、不具合個所や気になりそうなことなどデメリットもしっかり伝えます。

まずは自由に室内や屋外を見てもらい、気になる部分や不明な点など、質問があったときに説明をします。車で案内をする場合は、移動中に次に行く物件のメリットとデメリットを伝えておき、現地では見学に集中できるようにするとよいでしょう。

なお、たとえ第1候補物件でも、こちらの「購入してほしい」という気持ちが伝わると、警戒心が強くなってしまいます。あくまでも説明は客観的にして、物件への疑問をなくし、比較検討がしやすいようにすることを心がけます。

見学を早く済ませたときはその物件の話を続けない

希望条件を100%満たす物件はそうあるものではありません。また実際の物件を見てみて、希望条件の優先順位が変わることがあります。それぞれの物件について一緒になって評価し、比較検討する中で優先する希望条件を決め、相対的に優れていると思える物件が検討候補になるでしょう。

また滞在時間からも、関心の深さがわかります。短い時間で見学を済ませた場合は、それほど好感を持たなかったと考えられるので、それ以上しつこく勧めたり詳しい話をするのはやめましょう。

仕事のツボ　待ち合わせ場所には時間に余裕をもって到着するように。また案内物件は売主の所有物件なので、丁寧な見学を心がけます。

●現地案内で注意するポイント

共通

- [ ] 最初に物件の簡単な概要、売却理由、販売開始時期、販売状況などを伝える

- [ ] 物件のセールスポイント、メリットはしっかりとアピールする

- [ ] 修繕が必要な場合、費用の最小と最大のケースの提案をする。改善が難しい場合はその旨を伝える

- [ ] 物件状況報告書・設備表がある場合は、見ながら説明する

- [ ] 実際に住んだ時にメリット、デメリットがどのように生活に影響するか、実際のイメージが湧くように伝える

- [ ] 相手がよいと感じたことには、しっかりと共感する

- [ ] 物件ごとに気に入った点、気に入らなかった点、気になる点をヒアリングする。複数件案内する場合は記憶があいまいになっていくので、こちらでリードしながら比較検討する

- [ ] 近隣住民の迷惑にならないよう、屋外で大きな声で話さない

- [ ] 車で案内する場合は、アイドリングは控え、迷惑にならない位置に駐車する。車庫には勝手に止めず必ず駐車許可を得る

案内後は、必ず当日に商談（クロージング）を行う（→ P.178）。そのため現地解散はできる限り避けよう。

仕事のツボ　場合によっては平日と休日の両方、異なる時間に繰り返し案内し、その都度回答を得ます。許可を得て写真を撮ると、振り返りやすくなります。

☐ 最初に空室物件を現地待ち合わせで案内する場合は、事前に室内に入って次のような受入れ用意をする。
スリッパを並べる／カーテンや雨戸、シャッターをすべて開ける／室内の電気を全部つける／必要に応じて換気をする／設備や仕様を確認する／汚れている部分があればきれいにする

☐ 2物件目以降の空室物件は一緒に現地に到着することになるので、玄関を開けてすぐ手際よく準備する

☐ 退出時は鍵の閉め忘れに注意し、照明器具や電気器具のスイッチを切る

☐ 物件によってはブレーカーを落とす（セキュリティの関係でブレーカーを落とせない物件もある）

居住中物件

☐ 売主がスリッパを準備してくれている場合は使わせてもらう。もちろんお礼を忘れずに

☐ 収納スペースなどを見る際や、室内の写真を撮影する際は、必ず売主から許可を得る

☐ 売主から、日常生活での情報（買い物施設・子供用施設・近隣住民など）を話してもらえるように問いかけをする

☐ 売却価格にかかわる話は、その後の交渉に大きく影響が出るため売主とはしない

●第一候補物件で準備する資料

マンション・中古戸建	建物・設備の検査報告書・修繕履歴がわかるもの
マンション	分譲時パンフレット、管理に係る重要事項調査報告書、総会議事録、管理規約（使用細則含む）、仕様書（リノベーションマンションの場合）
中古戸建	建物の設計図書、測量図関連資料、建築確認申請書（建築計画概要書）、建物検査済証
新築戸建	建築確認申請書、建物検査済証、設計図書、標準仕様書、住宅瑕疵担保責任保険の資料
土地	測量図関連資料、建物参考プラン図

現地案内で「行き当たりばったり」は NG

　現地案内は、その日の目的とゴールを設定することが大切です。下見で確認した点を踏まえて、回る順番と話の内容を事前に考えておきます。目的とゴールが決まれば、購入を実現するストーリーが作れます。

（目的の例）
・今日は戸建かマンションどちらが家族に適しているか方向性を決めてもらう
・住宅ローンの事前申し込み手続きをして、気にいった物件がでたらすぐに購入できるよう準備してもらう
・地域の全ての物件を内覧した。購入しなければならない期限が差し迫っているため購入物件を決めてもらう

Section 07-3

現地案内③
内覧時の注意点

多くの物件はリビングが一番開放的。家族が集まるイメージ
も湧きやすいので、まずリビングから見てもらうといいよ。

▍リビングから始めて途中から自由に見てもらう

　購入物件候補の内覧では、買主に先に室内に入ってもらい、「どうぞ奥のリ
ビングまでお進みください」と誘導します。それからキッチンなど水回りを説
明し、あとは物件の間取りによりアレンジするのが一般的です。

　一定時間自由に見てもらったら、「何か気になる部分や分からない部分はご
ざいますか？」と問いかけて疑問点に答えていきます。人により必要とする設
備は異なるので、誰がどのような設備を気にしていたか覚えておきましょう。

　一般的な内覧の進め方は次の通りとなります。

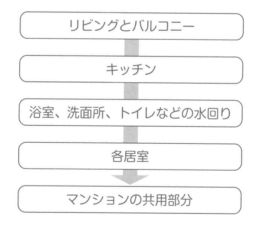

リビングとバルコニー

↓

キッチン

↓

浴室、洗面所、トイレなどの水回り

↓

各居室

↓

マンションの共用部分

MEMO　新築建売住宅では、照明・カーテンレール・シャッター雨戸・TV アンテナなどがオプションになっている
ことがある。資金計画に影響するので内覧時に伝えておく。

●リビングとバルコニーの案内

リビングからバルコニーに出てもらいます。スリッパを履き替えるため、玄関から靴を持ってきましょう。戸建の場合はリビング以外にも居室にバルコニーがある家がありますが、上の階のバルコニーを中心に見てもらうようにします。

マンションの1階では専用庭がある物件もあります。バルコニーの確認が終わったら靴は玄関に戻します。なおタワーマンションなどで、バルコニーに洗濯物を干すことを禁止している物件があります。室内干しや浴室乾燥機でも問題がないか確認しましょう。

◆リビング

・方位と畳数を伝える
・日当たりや風通しの確認
・ペアガラスやワイドサッシなど、特徴のある設備を伝える
・テレビ、ソファ、ダイニングテーブルを置く位置や、コンセントの位置、ダイニングライト設置の位置を伝える
・天井高が2.4m以上ある場合はそのことを伝え、場合によっては計測する

◆バルコニー

・眺望、日当たり
・騒音、臭気など（特に幹線道路や高速道路、線路の近くの物件）
・周辺に建築予定の土地や広大な空き地がある場合は、将来建築物が建った際の眺望の変化
・屋外水栓やエアコン室外機置場の有無（マンションの場合）

内覧では家族がそれぞれ別行動を始める。ポイントであるリビングと水回りの説明は最初に行うといいよ。

●キッチンの案内

水回りの中でも特に重要なのがキッチンです。お客様が家族であれば、最も家にいる時間が長い奥様が、一番使用する場所です。キッチン設備のアピールポイントがあれば確実にお伝えしましょう。なお新築物件やリフォーム済み物件は、キッチン設備は原則使用禁止です。

◆キッチン

- 一般的な設備のほか、ディスポーザー（生ごみ処理機）、食洗機、ノンタッチ水栓、浄水器など特徴のある設備を説明
- キッチンと戸棚の高さの確認（小柄な女性では届かないことがある）
- 冷蔵庫置き場所のサイズ

●浴室、洗面所、トイレなどの水回り

キッチンと同様に、設備を確認して中でも特徴のある設備について説明します。

◆浴室、洗面所、トイレ

- 洗面所　洗濯機置き場のサイズ、コンセントの位置
- 浴室　　オートバス、追い炊き、浴室 TV、ミストサウナ、カラリ床（自然乾燥しやすい）など特徴のある設備について説明
- トイレ　ウォシュレットの機能、手洗い水栓の有無、吊戸棚の有無（トイレットペーパーなどの収納場所）

●各居室

居室を自由に見てもらいます。居室や廊下に特別な設備等がある場合は紹介をします。ロフト、床下収納、天井収納がある場合は梯子や開閉方法を説明します。

●マンションの共用部分

マンションでは、室内の案内後に共用部分も見てもらいます。共用の設備や管理状態も購入決定を左右する大きな要素になります。単身・ディンクス・家族と世帯の形態によって必要な共用部分の設備が異なるので、相手に合わせて説明をします。管理人がいる場合には挨拶をしておくと、生活につながるイメージが持てるし、疑問に答えてくれることもあります。

◆マンション共用部分の案内

- ・共用廊下に住民の私物が置いていないか確認
- ・集合ポスト、ゴミ置場の管理状況
- ・宅配ボックスの有無
- ・駐輪場の管理状況（電動自転車を所有している場合、上段に駐輪ができないので下段や平置きスペースが空いているか）
- ・駐車場の状況（機械式駐車場は駐車可能サイズ・重量を確認）
- ・オートロックやノンタッチキーでの開錠など共用部分のセキュリティーを確認
- ・掲示板の確認（大規模修繕の予定や、迷惑住民への注意、事件事故が記載されていないか）

◆タワーマンションや大規模マンション

- ・コンシェルジュカウンターとサービスの確認（宅配・タクシー手配、クリーニングサービスなどの有無）
- ・スカイラウンジ、屋外テラス、敷地内公園、フィットネスジム、プール、温泉、コンビニ、キッズルーム、パーティルーム、シアタールーム、ゲスト宿泊ルーム、保育園などの施設の案内と確認
- ・ゴミのダストシュートの有無
- ・シェアカーサービスの有無

Section 07-4

現地案内④
外観・周辺環境の確認

外観や周辺状況はデメリットの解決が重要。
それが購入の前提になる場合もあるよ。

生活環境を左右するポイントをチェックする

　部屋の中だけでなく、建物の状況や周りの状況も当然ながら購入を左右する要素になります。右ページからは、そのチェックポイントを挙げました。

　気に入った物件があれば、案内後に一緒に駅まで行って、現地までの道のりを確認したり、周辺の生活施設を訪れてみます。実際にそこで暮らすイメージがより明確になり、新しい生活への期待が膨らみます。現地案内時に周辺施設も確認しておくと、決断までの時間が短かくなることが期待できます。

　騒音や臭気を発する施設、心理的な嫌悪施設、浸水履歴があった場所などが近くにあるときも、そこまで一緒に見に行きましょう。「意外と気にならなかった」という人もいれば、「思ったよりも気になる」という人もいるので、早めに現地を確認してもらうことが大切です。

マイナス要因を、具体的な購入検討段階
に入ってから説明するとトラブルになり
やすい。案内の際に確認してもらおう。

敷地内に都市計画道路の計画がある場合

　将来、道路事業工事が完成した際に想定される状態を現地で説明します。また敷地内に都市計画道路の計画があると税制優遇が利用できない場合があるので注意します（→ P.234）。

MEMO　不動産の調査について、詳しくは Chapter4 を参照。

●建物の外観

建物の外壁や屋根などについて将来のメンテナンス時期や費用などを説明しておきます。特殊な材料を使用していれば、そのメリットとデメリットを伝えます。特に、中古の一戸建の場合は「外壁」「屋根」「軒裏」「基礎」の4つを中心に確認します。

◆外壁や塗装などのチェックポイント

- 外壁や基礎にクラック（ひび割れ）がないか調べる。幅0.3mm以内であれば問題ないが、幅0.5mm以上または長さ1m以上、あるいは一か所が起点になり複数本のひびがある場合は構造上問題がないか確認する
- 外壁や窓枠のシーリング材（コーキング材）が劣化していないか
- 屋根の屋根材のズレや破損、塗装の剥がれ、雨樋の破損がないか
- 軒裏に雨漏りの染みや亀裂、塗装の剥がれがないか
- 建物に傾きがないか確認
- 補修が必要な場合は、その費用を説明する

◆敷地と近隣とのチェックポイント

- 庭や駐車スペースの確認（駐車のしやすさも含めて）
- 塀など構築物の有無、その所有権（自分の所有・共有・他人所有）
- 境界標の有無
- 残置物、防空壕、井戸の有無（撤去や埋め戻しには費用が発生する。また地耐力に影響が出ることがある。また井戸を嫌がる人もいる）
- 前面道路の電柱の位置（駐車時の障害にならないか、防犯上問題はないか）
- 軒先、雨どい、樹木、エアコン室外機、電線、配管などの越境の有無

マンションだと、外壁など共用部分は管理組合が修繕を計画するため、購入者が個別に手入れをすることはありません。中古マンションで修繕が済んで間もない場合は、今の状態は外観が綺麗で、しばらく修繕工事による騒音が発生したり眺望が損なわれることはない旨を伝えましょう。

仕事のツボ 近隣とのトラブルは、現状についてはもちろん、過去のできごとであっても隠さずに知らせておきましょう。

●ゴミ集積所

ゴミ集積所が近くにあると気になるという人もいます。ゴミ集積所の場所や状況を見てもらっておきましょう。

◆ゴミ集積所のチェックポイント

・ゴミ集積場の位置と維持管理の状況
・管理の輪番制の有無（家の前がゴミ集積場になる時期があるなど）

●ガス・水道などの生活インフラ

都心部だと当たり前のように公営水道・公共下水・都市ガス利用ができますが、郊外ではプロパンガス利用や浄化槽利用の地域もあります。デメリットがあれば、発生する費用を含めてきちんと伝えます。

◆生活インフラ関連のチェックポイント

・公営水道・公共下水・都市ガス以外の設備の有無。特に維持管理コストについて必ず確認する
・給湯器の製造年数による交換の必要性、エコキュート・太陽光発電などの維持管理コスト
・インフラ設備でリースになっているものは契約内容の説明

●道路の状況

物件が面している道路にだけでなく、たどり着くまでの道路についても説明します。前面道路幅員が４m以上あっても、物件までの道のりの道路幅員が狭かったり、急なクランク（ジグザグな道）になっていて通行が困難なケースもあります。

◆物件までの道路状況のチェックポイント

・道路の整備状況（整備されていない場合は、整備の予定があるか）
・私道の場合、通行やインフラ整備で道路を掘削するのに制限はあるか
・道路後退（セットバック）や公共の道路事業の計画がある場合は、後退位置の確認と制限の説明

●分譲地の案内

新規に区画割された分譲地は、区画ごとにメリットとデメリットを説明します。一般的に角地や南道路、整形地といった土地の条件がいい区画は値段が高く、北道路や奥まった立地、不整形地、ゴミ集積場が近いといったところは安い傾向があります。

ただ家族構成、車の有無、予算など、個々のニーズや優先順位によって受け止め方は変わります。子育て世代が集まりやすいような新規分譲地だと、年齢層によっても見方が違います。あくまでも客観的な事実に基づいて説明し、条件の優劣を断定するようなコメントは控えます。

◆分譲地の案内のチェックポイント

・分譲地全体の図面を一緒に見ながら、物件の位置や諸条件を説明する

●土地の案内

ハウスメーカーや工務店の担当者、建築士に同行してもらうと、具体的なプランが説明しやすくなります。特に建築条件付き土地（→P.446）は、施工会社の担当者に立ち合ってもらいましょう。

◆土地の案内のチェックポイント

・敷地の中に入り、建物を建築する位置を確認
・建築に差し支える越境物や、塀、敷地内残存物の有無
・上下水道、ガスのインフラは敷地内にあるか（ない場合は新規引き込みのための工事代金が発生することを説明）
・土地の周りに同程度の土地面積の住まいがある場合は、建築した場合の参考例として紹介する

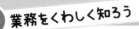

Section

08 商談・クロージングの実行

「売りたい」「買ってほしい」は自分たちの都合。商談で大切なのは、相手との共感を重ねていくことだ。

▌案内した物件の優先順位をつけ、「Yes」か「No」かを明確にする

案内が終わると商談に移ります。このタイミングは、購入を申し込む前に希望条件の整理と隠れたニーズを把握し、担当者との認識のずれがあれば修正する最後の機会となります。重要なステップであり、原則事務所へ来店してもらって商談をします。難しい場合は買主の自宅や、喫茶店であれば周りが気にならない奥まった席など、落ち着いて会話できる場所で商談を行います。

まず案内物件の感想や評価などを改めて聞き、不明点があれば洗い出して一つ一つ回答し、それから個々の物件について比較検討します。ここがよかった、あそこはよくなかったと振り返るなかで、しだいに物件の優先順位づけがされていきます。次に、クロージング（契約締結への締めくくり）へと進みます。

クロージングでは、まず案内した物件のそれぞれに「Yes」か「No」の結論を出します。必ず「YesでもNoでもない」という中途半端なままで終わらせてはいけません。「No」の場合は「why？（なぜか）」を聞き、「では、もしもこうだとどうでしょうか？」と仮定して質問してみると、本音が出てくることもあります。営業担当からみて購入したほうがよい物件であっても、なかなか決断しきれないこともあるので、会話をしながら理由を推し量っていきます。

▌その日に決断できなければ回答期限を決める

買主が、どうしても物件を絞り切れないこともあります。その場合は、検討している物件を比較してどこで迷っているかを確かめてから、回答してもらう期限を決めます。この期限が長くなるほど判断が難しくなるものです。またその間に物件が売れてしまうリスクも高まります。ですから原則、翌日に回答を頂くよう約束をします。人と相談してから、あるいは資金準備を確かめてから

●クロージングに至らない場合の対応

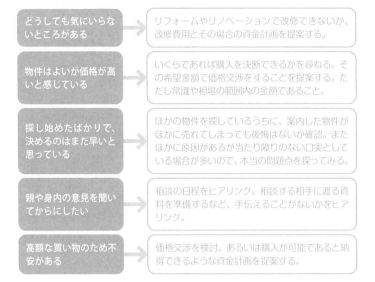

どうしても気にいらないところがある	→	リフォームやリノベーションで改修できないか、改修費用とその場合の資金計画を提案する。
物件はよいが価格が高いと感じている	→	いくらであれば購入を決断できるかを尋ねる。その希望金額で価格交渉をすることを提案する。ただし常識や相場の範囲内の金額であること。
探し始めたばかりで、決めるのはまだ早いと思っている	→	ほかの物件を探しているうちに、案内した物件がほかに売れてしまっても後悔はないか確認。またほかに原因があるが当たり障りのない口実としている場合が多いので、本当の問題点を探ってみる。
親や身内の意見を聞いてからにしたい	→	相談の日程をヒアリング。相談する相手に渡る資料を準備するなど、手伝えることがないかをヒアリング。
高額な買い物のため不安がある	→	価格交渉を検討。あるいは購入が可能であると納得できるような資金計画を提案する。

クロージングは「怖いもの」ではない。結論を出すのが目的だ。断られるのが不安で先延ばしにしていると、チャンスを逃してしまうよ。

という場合も、なるべく最短の日程で区切ります。またこちらから連絡を入れることも想定して、電話をしてもかまわない時間帯を聞いておきます。

▌すべて「No」でも必ず次のアポイントを取る

　価格や条件を変えて想定してもすべての物件が「No」なら、新たな物件を紹介することになります。この場合は次回の案内のアポイントを必ず取ります。商談を通じて希望条件の整理やニーズの再確認ができているので、次はより精度の高い案内ができるはずです。

　案内できる物件が商談の場で想定できるのであれば、現地案内の日時を決めてしまいましょう。そうでない場合は、おおよその日程を提示して予定を空けてもらうようにします。

仕事のツボ　クロージングで買主からの質問に返答できないときは、売主や売却側の不動産会社の物件担当者、自社の上司や先輩にその場で連絡、できる範囲で回答してその場で結論が出せる状況に近づける。

Section 09 リフォーム、リノベーションの提案

リフォームは「建物をもとのように回復する工事」、リノベーションは「建物の価値を上げる工事」だよ。

リフォームとリノベーションの違い

購入したい物件の改装や修繕をしたい、あるいはグレードアップしたいという希望があれば、リフォームやリノベーションを提案します。リフォームとは、破損や汚れ、経年劣化が目立つ部分を修復する工事です。リノベーションは、間取りや設備、デザインを最新のものにして、建物の機能や価値を高める改装工事です。リノベーションでは、「フルスケルトン」といって骨組みの状態まで解体して作り直すこともあり、リフォームと比べると工事規模が大きくなります。建物の大きさによりますが、部分的なリフォーム工事では100万円〜300万円程度で収まりますが、リノベーション工事は500万円〜1000万円、デザイン性も高めるとそれ以上に費用がかかることが珍しくありません。

工事の追加や期間の長期化に注意

リフォームを希望する場合は、まず依頼する工事会社を確認します。特になければ、自社が提携していたり担当者が知っているリフォーム会社に見積もりを依頼します。見積もりをするための現地確認は、買主とリフォーム会社の双方と時間調整をして行います。買主にはその場でリフォームしたい内容を聞きますが、実際に工事が始まると、あれもしたい、これもしたいと追加が増えがちです。そのため最小限の工事と最大限の工事の2パターンの見積もりを作成するようにリフォーム会社に依頼します。

またマンションでは、管理組合に工事申請をして承認を得るまで1〜2か月程度かかることもあります。戸建であれば、建築確認を要する増改築に該当するとそのための申請や検査にかかる期間、追加費用も必要です。入居希望時までに工事が完了するかについても確認します。

仕事のツボ 　古い設備だと、部品が製造終了で修理できないことがあります。設備ごと交換になると予定外の費用がかかるので注意します。

●リフォームにかかる費用と時期の目安

リフォーム場所	費用概算	備考	
リビング・ダイニング	120万円～	クロスとフローリング、ドアの交換。壁面収納の造作など	
床	10万円～	既存の床にフローリングを上張りする。張り替えは40万円～	
外壁	100万円～	標準的な塗装、足場工事代含む	
窓	8万円～		
塗り壁	20万円～	壁、天井クロスを剥がし、珪藻土塗り	
キッチン	80万円～	位置を変えずにキッチンを交換	
浴室	70万円～	システムバス交換	
洗面室	15万円～	洗面化粧台の交換	
トイレ	12万円～	タンク付きトイレに交換	
屋根	50万円～	塗り替えの場合、足場工事代含む	
壁紙	8万円～	壁・天井クロスを張り替え	

（左側見出し：リフォームにかかる費用）

屋根	化粧スレート	部分補修	5～6年ごと
		塗り替え	7～10年
		葺き替え	15～20年
	瓦	部分補修	5～6年ごと
		葺き替え	20～30年
建具	玄関・室内ドア	取り換え目安	15～20年
	サッシ	取り換え目安	15～20年
躯体	土台・床組み	補修・補強目安	20～30年
	柱・梁	補修・補強目安	20～30年
設備	ガス給湯器	取り換え目安	10～15年
	コンセント・電気設備	取り換え目安	15～20年
	キッチン・バス・トイレ	取り換え目安	10～20年
	給排水管	補修・洗浄目安	5～10年ごと
内装	床フローリング	張り替え目安	10～15年
	床カーペット	張り替え目安	5～10年
	壁・天井クロス	張り替え目安	10年
外壁	モルタル下地吹き付け	補修・塗り直し目安	7～10年
	サイディング	補修目安	5～7年ごと
	塗り替え	目安	10～15年

（左側見出し：リフォームをする時期の目安）

「できると思っていたらできなかった」「想像以上にお金がかかった」とならないよう、自己判断せずにリフォーム会社とよく相談しよう。

Section 10 購入申し込みの注意点

購入申込書を作成し、そこに記載した内容に基づいて売主（あるいは元付業者）と交渉をするよ。

売主と購入希望者の間で条件交渉をする

「この物件を購入したい」という買主の意思が固まると、「購入申込書（買付証明書）」を作成してもらいます。購入申込書は決められた書式はなく、不動産会社により異なりますが、一般的にはP.184のような事項を記載します。その上で買主が署名します。

次は売主（もしくは元付業者）に購入申込書の内容を確認してもらい、担当者が間に入って売主の売却条件と買主の購入条件を調整しながら合意が得られるように交渉します。交渉条件でまず問題になるのが「価格」ですが、「希望する契約や引渡しの日付」「ローン利用の有無とその内容」「その他条件」も大切な要素になります。

勝手に新たな条件提示をしてはいけない

購入申込書は売主に交渉するために作成する書面です。買主の希望通りになればよいですが、人気物件であれば多くのライバルの中でよりよい条件を提示しなければなりません。買主の指値があれば、売主からの抵抗が予想されます。「精いっぱいの交渉をして、いい条件で購入できるようにがんばります」と買主には伝えましょう。

交渉しても売主の同意が得られないと、しだいに買主の購入意欲がさめてしまいます。なので売主が条件を受け入れないときの対策も打ち合わせておきます（右ページ参照）。これは交渉を有利に進めるために必要なことです。

ただし買主の承諾なしに、購入申込書に記載した以外の条件を担当者が提示してはいけません。売主側からの回答が来たらその都度買主と打ち合わせをして、次に提示してもよい内容の承諾を得てから売主側と再交渉します。

MEMO 「指値」はこの場合、売却希望価格よりも低い購入希望価格のことをいう。

●**売主との契約条件交渉の進め方**

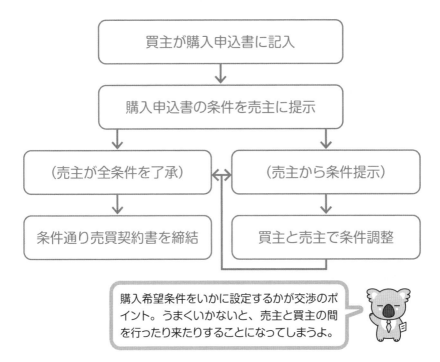

●**売主が売却に応じない場合を想定した対策を検討**

買主の希望価格で売却に応じない場合

いくらまで高くなっても買うか金額(総額)を確かめる

契約日や決済日の調整が難しい場合

調整が可能な日程を複数聞いておく

その他条件が合わない場合

売買価格とのバランスを考えつつ、どこまでなら譲歩するかを確認する

●購入申込書の記載事項

申込日	購入申込書の記入日
購入価格	買主が購入希望する価格を記入。売出価格から値引きを希望する場合はその希望する価格（指値）を記入
手付金	売買契約時に、売買代金の一部として売主に対して支払う金額。一般的には売買価格の5%以上に設定される。現金で支払いする場合には、銀行から高額の引き出しが必要になることを申し込みの時点で買主に説明しておく
内金	売買契約後に売買代金の一部を売主に先払いするお金。一般的な不動産売買契約ではあまり設定されることはない
残代金	売買代金から手付金や内金、中間金を差し引いたもの。引渡しを受けるまでに支払う。希望する残代金支払日も記載する
契約希望日	可能な限り最短の日を設定する。申込から契約まで時間を空けると、購入意思があるにもかかわらず、ほかの買主から好条件の申込があり契約ができなくなるおそれがあるため
引渡し日	希望する引渡し日を記載。一般的には残代金支払い日と同じ日に設定する
その他条件	物件や設備など、購入に関わるその他の条件を記入
融資利用	利用する融資の内容を記載
有効期限	購入申込書の有効期限を記入。申込日から1週間ないし2週間後程度が一般的
面積にずれが生じた場合の清算	売買契約を締結した際に契約書に記載した土地の面積と測量をして判明した実際の面積に差が生じることがある。土地代の差額を残代金で清算する（実測清算）ことを希望するのであれば、その清算基準価格を記載する

仕事のツボ　両手仲介（→ P.026）の場合、売主と買主の双方にとって公平・中立な立場で交渉しなければならない。

●不動産購入申込書の書式例

不動産購入申込書

202X 年　1 月 10 日

○○不動産 株式会社 御中

私は、下記表示の不動産を下記条件にて購入することを申込、貴社に交渉を依頼します。

記

1. 購入価格および支払条件等

購入価格	（内消費税	0 円也）	5,0,0,0,0,0,0 円也
手付金	本契約締結時受領		2,5,0,0,0,0 円也
内金	第1回　　年　　月　　日までに		0 円也
	第2回　　年　　月　　日までに		0 円也
残代金	202X 年　3 月 25 日までに		4,7,5,0,0,0,0 円也

2. 契約締結希望日 ☑ 202X 年　1 月 15 日　13 時　00 分から　場所：○○不動産株式会社 事務所にて

3. 清算方法 ☑ 公簿売買（清算なし）　□ 実測売買（実測清算／1㎡あたり金　　　　　　　円也）

4. 引渡希望日 ☑ 残代金日と同日　□ 残代金日から　　　日以内

5. その他条件　リビング以外のエアコン・照明器具・カーテン・表札は撤去ください

6. 融資利用 融資利用の特約 ☑ 有・□ 無		
申込先	借入予定額	審査期間
○○銀行　○○支店	5,0,0,0,0,0,0 円也	202X 年　2 月 25 日まで

＜物件の表示＞

土地	所在	東京都○○区○○1-8-6	建物	所在地	東京都○○区○○1-8-6
	地番			建物名	号室
	地積	80 ㎡		地積	98.78 ㎡

□ 仲介手数料（税込み）	円也
□ 購入費用（税込み）	円也
本書の有効期限	202X 年　1 月 31 日 まで

〜ご希望・ご要望お聞かせください〜

・駐車場・バイク置場利用予定（なし・あり⇒車種：　　　　　　　　　　　　　　　　　　　　　　　　台）
・自転車置場利用予定（なし・あり⇒大人用：　　台、子供用：　　　台）／事務所店舗利用予定（なし・あり）
・リフォーム予定（なし・あり⇒内容：　　　　　　　　　　・　　　）／リフォーム見積希望（なし・あり）
・ペット飼育予定（なし・あり⇒種類：　　　　　匹）・ピアノ楽器使用予定（なし・あり⇒　　　　　　　）
・火災地震保険見積希望（なし・あり）　　・引越業者紹介希望（なし・あり）

※当社は速やかに上記条件にて売却希望者と折衝いたします。売却希望者の応諾が得られ次第、売買契約の締結をして頂きます。
※税制上の優遇措置については、適用要件を満たさない場合、当該優遇措置を受けることができません。
※消費税額とあるのは地方消費税額も含む金額です。

【申込者】

住所 東京都○○区○○1-20-31 ○○マンション 103 号室 氏名：○○　○○　　　　　　　　　　㊞

【仲介会社】

担当者：○○　○○　電話番号：03-6XXX-XXXX　　　携帯電話：

購入申込書の記入日

購入希望価格

売買契約時に支払う手付金の金額（売買価格の 5%以上が目安）

内金（ある場合）

残代金（売買代金－手付金－内金）

売買契約希望日時と場所

引渡し日と状況

その他の希望する条件

利用予定のローン

購入希望不動産の内容

申込の有効期限

買主の住所・氏名と押印（実印でなくてよい）

担当不動産会社

両親や祖父母から住宅資金を援助してもらったときの優遇措置

両親や祖父母などから住宅購入資金を援助してもらうケースでは税制面での優遇措置があります。

両親などから住宅購入資金を贈与されると、「相続時精算課税制度」「相続時精算課税選択の特例」が適用ができます。贈与額には非課税枠があり、それを超えると一律20％の税率で課税されます。

なお相続の際にこの贈与税額は、贈与財産と相続財産を加算して計算した相続税額から控除されます。

「住宅取得等資金の非課税制度」は直系尊属の両親、祖父母などから住宅取得資金として贈与を受けたときに、その一定額が非課税となる制度です。相続時精算課税制度（限度額2500万円）と組み合わせて使うことも可能です。対象は2023年（令和5年）12月31日までに行われた贈与になります。

●住宅取得等資金の贈与の非課税枠

| 住宅取得等資金の非課税枠
（500万円または1000万円） | | （ | 基礎控除額
（110万円） | または | 相続時精算課税額
（2500万円） | ） |

●住宅取得等資金の非課税制度の適用要件

・住宅の取得に充てるため2023年12月31日までに金銭の贈与を受け、実際にその金銭を住宅の取得資金に充てていること
・直系尊属（父母・祖父母等）からの贈与であること
・贈与を受ける者がその年の1月1日に18歳以上であること
・贈与を受けた翌年の3月15日までに物件の引渡しを受けること
・贈与を受けた翌年の3月15日までに居住しているか、同年12月31日までに居住することが確実と見込まれること
・建物の登記床面積が50㎡以上240㎡以下であること
・中古住宅の場合は建物が新耐震基準に適合していること
・2009年から2014年まで贈与税でこの制度を利用していないこと
・贈与の翌年の2月1日から3月15日までに贈与税の申告を行うこと
・贈与を受ける者の所得金額が、贈与を受けた年に2000万円以下であること

CHAPTER

4

物件調査のポイント

本章で取扱う業務のキーワード

物件調査、周辺環境調査、戸建の調査、違法建築、境界標、接道義務、前面道路、土地の調査、私道、公道、マンションの調査、一棟マンション、耐震基準、管理会社、管理組合、公図、地番、登記簿謄本、法務局、市街化区域、地域地区、防火地域、用途地域、建ぺい率、容積率、建物の高さ制限、天空率、位置指定道路、建築基準法上の道路調査、セットバック、ハザードマップの調査、農地取引、生活インフラ、自治会

Section 01 物件調査とは

トラブルを未然に防ぎ、よりよい不動産取引にするためには、売買する物件の調査をしっかりすることが必要だ。

●物件調査の流れ

1 インターネット等での事前調査

インターネットで物件に関する各種情報（地図、登記関連、用途地域、道路台帳など）を入手。

➡ P.052

2 売主への調査（自社の媒介物件のみ）

売主に対する細かいヒアリングや書類調査。調査する主な書類は右ページ参照。

➡ P.044〜051、088〜093

3 現地調査

実際に現地に赴き、周辺環境調査や物件現地調査を行う。

➡ P.190 〜 213

4 役所等調査

法務局、役所、電気・水道・ガスなどの業者に対する調査。

➡ P.214 〜 287

5 その他

必要に応じて行う、マンションの管理会社、分譲主、建築会社、近隣、自治会などに行う調査。

➡ P.210、P.288〜290

調査の中で不明点がある場合は、現地調査と役所等調査を繰り返して照合していきます。

　不動産取引のトラブルは、契約前の物件調査が不十分だったために起きることが珍しくありません。不動産会社の調査不足が原因で取引当事者に損害を与えた場合は、宅建業法による監督処分を受けたり、民事上の損害賠償責任を問われることもあります。宅建業者は「重要事項」を説明することが義務付けられていますが、この説明に必要なことも、不動産を詳細に調査して初めて明らかになります。

　物件調査は、① インターネットによる事前調査、② 現地確認、③ 役所調査の順に行います。現地調査で自分だけで判断するのが難しいことがあれば、必要に応じて写真を撮って役所調査の際に担当者に確認してもらいます。

MEMO　宅建業者は買主に対して、売買契約前に取引対象不動産に関する「重要事項」を説明することが宅地建物取引業法第35条で義務付けられている。

●不動産調査に必要なもの
住宅地図、物件資料（謄本・公図・建物図面・測量図・パンフレットなど）、筆記用具、物件調査シートやメモ帳、委任状や媒介契約書（宅地内の水道管調査、マンション管理会社の調査に必要）

●現地調査に必要なもの
メジャーやレーザー計測器、カメラ（スマートフォンでも可）、方位磁石、懐中電灯、ドライバー、調査シート

土地や戸建では、水平器、クラックスケール、スコップ（境界標をさがす）、バール（枡などを開ける）、軍手、脚立が必要なことも

●「売主への調査」で行う主な調査

・物件状況等報告書に記載された事項（→P.092）
・土地に関する資料（測量図、境界確認書など）
・建物に関する資料（設計図書、建築確認申請書、建物検査済証、住宅性能評価書、保証・検査・修繕に関する資料など）
・マンション（分譲時パンフレット、管理規約、管理組合の議事録など）
・権利関係の調査

●「その他」で行う主な調査

・管理会社への調査（マンションの場合）
・分譲主、建築会社への調査
・近隣所有者や自治会などへの調査
・税理士、弁護士、建築士、土地家屋調査士への確認（専門家への見解が必要な場合）
・売主への再確認

事前にネット等で確認できる情報は取得して、現地調査や役所調査はできれば1回で済ませよう。

　法務局の登記情報提供サービスや区・市役所の公開情報などは、インターネット上である程度調べられるようになっています。インターネットに対応していない行政機関や上下水道、電気、ガスなどの会社でも、ファックス調査に応じてくれることがあります。

　不動産売買時に調査すべき項目や内容は多岐にわたります。しかも買主の購入判断に大きく影響します。重要な業務になりますから、調査シートを作成して調べる事項を定型化し、漏れをなくすようにしましょう。

Section 02-1

現地調査①
周辺環境調査

ネットの情報やヒアリングの内容とともに、自分が実際に生活したらという目線で周辺環境を確認しよう。

周辺環境は現地に行かないと分からない

現地調査で最初に行うのは、物件の周辺の状況がどのようになっているかの調査です。物件の周辺の簡易調査はGoogleマップのストリートビューなどインターネットのツールでもできますが、最新の状況や騒音・臭いまでは確認できません。近くで高層マンションを建築したり大型施設の再開発があると、日照条件や眺望、人通り・車通りなど生活環境が変化してしまいます。ですから実際に自分の目と足を使って現地確認をする必要があります。

売主が対象不動産に居住していないときには売主から十分な周辺状況の情報が得られないことがあります。またその地域を初めて取り扱う場合は十分な周辺環境の情報が不明なこともあります。このような時には、地元の不動産業者にヒアリングを行うのも有効です。

検索で「物件名・住所・駅名」＋「新築マンション」「再開発」「事件・事故・治安」というキーワードを入力すると、建築情報や、嫌悪施設・嫌悪情報がわかることも。地域の口コミサイトなども要チェック。

スクールゾーンは「通行許可証」が必要

物件までの経路の途中にスクールゾーンがある場合、車両通行のために管轄の警察署から事前に「通行許可証」の発行を受ける必要があります。また一方通行・速度制限・登下校時間帯の車両通行禁止事項を確認します。

●周辺環境調査でのチェックポイント

□ 周辺に嫌悪施設はないか

- 「嫌悪施設」は主観によるところが大きく、きちんとした定義はないが、一般的に近隣にあったらその不動産の購入をためらうような施設を指す。
- 具体的には、騒音や臭いを発生する店舗や工場、墓地、火葬場、葬儀場、線路、高架、基地、刑務所、鉄塔、暴力団事務所、宗教施設、ゴミ置場など。

□ 周辺に利便施設があるか

- 利便施設とは、近隣にあると不動産の購入意欲が高まるような施設。
- 公園、図書館、スーパー、コンビニ、交番、病院、学校等の教育施設、保育園等の福祉施設、駅、バス停などの交通機関など。
- ただ利便性が向上しても、子供の歓声や救急車の音、コンビニの駐車場のアイドリング音などが、人によっては迷惑と感じられるので、買主の価値観や判断を知る必要もあり。

□ 周辺に「建築計画」「事業計画」「開発事業」の看板がないか

- 対象不動産の周辺に、「建築計画」「事業計画」「開発事業」の「お知らせ」と書かれた看板がないか確認。看板が設置された土地では、マンションやビル、宅地開発などが行われる予定がある。新築でなく解体工事のお知らせの場合もあり。
- 現地調査で確認した「お知らせ看板」の内容は、役所調査でより詳しく調べて確認する。重要事項説明に記載すべき事項にもなるので、忘れずに写真を撮る。

建 築 計 画 の お 知 ら せ			
敷地の地名地番	横浜市○○区○○		
建築物等の概要	名　　称	(仮称)○○マンション	新築工事
	用　　途	共同住宅	工事の種別　新　築
	敷 地 面 積	813.77㎡	構　　造　鉄筋コンクリート造り
	建 築 面 積	408.66㎡	住 戸 数　　　　　　27 戸
	延 べ 面 積	1,853.14㎡	駐 車 台 数　　　　　9 台
	高　　さ	20.11m	階数・棟数　地上 7　階地下 2 階
	報告書提出年月日	4 年 5 月 1 日	横浜市意見書交付年月日　　年　月　日
	着工予定年月日	4 年 7 月 1 日	完了予定年月日　5 年 5 月末日
建築主	住　　所	横浜市○○区○○	
	氏　　名	○山 一郎	
設計者	住　　所	横浜市△△区○○	
	氏　　名	□川 仁	
工事施工者	住　　所	未定	
	氏　　名		
標識設置年月日	4 年 4 月 10 日		
標識設置届受付番号	XX 第10XX号		

この標識は、横浜市中高層建築物等の建築及び開発事業に係る住環境の保全等に関する条例に基づき設置したものです。この建築計画又は工事について同条例に基づく説明を求められる方は、次の連絡先に申し出てください。
連絡先
　○○○
電話 044(XXX)XXXX

建築計画のお知らせ看板

- 看板がなくても、周辺に大きな空き地や空き家があれば、やがてそこに建物が建てられることを想定して役所調査を行う。

Section
02-2
現地調査②
戸建の調査

建物の老朽化だけでなく、違法建築物件でないことを確認しないと大きなトラブルになってしまうよ。

▌建物の法律違反部分をチェック

　戸建の建物の現地調査で、まず違法建築物でないことを確認します。法律違反になる原因としては、新築時に違反部分があることを知らずに（あるいは意図的に）建築してしまったケースと、建物完成後の増改築等によって違反状態になってしまったケースがあります。検査済証が発行された履歴がない建物は、完了検査を受けていないかもしれません。

　固定資産評価証明書に記載された面積と、登記事項証明書に記載された面積が異なる場合は、新築後に増築した部分が未登記で違法建築物である可能性が疑われます。また現況が建物図面や新築時の間取りと合っていなかったり、周辺の住宅よりも突出して高さがある物件も注意が必要です。違法建築物の例はP.066を参照してください。

▌建物の内外をチェックする

　続いて建物の外観や屋内の老朽化の状態、室内の彩光・風通し、臭気・騒音、特殊な設備等がないかを確認します。これらはいずれも現地で確認しないとわからない点となります。具体的な建物の内外のチェックポイントは右ページのようになります。

固定資産評価証明書は土地や建物の評価額を証明する書類。不動産が所在する市町村役場の窓口で取得できる。

MEMO　違法建築とは、建築基準法や地域の条例などに違反している建築物のことをいう。

● 建物の内外のチェックポイント

☐ 屋根や外壁の老朽化が進んでいないか

- 年数が経っていない建物でも老朽化が進むことがある。特に注意が必要なのは屋根と外壁。
- 破損や塗装の剥がれをチェックし、外壁のクラック（ひび割れ）があればクラックスケールで幅を測る。0.3mm以下なら問題ないが、0.5mmを超えていたら専門家に点検を依頼する。

☐ 室内の採光、通風の状態はよいか

- 一般的に日当たりのよい部屋が好まれる。なかでもリビングの採光や風通しのよさは快適な暮らしにつながるのでプラス要因。これらは季節や時間帯で条件が変動するので、売主ないし居住者からもヒアリングが必要。

☐ 室内に臭気、騒音などの問題はないか

- マイナスになるのが騒音や臭い。道路沿いや線路が近くを通っている場所は、日中だけでなく夜になってから音が気になる場合も。
- 交通量が多い道路は排気ガスの臭いやホコリが舞っていないかを確認。
- 家の中のいわゆる生活臭がすることもある。排水口など水回りをチェックし、配管が詰まったり汚れていて臭いがきつければ、売主に洗浄作業をお願いすることを検討。

☐ 別途費用が発生する設備はないか

- エコキュートや太陽光発電システムがある建物は、保守契約の有無や維持管理の費用を確認。
- 高級物件では全館空調システム、自動車車庫の電動シャッター、機械式駐車場、サウナ、ジャグジーなどの設備で維持管理費用が発生するので設備メーカーや品番を控え、所有者や業者に聞き取りをする。

物件状況報告書や設備表についても、記載された内容と実際の建物を照らし合わせて状況を確認しよう。

●違法建築のチェックポイント

違法なロフト（小屋裏や物置）

○違法建築が疑われるケース

・ロフトの床面積が、ロフトがある階の床面積の1/2以上

・ロフトの天井高が1.4mを超える

> **違法建築だと・・・**
> ロフトの床面積が建物に合算されてしまい、容積率をオーバーしていることがある

●違法なロフトの例（小屋裏や物置）

ロフトの天井高が
1.4mを超えている

ロフトの部分の床面積が
ロフトのある階の床面積の1/2 超

違法なバルコニーの屋根、ウッドデッキ、サンルームなど

○違反建築が疑われるケース

・バルコニーを壁で囲ったり、サンルームに改築している

・後付けでウッドデッキを取付している

> **違法建築だと・・・**
> 建ぺい率や容積率、斜線制限に違反することがある

○両側に壁や柱があると建築面積に含まれる

注意
バルコニー下、軒下に柱をつくると
柱の内側がすべて建築面積に含まれます

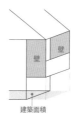

壁　壁

建築面積

一定以上の突出部は両側に壁や柱があると建築面積や延べ床面積に含まれる

1m以下
1m以下

外壁からの突出部が
1m以下のとき

↓

建築面積に含まれない

1m 算入
1m 算入

外壁からの突出部が
1m以上のとき

↓

1m以上の部分が
建築面積に含まれる

2m以下
2m以下

外壁からの突出部が
2m以下のとき

↓

延べ床面積に
含まれない

2m 算入
2m 算入

外壁からの突出部が
2m以上のとき

↓

2m以上の部分が
延べ床面積に含まれる

違法な増改築

　○違法建築が疑われるケース

　・設計図書・建物図面と現状建物の形状が異なる

　・申請時と異なる用途で使用している

　・増築時の建築確認申請書類が存在しない

　・ビルトインガレージを部屋にリフォームして使用している

　・明らかに建物の一部分の高さが、周辺の建物に比べて高い

　・10㎡以上の増築、準防火地域や防火地域での増築、また特殊建築物や木
　　造で3階建て以上の建築物などの改修を行っている

建築基準法や都市計画法に違反する違法建築物であったり、建ぺい率や容積
率、斜線制限などに違反している場合がある。

敷地の一部を売却した

　○違法建築が疑われるケース

　・敷地の一部を第三者に売却している

建築後、敷地の一部が売却されたことにより、建ぺい率や容積率がオーバー、
斜線制限などに違反することがある

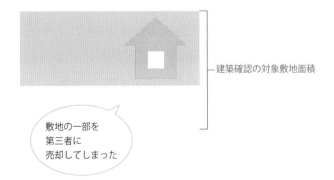

建築確認の対象敷地面積

敷地の一部を
第三者に
売却してしまった

Section
02-3

現地調査③
土地の調査

後々売買できなかったり建物が建てられなくならないように、土地の調査もしっかり行うようにしよう。

売買や建築する敷地に問題がないかを確認する

土地や戸建の敷地の現地調査は、売買するときや建物を建てるときに問題がないことを確認するために行います。

敷地の現地調査は境界標を探すことから始めます。境界標とは隣地との境界を示すために地面に埋めてある印で、境界線を正確に把握することで売主が所有する土地の実際の面積を確定することができます。境界線が分かったら、屋根や庇などが境界線を越境していないかを調査します。

次は土地と接している道路の調査です。一般的に土地の売買は接道義務（MEMO参照）を満たしていることが前提となっており、この点を確認します。

さらに、水道、ガス、電気といったライフラインの設備も調べます。それぞれのインフラが敷地に引き込まれているか、使えるようになっているかを確認します。

前面道路と高低差がある土地は高低差を確認する

たとえば前面道路（MEMO参照）よりも土地が高い位置にある場合、土が溢れ出したり崩れたりしないように土留めやコンクリートの擁壁を構築しなければなりません。このように高低差のある土地は、その程度や擁壁の状況によっては家を建てる際の造成工事で高額な費用が発生します。

建物が現存している場合でも、将来建て替えの際に費用が発生するかもしれないので、現地の状況や高低差が何メートルあるかを計測して、役所調査のときに造成工事が必要かどうか確認するのを忘れないようにしましょう。担当者が自分で計測できないほどの高低差があるときは、土地家屋調査士に高低測量を依頼します。

MEMO 「前面道路」とは敷地に面した道路のこと。建物を建てるためには道路の幅員が 4m 以上、敷地と接する長さ（接道間口）が 2m 以上必要で、これを「接道義務」という（→ P.256）。

●境界線の確認と近隣との越境の確認

境界標同士を結ぶ線が隣地との境界となります。近隣との境界線を確定させ、越境を確認するには次の手順で作業します。

①境界標を探す

- ・境界標は矢印や十字、T字が刻印されたもので、金属板、コンクリートやプラスチックや石の杭、金属鋲などでできている。
- ・塀やコンクリートに刻印をして境界の目印とすることもある。
- ・境界標が土に埋まっていることもあるので、掘り出すためにスコップなどを用意して行くようにする。

○の位置が境界点を示す。

②境界線を確定させる

- ・境界標どうしを直線で結んで、境界線を確定させる。

③間口と奥行きを計測

- ・境界線が分かったら、地積測量図と照合しながら間口と奥行きを計測する。

④越境の確認

- ・屋根や庇、排気ダクト、エアコン室外機が越境していないか確かめる。
- ・塀の所有者は境界線のどちら側にあるかで判断する。塀の中心に境界線が通っている場合は共有しているかどうかを確認する。

境界標の十字の中心が境界点でない場合

境界標がうまく設置できないときは、このようにして使うこともあります。

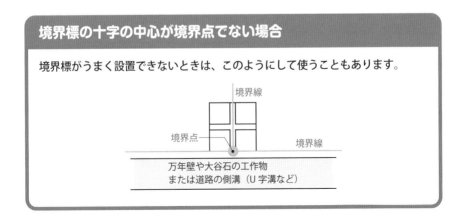

●土地と接している道路の調査

土地が接している部分の道路の幅員（最小値と最大値）、および接道間口（MEMO参照）を計測します。計測にあたっては下記の点に注意します。

敷地延長型の土地や、幅員4メートル未満の道路は正確に測る。接道間口が2メートル以下だったり、セットバックの結果土地の有効面積が不足すると建物が建てられないケースが出てくるため。

側溝がある道路では、側溝を含む幅員と含まない幅員を計っておく。道路幅員に側溝を含むか含まないかは、その後の役所調査で確認。

接道間口が私道の場合は？

道路が長年放置されて一部舗装の下の地面がむき出しだったり、砂利道や土のままで舗装されていない場合は、私道の可能性があります。

私道は役所の道路台帳図に掲載されないため、現地での計測が重要な作業になります。

私道だったときは所有名義人を必ず調べます。道路を使用するためには所有者の許可が必要になり、水道管の工事なども勝手に私道を掘り返すことができないからです。

埋設物や汚染の調査は慎重に

土地に埋設物があったり、土壌が汚染していることがあります。これらは見ただけではなかなか分かりません。注意すべきは、たとえば戦時中に空襲を受けたときの瓦礫が埋まっていたり、かつて工場で有害物質を扱っていた可能性があるような土地です。

疑わしい場合は念のため、売主へのヒアリングや登記事項証明書の履歴を確認し、古い地図などで地歴を調べるといった作業が必要になります。

MEMO　「接道」とは敷地に接している道路の幅（幅員という）のこと。「接道間口」とは敷地が道路に接する長さのこと（→ P.257）。

●ライフラインのチェックポイント

□ 上水道が引かれているか、引込管の口径はいくつか

・量水器（水道メーター）の場所を確認する。次に、そこに記されている引込管の口径を確認する。20㎜か25㎜なら問題ないが、13㎜だと流量が不足する場合があるため、後で太い口径に換えることも念頭に置く。

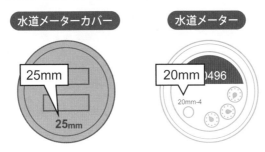

水道メーターカバー　　　水道メーター

25mm

25mm

20mm　0496

20mm-4

□ 下水道が引かれているか

・道路側のマンホールと敷地内の枡の有無を確認する。見つからない場合は、浄化槽を使用している可能性が高い。

□ 都市ガスが引かれているか

・前面道路の「Gマーク」を確認。マークががあれば都市ガスが引き込まれている。プロパンガスの場合は契約内容を確認する。ガスメーターも見つけておく。

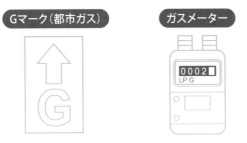

Gマーク（都市ガス）　　　ガスメーター

G

0002
LP.G

□ 敷地内に電柱や支柱・支線が設置されているか

・敷地内に電柱や支柱・支線が設置されているかを確認。ある場合は、所有者が電力会社から土地使用料を受け取っていることがあります。移設を希望するときは、そのことも含めて電力会社に確認します。

計測にはメジャーや巻き尺、レーザー距離測定器を使う。境界標・道路幅員・越境物などの写真も忘れずに撮っておこう。

現地調査④
マンションの調査

> マンションは、室内だけでなく外観や共有部分、人の出入り、他の住戸の使用状況や管理状態も現地調査する必要がある。

▌チェックポイントが多いのでポイントを押さえた調査をしよう

　マンションの現地調査は、漠然と見て回っても問題の所在は見えてきません。ポイントをしっかり押さえてチェックしていくことが重要です。

　また、管理人が管理組合と管理会社の取次ぎを行うマンションが多いので、資料では分からないことがあったり、現地調査で違和感を感じたときは管理人にヒアリングをするようにします。事件や事故、住民間のトラブルなど、管理会社から提出される重要事項調査報告書に載っていない問題を話してくれることがあります。

> 外観や共用部分は、管理会社から発行される「重要事項調査報告書」や「修繕履歴」「長期修繕計画書」などの資料をもとに現地調査をすると効率よく進むよ。

●マンションのチェックポイント

☐ **外観にクラックや塗装剥がれ、破損などの劣化はないか**
・敷地の外からマンション全体を回って外観を確認。外壁にクラックや塗装剥がれ、破損などの劣化が認められる場合は、大規模修繕工事が計画的に実施されていない可能性あり。

☐ **玄関の集合ポストで郵便物やチラシが散乱していないか**
・1階玄関で集合ポストを確認。清掃が行き届かず、郵便物やチラシが散乱している状態だと、管理体制に問題がある可能性。

仕事のツボ　機械式駐車場は駐車できる車両のサイズに制限があります。管理規約などにサイズが記載されていなければ現地で確認しておきます。

☐ 住宅専用のマンションで集合ポストの表札に店舗名や法人名はないか

・管理規約で住宅専用と定められているにもかかわらず店舗名や法人名の表札が出
ていたら、用途に違反している住戸がある可能性あり。

☐ 駐輪場に自転車が雑然と置かれていないか

・駐輪場に自転車が雑然と置かれていたり、放置自転車らしきものがある場合には、
管理や住民マナーに問題がある可能性あり。

☐ エントランス付近の掲示板に多くの情報が掲示されているか

・エントランス付近にある掲示板は必ず確認。騒音やペット飼育に関する注意、マ
ンション規約や細則の変更に関する議案書や議事録、予定されている改修工事な
ど、多くの情報が掲示されている。

☐ 廊下・階段・エレベーター周辺は清掃がされているか

・廊下・階段・エレベーターなどの共用部分を確認。清掃状況はもちろん、非常階
段に発生した鉄サビが放置されていれば管理状態がよくないことが想像できる。

☐ 室内の水回り設備や給排水設備、室内の傷みや建て付けは正常か

・専有部分である室内は、物件状況報告書・設備表を基に、水回り設備や給排水設備、
室内の傷みや建て付けなどを確認。マンションの雨漏り被害は個人で解決できず、
マンション全体を巻き込む深刻な問題となる。

☐ 室内の天井部に腐食、窓枠に結露や周辺のクロスにカビはないか

・クローゼットを含めた天井部に木部腐食などがないか確認。戸建に比べ結露が発
生しやすいため、窓枠に結露がないか、窓周辺のクロスにカビやシミがないかを
確かめる。

☐ バルコニーの手すり部分に錆や防水シートに痛みはないか

・バルコニーは専用部分ではなく共用部分。手すり部分の錆や防水シートの傷みが
あると、管理体制が疑われる。

☐ バルコニーから将来日照を妨げる建築物などは見えないか

・バルコニーから、将来眺望や日照を妨げる建築物が建つ可能性のある空き地や古
家を確認。

☐ 明らかに住民でない不特定多数が出入りする住戸はないか

・表札は出ていなくても用途以外の利用をしている住戸がある可能性。店舗・事務
所利用可能であっても違法な業種で使われているケースがあるので注意。

一棟マンション・ビル・アパートの調査

賃貸管理やメンテナンスの状況などを調べて、購入後に追加費用がかからないかどうか確かめておこう。

現地調査で見るべきところが多い

　一棟マンション・ビル・アパートは土地・建物の所有権をオーナーが所有し、部屋などを賃貸しています。建物全体を調査するので前述の区分マンションよりも範囲が広がります。

　物件の種類や規模にもよりますが、そろえる書類や図面なども右ページのように多岐にわたります。

　現地での確認事項はP.204〜205のようになります。なかでも「内外装に関する修繕費用」「現在までの修繕履歴」「管理会社・インフラ会社・維持管理など各種点検等に関するランニングコスト」は購入するかどうかの判断に大きく影響するので、特に調査漏れのないようにします。

ほかの物件調査と同様に、事前に売主や元付業者からの開示資料とネット調査の内容を十分整理してから現地調査に臨むようにしよう。

一棟物件を購入してからの手間とコスト

　分譲マンションであれば、所有者は管理費・修繕積立金の月額を支払えば管理組合と管理会社によって管理され、修繕計画が行われますが、一棟物件はオーナー自身が維持管理を行わなければなりません。また一戸建と異なり、賃借人の入退去に伴う内装修繕費用も定期的に発生します。建物の規模が大きくなるほど所有した後に発生する費用は高額になるので覚えておきましょう。

仕事のツボ　現在に至るまでの賃貸借契約書一式が揃っているか調べて、内容を確認しておきます。

●資料、書面、図面等および確認事項の一覧

No.	項目	資料名称	書面等の有無
①	建築申請関係	建築確認通知書 (建築物)	
		建築確認通知書 (昇降機)	
		12 条 1 項届出書 （定期調査）	
		12 条 3 項届出書 （昇降機・建設設備の定期検査）	
		建築確認通知書 (工作物)	
		……屋上広告塔	
		検査済証 (建築物)	
		検査済証 (工作物)	
		検査済証 (昇降機)	
		道路占有許可申請・許可証 (看板等広告物)	
②	消防申請関係	消防施設　検査結果通知書	
③	増改築関係	改修箇所図面 (改造箇所：　　　　　　　　）	
		改修箇所図面 (改造箇所：　　　　　　　　）	
		耐震設計・建物診断再調査	
		テナント工事、追加設備等の有無確認・工事図面	
		その他改造工事図面	
④	建築会社関係	施行会社及び設計会社	
⑤	点検記録関係	消防設備点検結果報告書	
		所轄消防署立入検査結果通知書・改善報告書	
		特定建築物立入検査結果通知書・改善報告書	
		昇降機メンテナンス記録	
		空調設備点検記録	
		貯水槽清掃点検結果報告書	
		水質検査報告書	
		排水槽清掃点検結果報告書	
⑥	維持管理関係	管理委託契約内容の開示	
		月額管理費、月次修繕費等の明細	
		修繕履歴（実施箇所、実施月、金額等明記）	
		火災保険料の明細確認	
		公共料金のオーナー負担分及びテナント請求分の明細	
		公共料金の支払方法	
		評価証明書・公課証明書（最新年度分）の確認	
⑦	賃貸借関係	全テナントの賃貸借契約書 (写) の開示	
		全テナントの業務内容等関係書類	
		各テナントとの契約時、入居時の経緯関係書類	
		賃料等の滞納履歴	
		テナントとのトラブル等の有無	
		退去予定の有無	
		賃料等の収受方法	
		公共料金等の算出方法	
		テナントの募集方法及び募集会社の有無	
		看板、アンテナ、広告等その他賃貸借契約の有無	
⑧	土地関係	土地実測図	
		官民、民民境界確認書の開示	
⑨	その他	12 条 5 項（検査証のない建築物の法適合調査）の報告等	
		現在までの法令による役所の勧告等の有無	

●一棟マンション・ビル・アパートのチェックポイント

□ 貯水槽設備や浄化槽はサイズ、給水ポンプは維持管理状況を確認

・貯水槽設備や浄化槽のあるビルやマンションなどは、貯水槽や浄化槽のサイズに応じた維持・点検費用がかかるのでサイズを確認。給水ポンプの維持管理状況も調査する。

　補足：一棟物件では、途中で貯水槽水道方式から直接給水方式に変更したり、浄化槽から本下水利用に変更しても元の設備が撤去されず敷地内に残っているケースが多々あるため、資料を見ながら現地の状況と照合する。

□ 一棟全体でインターネット契約している場合は契約内容を確認

・一棟物件全体で利用できるインターネット契約をしている場合、契約内容が共用部分などに掲示されていることがあるので探しておく。

□ 建物の屋上に設置されている機器を確認する

・建物の屋上には、貯水槽設備（受水槽）やエレベーター室、キュービクル（電力会社から送られる600V超えの電圧を100Vや200Vに変圧するための電気設備）など維持・点検費用が発生する設備がよく設置されているので必ず確認。
・太陽光発電設備や、携帯電話の基地局用アンテナなど、所有するオーナーの収入源となる設備があることもあるので確認する。

貯水槽設備（受水槽）

携帯電話基地局アンテナ

キュービクル

□ リース物件を確認する

・防犯カメラ・ドアホン・宅配ボックス・電子錠を始め各種住宅設備にリース契約のものはないか確認。リース物件は毎月リース料がかかるだけでなく、途中解約すると残存リース代や解約金が発生する。

MEMO 「本下水」とは、浄化槽を使わずに下水が完備されていること示す不動産の業界用語。

□ 外観が定期的に修繕されているか

・定期的な修繕の実施状況を修繕履歴で確認。劣化部分があると購入後に多額の修繕費用が発生するおそれがあり、必要に応じて想定される修繕の見積もりを取る。

補足：敷地内に設置された自動販売機は、賃料以外の収入設備となるので、飲料メーカーや機器業者の連絡先を把握しておき、後で詳細を確認する。

□ 室内は適切な修繕が行われているか

・室内の状況の善し悪しは、賃貸事業の賃料や空室率に影響する。室内の修繕が行われていない場合は、買主が購入後に修繕工事を行う必要がある。

□ 室内が建築当初の間取りから大きく変更されていないか

・賃借人の退去後に通常は原状回復工事を行うが、その際に大掛かりなリノベーションで建築当初の間取りが変更される可能性がある。法律違反の有無の確認のため、空室はすべて内見して建築時の設計図と照合する。

□ 賃借人の状況を確認する

・賃借人の生活マナーや管理会社の管理状況の把握のため、どんな人がどの程度出入しているかを見ておく。
・表札と賃貸借契約書を照合し、契約書の内容通りに使われているかを確認。
・賃料を滞納している住戸は、郵便ポストや人の出入りを調べ、居住者の有無や、賃貸借契約通りに使われているかどうかを判断する。

□ エレベーターや機械式駐車場、消防設備などが劣化していないか

・エレベーターや機械式駐車場などの劣化状況や、法令点検の実施状況を確認。消防設備も同様。消火器はラベルシールで製造年と使用期限を確認。

消火器

●マンションの法定点検事項

法定点検の名称 (関係する法令)	対象となる建物・設備	点検の内容	
特殊建築物等定期調査 (建築基準法 12 条 1 項)	特定行政庁が指定(例:階数 5 階以上、延べ面積 1,000㎡以上)建築物の敷地、構造及び建築設備	調査	
建築設備定期検査 (建築基準法 12 条 3 項)	特定行政庁が指定(例:階数 5 階以上、延べ面積 1,000㎡以上)換気設備、排煙設備、非常用の照明装置、給水設備、排水設備	検査	
昇降機定期検査 (建築基準法 12 条 3 項)	昇降機(エレベーター)	検査	
消防用設備等点検 (消防法 17 条の 3 の 3)	消火器具、消防機関へ通報する火災報知設備、誘導 灯、誘導標識、消防用水、非常コンセント設備、無線通信補助設備	機器点検	
	屋内消火栓設備、スプリンクラー設備、水噴霧消火設備、泡消火設備、二酸化炭素消火設備、ハロゲン化物消火設備、粉末消火設備、屋外消火栓設備、消防動力ポンプ設備、自動火災報知設備、ガス漏れ火災警報設備、漏電火災警報器、非常警報器具及び設備、避難器具、排煙設備、連結散水設備、連結送水管、非常電源、総合操作盤、パッケージ型消火設備、パッケージ型自動消火設備	機器点検	
		総合点検	
	配線	総合点検	
専用水道定期水質検査 (水道法 3 条 6 項、34 条)	水槽の有効容量が 100㎡を超える施設、口径 25mm 以上の導管の全長が 1,500m 超、居住人口 100 人超、1 日最大給水量が 20㎡超	水質検査	
		消毒の残留効果等に関する検査	
簡易専用水道管理状況検査 (水道法 3 条 7 項、34 条の 2)	水槽の有効容量が 10㎡を超える施設	水質検査	
		水槽の掃除	
浄化槽の保守点検、清掃、定期検査 (浄化槽法 7 条、10 条、11 条)	屎尿及び雑排水を処理する浄化槽	保守点検	
		清掃	
		水質検査	
自家用電気工作物定期点検 (電気事業法 39 条、42 条)	高圧(600 V 超)で受電する設備	月次点検	
		年次点検	

(注) 特定行政庁:建築主事(建築確認検査を行う資格者)を置く市町村の区域にあっては、当該市区町村の長をいい、その他の市町村

点検の時期		報告先	資格者
6か月～3年の間で特定行政庁が定める時期		特定行政庁	特殊建築物等調査資格者、1級建築士又は2級建築士
6か月～1年の間で特定行政庁が定める時期		特定行政庁	建築設備検査資格者、1級建築士又は2級建築士
6か月～1年の間で特定行政庁が定める時期		特定行政庁	昇降機検査資格者、1級建築士又は2級建築士
6か月に1回	報告は、3年に1回(複合用途の場合は、1年に1回)	消防庁又は消防署長	消防設備士(甲種、乙種)又は消防設備点検資格者(1種、2種)
6か月に1回			
1年に1回			
1年に1回			
1か月ごとに1回以上、臨時		都道府県知事(保健所が設置されている市区長)(衛生上問題がある場合)	厚生労働大臣の登録水質検査機関
1日に1回以上			
1年以内ごとに1回		同上	地方公共団体の機関又は厚生大臣の登録を受けた者
1年以内ごとに1回			
浄化槽の種類により1週間～6か月ごとに1回以上 全ばっ気方式は6か月ごとに1回以上、その他は1年に1回			浄化槽技術管理者(浄化槽管理士)
1年に1回			環境大臣又は都道府県知事が指定する検査機関
1か月に1回			電気主任技術者(第1種～第3種)(電気保安協会等に委託)
1年に1回			

は都道府県知事をいいます。

Section 03-1 マンション調査① 分譲時のパンフレット類の入手

マンション調査の第一歩は、分譲時に配布されたパンフレットを取得すること。そこには様々な情報が載っているよ。

まずインターネットでパンフレットを探す

マンションの分譲時のパンフレットは、「東京カンテイ」や「athome」のウェブサイトからデータを取得できます。ただし有料で、数を集めると意外に高額になるため、必要なものから手に入れて、場合に応じて追加取得します。

インターネット上でパンフレットが入手できないときは、「所有者に購入時の資料を捨てずに持ってないか調べてもらう」「管理会社に問い合わせる」「管理室に保管していないか尋ねる」などの方法で入手します。

リフォームやリノベーションをしていたときは

リフォームやリノベーションの履歴がある物件は、工事を実施した際の図面も取得しましょう。図面がない場合は、メジャーで計測して現在の間取り図を起こしていきます。大がかりな間取り変更をしていて自分で間取り図が作れなければ、建築士やリフォーム会社に現地確認と間取り図の作成を依頼します。

なお分譲時パンフレットでは2戸になっている住宅の戸境壁を取り払って1戸として利用していることがありますが、これは法令に違反する可能性が高いので注意しなければなりません。

耐震基準を確認する

建築概要に記載された建築確認年月日から、新耐震基準マンションか旧耐震基準マンションかを確認できます。耐震基準とは地震に耐えることのできる構造の基準で、建築物の設計時に適用されます。「旧耐震基準」は1981（昭和56）年5月31日までの建築確認に適用されていた基準で、それ以降に適用されている基準が「新耐震基準」です。

●マンション分譲時のパンフレット

必ず取得するもの

建築概要

所在地・交通手段・都市計画・建築・敷地・建物・分譲主・管理会社に関する事項が記載されています。まず建築概要を確認するとその後の調査がスムーズに進みます。

間取図

対象号室の間取図を取得します。分譲時に間取り変更しているケースがあるため、実際の間取りと違いがないか確認します。

平面図（各階）

対象マンションの各階の形状と住戸の配置が確認できる図面です。対象住戸のある階はもちろんのこと、1階部分も調査に必要な項目が記載されている可能性がありますので取得しておきます。

配置図

建物の配置や敷地との位置関係を示した図面です。敷地・道路や接道状況に関する事項を確認するために必要です。マンションによっては平面図（各階）と一体になっています。

建築概要（見本）

間取図（見本）

配置図（見本）

必要に応じて取得する

設備概要、仕上、外観図、案内図、新築時の価格表

分譲時のパンフレットはあくまでもその当時のもの。現在の法令や建ぺい率などから見て問題がないか必ず確かめよう。

マンション調査②
管理組合と管理会社の調査

> 分譲マンションの管理体制と管理組合の運営状況は、不動産の資産価値にも大きく影響するよ。

管理組合が業務を管理会社に委託する

　分譲マンションには区分所有者により構成された管理組合があり、専有部分の所有権を取得した人はすべて管理組合員になります。管理組合は理事長を含む理事会を中心に運営され、日常清掃や共用部分のメンテナンス、大規模修繕工事などをしていきます。

　そのための管理費や修繕積立金が必要になり、これらが不足するとマンションの適正な運営ができません。修繕積立金の滞納が多かったり、積立金が少ない場合、修繕が計画的に行われなかったり、修繕積立金の月額が値上げされるリスクがあります。ですから管理体制や管理組合の運営は、マンション居住性のみならず資産価値にも大きく影響します。

管理会社の調査内容と方法

　マンションの管理方式には全部委託、一部委託、自主管理の3つのパターンがあります。実際には「全部委託」の管理会社に業務を委託するマンションが大半を占めます。マンション物件の売買にあたっての調査では、この管理会社に関する確認作業が欠かせません。その調査内容は、マンション全体の管理や修繕計画、居住ルールや共用部分の使用方法、住戸の修繕に関する事項などです。いずれも生活に深く関わってくるので、購入者の立場になって調査します。

　まずは管理会社に「重要事項に係る調査報告書」「管理規約」「長期修繕計画表」「総会議事録」の書類請求をします。一般的に書類が発行されるまでに数日〜1週間程度かかります。指定の請求フォーマットに記載して発行手数料を支払いますが、発行手数料が数千円〜1万円以上になることもあります。

MEMO　管理会社への書類請求やヒアリングには、媒介契約書や委任状が必要になることもある。このため原則売主（所有者）を担当する仲介会社が実施する。

●マンション管理の種類

全部委託	管理組合がマンション管理の業務全般を管理会社に委託する
一部委託	管理組合が管理費の徴収などマンション管理業務の一部を管理会社に委託する
自主管理	マンションの管理業務について、管理会社に頼らず管理組合のみで行う

●重要事項に係る調査報告書

マンション管理会社が発行し、管理費や修繕積立金の改定予定や滞納問題、修繕履歴、大規模修繕計画の見通し、耐震診断の有無など、建物全体に関する維持費や必要費に関する項目が記載されています。管理規約に明文化されていない定めや、マンション内で発生した問題の報告などは見落としがちですが、しっかり確認しましょう。

◆重要事項に係る調査報告書の記載事項例

- ・マンション全体の修繕積立金総額
- ・管理組合の金融機関からの借入額
- ・売却依頼主の管理費、修繕積立金、その他共益費の滞納額
- ・共用施設の費用や滞納額
- ・管理組合全体の収支（管理費や修繕積立金の滞納額含む）
- ・管理費や修繕積立金の増額予定
- ・竣工年次や共用部分の修繕実施履歴
- ・大規模修繕工事の予定の有無
- ・マンションの管理体制（管理方式・管理人・勤務時間等）
- ・共用施設（駐輪場、バイク置場など）の有無やルール
- ・アスベスト使用調査や耐震診断実施の有無
- ・ペット飼育に関する制限
- ・フローリング工事に関する制限
- ・テレビ視聴、インターネット利用に関する事項
- ・電力会社に関する事項
- ・物件の建築および維持保全の状況に関する書類の状況

仕事のツボ　不動産会社は平日に休む場合が多いですが、管理会社は土日に休むのが普通なので、書類取得のタイミングに注意してスケジュールに影響しないようにします。

●管理規約

マンション管理に関する基本的なルールが定められています。管理規約の他に、マンションでの生活における、日常的な注意事項や専有部分、共用部分の使い方など、より詳しいルールが使用細則にて定められているマンションもあります。管理規約・使用細則は区分所有者全員に対して効力が及びます。なお管理規約が改訂されている場合があるため、改訂履歴を確認して最新のものを取得しましょう。

◆管理規約の主な内容例

- ・管理規約の目的
- ・専有部分と共用部分の範囲
- ・マンションの管理の方法
- ・費用の負担について
- ・役員、総会、管理組合、会計について
- （使用細則）
- ・集会場や共用施設の使用
- ・駐輪場や駐車場
- ・ペットの飼育
- ・ゴミの分別に関するルール
- ・住戸の修繕工事（リフォーム）に関する事項　など

●長期修繕計画表

マンションの老朽化に対応するために作成します。大規模修繕工事実施の周期や、工事費用を確認できます。修繕積立金の値上げ推移が記載されていることもあります。「段階積み上げ方式」を採用しているマンションは、定期的に修繕積立金が上昇していく可能性があります。

> 「段階積み上げ方式」とは、決められた年数に応じて支払う金額が上がっていく修繕費の積み立ての方法。「段階増額積立方式」と言ったりもする。

自主管理マンションの調査

　自主管理マンションは管理会社に業務委託していないので、管理組合の理事長や会計係に直接問い合わせます。調査事項をあらかじめまとめておくと、スムーズに対応してもらえます。

●総会議事録

年1回以上開かれるマンション管理組合の総会の議案や決議内容が記載された書面です。重要事項調査報告書や、管理規約に記載されない滞納者に関する訴訟問題や住民トラブル、予定された修繕工事、ランニングコスト改定の履歴・経緯などが確認できます。できる限り最近3期分を取得しましょう。

書類を見ても不明なことは、管理会社の担当者や管理人、管理組合理事長、売主にヒアリングを。実施した日時と相手の役職や氏名をメモしておこう。

Section
04 役所調査の流れと調査先

離れたところに行かないといけないこともある。事前調査をしっかり済ませ、短時間で済むように効率よく回ろう。

役所で調査すべきことは多岐にわたる

役所やその関連事務所では、不動産に関係するさまざまな資料や各種の情報を入手できます。それだけに調査を手際よく進めないと時間のロスがどんどん増えてしまいます。

役所調査は1つの庁舎内で完結する場合もあれば、調査先が複数庁舎にまたがることもあります。また物件の特徴やその所在する地域によっては区市町村以外に都道府県・国庁舎にも足を運ばなければなりません。

地方では調査先が広範囲になると、次の訪問先まで車で1時間以上かかることもあります。特に遠方の役所調査は、1日で調査完了するようにあらかじめスケジュールを組んでから出かけましょう。

月曜日や昼前後は、役所が込み合い調査に時間がかかる。朝一番に行くのがお勧めだよ。

仕事のツボ　役所は17時で窓口が閉まり、調査が途中でも日を改めて出向かなければなりません。昼休みや終了時間間際に対応しないこともあります。

●役所及び関連事務所の調査先

法務局	・登記事項証明書・公図・建物図面・地積測量図の取得・登記に関する調査

役所（市区町）

都市計画課	・都市計画、用途地域、地区計画、都市計画道路、都市計画施設、土地区画整理事業、生産緑地、景観、まちづくりに関する条例の調査
建築指導課	・建築計画概要書・建築確認 ・検査済証の取得・建築に関する調査 ・建築基準法の道路に関する調査（狭隘道路・位置指定道路含む） ※一定以上の延べ床面積の建築確認・許可についての調査先は都道府県になる
道路管理課 土木監理課	・道路管理台帳の取得、道路幅員の確認
開発指導課	・開発登録簿に関することや開発行為についての調査
教育委員会生涯学習課	・埋蔵文化財包蔵地についての調査
防災課	・災害情報・ハザードマップ・宅地造成規制＆津波＆土砂災害についての調査
環境課	・対象地や周辺の土壌汚染・環境確保条例に基づく工場・指定作業場についての調査
地域振興課	・町会自治会についての調査
農業委員会	・農地取引 ・農地法許可についての調査
都税事務所・資産税課	・固定資産税額 ・都市計画税額の調査・固定資産税評価証明書と公課証明書の取得
清掃事務所	・ゴミ集積場についての調査
上下水道局	・上水道、下水道の埋設状況の調査
国道事務所 東京都建設事務所 県土整備事務所	・国道・都道・県道に関する調査

※行政により名称や担当部署が異なる場合がある。
※延べ床面積が一定以上の建築確認・許可についての調査先は都道府県になる。

法務局調査①　**地番の確認、
登記事項証明書**

現地調査の後は、法務局にある資料で
物件の権利関係や地歴などを確認する。

所轄の法務局で分かること

法務局は法務省に所属する政府機関で、次のような文書が入手できます。

- 登記簿謄本（土地の面積、建物の構造や築年数、所有者などを記載。右ページ参照）。現在の登記だけでなく過去の登記記録も調べられます。
- 公図（→P.220）
- 地積測量図、建物図面・各階平面図、隣接地の要約書（→P.222）

こうした情報を記載した書類を取得するには、調査している物件がある地域を所轄し登記簿謄本などを管理している法務局を訪問します。

ブルーマップから地番を調べる

法務局での書類取得には、登記上の所在地である地番を知る必要があります。そのためまずブルーマップ（→P.052）で地番を確かめます。法務局には紙の冊子のブルーマップが用意してあります。地番検索サービスでブルーマップを画面上で見られる法務局もあります。

建物については家屋番号で書類を請求します。戸建は通常土地の地番と同じです。家屋番号と地番が異なるときは、地番からその土地上にある建物を検索し、表示された家屋番号の一覧を見て請求します。

マンションの家屋番号は「地番一号室」（「○○区○○ 1-1-5（地番）-●●●（号室の番号）」）となっていることが多いのですが、古いマンションでは住戸の号室と異なることがあります。正しい家屋番号が分からないときは、所轄の法務部窓口にマンション名と号室を伝えると回答してくれます。電話で問い合わせてもかまいません。

MEMO 地番とは、登記所で土地を管理するために一筆ごとの土地に対して法務局が定めた番号のこと。このため、登記所では住居表示ではなく地番が使われる。

●土地の登記事項証明書（登記簿謄本・現在事項証明書）の例

東京都練馬区北練馬町１丁目１０１　　　　　　　　全部事項証明書　　　（土地）

表　題　部	（土地の表示）	調製	余白		不動産番号	０００００００００００
地図番号	余白	筆界特定	余白			

所　在　練馬区北練馬町１丁目		余白

① 地　番	② 地　目	③　　地　　　積　　　㎡	原因及びその日付〔登記の日付〕
１０１番	宅地	３１０：００	不詳〔平成２０年１０月１５日〕

所　有　者　練馬区北練馬町一丁目１番１号素子無太郎

権　利　部　（　甲　区　）　　（所　有　権　に　関　す　る　事　項）			
順位番号	登　記　の　目　的	受付年月日・受付番号	権　利　者　そ　の　他　の　事　項
1	所有権保存	平成２０年１０月１５日第７７ｘ号	所有者　練馬区北練馬町１丁目１番１号　　　　素　子　無　太　郎
2	所有権移転	令和１年５月９日第８１ｘ号	原因　令和１年５月９日売買所有者　練馬区南練馬町一丁目５番５号　　　不　動　産　五　郎

権　利　部　（　乙　区　）　　（所　有　権　以　外　の　権　利　に　関　す　る　事　項）			
順位番号	登　記　の　目　的	受付年月日・受付番号	権　利　者　そ　の　他　の　事　項
1	抵当権設定	令和１年５月９日第８１ｘ号	原因　令和１年５月９日金銭消費貸借同日設定債権額　金４，０００万円利息　年２・６％（年３６５日日割計算）損害金　年１４・ｘ％（年３６５日日割計算）債務者　練馬区南練馬町一丁目５番５号　　　不　動　産　五　郎抵当権者　特別区北都町三丁目３番３号　　　株　式　会　社　南　北　銀　行　　　（取扱店　南練馬支店）共同担保　目録（あ）第２３４ｘ号

共　同　担　保　目　録				
記号及び番号　（あ）第２３４ｘ号			調製	令和１年５月９日
番　　号	担保の目的である権利の表示	順位番号	予　　　備	
1	練馬区北練馬町一丁目　１０１番の土地	1	余白	
2	練馬区北練馬町一丁目　１０１番地　家屋番号１０１番の建物	1	余白	

※　下線のあるものは抹消事項であることを示す。　　　　　整理番号　Ｄ１２３４５６　（　１／３　）

ブルーマップはゼンリンのインターネットサイトでも調べられる。ネットを活用して法務局への訪問回数を減らそう。

仕事のツボ　　土地や戸建物件は、隣接地の登記事項証明書（謄本）も取得します。公図上で不自然な筆がある場合も同じです。前面道路が私道なら、公道に至るまでのすべての私道部分の謄本を取得します。

●建物の登記事項証明書（登記簿謄本・現在事項証明書）の例

東京都練馬区北練馬町1丁目101　　　　　　　　　全部事項証明書　　　　（建物）

表　題　部	（主である建物の表示）	調製	余白	不動産番号	0000000000000

所在図番号	余白

所　在	練馬区北練馬町1丁目　101番地	余白

家屋番号	101番	余白

① 種　類	② 構　造	③ 床　面　積　㎡	原因及びその日付〔登記の日付〕
居宅	木造かわらぶき2階建	1階　80：00 2階　70：00	令和1年5月2日新築 〔令和1年5月9日〕

表　題　部	（附属建物の表示）

符　号	①種　類	② 構　造	③ 床　面　積　㎡	原因及びその日付〔登記の日付〕
1	物置	木造かわらぶき平屋建	30：00	〔令和1年5月9日〕

所　有　者	練馬区南練馬町一丁目5番5号　　不　動　産　五　郎

権　利　部　（　甲　区　）	（　所　有　権　に　関　す　る　事　項　）

順位番号	登　記　の　目　的	受付年月日・受付番号	権　利　者　そ　の　他　の　事　項
1	所有権保存	令和1年5月9日 第81x号	所有者　練馬区南練馬町一丁目5番5号 不　動　産　五　郎

権　利　部　（　乙　区　）	（　所　有　権　以　外　の　権　利　に　関　す　る　事　項　）

順位番号	登　記　の　目　的	受付年月日・受付番号	権　利　者　そ　の　他　の　事　項
1	抵当権設定	令和1年5月9日 第81x号	原因　令和1年5月9日金銭消費貸借同日設定 債権額　金4,000万円 利息　年2・6％（年365日日割計算） 損害金　年14・x％（年365日日割計算） 債務者　練馬区南練馬町一丁目5番5号 不　動　産　五　郎 抵当権者　特別区北都町三丁目3番3号 株　式　会　社　南　北　銀　行 （取扱店　南練馬支店） 共同担保　目録（あ）第234x号

共　同　担　保　目　録

記号及び番号	（あ）第234x号	調製	令和1年5月9日

番　号	担保の目的である権利の表示	順位番号	予　　備
1	練馬区北練馬町一丁目　101番の土地	1	余白
2	練馬区北練馬町一丁目　101番地　家屋番号 101番の建物	1	余白

※　下線のあるものは抹消事項であることを示す。　　　　整理番号　D123456　（　1／3　）

非敷地権マンション

　多くのマンションでは、土地に関する所有権利は専有部分と分離して処分できない「敷地権」となっているので、建物の登記事項証明書を取得すると敷地の持分も確認できます。しかし 1984（昭和 59）年より前に不動産登記されたマンションの中には、土地が敷地権化されていない「非敷地権」のものが存在しています。その場合建物と土地の登記が別々になっているので、両方の書類を忘れずに取得します。

法務局調査②
公図

公図を見ると正確な地番が分かる。不動産物件を調査する基礎資料になる大事な図面だよ。

公図は土地の形状や範囲が正確でないこともある

　公図は国が作成した地図で、土地の位置の形状や範囲を地番ごとに示しています。道路についても地番が振られています。公図で正しい地番が分かります。ブルーマップでは地番の情報が正確でないことがあるので、法務局で公図を取得したら登記簿事項証明書と一致しているか確認しておきましょう。

　ただ明治時代に作られたので、土地の形状や範囲については正確とはいえません。道路や水路との位置関係と合わせて、現況との違いを確認する必要があります。

　公図の見方のポイントは、下記を参照してください。

●公図のチェックリスト

☐	対象不動産の敷地の形状と位置関係は一致しているか
☐	不自然に細い区画や分筆されている区画はないか
☐	道路の形状と位置関係は一致しているか
☐	対象不動産敷地と道路の間に水路などは存在するか
☐	セットバック部分がある場合は周辺を含めて分筆がされているか
☐	関係する隣接地は何区画（何筆）あるか（測量に立ち合いが必要になる隣接区画数を把握する）

●公図の例

区画が小さくて番号が
記載できない地番

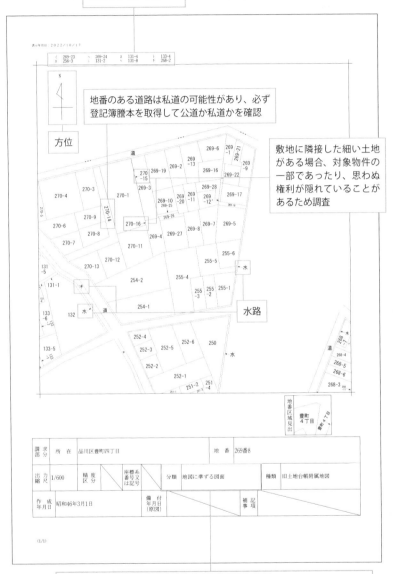

地番のある道路は私道の可能性があり、必ず
登記簿謄本を取得して公道か私道かを確認

敷地に隣接した細い土地
がある場合、対象物件の
一部であったり、思わぬ
権利が隠れていることが
あるため調査

「地図（法第14条第１項）」：国の地籍調査により作成された精度の高い図面
「地図に準ずる図面」　　　：旧公図を基に再製された地図

Section
05-3
法務局調査③　地積測量図、
建物図面・各階平面図

> 地積測量図と建物図面・各階平面図で、土地と建物の面積や実際の測量に基づいた形状が分かるよ。

地積測量図で土地の面積が分かる

　地積測量図は土地家屋調査士が実際に測量をし、その結果に基づいて作成した土地の図面です。地積測量図の面積は、土地の登記簿謄本に記載される「地積」となります。法務局で取得したら、念のため登記事項証明書の「地積」が、地積測量図の面積と一致しているかチェックします。また地積測量図に記された土地の間口や奥行き、境界標の位置が、現地調査の結果と違いがないかも確認しておきます。

建物図面・各階平面図で床面積や形状をチェック

　建物図面・各階平面図は、建物について土地家屋調査士が測量し作成した図面です。ここに記された面積は、建物の登記簿謄本の「床面積」に記載されます。
　建物図面・各階平面図では、敷地と建物の位置関係、各階の床面積や形状を現地調査の結果と照らし合わせます。

無地番地

　通常土地には地番がついていますが、道路や水路など地番がない部分があり、登記簿もありません。このように地番の無い土地は「無地番地」（「無番地」ともいう）と呼ばれ国や財務省（官）などが所有しています。無地番地には登記簿もありません。

●地積測量図のチェックリスト

☐	土地の面積は登記簿謄本記載の地積と一致しているか。
☐	求積方法は「三斜求積法」か「座標求積法」か。
☐	境界標の種別と設置状況
☐	間口、奥行きの寸法
☐	作成者と作成年月日
☐	残地求積ではないか

※残地求積：土地を2筆に分筆する場合、片方の土地をしっかり求積し、残った部分を「残地」
　　　　　として元の土地の公簿面積からしっかりと測量・求積された片方の土地の面積を、
　　　　　一方的に引き算した簡易的な求積方法のため、実際の土地面積と差異が出る可能
　　　　　性がある。

●建物図面・各階平面図のチェックリスト

☐	敷地と建物の位置関係が現状と一致しているか
☐	建物と敷地外周までの距離は現状と一致しているか
☐	建物の形状と寸法は現状と一致しているか
☐	各階の建物面積は登記簿謄本の面積と一致しているか （各階平面図：区分所有マンションの場合）
☐	部屋の位置は現状と一致しているか

●地図測量図の例

登記年月日： 平成 16 年 5 月 8 日

求積方法を確認。「三斜求積」に比べ「座標求積」のほうが精度が高い。

三斜求積表

地　　番	No	底　辺		高　さ		倍	面　積	地　　積
(B) 6047-19	1	11.71	×	1.21	=		14.1891	
	2	12.89	×	3.62	=		46.6618	
	3	12.89	×	5.08	=		65.4812	
		合　　計		126.3121				
		面　　積		63.15605	㎡			63.15 ㎡
(C) 6047-20	1	13.05	×	5.33	=		69.5565	
	2	13.05	×	5.33	=		69.5565	
		合　　計		139.1130				
		面　　積		69.55650	㎡			69.55 ㎡
(D) 6047-21	1	13.04	×	5.33	=		69.5032	
	2	13.04	×	5.33	=		69.5032	
		合　　計		139.0064				
		面　　積		69.50320	㎡			69.50 ㎡
(E) 6047-22	1	12.44	×	4.23	=		52.6212	
	2	12.44	×	3.98	=		49.5112	
	3	4.52	×	0.54	=		2.4408	
		合　　計		104.5732				
		面　　積		52.28660	㎡			52.28 ㎡
(A) 6047-16		公　　簿		281.7480	㎡			
		分筆面積計		254.50235	㎡			
		残　　地		27.24565	㎡			27.24 ㎡

謄本の地積と、土地面積が一致しているか確認をする

凡　例

記　号	境　界　標　の　種　類
⑤	石　　　　　杭
◎	コンクリート杭
⑯	金　属　標
⑦	プラスチック杭
⑯	鋲

作　製　者	東京都新宿区南新宿七丁目 1 番地 1 号	
	土地家屋調査士　調　査　太　郎	(平成 16 年 4 月 10 日作製)

作製者、作製年月日を確認。作製者が土地家屋調査士で不明な点がある場合、連絡をして確認することもある。

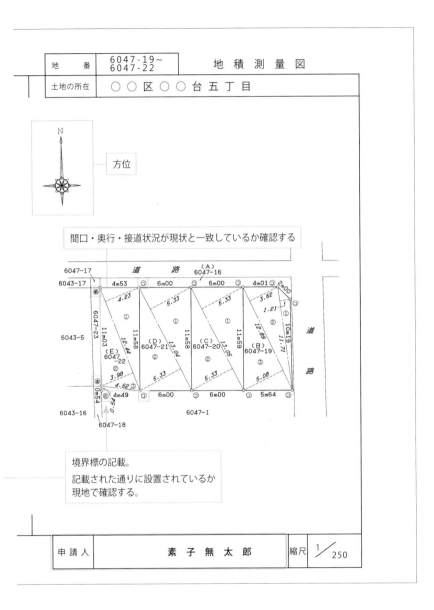

地　　番	6047-19〜 6047-22	地 積 測 量 図
土地の所在	○○区○○台五丁目	

方位

間口・奥行・接道状況が現状と一致しているか確認する

境界標の記載。
記載された通りに設置されているか
現地で確認する。

申　請　人	素 子 無 太 郎	縮尺	$\frac{1}{250}$

●建物図面・各階平面図の例

登記年月日：平成16年5月16日

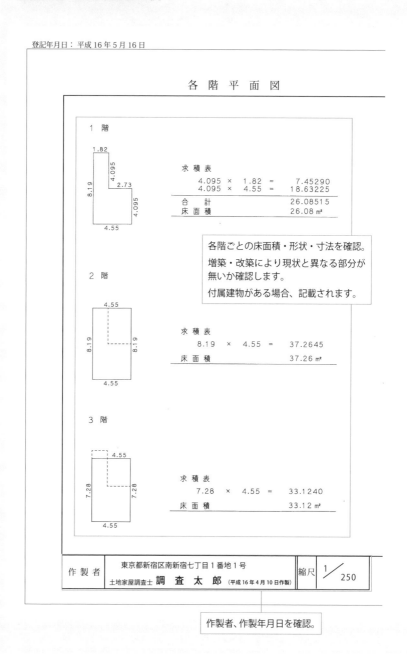

各 階 平 面 図

1 階

```
1.82
4.095
8.19          2.73
              4.095
4.55
```

求 積 表

| 4.095 | × | 1.82 | = | 7.45290 |
| 4.095 | × | 4.55 | = | 18.63225 |

合　　計　　26.08515
床 面 積　　26.08 ㎡

> 各階ごとの床面積・形状・寸法を確認。
> 増築・改築により現状と異なる部分が
> 無いか確認します。
> 付属建物がある場合、記載されます。

2 階

```
4.55
8.19     8.19
4.55
```

求 積 表

8.19　×　4.55　＝　37.2645

床 面 積　　37.26 ㎡

3 階

```
4.55
7.28     7.28
4.55
```

求 積 表

7.28　×　4.55　＝　33.1240

床 面 積　　33.12 ㎡

| 作 製 者 | 東京都新宿区南新宿七丁目1番地1号
土地家屋調査士 調 査 太 郎 （平成16年4月10日作製） | 縮尺 | 1/250 |

> 作製者、作製年月日を確認。

226

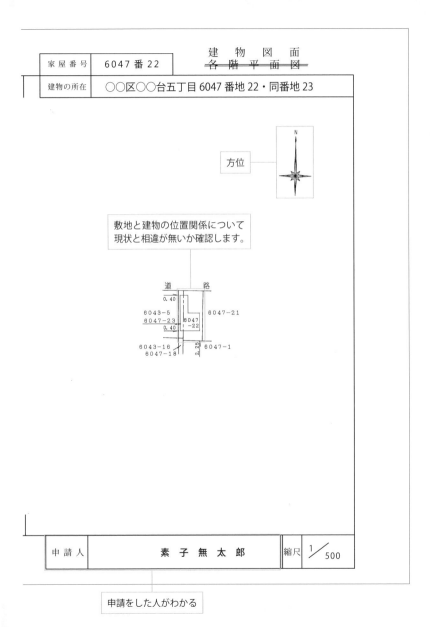

家屋番号	6047 番 22
建物の所在	○○区○○台五丁目 6047 番地 22・同番地 23

建　物　図　面
~~各　階　平　面　図~~

方位

N

敷地と建物の位置関係について
現状と相違が無いか確認します。

道　路
0.40

6043-5
6047-23
0.40

6047
-22

6047-21

6043-16
6047-18

2.25

6047-1

申請人	素 子 無 太 郎	縮尺	$\frac{1}{500}$

申請をした人がわかる

都市計画の調査①
都市計画と用途地域

市区町村の役所では、都市計画に基づく土地の利用方法や建築についての制限をまず確認しよう。

▍都市計画区域を確かめる

　都市計画法では、土地の利用目的や開発への制限が定められています。たとえば閑静な住宅に工場や大きな商業施設が混在しないように、区域ごとの用途を明確にするのが目的です。

　市区町村の役所では、調査物件がこうした制限の対象となる「都市計画区域」に位置しているかどうかをまず調べます。また都市計画区域の範囲外の「都市計画区域外」にも「準都市計画区域」が設けられていることがあります。これらは市区町村の役所の都市計画課で、都市計画地図を見て確認できます。

　このほかにも、調査物件が「都市計画区域」にあるときは「市街化区域」と「市街化調整区域」のどちらにあるかを調査します（→P.230）。そのほかにも右ページの上図にあるように、調査物件の「用途地域」（→P.231）や「防火地域」（→P.231）なども合わせて調査を行います。

▍窓口で聞き漏らしがないよう注意する

　用途地域などの地域地区や地区計画は自治体が決定し、5年ごとに見直されます。同じ地区でも以前よりも規制が厳しくなっている可能性もあります。都市計画課の窓口で「用途地域、計画道路、地域地区計画、都市施設の有無を教えてください」と必ず確認します。すると最新の情報や、指定された建ぺい率と容積率、高さや斜線制限、敷地面積の最低限度なども教えてくれます。

　尋ねる内容は右ページの下段の通りです。ただ役所には「聞かれたこと以外は回答しない」という傾向があるので、後で「知らなかった」と後悔しないように、漏れや抜けがないように聞き取らなければなりません。

MEMO 地区計画などで、敷地面積の最低限度を始めその地区独自の制限がかかっている場合がある（→P.246）。

●都市計画での主要な部類項目

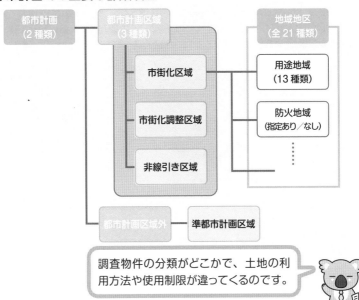

調査物件の分類がどこかで、土地の利用方法や使用制限が違ってくるのです。

●市区町村の窓口で質問（確認）する項目

・都市計画区域内にあるかどうか

・市街化区域か、または市街化調整区域、非線引き都市計画区域か

・どの用途区域か

・そのほかの地域地区（景観地区、風致地区など）に該当していないか

・地区計画がないか

・建ぺい率、容積率

・高度地区（第1高度地区、第2高度地区）に指定されていないか

・防火地域、準防火地域でないか

・日影規制がないか

・都市計画道路や都市計画施設などがないか

・その他（建築協定、開発指導要項、ワンルームマンション規制条例など）

一通り窓口で聞いてメモしたら、「今うかがったほかにこの場所に関わってくる法令や制限などはありませんか?」と質問して調査漏れを防ごう。

●都市計画区域と都市計画区域外の地域の関係

都市計画区域（市街化区域と市街化調整区域、非線引き区域）、その外側の都市計画区域外（準都市計画区域を含む）の位置関係を図で示すと下図のようになります。建築や開発に関する様々な制度は自治体ごとに異なるケースがあるため、慎重に調べて間違いのないようにします。

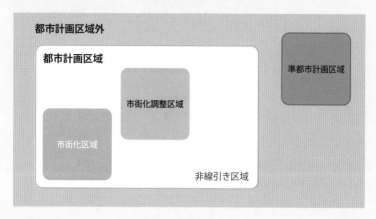

「非線引き区域」は通称で、法律上の名称は「区域区分が定められていない都市計画区域」となる。

市街化区域

市街化区域では、住宅や店舗などを増やすことが認められている地域です。この区域は「用途地域」（右ページ上段）で細かく区分けされます。

市街化調整区域

市街化調整区域は、自然環境を残して市街化を抑制することが優先されている地域です。そのため開発が認められず、住宅を建てようとすると制限が多いのが一般的です。ただ自治体によっては、内容しだいで開発を許可するなどの規制緩和をするところもあります。

非線引き区域

非線引き区域は、都市計画区域内で「市街化区域」と「市街化調整区域」のどちらにも該当しない地域です。開発を積極的に進める区域ではありませんが、市街化調整区域ほど開発の規制は厳しくありません。

●用途地域の確認

用途地域は、基本的に市街化区域内の土地の用途を定めたもので、大きく住居系、商業系、工業系に分かれ、さらに下表のように 13 種類に分類されます。

それぞれの用途地域ごとに建築規制が定められています。

住居系	第一種低層住居専用地域
	第二種低層住居専用地域
	第一種中高層住居専用地域
	第二種中高層住居専用地域
	第一種住居地域
	第二種住居地域
	準住居地域
	田園住居地域
商業系	近隣商業地域
	商業地域
工業系	準工業地域
	工業地域
	工業専用地域

用途地域は市街化区域のほか、非線引き区域や準都市計画区域でも定められることがある。

●防火地域の確認

建物が密集した市街地では、火災による被害が広がるのを防ぐため上記の用途地域とは別に「防火地域」という地域区分が定められています。防火地域の他に「準防火地域」「法 22 条区域」という区分もあります。地域によって建てられる建物の構造に制限があり、建築費用は構造によって変わるので、こうした規制は物件の評価にも影響します。

※ 東京都では、東京都建築安全条例に基づく「新防災区域」として「災害時の危険性が高いエリア」を指定しています。

防火地域	**都市中心部や幹線道路沿いなど。** 建築物は階数・延床面積により、耐火建築物もしくは準耐火建築物としなくてはならない。
準防火地域	**防火地域の周辺、住宅の密集地など。** 2 階建て以下で延床面積 500㎡以下、かつ必要な部分を防火構造とする木造建築物を建てることができる。
法22条区域	**木造住宅が集まる住宅地など。** 建築基準法第 22 条指定区域。屋根を不燃材料で作る、外壁に防火性能のある材料を使うなど、類焼防止のための制度がある。

●地域地区と地区計画の確認

地域地区は都市計画内の土地を、その用途に応じて分類するもので、合計21種類あります。P.231の用途地域と防火地域も地域地区の種類の1つとなります。それぞれの地域地区でどのように土地を利用するか、そのためにどんな利用制限をするかを定めています。

また、より狭い範囲の都市計画を定める「地区計画」もあり、その地区に合わせた独自の計画や制限を定めています。

●都市計画図

都市計画図は、各自治体の都市計画が示された地図です。

建ぺい率・容積率
地域・地区・記載など

2つの用途地域にまたがる場合

　土地や建物の敷地が複数の用途地域にかかっていることがあります。この場合は半分以上の面積を占める部分の用途地域を全体の用途地域とみなすのが一般的です。ただし個別の事情で面積だけで判断できなかっ

たり、3つ以上の用途地域が混在してどれも半分以上にならないこともあります。

　いずれにしても用途地域がまたがるときは、自治体の都市計画課の判断を確認する必要があります。

●ネットで都市計画を閲覧する

選択した地点の都市計画情報が表示される

都市計画マップは自治体ごとに公開
されているので、検索してみよう。

業務をくわしく知ろう

Section **06-2**

都市計画の調査②
都市計画道路・都市計画施設

都市計画道路が取引を予定している土地を通っていると、建物の建築が制限されるので要注意だよ。

都市計画道路にかかっている敷地には建築制限がかかる

都市計画区域では、都市計画によって新たな道路の設置や既存の道路の拡幅が予定されていることがあります。このような道路は「都市計画道路」と呼ばれ、調査する物件の土地にかかっていると建築制限を課せられる可能性が出てくるので注意しなければなりません。

都市計画道路の「計画決定」が行われた段階であれば、建物の新築や増築が許可されますが、地上2階建てまでで鉄筋コンクリート構造は認めないといった制限があります。さらに「事業決定」の段階まで進むと一部の例外を除いて建築が認められず、簡単に移転したり取り除くことができるものに限られます。

都市計画区域内の敷地には建築や譲渡に制限がある

都市計画法に基づく施設は、道路以外にも自治体や国が設置する公園や緑地、下水道や電気・ガスなどの供給または処理施設、河川などの水路、学校などの教育文化施設、病院、市場、一団の住宅施設、一団の官公庁施設、流通業務団地などがあります。こうした施設の整備のために、都市計画区域内で一定規模等以上の土地の有償譲渡を行う際は都道府県知事または市長への届出が必要になる場合があります。これは公拡法で規定されていて、公共の目的（公共事業等）に必要な土地を国や自治体が取得しやすくしています。

届け出は「土地有償譲渡届出書」の提出によって行われ、自治体による買い取りが優先されます。東京都であれば、敷地に都市計画施設がある200㎡以上の土地を有償で取引する際に届出が必要です。これを見落として民間同士で取引をしてしまうと売主に50万円以下の過料が課されることがあるので、公拡法の届出が必要かどうかも忘れずに確認します。

MEMO　公拡法（公有地の拡大の推進に関する法律）は平成24年4月1日に改正され、地方自治体が面積要件を定めることができるようになった。

●都市計画道路について窓口で質問する内容

◆対象の不動産に都市計画道路が含まれていないが隣接している、
　または近隣にあるとき

> 「計画決定ですか？　事業決定ですか？
> 名称と計画幅員も教えてください」

【計画決定の場合】
　「計画決定期日はいつですか？　番号は何番ですか？　事業化の予定はありますか?」

【事業決定の場合】
　「事業開始と完了予定日を教えてください」
　　→路線名・番号・計画幅員・計画決定年月日・事業決定年月日・事業完了予定日・ヒ
　　　アリングした内容・回答した職員の名前をメモします。

◆対象の不動産に都市計画道路が含まれるとき

> 「敷地にどの程度含まれているか証明書は出ますか？
> 証明書を受け取るにはどうしたらいいですか？」

　　→自治体により対応が異なります。都市計画道路図面の写しを発行してくれるところ
　　　もあれば、写しや写真撮影は不可でトレーシングペーパーでの複写だけしかできな
　　　かったり、測量図面を預けて職員に都市計画道路の計画線を書き込んでもらうところ
　　　もあります。

> 「詳細な建築等の制限について教えてください」

　　→都市計画道路や施設内の制限が記載された書面をもらうようにします。

> 都市計画道路の計画決定がされて
> も、事業決定をしないまま長い年月
> が経っていることはよくあるんだ。

Section 06-3 都市計画の調査③ 土地区画整理事業

調査する土地が区画整理事業を行う地域にある場合は、その内容を把握して事前にトラブルを防ぐ必要がある。

土地区画整理事業とは

　都市計画区域では、よりよい市街地を作るために、街区を計画的に整備する土地区画整理事業が行われることがあります。宅地や道路を形成し、公園の新設や拡張をするだけでなく、道路の拡幅や上下水道の整備を伴うこともあります（右ページ上図参照）。土地区画整理事業は、個人、土地区画整理組合、自治体や都市再生機構などが実施主体となります。自治体の窓口で土地区画整理事業があることが分かったら、事業を実施する個人や組織にも聞き取り調査をします。

　土地区画整理は、事前に整理前の土地の所有者が整理後にどの場所に移るかを仮に割り当てます。この割り当てた土地を「仮換地」といいます。一般的に仮換地は事業が終了して登記を済ませた後、実際に住むための「換地」となります。道路や公園などを新設したり、保留地（売却処分して区画整理の事業費を賄うためのもの）を確保する必要があるため、仮換地は従前地（それまで所有していた土地）よりも狭くなります。換地の面積が従前地よりどれだけ減るかは所有者ごとに異なり、利害を精算金のやりとりで調整します。

土地区画整理事業の手順

　土地区画整理事業の手順は右ページの下段の通りです。仮換地が指定されるまでは従前の土地での「使用収益」（自ら使用したり、利用して収益を上げること）が可能ですが、指定された後は仮換地での使用収益をすることになります。このときから仮換地に建物を建てることができます。ただし換地処分の公告日までの間は、新築を始めとする建築行為などへの制限があります。

● 土地区画整理事業による市街地整備

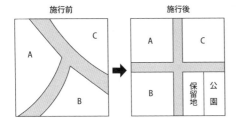

施行前

施行後

区画や道路が整備されるだけでなく公園などもできるのです。

● 土地区画整理事業の流れ

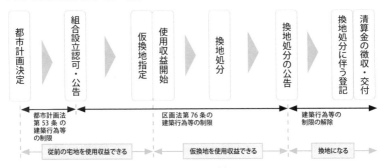

都市計画決定 ▷ 組合設立認可・公告 ▷ 仮換地指定 ▷ 使用収益開始 ▷ 換地処分 ▷ 換地処分の公告 ▷ 換地処分に伴う登記 ▷ 清算金の徴収・交付

都市計画法第53条の建築行為等の制限 ｜ 区画法第76条の建築行為等の制限 ｜ 建築行為等の制限の解除

従前の宅地を使用収益できる ｜ 仮換地を使用収益できる ｜ 換地になる

従前の宅地＝換地処分が行われるまで所有権等の権利を有する宅地のこと。

換地処分は、土地区画整理事業の工事完了後に換地や精算金などについて土地の権利を持つ関係者に通知すること。換地処分の公告日の翌日に土地の所有権が換地に移転するんだ。

○土地区画整理に伴う建築等の制限（土地区画整理組合が実施する場合）

◇都市計画決定から組合設立認可の公告までの間

次の条件を満たし、原則として都道府県知事の認可を受けなければならない。

- 都市計画に適合した建築物であること
- 地上2階建てまでで、主要構造部が木造、鉄骨造、コンクリートブロック造やこれらに類する構造であり、移転や撤去が容易にできるもの

◇組合設立認可の公告日の翌日から換地処分の公告日まで

次の行為を行う場合、都道府県知事（または国土交通大臣）の許可を受けなければならない。

- 土地の形質の変更
- 建築物・工作物の新築など
- 移動が容易でない物件（政令で定める）の設置または堆積

Section
07-1

建築の調査①

建ぺい率・容積率

建物には敷地全体に建てることができないだけでなく、延べ床面積の制限もある。地域の建ぺい率と容積率を役所で調べよう。

建ぺい率は敷地面積に対する建築面積の割合

建ぺい率とは、敷地面積に対する建築面積の割合で敷地の面積が$100m^2$で建ぺい率が50％の土地には$50m^2$までの建築面積の建物が建てられます。

建ぺい率の最高限度は、基本的に用途地域ごとに定められています。一定の条件の角地や、防火地域に耐火建築物を建築した場合などに、建ぺい率の緩和が受けられることもあります（→P.240）。

容積率は敷地面積に対する建物の延べ面積の割合

容積率は、敷地面積に対する建物の延べ面積（各階の床面積の合計）の割合です。敷地の面積が$150m^2$で、建ぺい率が50％、容積率が100％の土地では、1階は$75m^2$まで、各階の面積合計で$150m^2$までの建物が建てられます。

容積率の最高限度も、建ぺい率と同様に基本的に用途地域ごとに定められていますが、前面道路の幅員により制限されることがあります。このほか特定道路に通じる場合の規定や、容積率の不算入措置もあります（→P.244）。

あらかじめ建物があるときの確認

敷地内に建物がある場合、建築確認通知書や建築確認記載事項証明書に記載された建物の建築面積および床面積を調べ、地域で指定された建ぺい率と容積率をオーバーしていないか計算します。

オーバーしていたら、「容積率の不算入措置を受けたか」「何らかの許可を得て容積率の緩和措置を受けたか」「法改正や道路収容などで不適格物件になった？」「増築で違法建築物となった？」を確認します。

MEMO　次のものに建ぺい率の制限はない。巡査派出所、公衆便所、公共用歩廊その他これらに類するもの。（右ページへ続く）

●建ぺい率と容積率の計算式

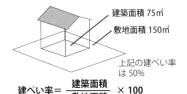

建築面積 75㎡

敷地面積 150㎡

上記の建ぺい率
は50%

延床面積 150㎡

敷地面積 150㎡

上記の
容積率は100%

$$建ぺい率 = \frac{建築面積}{敷地面積} \times 100$$

$$容積率 = \frac{延床面積}{敷地面積} \times 100$$

●用途地域ごとの建ぺい率と容積率

用途地域等	建ぺい率(%)
第一・二種低層住居専用地域 第一・二種中高層住居専用地域 田園住居地域	30、40、50、60 のうち都市計画で定める割合
第一・二種住居地域 準住居地域、準工業地域	50、60、80 のうち都市計画で定める割合
工業地域	50、60 のうち都市計画で定める割合
工業専用地域	30、40、50、60 のうち都市計画で定める割合
近隣商業地域	60、80 のうち都市計画で定める割合
商業地域	80
用途地域指定のない区域 （市街化調整区域を含む）	30、40、50、60、70 のうちで特定行政庁で定める割合

注）角地などで特定行政庁が指定するものの内にある建築物は上記の割合にさらに10を加えた割合になる

用途地域等	容積率(%)
第一・二種低層住居専用地域、 田園住居地域	50、60、80、100、150、200 のうち都市計画で定める割合
第一・二種中高層住居専用地域、 第一・二種住居地域、準住居地域、 近隣商業地域、準工業地域	100、150、200、300、400、500 のうち都市計画で定める割合
工業地域、工業専用地域	100、150、200、300、400 のうち都市計画で定める割合
商業地域	200、300、400、500、600、700、800、900、1000、1100、 1200、1300 のうち都市計画で定める割合
用途地域指定のない区域	50、80、100、200、300、400 のうち特定行政庁で定める割合

●防火地域、準防火地域での建ぺい率の緩和

延焼防止性能の高い建築物への建て替え等を促進するための緩和措置で、防火地域と準防火地域では耐火・準耐火建築物の建ぺい率が 10%緩和されます（防火地域と準防火地域については P.231 参照）。元々は防火地域のみの緩和でしたが、2019 年 6 月施行「建築基準法の一部を改正する法律」により、準防火地域でも緩和が認められるようになりました。

	耐火建築物	準耐火建築物
防火地域	耐火建築物 耐火建築物と同等以上の延焼防止性能を有する構築物	
準防火地域	耐火建築物、準耐火建築物 およびこれらと同等以上の 延焼防止性能を有する構築物	

防火地域と準防火地域の建築制限

　防火地域と準防火地域では、下表のように階数と延床面積によって建てることのできる建築物に制限があります。

●防火地域の建築制限

階数 (地階含む) ＼ 延床面積	100㎡以下	100㎡超
3 階以上	耐火構築物に限る	
2 階以下	耐火構築物 または 準耐火建築物	

●準防火地域の建築制限

階数 (地階含む) ＼ 延床面積	500㎡以下	500㎡超 1500㎡以下	1500㎡超
4 階以上	耐火構築物に限る		
3 階以上	耐火・準耐火建築物または法上の技術的基準に適合する建築物	耐火構築物 または 準耐火建築物	
2 階以下	木造建築物でよい (法上の防火措置必要)		

●角地の建ぺい率の緩和

街区の角地またはこれに準ずる敷地で「特定行政庁が指定するもの」の場合に、建ぺい率の上限が緩和される「角地緩和」が適用されます。

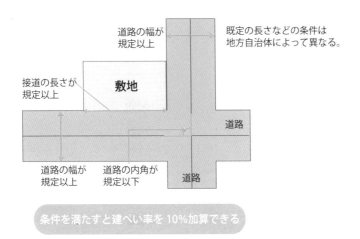

道路の幅が
規定以上

既定の長さなどの条件は
地方自治体によって異なる。

接道の長さが
規定以上

敷地

道路

道路の幅が
規定以上

道路の内角が
規定以下

道路

条件を満たすと建ぺい率を 10%加算できる

自治体によっては、幅員の狭い道路に面する場合であっても、角地にすみ切りを設けることによって角地緩和を受けられる場合があります。

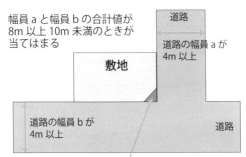

幅員 a と幅員 b の合計値が
8m 以上 10m 未満のときが
当てはまる

道路

道路の幅員 a が
4m 以上

敷地

道路の幅員 b が
4m 以上

道路

底辺が 2m の二等辺三角形のすみ切りを設け
この部分を道路上に整備すれば緩和対象になる。

「角地」でなくとも、土地の両側に道路が面している場合に建ぺい率の上限が緩和されることがあります（10%加算）。ただしこれも自治体が指定している場合に限られます。

●容積率の制限と緩和：前面道路の幅員による容積率の制限

容積率の最高限度は、敷地の前面道路の幅員によっても異なります。前面道路の幅員が 12m 未満の場合は、前面道路の幅員に次の数を乗じた値以下という制限も追加され、その土地の用途地域の容積の制限と較べて低い数値の方が容積率の上限になります。

地域	掛け率
第一・二種低層住居専用地域 田園住宅地域	10 分の 4
第一・二種中高層住居専用地域 第一・二種住居地域 準住居地域	10 分の 4 特定行政庁の指定する区域は 10 分の 6
その他の地域	10 分の 6 特定行政庁の指定する区域は 10 分の 4、10 分の 8

第二種低層住居専用地域内で容積率 200%と定められた地区内の土地で、前面道路の幅員が 4.5m だと容積率は 180%になります。

$$4.5 \text{ m} \times 4/10 = 1.8 = 180\% < 200\%$$

●容積率の制限と緩和：2つ以上の容積率の異なる地域にまたがる場合

敷地が容積率の異なる地域にまたがる場合は、それぞれの地域の容積率に、その地域に属する部分の割合を乗じて容積率を求めます（面積按分）。

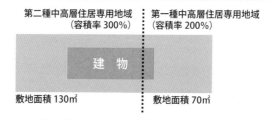

上記の敷地上に建築物を建築するときの容積率は下記のようになります。

$$300\% \times \frac{130\text{m}^2}{130\text{m}^2 + 70\text{m}^2} + 200\% \times \frac{70\text{m}^2}{130\text{m}^2 + 70\text{m}^2} = 265\%$$

●特定道路に通じる場合の容積率の規定（緩和措置）

前面道路の幅員が 6m 以上 12m 未満で、その前面道路が敷地から 70m 以内で幅員 15m 以上の広い道路（特定道路といいます）に通じている場合は、敷地から特定道路までの距離に応じて容積率の割増しが受けられます。ただし、都市計画に定める容積率が上限となります。

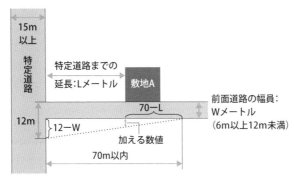

$$道路幅員に加算される数値＝(12－W) \times \frac{70－L}{70}$$

建ぺい率と容積率は、制限や緩和の条件に該当しないかを把握する。「法令違反」や「敷地を有効活用できない」ことのないように。

建ぺい率・容積率がオーバーしたときは

　定められた建ぺい率・容積率をオーバーした場合は、「金融機関からの融資が厳しくなる」「売却が難しくなる」などの影響があります。

　融資では、若干のオーバーであれば融資検討してくれるところもありますが、金利などの融資条件が悪くなる傾向があります。

●容積率の不算入措置（緩和措置）

市街地を中心に、限られた土地を有効に活用するため、容積率の算出で建物の延べ床面積から次の3つの部分を算入しないことが認められています（容積率の不算入措置）。

　　①自動車車庫または自転車置場等の用途に供する部分
　　②建築物の地階に設ける住宅の用途に供する部分
　　③共同住宅の共用の廊下または階段の用に供する部分

たとえば敷地面積200㎡、容積率200%の第1種住居専用地域においては、建築物の延べ床面積は400㎡が限度となりますが、容積率の不算入措置を適用して400㎡以上の建物も建築可能となります。

なお、平成5年築以前のマンションにおいて、②③の不算入措置の適用はありません。平成8年築以前のマンションにおいて、③の不算入措置の適用はありませんので注意します。

容積率緩和の適用事例

車庫と共同住宅の共用廊下の容積率の緩和事例（容積率200%の場合）

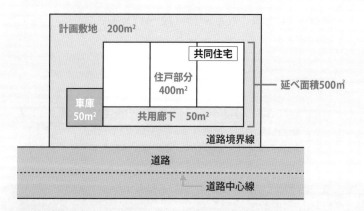

敷地面積：200㎡
延べ面積：500㎡＝住戸部分400㎡＋共用廊下50㎡＋車庫50㎡

・共同住宅における共用廊下50㎡を容積率算定から除外可能
・車庫は「延べ面積×1÷5」まで容積率算定から除外可能

➡容積率200%＝（延べ面積500㎡ー共用廊下50㎡ー車庫50㎡）÷敷地面積200㎡

①自動車車庫または自転車置場等の用途に供する部分

【概要】自動車車庫または自転車置場等の用途に供する部分等は、建築物の各床面積の合計の5分の1までは、容積率算定上、延べ面積に算入されない。

【制限】不算入措置の適用を受けた、自動車車庫等の部分を他の用途に変更すると容積率オーバーとなるため、その部分は用途変更できない。

②建築物の地階に設ける住宅の用途に供する部分

【概要】建築物の地階に設ける住宅の用途に供する部分で、その天井が地盤面からの高さ1m以下にあるもの（下図参照）の床面積については、当該建築物の住宅の用途に供する部分の床面積の合計の3分の1までは、容積率算定上、延べ面積に算入されない。

● 敷地面積140㎡、建築面積70㎡、容積率100%の場合の例

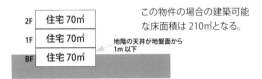

		この物件の場合の建築可能な床面積は210㎡となる。
2F	住宅70㎡	
1F	住宅70㎡	地階の天井が地盤面から 1m以下
BF	住宅70㎡	

【制限】地階の住宅部分について、住宅として使用することで不算入措置の適用を受けた場合、地階の住宅部分を住宅以外の用途に変更すると容積率オーバーとなるので注意。

【法施工時期】平成6年6月29日施行

③共同住宅の共用の廊下または階段の用に供する部分

【概要】共同住宅の共用の廊下または階段の用に供する部分（エントランスホール・エレベーターホールを含む）は、容積率算定上、延べ面積に算入されない。

【制限】共同住宅を住宅として使用するということで、共用の廊下等の部分について不算入措置の適用を受けています。

【法施工時期】平成9年6月13日施行

建築の調査② 敷地面積の最低限度・壁面線の制限・外壁後退

> 住宅の敷地があまり狭いと住みにくくなるので、地域によっては最低限必要な敷地面積が定められているんだ。

敷地面積の最低限度と救済措置

都市計画では、第一種低層住居専用地域と第二種低層住居専用地域の敷地面積の最低限度を定めていて、自治体の多くは100㎡以上としています。この規制がある自治体で199㎡の土地を2つに分筆すると、狭い方の土地には家を建てることができません（右ページ上図参照）。ただし、すでに建築物がある土地では、敷地面積の制限は適用されません。また最低限度の制度が導入される前に分筆していれば建物が建てられる救済措置もあります。

対象不動産の土地面積が最低敷地面積以下の場合は、「最低敷地面積」と「最低敷地面積の規制導入時期はいつなのか」を役所の都市計画課や建築指導課で必ず確認します。土地の登記簿謄本に記載された敷地分割（分筆）時期からも、建築が可能な敷地であるかを確認します。なお救済を認める判断は自治体によって異なるので注意します。

壁面線の設定による制限と外壁後退による制限

道路と敷地の境界線から一定の距離で壁面線が設定されている街区があります。壁面線よりも道路寄りの土地には、建築物の外壁・柱・2mを超える門または塀を建築できません。これは建物と道路との間の距離を確保して街並みをそろえ、景観などの生活環境を向上するためです。多くの場合、壁面線の制限は地区計画や高度利用地区で設定されています。

また、第一種低層住居専用地域、第二種低層住居専用地域と田園住居地域の中には、建築物の外壁または外壁に代わる柱の面を、境界線よりも1mまたは1.5m後退させる敷地の使用制限のあるところがあります。道路側だけでなく隣地との境界の壁の位置も制限される点が壁面線の制限と異なります。

仕事のツボ　地区計画・高度利用地区・風致地区・建築協定などで建築制限が定められている場合があります。自治体にはそれぞれの内容を記載したパンフレットなどがあるので、忘れずに取得しておきます。

●敷地面積の最低限度の規制

敷地面積の最低限度を100㎡とする。

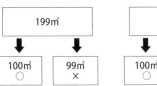

199㎡

↓　　　　↓

100㎡　99㎡
○　　　×

片方が100㎡未満のため、
分筆できない

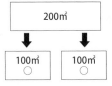

200㎡

↓　　　　↓

100㎡　100㎡
○　　　○

両方が100㎡以上のため、
分筆できる。
なお、120㎡と80㎡への分
割は80㎡が最低限を満た
さないため不可

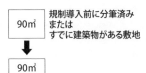

90㎡　規制導入前に分筆済み
または
すでに建築物がある敷地

↓

90㎡
○

100㎡未満の敷地でも
認められる場合
・規制導入までに分割済み
・敷地に建築物がある場合

最低限度に1㎡足りなくても建築許可は下りない。都市計画課・
建築指導課などで用途地域などを調べる時に合わせて確認。

●壁面線の建築制限

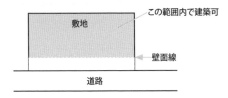

●外壁後退による制限

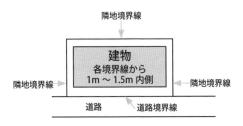

Section
07-3

建築の調査③
建物の高さ制限

近隣の家が長時間日陰にならないように、建物を建てるときには高さを制限をして周囲の日照時間を確保しているんだ。

さまざまな種類がある建築物の高さ制限

建築物の高さについては、さまざまな制限があります。これらに該当する場所ではその範囲内で建物を建てなければなりません。制限は大きく分けて、隣地や前面道路の日照や通風、採光を確保する「斜線制限」、低層住居専用地域の制限である「絶対高さ制限」、隣地などへの日影の時間を決められた範囲にとどめる「日影規制」、市街地環境の維持と土地利用促進のための「高度地区」があります。

●高さ規制の種類

斜線制限	隣地や前面道路の日照や通風、採光を確保するためのもので、道路斜線制限、隣地斜線制限、北側斜線制限の3種類がある。なお斜線制限は、一定以上の「天空率（→ P.251）」が得られる場合は適用されない。
絶対高さ制限	第一種・第二種低層住居専用地域内では、建築物の高さは10 mまたは12 mの制限がある。後述の高度地区の指定を受けている地区で、制限がより厳しければ、高度地区の制限が適用される。
日影規制	一年で最も日照時間が短い冬至の日に、定められた時間以上に日影ができないように建築物の高さを制限する規制。建築物の高さが10 mを超え、日影規制の対象区域内に一定時間日影を生じさせる場合に対象となる。なお商業地域・工業地域・工業専用地域には適用されない。
高度地区	市街地環境の維持と土地利用促進のため、建物の高さの最高限度と最低限度の制限を定めている地区。制限の内容は自治体ごとに定められ、内容は一律ではないため役所での聞き取り調査が重要。

土地を購入して新築する場合の調査では、建築物の建築可否を建築士やハウスメーカーに相談しよう。

仕事のツボ　地区計画・高度利用地区・風致地区・建築協定などで建築制限が定められている場合があります。自治体にはそれぞれの内容を記載したパンフレットなどがあるので、忘れずに取得しておきます。

●斜線制限の概要

道路斜線制限

狭い道路に面して高層建築物が建つと日照、通風、採光などに影響するため、前面道路の状況に合わせて行われる高さ制限。

- 適用距離とは、高さ制限の対象となる範囲で用途地域や容積率で決まる（20m〜50m）。
- 高さ制限を決める斜線の勾配は前面道路の反対側の境界までの長さを1としたときの1.25（住居系以外の用途地域では1.5）。

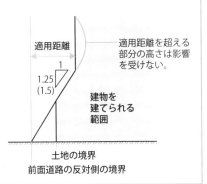

隣地斜線制限

隣地の日照、通風、採光等の確保を目的に、建築物の各部分の高さを隣地境界線との関係で制限。なお第一種・第二種低層住居専用地域には、原則として後述する「絶対高さ制限」があり、隣地斜線制限は適用されない。

- 高さ制限を決める斜線の勾配は、隣地境界線までの長さを1としたときの1.25 + 20m（住居系以外の用途地域では2.5 + 31m）。

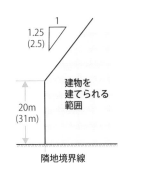

北側斜線制限

低層および中高層住居地域で北側の建築物の日照等を確保するため建築物の各部分の高さを制限。北側の前面道路の反対側にある道路境界線または隣地境界線から、真北方向への水平距離を測り、その長さで制限が決まる。

- 高さ制限を決める斜線の勾配は下記の通り。
  第一種・第二種低層住宅専用地域：
    北側隣地境界線までの長さを1としたときの1.25 + 5m
  第一種・第二種中層住宅専用地域：
    北側隣地境界線までの長さを1としたときの1.25 + 10m

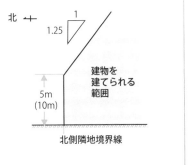

●日影規制の概要

一年で最も日照時間が短い冬至の日に、定められた時間以上に日影ができないように建築物の高さを制限する規制です。高さが 10 mを超える建築物が対象で、隣地の決められた範囲内の日照時間を計測し、基準に満たないときはその基準を満たすように建築物の高さを制限しなければなりません。

日影規制の基準は地域ごとに決められていて、下記のように表記されます。

$$\underset{②}{4} - \underset{③}{2.5\,h} \,/\, \underset{①}{4m}$$

① 測定する地盤面からの高さ
② ①の高さにおける敷地境界線の水平距離が 5m 超〜 10m 以内の範囲の日照時間
③ ①の高さにおける敷地境界線の水平距離が 10m 超の範囲の日照時間

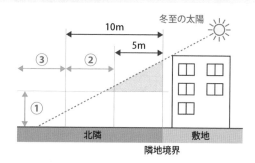

地域ごとの日影規制は下記の表のようになります。

地域	制限を受ける建築物の高さ	測定する平均地盤面からの高さ①	種別	敷地境界線の水平距離が下記の範囲における日照時間	
				5m 超 10m 以下②	10m 超③
第一・二種低層住居専用地域、田園住居区域	軒の高さが 7m 超または地階を除く階数が 3 階以上	1.5m	1	3 時間以上	2 時間以上
			2	4 時間以上	2.5 時間以上
			3	5 時間以上	3 時間以上
第一・二種中高層住居専用地域	高さが 10m 超	条例により4または6.5m	1	3 時間以上	2 時間以上
			2	4 時間以上	2.5 時間以上
			3	5 時間以上	3 時間以上
第一・二種住居地域準住居地域、近隣商業地域、準工業地域	高さが 10m 超	条例により4または6.5m	1	4 時間以上	2.5 時間以上
			2	5 時間以上	3 時間以上
用途地域指定のない区域	軒の高さが 7m 超または地階を除く階数が 3 階以上	1.5m	1	3 時間以上	2 時間以上
			2	4 時間以上	2.5 時間以上
			3	5 時間以上	3 時間以上
	高さが 10m 超	4m	1	3 時間以上	2 時間以上
			2	4 時間以上	2.5 時間以上
			3	5 時間以上	3 時間以上

●高度地区の例

高度地区の規制内容は自治体ごとに異なります。ここでは東京都の例を示します。

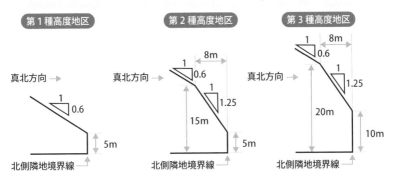

●天空率の計算式

天空率の計算式は下記のようになります。

$$天空率 \quad Rs = \frac{As - Ab}{As}$$

As：地上のある位置を中心として、その水平面上に想定する半球（想定半球）の水平投影面積

Ab：建築物とその敷地の地盤を As の想定半球と同一の想定半球に投影した投影面の水平投影面積

同じ敷地に2つ以上の建築物がある場合

　日影規制で同じ敷地に2つ以上の建築物がある場合は1つの建築物とみなして規制が適用されます。建物が異なる用途区域にまたがり、そのどちらかに日影規制がかかっている場合は建物全体に適用されます。

既存不適格になっている建築物

　2004年の都市計画の見直しで定められた高度地区（最高高さ制限）によって、既存不適格になった（規制に抵触するが現存している）建築物が多く存在します。

　この場合は「高度地区」の制限に抵触しているかと合わせて、建て替える場合に現在と同規模の建物を建築できる特例がないかも確認しましょう。

建築の調査④ 建築計画概要書、台帳記載事項証明書

建築計画概要書と台帳記載事項証明書を取得すると、既存の建物のことがいろいろ分かるのです。

建築計画概要書の内容と現状を照らし合わせる

　調査している物件の建物が建築基準法に違反していると、取引や契約後に問題が発生することになります。そのため自治体の役所では、建築計画概要書という書類を必ず入手します。

　建築計画概要書は、建築工事の前に行う建築確認申請に添付する書類です。計画段階での敷地面積、建物の用途地域や容積率、床面積や階数、道路との関係、受付年月日や確認番号などがこれで分かります。

　建築基準法の適合確認がされた後に公開される書類なので、その内容が建築図面や現状の建物と違っている場合は、増改築工事などで違法建築になっていることが疑われます。

完了検査を受けたことが分かる台帳記載事項証明書

　もう一つ取得しておくべき書類が台帳記載事項証明書です。これには建築確認後の「確認済証」と、完了検査を受けたことを証明する「検査済証」を交付した記録が記載されています。建物の所有者（売主）が建築確認済証と建築検査済証を保存していればいいのですが、所有者が入れ代わったり建てた年代が古いと残っていないかもしれません。そんな場合は台帳記載事項証明書で建物の完了検査を受けたことが証明できます。

　建築計画概要書と台帳記載事項証明書は、自治体の役所の建築指導課で請求して取得します。その際に建築年月日や当時の所有者名などを提出書類に記載することがあるので、登記簿謄本かそのコピーを持っていくといいでしょう。

仕事のツボ　自治体によっては書類のコピーを交付せず、手書きのメモのみ許可しています。手書きは時間がかかるので余裕を持った調査スケジュールを。

●建築計画概要書の記載事項

建築計画概要書の配置図には、土地の区画、道路幅員やセットバック、都市計画道路に関することなど、多くの詳細情報が記載されています。

・建築主等の概要（建築主・代理者・設計者・工事管理者・工事施行者）
・敷地の位置
・主要用途
・工事種別
・申請に係る建築物
・敷地面積
・建築面積、延べ面積
・建築物およびその敷地に関する事項（地名地番、都市計画・地域地区・許可認可・工事期間など）
・見取図、配置図
・検査等の概要
・建築基準法例による処分の概要（建築確認・中間検査・完了検査の番号・年月日・交付者）

●台帳記載事項証明書の記載事項

・建築主氏名
・建築場所
・主要用途
・工事の種別
・建築物の構造、階数
・建築面積、延べ面積
・敷地面積
・建築確認番号・年月日・交付者
・検査済証番号・年月日・交付者

完了検査を受けず検査済証を取得していない物件は、建築前に申請した建築確認と実際の建物が違っていて建築基準法に違反している可能性がある。

建築計画概要書がない場合は

　対象地の建築計画概要書が保管されていない場合は、台帳記載事項証明書と隣接地や道路向いの建築計画概要書を取得しておきます。これらに敷地や道路に関係する情報が載っていることがあるからです。

MEMO　建築確認をする機能を持っていない自治体では、都道府県が担当行政機関になっていることがある。
（例）北海道（道庁の出張所が窓口）／東京都（23区内で延べ床面積が一定規模以上の建物の場合）

253

Section
07-5

建築の調査⑤
開発行為

調査物件やその周囲で開発が行われるかどうか
を、役所の開発指導課でヒアリングしよう。

一定の面積以上の開発には許可が必要

市街化区域や市街化調整区域などで、一定規模以上の土地開発行為をするに
は、都道府県知事や政令指定都市の市長の許可が必要になります。開発行為と
は、建築物の建築や特定工作物の建設のために、次のいずれかを行うことです。

①区画の変更（道路や水路などを新設・拡幅・付替え・廃止する行為）

②形状の変更（造成などで土地の形状を変える行為）

③性質の変更（農地・山林などの土地を、建築物を建築するための敷地に変
更する行為）

未整備の土地を住宅用として使えるようにする宅地造成も、開発行為になり
ます。

開発行為の許可が必要となる面積は自治体により異なり、首都圏・近畿圏・
中部圏の市街化区域では500㎡以上と定められています。それ以外の地域は
500㎡より大きくなります（たとえば市街化区域では原則1000㎡以上）。

開発登録簿を窓口で取得する

開発許可を受けるには、自治体の開発指導要綱や取り扱い基準、まちづくり
条例などで定めた最低敷地面積や道路幅員、隅切りの長さなどの規定を守らな
ければなりません。

開発許可がおりると自治体が開発登録簿を作成し、そこに許可年月日と番号・
検査済証発行年月日・工事完了公告日・区画寸法や道路幅員などが記載されま
す。取引の対象となる不動産が開発許可を受けているかどうかは開発指導課で
確認し、必要に応じて開発登録簿を取得します。

●開発登記簿の例

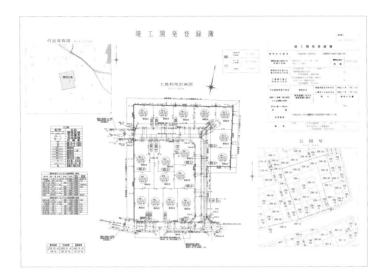

対象地が開発許可を受けた地域でなくても、近隣で開発の予定があると将来の居住環境に影響するかも。開発登録簿を取得して買主への説明に備えよう。

Section 08-1 道路調査① 公道と私道、法律による道路の違い

道路と敷地の関係は、建物の建築に大きく影響する。どんな建物にするかにもよるので、細かい点検作業が必要だ。

公道と私道の違いは誰が道路を維持管理するかで決まる

建築物は、敷地が接する道路の種類、接道の幅員、間口の形状などによって建て方が制限されます。

まず敷地が接しているのが公道か私道かを確認します。公道は国や地方公共団体が所有し維持管理をする責任を負う道路で、私道はそれ以外の個人名義で所有し維持管理している道路です。ただし道路の所有者が個人名義であっても、管理を公的機関がしていて公道扱いのケースもあれば、所有者が公的機関でも私道といったケースもあります。さらには公道と私道のミックス型も存在します。自治体の役所など関係各所で接道している道路について確認し、なぜ現況のようになっているかをヒアリングします。

各道路の調査については、次のセクションから解説していきます。

建築基準法による接道義務がある

道路には人や車の通行や日照や通風の確保、緊急時の避難路確保や緊急車両通行などの機能があります。道路法では人や車の通行のための道路管理について定めています。一方、建築基準法では、建物利用のための日照や通風、安全確保のための道路種別などを定めています。

都市計画区域内と準都市計画区域内では、原則として「幅員4m以上の建築基準法上の道路に、間口が2m以上接道」していないと建築物が建築ができないという接道義務があります。敷地延長型の敷地（右ページ下図の「建築敷地②」）の場合は、延長部分の幅がどの部分も2m以上必要です。

仕事のツボ　取得した資料だけで自己判断するのはNG。必ず現地の状況、役所の担当者の見解と照合させます。

●公道と私道

道路	公道	国や地方公共団体が所有し維持管理をする責任を負う道路
	私道	公道以外の道路

例外として下記のような道路も存在する。

個人名義だが公道扱いの例

複数の個人で所有している私道を公道移管する際に、所在不明者の個人名義が残っている

公の機関名義だが私道扱いの例

大地主の相続で物納された財務省名義の道路

私道か公道かの確認不足で道路の維持管理が必要になったり補修費などが発生すると、費用請求や損害賠償に発展することも。

●建築基準法の接道義務とその例

「道路に接する部分」を接道間口といいます。

道路に接する部分が2m以上

幅員が4m以上

建築敷地②

建築敷地①

道路に接する部分が2m以上
建築基準法の道路

敷地延長型の敷地の場合

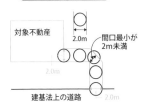

対象不動産

2.0m

間口最小が2m未満

2.0m

建基法上の道路

2.0m

敷地延長部分は、直径2mの球体が専用通路部分(敷地延長部分)を転がらないといけない。上図は最小間口が2m以下のため建築は不可。

道路角の間口の場合

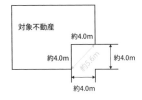

対象不動産

約4.0m

約4.0m

約5.6m

約4.0m

約4.0m

上図のとき、接道の長さは、「4m+4m=8m」ではなく、対角線の約5.6mとなる。

道路調査②
道路調査の流れ

道路の調査は、「役所の道路管理課での調査」と「建築基準法上の調査」に分かれます。

役所の道路管理課での調査ポイント

役所の道路管理課での調査は、下記のような流れで行います。

①公道か私道かを確認し、公道の場合は路線番号を確認

②現況幅員（現況の道路幅）と認定幅員を確認

③「道路台帳平面図」を取得

④接面道路が公道で道路と敷地の官民境界が確定の場合は「道路境界図」を取得

②で現況幅員が認定幅員・管理幅員より狭いと幅員不足による敷地後退を求められて敷地面積が減少する可能性があります。異なる理由と「建築物を建築する際はどうなるか？」を道路管理課と建築指導課の両方で確認します。

役所の管理保管資料は原則「公道」に関する資料で、私道は記載されていません。ただし私道の中で「位置指定道路」は申請された際の図面などが保管されます。また幅員4m未満の私道（法42条2項道路）は「指定道路調書（道路調査時の資料）」の写しが交付される場合があります。

建築基準法での道路調査のポイント

建築基準法上の道路調査は、下記のような流れで行います。

①建築基準法上の道路か否か、建築基準法上の道路なら道路種別を調査

②建築基準法上の道路幅員を調査

③建築基準法上の道路に面していない場合は建築できる方法の有無を調査

「旧水路敷き」「無地番」「道路の管理地」「水路・暗渠」「公図上の旧水路敷き」が存在する場合は、建築基準法上の道路幅員に含まれるか確認します。

「道路台帳平面図」「道路査定図」などでは、道路法の道路幅員を表します。「建築基準法の道路の幅員」とは必ずしも一致しません（右ページ下図参照）。

MEMO 「認定幅員」とは、道路台帳に記載された道路と認定された幅員。「管理幅員」とは、役所など道路管理者が管理している幅員。

●道路に関する調査の流れ

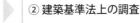

┌─────────────────────┐   ┌─────────────────────┐
│ ① 役所の道路管理課での調査 │   ▶   │ ② 建築基準法上の調査   │
└─────────────────────┘   └─────────────────────┘

●道路調査の注意点
・公図や登記簿による所有者調査は、あくまでも公道か私道かの「目安」にするために行う。
・地目が「無地番(地番がない)」や「公衆用道路」でも建築基準法の道路ではないケースもあり。
・旧農道(赤道)、旧水路(青道)などの国有地が敷地内に発見されたときは、払い下げなどの可否や手続き方法を調べる。

●「道路台帳平面図」の見方

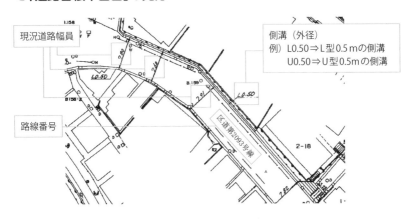

現況道路幅員

側溝 (外径)
例) L0.50⇒L型0.5mの側溝
　　 U0.50⇒U型0.5mの側溝

路線番号

●建築基準法の道路調査のポイント

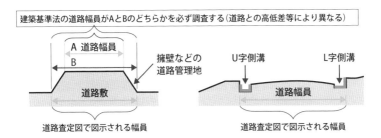

建築基準法の道路幅員がAとBのどちらかを必ず調査する(道路との高低差等により異なる)

A 道路幅員
B
擁壁などの道路管理地
道路敷
道路査定図で図示される幅員

U字側溝
L字側溝
道路幅員
道路査定図で図示される幅員

道路調査③
建築基準法上の道路の種類

建築基準法上の道路は幅員が4m以上だけど、例外的に
4m未満でも道路とみなされる「2項道路」などがあるよ。

建築基準法上の道路とは

　建築基準法による道路は、建築基準法第42条1項1号〜5号に該当するものです。これには公道だけでなく私道も含まれます。原則幅員4メートル以上ですが、同法の規定により例外もあります。詳しくは次に示す通りです。

1項1号道路（42条1項1号道路）

【定義・内容】	国道・県道・市道など一般に公道と呼ばれる道路法による道路。例外的に私道もあり得る。開発道路が公道に移管された場合などは、第1項1号道路として認定される。
【ポイント】	・公道幅員は「道路台帳平面図」「道路査定図」「道水路等境界明示図・復元図」などで調査。道路局の査定図等の幅員が「建築基準法の道路幅員」と一致しないときは、建築指導課で調査。

計画道路（42条1項2号道路）

【定義・内容】	都市計画法、土地区画整理法等に基づき、許認可を受けて築造された道路。「公道＋私道」のミックス型もある。
【ポイント】	・「開発行為による道路」でも完了公告後、自治体に移管した道路は原則1項1号道路となる。移管後も1項2号道路と回答された場合は、その理由を確認（認定漏れのケースもあり）。
	・「建築計画概要書」のほか、「開発登録簿」「土地区画整理の区画道路図面」など、許可に関わる図面を入手すると道路形態・幅員等がより明確に。「許可番号・許可日」「検査済番号・取得日」「公告番号・公告日」を確認し、図面や道路の記載状況を確認。
	・現状幅員と図面に記載の幅員が一致しない場合は「建築物を建築する際、どのようにすれば良いのか」を聞き取り調査。
	・建築物が「完了公告」を受けていない場合、現状で「道路はどのような扱いか？」「建築物への制限は？」「どのような手続きが必要か」などを聞き取り調査（43条2項2号扱いとなるケースもある）。

既存道路（42 条 1 項 3 号道路）

【定義・内容】 建築基準法施行時 (昭和 25 年 11 月 23 日) に既に幅員 4m 以上あった道路。「既存道路」と呼ばれる。

【ポイント】
・自治体が管理している道路が少なく、道路の位置・幅員の特定が困難なケースが多い。幅員の調査方法も一定ではない。現地の計測寸法、現地の写真や各図面、近隣「建築計画概要書」等を用意し、建築指導課で確認。一般的には、現況の道路形態を基本に、土地の境界、周辺の地形・建築物、過去の建築確認状況、基準時の航空写真などを参考に、道路の位置を客観的・合理的に特定し、関係各所と調整の上幅員を測定する。

計画道路（42 条 1 項 4 号道路）

【定義・内容】 都市計画法で 2 年以内に事業実行が予定されている、特定行政庁が指定した都市計画道路。

【ポイント】
・道路予定地 (都市計画道路拡幅線・予定概略線・拡幅予想線) が分かる「指定道路調書」や「拡幅予定線図」を取得する。

・計画決定の段階では、都市計画法による建築制限や、土地面積によって公拡法の届け出の対象かを調査する。

・事業決定済かつ道路部分買収済の場合は、建築許可条件について調査する。買収後、42 条 1 項 4 号道路として告示されるまでにタイムラグがあるため、現時点での道路種別と制限の内容などについて、関係各所で聞き取り調査する。

位置指定道路（42 条 1 項 5 号道路）

【定義・内容】 土地を建物などの敷地として利用するため、都市計画法などに基づかず築造した道路で、特定行政庁の指定を受けた私道。詳細は P.268 参照。

【ポイント】
・「道路位置指定図」を取得して現状幅員と違いがないか確認する。現況と図面寸法が異なる場合、どのようにして現況回復すればよいのかを聞き取り調査する。

・行政に移管された公道で、建築基準法上は位置指定道路となっているケースがある。私道と公道のミックス型もある。

2 項道路（42 条 2 項道路）

【定義・内容】	建築基準法の適用および都市計画区域に指定される以前から存在した建築物が建ち並んでいる幅員 4m 未満の道で特定行政庁が指定した道路。詳細は P.264 参照
【ポイント】	・一般的に 2 項道路は、道路の中心線から 2m(例外もある) の後退線を道路の境界線とみなして道路後退させることが必要となる。私道などで道路復員の確定が難しい場合もある。現地の計測寸法、現地写真、「道路査定図」、近隣の「建築計画概要書」、「狭あい道路 (細街路) 拡幅整備条例」など関係資料を取得のうえ調査・確認。 ※正確な道路後退 (セットバック) 線と後退面積算出は、土地家屋調査士に依頼する。

法外道路

【定義・内容】	建築基準法の道路に該当しないため、建築物の建築ができない通路など。基本的に建基法の接道義務を満たしていないため、敷地は建築不可となる。詳細は P.272 参照。
【ポイント】	・例外として「43 条 2 項 2 号道路」として建築物の建築が可能となるケースがある。その場合「法律のどの基準に適合するか」、「付加される建築物の制限はないか」を調査する。

隅切り・路地状敷地の地域による違い

各行政の建築指導要綱などにより、角地の場合に必要な「隅切り」の条件、路地状敷地の敷地延長部分の幅員と長さの制限が異なります。

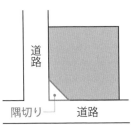

隅切りのイメージ

路地上敷地のイメージ

●隅切りの制限の違い

	①東京都 （東京都安全条例）	②大阪府 （大阪府建築基準法施行条例）
隅切りが必要な道路幅員	それぞれ 6m 未満	・屈曲部は歩道なし 6m 未満 ・交差部は歩道なしの 6m 未満 　+10m 未満
隅切りの形状	底辺が 2m の二等辺三角形	辺の長さが 2m の二等辺三角形

●路地状敷地の制限の違い （路地状部分の長さ：L、路地状部分の幅員：A）

	①東京都 （東京都安全条例）		②埼玉県 （埼玉県建築基準法施行条例）	
建物の延面積	L	A	L	A
200㎡以下	20 m未満	2 m以上	10 m未満	2 m以上
	20 m超	3 m以上	15 m未満	2.5 m以上
			20 m未満	3 m以上
			25 m超	4 m以上
200㎡超	20 m未満	3 m以上	10 m未満	3 m以上
	20 m超	4 m以上	15 m未満	3.5 m以上
			15 m超	4 m以上

道路調査④ 42条2項 道路（セットバック）

幅員4m未満の42条2項道路に接道している敷地は、道路の分だけ建築できる面積が減ってしまうことがあるのだ。

セットバックで建物が建てられる面積が減る

　セットバックは、道路の幅員が4m（または6m）未満の場合、道路境界線を道路の中心から2m（または3m）敷地側に後退することをいいます。後退した分の敷地は私道の扱いとなり、建築物の敷地面積に参入できません。

　42条2項道路は私道だけでなく公道を含んでいたり、道の形態が明確でないケースもあります。こうした道路に接している土地は、現況でセットバックされていなかったり、セットバックしても道路部分が分筆されていなかったりと物件ごとに状況が異なります。セットバックが必要になると、建築確認対象面積が減って希望する建物が建てられなくなるかもしれません。

同一路線の「建築計画概要書」「指定道路調書」を取得する

　セットバックは、その起点となる道路の中心線を特定して行います。しかし基準となる道路の位置や幅員などが明確でないこともよくあります。またセットバックには片側一方方向に後退する場合もあり、道路の中心線が基準になるとは限りません。

　隣接地や同一路線の「建築計画概要書」を見ると、道路幅員やセットバックに関する事項が記載されています。また同一路線で過去に調査したことがあると「指定道路調書」が発行されている場合があります。役所ではこれらを参考資料として忘れずに取得します。

仕事のツボ　自治体によっては、側溝部分を除いて幅員4mを確保するよう指導しています。すると道路の中心線からの後退距離が「2m+側溝幅」（たとえば中心線から2.1mないし2.2m）になるので注意。

●セットバックが必要となる道路

幅員 4m 未満の計画道路 (42 条 2 項道路) に接道している敷地は、接道する道路の道路中心線から 2m の位置 (道路後退線) まで後退させなければならない。これを一般的に「セットバック」と呼ぶ。

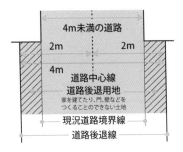

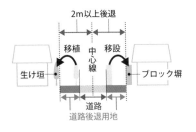

従来の道路から道路後退線までの敷地を「道路後退用地」と呼ぶ。実際には道路後退用地の部分を分筆して登記されている場合も、登記されていない場合もある（→P.266）。

生け垣やブロック塀などがある場合は道路後退線まで移築が必要になる。

●2項道路（セットバック）の役所調査事項

・道路中心線が確定しているか

・セットバックが完了しているか
現地でメジャーを当てて査定図などと照らし合わせ、周辺の道路状況や道路境界標を基に、建築事務所などで確認する。判別が困難な時は、現地写真を役所に持参して確かめる。

・拡幅後退は 4 m か 6 m か
2 項道路は 4 m 道路とは限らない。現地で計測して 4 m あったのでセットバック済みと思っていたら、実は 6 m に拡幅後退する路線だったということもあるので勝手に判断しない。

・道路中心線からの後退か、片側後退か

・現地と役所で繰り返し確認する
役所で以上について調査した後、現地でメジャー計測をして照合することが大切。道路の境界標、2 項鋲、塀、門柱、外構フェンスなどさまざまな観点で確認する。そして再び役所で現地写真・道路査定図・近隣の建築確認概要書等を基に、道路中心線の確認、後退距離などについて対面調査する。

●セットバックが必要となる道路の登記の状態

●セットバックして分筆されていない

有効宅地部分とセットバック部分とが分筆されていない場合。隣地立会いは未了だが測量済みで、セットバック部分と有効宅地部分の実測面積が判明していて、登記簿面積ともほぼ一致している。

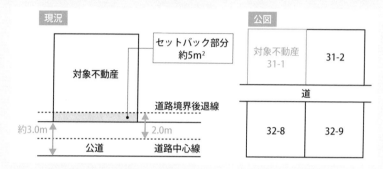

●セットバックして分筆されている

有効宅地部分と私道負担部分とが分筆されていて、セットバック済みの場合。現地のメジャー計測による敷地面積と登記簿面積がほぼ一致している。

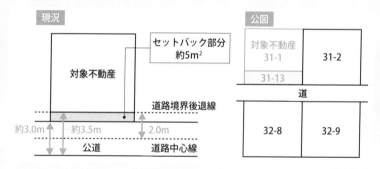

●道路の中心線からセットバックしない場合

建替えの際、何m後退する？
道路中心線は？

写真 A

4 m

42条2項による
セットバック部分

写真 B

写真 A は道路中心線と、何m後退するかを調査します。

写真 B はセットバック部分を花壇として使用しています。本来セットバック部分は「道路としてみなされる部分」なので、セットバック済みとはいえない可能性があります。所在地の役所で現地写真を見せて判断を仰ぎます。

現地での道路調査は、物件の接道面だけでなく、同一道路を広範囲に確認する必要があるよ。

「狭あい道路」について

　「狭あい道路拡幅整備促進路線」とは、建基法第４２条第２項に該当する道路などです。役所によっては「細街路」と呼びます。「狭あい道路整備促進に関する条例」に基づき指定され、この路線に接した敷地は、拡幅の支障となる物件の除却や舗装整備への助成措置があります。

　多くの役所ではそのために整備事業担当の部署を設けており、「狭あい

道路拡幅整備条例」などを制定して対策に取り組んでいるところもあります。敷地が狭あい道路に接する場合は、後退する位置の確定や整備内容の打ち合わせをする必要があり、建築確認申請の提出前の一定期間までに協議の申請を行います。

　以上については、役所が発行する「手続き」や「制限等」の内容を事前に確認しておきます。

Section 08-5 道路調査⑤ 42条 1項 5号 道路（位置指定道路）

> 位置指定道路は、不動産業者が分譲する分譲地の中に多く見られる道路だよ。

分譲地などでみられる道路

位置指定道路は、都市計画法や土地区画整理法などの法律に基づく道路ではなく、自治体ごとの基準により指定されます。右ページのような基準が定められることが多くなっています。

位置指定道路が幅員不足の場合は、42条2項道路の「セットバック」ではなく「幅員不足による現況回復（復元）」によって幅員を確保します。

●位置指定道路の調査内容

建築指導課で「道路位置指定図」を取得して「幅員・延長（長さ）・道路形状」「指定番号・指定年月日」を確認する。

「道路位置指定図」に図示された寸法と、現地の「幅員」「全長」などが一致するかメジャーで計測し確認する。

位置指定道路の現地幅員が位置指定図と異なるときは、どのように現況回復（位置指定図の幅員にする）すべきかを調べる。現況回復の方法はケースバイケースになる。

道路が私道の場合、登記事項証明書を取得して所有者を調べる。購入者が建築や生活のために通行するのに承諾書、道路掘削、使用承諾書などの書類が必要になることがある。下記のように公図で「公道」＋「私道」となっている位置指定道路でも道路部分の所有者を調査する。

1318-30	1318-29	1318-28	
1318-12	1318-11	1318-10	
道			← 位置指定道路部分
1234-10	1234-9	1234-8	
1234-21	1234-22	1234-26	

仕事のツボ　位置指定道路の定義は「土地を建築物の敷地として利用するために新たに築造する道で、特定行政庁（右ページ参照）からその位置の指定を受けたもの」です。

●位置指定道路の指定基準

1.	原則として両端が他の道路に接続していること（通り抜け道路）		
2.	行き止り道路の場合は次の条件のいずれかによること		
	a.	道路幅員が6m（自治体によっては4m）以上であること	
	b.	道路延長が35m以下であること	
	c.	道路延長が35mを超える場合は、終端及び区間35m以内ごとに自動車の転回広場を設置すること	
	d.	終端が公園などに接続すること	
3.	他の道路との交差部分や屈曲部分には、二辺を2mとした二等辺三角形のすみ切りを設けること		
4.	道路面は舗装などしてぬかるみにならない構造とし、排水の施設を設けること		
5.	道路の傾斜は12%以下とし、階段状の道路は不可		

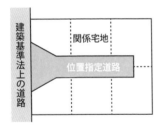

●敷地が未接道になってしまう例

位置指定道路の現況が位置指定図と異なるため、奥の宅地の敷地が未接道となってしまうことがある。右図の例では、位置指定図よりも道路現況の奥行きが10cm短いため、突き当りの区画と位置設置道路が未接続の状態になっている。

●位置指定道路（幅員4m）が幅員不足時の役所の判断とその対応

幅員不足（4.0m未満）で現況の道路中心線から両側が2mずつ後退

位置指定道路が 4.0 m未満の幅員不足のときに、役所から「道路中心線から2 m後退」との回答を得た場合、下記のように役所の担当者に追加の確認を忘れないように行う。

　「道路反対側の敷地所有者から幅員回復の承諾を得られない場合でも、現況道路中心線から2 mの後退でよろしいのですね？」

役所によっては、「道路反対側敷地所有者から幅員回復の承諾のあるなしによって後退の仕方が変わります」と回答されることがあり、このときは道路反対側敷地所有者への確認が必要になる。

片側のみ後退させて現況回復（4mを確保）

私道の場合、道路境界線が未確定で、自治体の決定する道路中心線も調査段階で確定していないケースが多い。自治体も道路反対側の敷地所有者から幅員回復の承諾を得られない場合を想定して、調査物件の所有者には不利な『片側後退 (対象不動産側)』を指導することがある。

現況回復ではなく建築基準法第43条2項2号

たとえば幅員6 mの位置指定道路で申請していたが現況は5 mしかない場合、幅員4 mを確保しているので建築基準法の接道義務は果たしている。自治体が認めた道路幅員は6 mなので幅員不足になるが、近隣の状況から現況回復（6 mの幅員にすること）が困難な場合、現況の幅員5 mのまま道路境界線とみなして建築基準法 43 条 2 項 2 号の規定に基づく建築許可を受ける場合がある(→ P.272)。

> 42 条 2 項道路と同様に、役所の指導によっては不動産価値が大きく変わってしまうおそれがあるのです。

MEMO　私道所有者による私道の変更や廃止は法律で規制されている。特定行政庁は、位置指定道路など私道の変更や廃止を禁止したり制限したりすることができる。

●位置指定道路の幅員不足で現況回復するケース

位置指定図で幅員 4.0 mの位置指定道路で、下記のように現地メジャー計測では道路幅員が 3.0 mだった。役所でヒアリングすると「道路中心線から 2.0 mの道路境界線にしてください」と言われた。

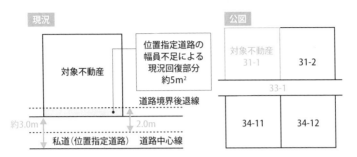

●現況回復ではなく建築基準法第43条2項2号道路になるケース

位置指定図では幅員 6.0 mの位置指定道路で、現地メジャー計測の道路幅員が 5.0 mだった。役所で尋ねると「物件周辺の状況から幅員 6 m は難しく、5 mを確保して 43 条 2 項 2 号道路扱いとする」とされた。

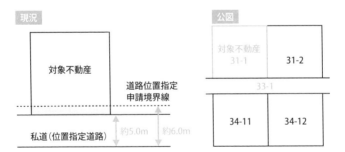

41条1項5号なのに43条2項2号道路になる場合

　41 条 1 項 5 号（位置指定道路）なのに 43 条 2 項 2 号道路になる場合、「道路の種類」「建築基準法の道路の扱いはどうなるのか」「どうすれば建築確認申請できるのか」「建築物にどのような制限をうけるのか」「どのような手続きが必要になるのか」を調査します。

道路調査⑥　建築基準法
道路以外の道路

幅4m以下の通路に接している敷地で、建物を建築する許可が得られる特例があるんだ。

条件を満たしていなくても道路と認められる「43条2項2号道路」

通路として利用されているような、建築基準法で道路と認めない狭い道に接した敷地には原則として増改築や再建築ができません。しかし建築審査会の許可を受けるなどして建築を認められることがあります。

このような道路は建築基準法第43条但し書きで定められていたので「但し書き道路」と呼ばれていましたが、2018年の建築基準法改正で「43条2項2号道路」となり、自治体（特定行政庁）の基準に適合すれば許可されるようになりました。ただし建築できる建物は制限されます。

水路に接する敷地や未判定の道路などを道路として認める手段

敷地と道路との間に小川や水路などがあって、橋を架けて出入りしている物件などは、敷地が建築基準法上の道路に接していないため、通常は「建築不可物件」となります。ただし水路などの管理者から「水路占用使用許可」を取得することで建築が可能となる場合があります。必要に応じて「水路占用使用許可書」の写しを入手し、建築が可能かどうかを調査します。

建築基準法による道路に該当するかどうかまだ判定されていない道については、建築基準法上の道路と判定されるケースもあります。個人の所有する敷地の一部や通路に見えても、思い込みで建築基準法上の道路でないと決めてしまわずに、役所の担当部署に「道路相談票」と関係資料を提出して「未判定」の道路かどうか判定を待ちます。

43条2項2号道路は特例のため、建築する度に許可が必要。将来も再建築できる保証はないのです。

仕事のツボ　建築基準法以外の道路については、許可を取ってから実際に建築するまでの手続は自治体により異なるので必ず窓口でヒアリングします。

●「43条2項2号」(但し書き道路)として認められる道路

> 敷地との間に小川や水路などがあり、接地していない道路

> 建築基準法による道路の判定が行われていない道路

●「43条2項2号」(但し書き道路)の調査項目

> 「どんな建築物なら建築可能なのか」「どんな手続きを要するのか?」などを調査する。

> 建築指導課で「43条2項2号(但し書き道路)道路に該当するか」「どのような条件をクリアすれば建築許可を受けられるか」「建築物に関する制限はあるのか」を確認する。

> 判定の基準書(一覧表など)を取得し、そのうちどの基準が適用されるのか尋ねる。

> 同一道路沿いで、過去に43条2項2号(但し書き道路)の許可を得た建築物の「建築計画概要書」を確認する。

> 調査している物件が43条2項2号の許可を受けられる見込みがあるか、またはどんな条件をクリアすれば受けられる見込みが出てくるのかを確認する。

●水路に接する敷地のイメージ

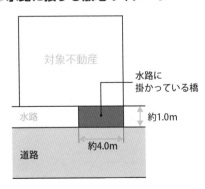

対象不動産

水路に
掛かっている橋

水路

道路

約1.0m

約4.0m

MEMO　接している道路が狭いときに調査を怠ると、クレームになる可能性がある。たとえば裏の通路が建築基準法上の道路だったときは、面した部分のセットバックで敷地面積が減少したり、道路斜線制限や外壁後退で希望する建物が建てられないことも。

Section 09 その他の法令や条例の調査

建物の建築には各種法令や条例に基づく制限があり、地域ごとに異なるので調査漏れのないように。

その他の法令や条例による制限

特定行政庁は建築基準法で定めている内容を強化する規定を条例で定めることができます（建築基準法施行条例・建築基準条例・建築安全条例）。これには都道府県で定めるものと市町村で定めるものがあり、角地の場合の隅切りや路地上敷地、共同住宅を建築するときの制限に注意が必要です。

また、建築基準法・都市計画法以外にも建築制限にかかる法令は多くあります。ここでは建築制限に関わる主な法令や条例を紹介します。

建築指導要綱	都市整備の基本方針や街づくりの方針などからかけ離れた建築行為を規制するために、自治体が次のような建築指導要綱を定めていることがある。 「中高層建築物紛争予防条例」「ワンルーム住宅指導要綱・条例」「福祉のまちづくり条例」「景観まちづくり条例」など。
景観法	良好な景観の保全・形成を図るための法律。 景観行政団体（都道府県、指定都市、都道府県の同意を得た市町村）が主体となり、景観計画区域の指定や景観計画の策定を行う。これに基づいて建築などの届出を求め、デザイン・色彩・高さの総合的な規制・勧告・変更命令などを行う。自治体が別途景観条例を定める場合もあり。
航空法	航空機の離着陸、航行の安全、航空機の航行に起因する障害などの防止を図るための法律。 空港の周辺では航空法による高さ規制を受け、進入表面、転移表面または水平表面の範囲に入る建築物を設置してはならない。各空港のホームページや「空港高さ制限回答システム」で調査する。

仕事のツボ　調査する物件と関係する法令や条例があることが分かったら、役所でその内容について説明したパンフレットを必ずもらっておこう。

河川法	河川の洪水や高潮といった災害の発生防止、河川の適正な利用、流水の正常な機能維持および環境の整備と保全を目的とした法律。 河川の周辺地域のうち河川管理者が指定した区域で所定の工作物の新築などを行う場合は、河川管理者の許可が必要になる。
国土利用 計画法 （国土法）	重要な資源である国土を総合的かつ計画的に利用を図ることを目的とし、内容は土地利用計画の策定と土地取引の規制に分かれる。計画や規制に関係する不動産の売買などにあたっては、次のような届出や許可が必要。 **1. 一定面積以上の土地取引を行った場合（事後届出）：** 市街化区域 2000㎡、その他の都市計画区域 5000㎡、都市計画区域外 1 万㎡以上の場合 **2. 注視区域において一定面積以上の取引を行おうとする場合（事前届出）** **3. 監視区域において一定面積以上の取引を行おうとする場合（事前取引）**
特定都市 河川浸水 被害対策法	市部を流れる河川流域での浸水被害の防止・対策を目的とした法律。 特定都市河川流域内で宅地等以外の土地を宅地等にする場合、一定規模以上の雨水の流出量を増加させるおそれのある行為は都道府県知事等の許可が必要になる。
海岸法	津波・高潮などから海岸を守ることを目的とした法律。 堤防の設置などを管理する区域が海岸保全区域に指定される。この区域内で土石の採取や土地の掘削、施設等の新設・改築などを行う場合は、原則として海岸管理者の許可が必要。
東日本大震災 復興特別 区域法	東日本大震災の被害から復興を図るべき区域が復興特別区域として定められ、届出対象区域内で土地の区画形質の変更、建築物その他の工作物の新築・改築・増築などをする際には、被災関連市町村長に届出が必要になる。
生産緑地法	都会に残る農地などの緑地を守り、緑と調和する健全な都市環境を作ることを目的とした法律。 生産緑地を使用する者は、生産緑地を農地として適切に管理しなければならず、建築物の新築などを行うには市町村の許可が必要になる。

Section 10 埋蔵文化財包蔵地の対応

文化財が埋まっている土地は、建築工事の前に役所に届け出て現地調査が必要なのです。

周知の埋蔵文化財包蔵地に注意を

　地下に古墳や土器、石器、貝塚などが埋まっている土地を「埋蔵文化財包蔵地」といいます。このような土地で建築工事をする場合は、遺跡や文化財が破壊されたり散逸するのを防ぐため、工事が始まる60日前までに届出をして、現地調査や試掘をする必要があるので注意しなければなりません。届出先は市町村の教育委員会事務局や文化財保護課などです。周知の埋蔵文化財包蔵地については、自治体がホームページで分布図を公開しているので調べることができます。

多額の費用や期間が必要になることも

　購入した土地が周知の埋蔵文化財包蔵地で、現地調査や試掘をして文化財が埋まっていると分かったら、発掘調査や学術調査をすることになります。これらの調査では文化財について記録を作成するので時間がかかり、建築工事が完了するまでの期間が予定より長引くことを覚悟しなければなりません。場合によっては多額の費用もかかります。

　費用をどこが負担するかは自治体により異なりますが、試掘の費用は自治体が負担し、発掘調査は土地の購入者というケースが多いようです。また自己居住用の建物なら個人が負担しなくて済むこともあり、補助金制度を利用できる場合もあります。詳しくは自治体でヒアリングします。

仕事のツボ　自治体によっては、調査物件が周知の埋蔵文化財包蔵地の近くにある場合も届け出が必要に。教育委員会や文化財保護課で確かめておこう。

●埋蔵文化財包蔵地にかかる手続き

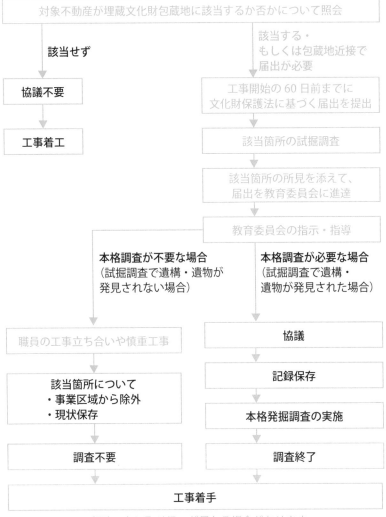

対象不動産が埋蔵文化財包蔵地に該当するか否かについて照会

該当せず

協議不要

工事着工

該当する・
もしくは包蔵地近接で
届出が必要

工事開始の 60 日前までに
文化財保護法に基づく届出を提出

該当箇所の試掘調査

該当箇所の所見を添えて、
届出を教育委員会に進達

教育委員会の指示・指導

本格調査が不要な場合
（試掘調査で遺構・遺物が
発見されない場合）

本格調査が必要な場合
（試掘調査で遺構・
遺物が発見された場合）

職員の工事立ち合いや慎重工事

協議

該当箇所について
・事業区域から除外
・現状保存

記録保存

調査不要

本格発掘調査の実施

調査終了

工事着手

※行政ごとに取り扱いが異なる場合があります。

試掘調査で埋蔵物が出てきたら、
工事を止めて本格発掘調査をし
なければならない。

MEMO　建築確認をする機能を持っていない自治体では、都道府県が担当行政機関になっていることがある。
（例）北海道（道庁の出張所が窓口）／東京都（23 区内で延べ床面積が一定規模以上の建物の場合）

277

Section 11 防災・河川の調査 ハザードマップの調査

地震や津波、洪水、台風など、自然災害の
公開情報も調査しておく必要があるよ。

自治体が作成したハザードマップを確認する

その土地で自然災害による被害が想定される場合、内容によっては不動産取引で重要事項説明をする義務があります。そのため国や自治体が公開しているハザードマップなどで、自然災害に関する情報を確認しておく必要があります。

ハザードマップは、自然災害の被害状況を予測してその範囲を表した地図です（右ページ上図参照）。自治体により洪水・土砂災害・津波・地震・火山など各種のハザードマップが作成されています。

まず対象物件がいろいろなハザードマップのどの地点にあるかを確認し、リスクを調査します。地域に該当する場合は、重要事項説明書に記載が必要な項目の1つとなります。とくに2020年8月28日施行「宅地建物取引業法」施行規則の一部改正では、不動産会社が重要事項説明を行う際にはハザードマップで水害リスクを説明することが義務付けられました。

自然災害への関心は高いので、説明義務がなくても調査して結果を買主に伝えよう。

ゲリラ豪雨による洪水は洪水ハザードマップの対象外？

洪水ハザードマップは氾濫の洪水被害を予測したものであり、近年とくに目立つゲリラ豪雨など大雨の排水処理ができずに溢れ出した洪水被害を考慮していないため、これについては地元の役所で過去の浸水被害について状況を確認する必要がある。

●ハザードマップの例

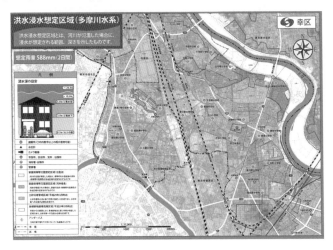

●ハザードマップで示される危険地域

●洪水のハザードマップで示される区域
河川が氾濫した場合の被害状況を「浸水想定深さ○m」などの区域ごとに色分けして表示。

●土砂災害のハザードマップで示される区域
「土砂災害防止法」に基づいて被害を予測し、都道府県が指定する。
・土砂災害警戒区域（イエローゾーン）：
　土砂災害の危険性がある区域で警戒避難体制を整備。
・土砂災害特別警戒区域（レッドゾーン）：
　さらに危険性が高い区域。「建築物に損壊が生じ、住民等の生命又は身体に著しい危害が生じ
　るおそれ」があるため、建築物の構造規制や特定開発行為に許可が必要になるなどの制限があ
　る。

●津波のハザードマップで示される区域
「津波防災地域づくりに関する法律」に基づき、都道府県が指定する。
・津波災害警戒区域（イエローゾーン）：
　津波が発生した場合に「住民等の生命・身体に危害が生ずるおそれがある区域」。指定された
　区域では、津波から逃げるための警戒避難体制を整備促進している。
・津波災害特別警戒区域（オレンジゾーンとレッドゾーンに分かれる）：
　より危険性の高い区域。「津波が発生した場合に、建築物が損壊・浸水し、住民等の生命・身
　体に著しい危害を生ずるおそれがある区域」で、開発行為や建築に制限がかかる場合あり。

Section 12 農業委員会での調査（農地取引・農地法許可）

農地の不動産取引は、事前の許可や必要な届け出がないと認められないのが原則です。

農地の売買は許可や届出が必要

農地や採草放牧地を売却したり賃貸する場合は、事前に許可を得るか所定の届出をして受理されていなければなりません。これは国内の農業を守り食糧の安定供給を図るためで、農地法で定められています。農地転用といって宅地などに用途を変更するときも同様です。

原則的には、許可や届出の前の農地の売買契約は無効になってしまいます（宅建業法　第36条　「契約締結等の時期の制限」）。ですから調査物件の地目が農地で登記されていたら注意しなければなりません。

情報収集は役所の農業委員会でヒアリングを

農地や採草放牧地の使用目的を変えずに第三者に売却したり賃貸する際には、自治体にある農業委員会の許可を得なければなりません（農地法第3条）。自ら使うために農地や採草放牧地以外に転用したり、転用する前提で売却や賃貸をする場合は、原則として都道府県知事または農林水産大臣の許可が必要です。ただし市街化区域内の農地の転用は、農業委員会への事前届出で済みます（農地法第4条及び第5条、右ページ参照）。

まず市町村の役所で農業委員会に問い合わせて、その指導に従ってください。許可または届出の受理の前であっても売買契約を締結してもよいとされることもあり、その場合は「農地転用のための売買の許可（届出の受理）を停止条件とする特約」を付して売買契約を締結します。農地法の運用は都道府県によっても異なります。念のため役所でヒアリングした日時や部署名、担当者名などを記録しておきましょう。

仕事のツボ　農地の所在地や面積によっては、農地転用の許可や届出とは別に「開発行為の許可」も受けなければならないことがあります。

●農地法に基づく農地の扱い（許可と届出）

農地法の条文	用途変更	原則（市街化区域以外）	市街化区域内
第3条（農地等からの転用なし）	なし	許可	許可
第4条（自分で転用する）	あり	許可	届出
第5条（転用のため売却・賃貸する）	あり	許可	届出

自己が所有する農地を農業を目的として賃貸借や売買を行う場合
➡農地法第3条の許可が必要

自己が所有する農地を自宅等を建設するために転用する場合
➡農地法第4条の許可が必要

自己が所有する農地を宅地等に転用する目的で賃貸借や売買を行う場合
➡農地法第5条の許可が必要

登記上の地目が農地でも、転用手続きは済んでいて変更登記が残っていることがよくあるので、役所の農業委員会で確かめよう。

Section
13

環境保全課の調査
（土壌汚染）

調査物件が工場や作業所、クリーニング店だった場所や付近だと、土壌汚染を調べる必要があるかも。

土壌汚染の調査が必要な土地とは

　土壌汚染とは、法律で規定する一定基準値以上の有害物質が地表ないし地中に存在し、土地を利用するにはそれを除去しなくてはならない状態です。土壌汚染対策法により規定されており、その対象となる場合は重要事項説明で触れておかなければいけません。同法の政令では鉛・砒素・トリクロロエチレンその他の物質（放射性物質を除く）など25種類の特定有害物質を定めています。

　土壌汚染の調査はすべての土地で必要なわけではなく、こうした有害物質で汚染されている可能性が高いと思われる場合に行います。特定有害物質を扱っていた工場やガソリンスタンド跡、クリーニング店、およびその近くの土地を取引する際には事前調査をするようにします。

土壌汚染が疑われるときは「土地の履歴調査」を行う

　まずは役所の環境保全課などで、土壌汚染対策法に基づく規制対象区域（後述の要措置区域または形質変更時要届出区域）かどうかを確認します。ただこの区域外でも、建築工事などの過程で土壌汚染が判明することもあります。そこで土壌汚染が疑われる場合には「土地の履歴調査」を行います。これは過去の建物登記簿（閉鎖事項証明書）や住宅地図などをもとに、その土地が土壌汚染の可能性のある用途に利用されていたかを調べるものです。

　規制対象区域や、履歴調査で土壌汚染が疑われたら詳細な現地調査を行います。その結果土壌中に指定された基準値を超える特定有害物質が存在していると、汚染の程度で要措置区域か形質変更時要届出区域に指定され、土地を自由に利用できなくなります（右ページ下段参照）。

仕事のツボ　土壌汚染対策法による規制以外にも、自治体が条例で土壌汚染に対する規制をしていないか環境課の窓口で確認しましょう。

● 特定有害物質

● 揮発性有機化合物
（第1種特定有害物質）

四塩化炭素
1,2-ジクロロエタン
1,1-ジクロロエチレン
1,2-ジクロロエチレン
1,3-ジクロロプロペン
ジクロロメタン
テトラクロロエチレン
1,1,1-トリクロロエタン
1,1,2-トリクロロエタン
トリクロロエチレン
ベンゼン

● 重金属等
（第2種特定有害物質）

カドミウム及びその化合物
六価クロム化合物
シアン化合物
水銀及びその化合物 （うちアルキル水銀）
セレン及びその化合物
鉛及びその化合物
砒素及びその化合物
ふっ素及びその化合物
ほう素及びその化合物

● 農薬等
（第3種特定有害物質）

シマジン
チウラム
チオベンカルブ
PCB
有機りん化合物

●「要措置区域」と「形質変更時要届出区域」

要措置区域	土壌中の特定有害物質で健康被害が生じるおそれがあると判断された土地。都道府県知事は要措置区域内の土地の所有者に対し、一定期間中に汚染除去対策を行うよう指示し、掘削や盛土などの土地の形質の変更は禁止される。
形質変更時要届出区域	土壌汚染があるものの、健康被害が生ずるおそれはないと判断された土地。すぐに対策を取る必要はないが、将来土地の形質の変更をする場合は、工事着手する日の14日前までに都道府県知事への届出が必要となる。

危険物を取り扱う工場やクリーニング店など、土壌が汚染される可能性のある場所は役所の台帳でも探すことができる。

土壌汚染の調査や除去にかかる費用は？

　土壌汚染の調査や除去にかかる費用は、汚染原因の状況にもよりますが原則土地所有者の負担になります。土壌汚染が発覚し、土壌改良など大がかりな工事をすることになると、数百万円〜数千万円という多額の費用が発生する場合もあります。

Section
14

上下水道の調査

水道管は隣接地との間で権利関係が複雑な場合も。近隣とトラブルになりやすいので注意。

水道の配管でトラブルになる場合とは

上下水道は現地確認で量水器や引込管の口径、マンホールの位置などを見ています（→P.199）。重要なのは配管と道路や土地の所有者との関係で、これを役所で調査します。なお調査物件の所有者（売主）の委任状や媒介契約書がないと宅地内に関する書類を閲覧できないので、事前に依頼して調査当日に持参します。役所調査は上下水道課や水道局で行います。上水道は「水道台帳」「埋設状況図」、下水道は「下水道台帳」を見て調査物件とともに隣接地の埋設状況を調べます。

公道に面して自治体が管理している公設管から引き込んでいれば、隣接地との間でトラブルが起きることはありません。管が他人所有地を通過しているなどで引込管を新設する場合は、本管からの経路が長くなると100万円単位の費用がかかることもあり、状況を買主に前もって説明しておく必要があります。

下水道は排水経路を確認する

下水道は、排水処理の経路も合わせて確認します。排水にはトイレからの「汚水」、台所や浴室、洗面所からの「雑排水」「雨水」があります。下水道はこの3種類をまとめて下水管で排出する合流式と、雨水は別に排出する分流式に分かれます。分流式であれば、雨水管を使っているか、側溝に流している、または雨水浸透ますから地中に浸透処理しているかを確認します。

下水道でなく浄化槽で排水処理をしている場合は、定期点検やメンテナンスが必要になります。古い建物では交換すべきケースもあり、これらの費用を見積もっておかなければなりません。浄化槽の交換にあたり補助金が出ることもあるので、自治体に問い合わせておきます。

仕事のツボ　以前借地だった物件は、上下水道の権利関係が複雑なことがあるので注意します。

●上水道台帳と下水道台帳の例

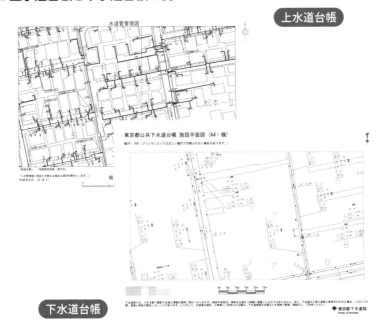

上水道台帳

下水道台帳

見落としがちな費用に注意

前面道路から新たに上下水道を引き込む際には、工事費のほかに水道業者への加入金がかかります。

こうした費用を見落として報告しないまま契約してしまうと買主からクレームが発生します。

他人が所有する私道に水道管を新設をするには

他人が所有する私道に引込管を新設したり、私設管からの引き込みをするには、原則として所有者の承諾が必要になります。売買契約を締結する前に、水道局や水道業者などにも確認のうえ、私道所有者から掘削の承諾書を取得しておきます。

ただ承諾料を請求されたり、承諾してもらえないケースもあります。現状の引込管の口径が小さくて20mmや25mmに変更したい場合も同様です。承諾が受けられずに、離れたところの公設管から配管を引き直すとそれなりの費用がかかります。

仕事のツボ　古井戸の解体や撤去にも費用がかかります。地域の習わしによりお祓いなどが必要なこともあります。

ガス・電気・インターネット回線の調査

ガスや電気などのライフラインが使えないのは大問題。
最近ではインターネット回線も日常生活に必要不可欠だ。

都市ガスかプロパンガスかを確認する

前面道路に「Gマーク」があれば都市ガスが引き込まれています（→P.199）。都市ガスは本管、引込管、埋設位置などを示した配管図をガス会社が公開しており、インターネット（またはファックス）で確認できます。

都市ガスが供給されている地域でも、プロパンガスを使っていることもあります。戸建では建物の周囲にガスボンベが置かれており、共同住宅では大型ボンベから部屋ごとに分けて供給しているところもあります。なおプロパンガスから都市ガスに切り換えると、契約期間によっては違約金が発生することがあるので、プロパンガス会社との契約内容を確認しておきます（プロパンガスはガス会社と給湯機などのリース契約を結んでいないかどうかも要確認）。

必要な電気容量やインターネット回線については要調査

最近は電化製品の種類や数が増え、電気使用量が大きい器具もあります。建物が古かったりして電気容量が小さいと、頻繁にブレーカーが落ちることになります。特にエアコン用のコンセントが個別の配線経路になっていない建物ではブレーカーが落ちると、建物全体で電気が使えなくなり真っ暗になってしまいます。電気容量の契約内容、配電盤や配線経路の変更工事が必要ないか、買主の家電の使用状況を聞いて相談しておきます。

インターネットの接続環境も確認事項です。マンションでは、管理会社に問い合わせると利用可能なインターネット会社を教えてもらえます。一戸建では、売主に利用しているインターネットプロバイダーを尋ねます。買主が別の会社を希望していれば加入可能かどうかを調査します。インターネットプロバイダーによっては、サイト上で住所を入力すると供給可能地域が確認できます。

仕事のツボ　生活インフラについては、直ちに利用できるか、将来の整備計画があるか、売買に伴って諸費用が発生しないかを確認します。

●生活インフラに関する調査チェックリスト（上下水道・電気・ガス）

直ちに利用可能な施設	配管・供給等の状況	整備予定・負担金等
① 飲用水 □ 1. 公営水道 □ 2. 私営水道 □ 3. 井戸	前面道路配管 □有 □無（口径　　mm） 敷地内引込管 □有 □無（口径　　mm） 私設管の有無 □有 □無	□無 □有 　　年 　　月頃 　　　　　　　　　　　　円
② 電気 □有 □無	マンションは一括受電方式かを調査	□無 □有 　　年 　　月頃 　　　　　　　　　　　　円
③ ガス □ 1. 都市ガス □ 2. 個別プロパン □ 3. 集中プロパン	前面道路配管 □有 □無（口径　　mm） 敷地内引込管 □有 □無	□無 □有 　　年 　　月頃 　　　　　　　　　　　　円
④ 汚水 □ 1. 公共下水 □ 2. 個別浄化槽 　（放流先一 　　□ 1. 埋設管 　　□ 2. 側溝 　　□ 3. 浸透式 □ 3. 集中浄化槽 □ 4. 汲取式	前面道路配管 □有 □無（口径　　mm） 私設管の有無 □有 □無 浄化槽の設置 □既設 □可 □不可	□無 □有 　　年 　　月頃 　　　　　　　　　　　　円
⑤ 雑排水 □ 1. 公共下水 □ 2. 個別浄化槽 □ 3. 集中浄化槽 □ 4. 側溝等 □ 5. 浸透式	前面道路配管 □有 □無（口径　　mm） 私設管の有無 □有 □無	□無 □有 　　年 　　月頃 　　　　　　　　　　　　円
⑥ 雨水 □ 1. 公共下水 □ 2. 側溝等 □ 4. 浸透	（浄化槽への雨水の流入はできません）	□無 □有 　　年 　　月頃 　　　　　　　　　　　　円

●ガス管配管図の見本

ガス管の配管経路によっては、上下水道と同様に隣地との間で権利問題が発生するよ。

Section 16
自治会・ゴミ置き場・電柱の調査

家を購入してから電柱やゴミ置き場が気になることも。自治会との付き合いも含めて事前に調べておこう。

自治会の調査は地域振興課で

　都市部では自治会（町内会）と関わり合いの少ない地域が珍しくありません。しかし、引越してからは何らかの関わりを持つようになります。自治会の調査はまず役所の地域振興課で、調査物件がある地域の自治会名と自治会長の住所・氏名・連絡先を尋ねます。そして自治会長に連絡し、自治会への加入は任意か否か、自治会費はいくらかを尋ねます。

　ゴミ収集は、集積所が決まっていたり、期間ごとの輪番制だったり、各住戸での個別収集だったりといくつかのパターンがあります。まず売主からこれらのうちどれか聞き取りをして、念のため近隣住民、自治会長（もしくは会の班長など）にもゴミ置き場の場所や輪番制の当番などを確認します。買主がゴミ置き場の移動や廃止を希望する場合は、可能どうかを役所や清掃事務所などに問い合わせます。

電柱の調査

　電柱は、その位置によっては車が入らない、予定していた建築物が建てられないといったことが起きます。電柱を動かせないことが後で分かると大きなクレームになります。ですから不動産売買に際して、調査物件の敷地内や所有する私道や前面道路に電柱がある場合は調査をします。電柱の看板を撮影し、管理プレートにある番号や記号を確認のうえ、電柱の管理者（電力会社または通信会社）に電柱の移設は可能か、その際の費用や手続きなどはどうなるかを尋ねます。

●電柱の表記

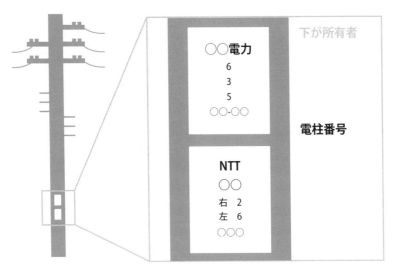

下が所有者

○○電力
6
3
5
○○-○○

電柱番号

NTT
○○
右　2
左　6
○○○

東京電力のエリア内は上下に2つプレートが付いている場合は、下にあるプレートが所有者

街路灯が敷地の前面にある場合も、
建築工事などで移動を希望するなら
移設が可能か役所に問い合わせよう。

敷地内に電柱がある場合

　敷地内に電柱や支柱・支線がある場合、設置時に電力会社などと土地の使用契約を結び、電柱敷地料（土地使用料）が支払われます。不動産売買後は、原則として買主がこの契約を引き継ぎます。なお一見道路上にある電柱で、これと同様の契約を結んでいることがあります。

17 法務局・役所の調査と現地調査との照合

一連の役所調査が終わったら、取得した図面などの資料や調査結果と現況を今一度照合しよう。

　法務局や役所などで調査した内容は、現地調査と違いがないかよく確認します。相違がある場合は、売主・近隣住民・関係各所にそうなった経緯を確認します。主なポイントは次の通りです。

土地
・測量図面の通りに境界標は設置されているか
・接道間口、道路幅員は図面と相違がないか
・セットバックや位置指定道路の幅員が調査結果と違わないか

建物
・調査した建物に関する図面などの資料と実際の建物との相違はないか

上下水道
・電気・ガスの配管状況やメーター口径が、図面などの資料と相違はないか
・対象敷地の配管が隣接地を経由したり、隣接地の配管が対象敷地を経由して引き込まれていないか

ゴミ置き場
・集積所の位置などについて現地確認する

電柱や街路灯
・調査した内容と現況の相違はないか

照合と再調査の目的

以下の点に注意して照合や再調査をします。
・購入者が希望する建築物が建築できるか
・通常発生しない費用がかかる可能性がないか
・居住した後に発生するリスクはないか

CHAPTER

5

住宅ローンの基礎

住宅ローン、返済比率、固定金利期間選択型、固定金利型、変動金利型、125%ルール、5年ルール、元金均等返済、元利均等返済、モーゲージバンク、フラット35、団体信用生命保険、つなぎ融資、分割融資、ペアローン、収入合算、連帯債務、連帯保証、ブラックリスト、担保評価、火災保険、地震保険、住宅品質確保促進法

Section
01

住宅ローンの基礎知識

住宅ローンを組むポイントは「金利」「返済期間」「借入額」の３つ。これらを勘案しながら金融機関を決定していく。

金利は３種類から選択、返済期間は最長で35年

　住宅ローンを組むときのポイントは「金利」「返済期間」「借入可能額」になります。これらの条件を勘案しながら申し込む金融機関を決定していきます。

　住宅ローンの金利は、「固定金利型」「変動金利型」「固定金利期間選択型」の３つに大別することができます。「固定金利型」は返済期間中に借入金利が変わりません。「変動金利型」は市中金利の変動に合わせて金利が変わります。「固定金利期間選択型」は、当初一定期間は固定金利でその後変動金利に切り替わるというものです（右ページ参照）。

　返済期間を多くの金融機関では最長35年としています。80歳までに完全な返済を求められることが一般的で、45歳以上でローンを組むと35年より短い期間で完済が必要になり、その分毎月の返済額が多くなります。また50歳を過ぎた給与所得者は、退職金や受給する年金の予定額、早期退職制度や嘱託制度の内容などをもとに定年退職後の返済計画を求められることもあります。

返済比率で借り入れ可能な額が決まる

　「借入可能額」は金融機関の審査で決まりますが、その際に参考にされるのが返済比率（返済負担率）です（→P.294）。これは「年収に占める年間返済額の割合」で、金融機関が定めた基準を超えると返済が滞るリスクが高まるとみなされて、融資が受けられなかったり借入可能額が減ったりします。

　ここでいう年収は、会社員なら社会保険料や所得税などを差し引く前の「税込み年収」です。年間返済額には、住宅ローンのほかに借り入れをしていればその返済額も含まれるので注意します。返済比率は、金融機関や住宅ローンの種類によりますが、30〜35％程度が目安です。

● 住宅ローンの金利の種類

固定金利型

【定義・内容】	返済期間中の金利が変わらない。
【メリット】	金利の変動がないので計画的に返済がしやすい
【デメリット】	将来金利が変動するリスクがない分、金利が高めに設定される

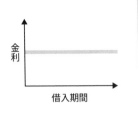

変動金利型

【定義・内容】	市中金利の変動に合わせて金利が変わる。金利は半年に1回金利が見直されるが、大幅に金利が上がったときのために「5年ルール」や「125％ルール」といった救済措置がある（→ P.294）。
【メリット】	ほかの2種類に較べて金利が低い
【デメリット】	金利が上昇したとき、その影響を受ける

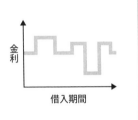

固定金利期間選択型

【定義・内容】	借入れ当初は一定の固定金利期間があり、その後は変動金利に切り替わる方法。最初の金利固定期間は3年のほか、5年、7年、10年などがある。固定期間の終了後はその時点の市中金利を反映した金利となるが、変動金利型にするか、固定金利期間選択型で新たな融資条件で借り続けるかは選択可能。
【メリット】	借入後の一定期間は金利が一定のため、返済計画が立てやすい
【デメリット】	固定期間終了後に金利が上がっていると毎月の返済額が増える

仕事のツボ　クレジットカードの分割払い（リボ払い）、オートローン、携帯電話（スマホ）購入代金の分割払いも住宅ローン審査の際に申告が必要。クレジットカードの所有枚数が影響することもあるので確かめておこう。

293

●変動金利型の「5年ルール」と「125%ルール」

変動金利型では、低い金利で融資を受けられる反面、返済期間中の金利の変動に常に返済額が影響されることになります。そのため、急激な金利の上昇時などに急激な負担がかからないように、「5年ルール」と「125%ルール」という特別な措置が用意されています。

5年ルール	元利均等返済の住宅ローンのときに、月々の返済額を金利の変動にかかわらず5年間一定に固定するもの。この間の金利変動による利息の増減は、次の5年間の返済額で調整する。
125%ルール	5年ごとの返済の見直しの際に、新しい返済額の上限をこれまでの返済額の1.25倍とするもの。

ただし、元金均等返済では5年ルールと125%ルールが使えないこともあるので、金融機関に早めに確認します。

●返済比率の計算式と住宅ローンの基準

返済比率の計算式は次のようになります。

返済比率（％）＝年間返済額÷年収×100

● 民間住宅ローンの返済比率（返済負担率）の基準の例

年収	100万円以上 300万円未満	300万円以上 450万円未満	450万円以上 600万円未満	600万円以上
基準	20％以下	30％以下	35％以下	40％以下

●適用金利と審査金利による借入可能額のシミュレーション

年収500万円で返済比率が35％以下を基準とする住宅ローンだと、「500万円×35（％）」＝175万円が年間返済額の上限です。これを12か月で割ると「175万円÷12か月」＝約14万5800円が毎月の返済額の上限になります。借入可能額は金利や返済期間によりますが、シミュレーションをしてみると下表のようになります。

年収（税込）	年収負担率	年間返済額 （上限）	金利	借入可能額 （上限）
500万円	35％	175万円	年3.0％	約3788万円
			年4.0％	約3293万円

※返済期間35年の場合

  MEMO 民間住宅ローンの返済比率（返済負担率）は金融機関によりさまざまで、ここで示した例よりも細分化されていることが多い。

●元利均等返済と元金均等返済

住宅ローンでは、借り入れた額である元金と、それに対する利息を合わせて月々返済しています。その返済方法には、毎月同じ額の元金を均等に返済する「元金均等返済」と、元金と利息の合計額が毎月同額となる「元利均等返済」があります。

元金均等返済

毎月の返済額が最初が最も高くなり、だんだん少なくなります。元金が一定額ずつ減るので利息もしだいに少なくなります。

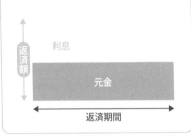

元利均等返済

毎月の返済額が一定なので月々の返済の負担が少なくて済みます。元金の減り方は最初は少なくしだいに多くなっていきます。

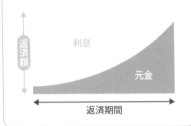

> 元利均等返済と元金均等返済と較べると……
> **返済総額の合計は、元金均等返済＜元利均等返済**

同じ条件なら、支払総額は元金均等返済が有利だけど、元利均等返済だけしか扱わない金融機関もあるので、確認しよう。

事前審査は複数の金融機関に申し込む

　住宅ローンを一つの金融機関に絞って申し込んでいると、否認されたときにまた一からほかで審査を受けることになり日数がかかってしまいます。購入希望者には複数の金融機関に事前審査を申し込むよう勧めて、審査に通った金融機関の中から条件のいいところを選びます。

仕事のツボ　住宅ローンの金利を基準より低くする優遇措置を、民間金融機関の多くが行っています。給与振込や公共料金支払いの指定口座にする、クレジットカードをつくることなどを条件にしています。

Section 02 住宅ローンの審査と金融機関

住宅購入時に住宅ローンを利用することが多い。
融資の判断基準は金融機関によってさまざまだ。

売買契約前に事前審査で「いくらまで借りられるか」を調べる

金融機関の住宅ローン審査は、事前審査と本審査の2段階があります。

事前審査は、申込者の収入や資産、返済能力や信用度をもとに、その物件を無理せずに購入できるか、きちんと返済できるかを判断します。住宅ローンを組むことができるか、またいくらまで借りられるかが確認できるので、売買契約を結ぶ前の購入する物件の目安がついたときに申し込むのが一般的です。

事前審査に必要な情報は、物件価格や借入希望金額、返済期間、担保となる物件などです。金融機関が用意する「事前審査申込書」と合わせて右ページ下段の書類を提出します。

申込があると金融機関は個人信用情報機関に照会して申込者の借入や返済の状況等を確認します。審査結果は早ければ即日から3日程度、遅くても1週間ほどで通知されます。個人信用情報機関には住宅ローンに申し込んだことが登録されるので、そのことに同意することを記した書類も事前に提出します。

売買契約後に本審査が行われる

本審査は正式なローンの申請を受けて行われます（→P.390）。事前審査を通過して売買契約を締結したら早めに申し込みます。金融機関や提携している保証会社は提出された書類をより詳細に検討します。判断基準となるのは、家族構成や年齢、勤務先や勤続年数、転職履歴や病歴、物件の担保評価などです。本審査に要する期間は金融機関によりますが、通常は1週間から4週間程度です。

住宅ローンでは多くの場合において団体信用生命保険にも加入します。事前審査は通ったが本審査で団体信用生命保険に加入できず融資が認められなかったということがないように、申込者の健康状態も早めに確認しておきます。

●住宅ローンを扱う金融機関と審査の特徴

住宅ローンは多くの金融機関で扱っています。金融機関によって融資額が増えたり金利が優遇されることもあるので、案件に合わせてどこが有利かを判断します。

都市銀行	個人の属性や不動産の担保評価を総合的に見て判断するが、なかでも属性を重視する。審査は比較的速く進み、個別の事情についても勘案される。
地方銀行	借りる人が地元企業に勤めているなど、地元関連の案件が優遇されることも。金利は都市銀行よりやや高めで審査時間も多少かかる。
信託銀行	資産運用や相続対策などの信託を受けた業務もしている銀行。個人の属性によっては金利などの融資条件が有利になる。
信用金庫	会員が出資する非営利法人。銀行の審査条件が厳しい自営業者や個人事業主、中小企業経営者でも利用しやすい。無担保住宅ローンを扱うこともあり。
信用組合	組合員への融資が基本。ほかの金融機関では住宅ローンの対象とならないような案件にも対応する。
ノンバンク	融資専門の金融機関。金利はやや高めだが、審査では担保を重視して属性に関しては柔軟に対応することも。
ネットバンク	店舗を持たない銀行で、審査もインターネットを介して行う。金利が安い反面、各種手続きが面倒で時間もかかる。
モーゲージバンク	住宅ローン専門の金融機関。「フラット35」(→ P.298)の取り扱いが最も多く、給与所得者など融資が受けやすい条件なら利用しやすい。
労働金庫・JA バンク	いずれも組合員に対する融資が中心。要件を満たすと融資条件がよくなり、審査もそれほど厳しくはない。

●住宅ローンの事前審査に必要な書類

本人確認書類等

・身分証明書(運転免許証・パスポート等)

・健康保険証

・収入証明書類
　給与所得者の場合：前年分の源泉徴収票
　自営業者および個人事業主の場合：過去3年分の確定申告書および付表の写し
　法人代表者の場合：前3期分の決算報告書の写し

・印鑑(ネット審査の場合は不要)

・返済予定表、及びその契約内容やローン残高が分かる書類
　※自動車ローンやカードローンなどですでに借り入れをしている場合には、その契約内容、ローン残高が分かる書類が必要

物件確認書類

購入予定物件の
・パンフレット
・チラシ
・販売図面
・物件概要書
・登記簿謄本
・住宅地図
・公図
・価格表等の写し
など

仕事のツボ　住宅ローン必要書類は金融機関によって異なることも。公的機関に出向いて入手しないといけないものもあるので、漏れのないように余裕をもって準備します。

フラット 35

住宅ローンの選択肢のひとつが、固定金利型の「フラット35」なのです。

全期間固定金利型の「フラット35」

フラット35は、金融機関と住宅金融支援機構が共同で提供している住宅ローンです。全期間固定金利型なので完済するまで金利が変動しないのが大きな特徴で、返済期間は最長35年です。このほかにも、右ページ上段のような特徴があり、ほかの住宅ローンよりも有利なこともあります。

ただし融資の対象になるのは、独立行政法人住宅金融支援機構が定める技術基準を満たした住宅になります。借入額や返済負担率（年収に占める返済額の割合）などが一定の基準を満たしていることも条件となります。

融資を受けるには物件の「適合証明書」が必要

物件がフラット35の技術基準を満たしているかは、適合証明検査機関や適合証明技術者が発行する「適合証明書」で確認します。

適合証明書は、買主が自ら、もしくは不動産仲介会社を通じて検査機関に検査を依頼するか、建築会社や売主の不動産会社を介して用意します。物件検査は書類による確認と目視による現地検査が必要になります。なおすでに物件検査を終えて住宅金融支援機構に登録されているマンションや、一定の条件を満たしている中古住宅の場合は、物件検査を省略して適合証明書が発行されます。

フラット35で物件検査を省略できる住宅の例は、次のようなものです。

①住宅金融支援機構に登録されたマンション（同機構のホームページで検索できます）

②築年数が20年以内で、長期優良住宅の認定を受けている住宅

③築年数が10年以内で、新築時にフラット35を利用している住宅

仕事のツボ　フラット35を利用できるのは居住用の物件を購入・新築するときです。投資用の不動産や店舗などの取得時には利用できません。

●フラット35の特徴

1. 金融機関や融資率・返済期間などで金利が異なる

取扱金融機関によって借入金利が異なります。また融資率（建築価格や購入価格に対する借入金額の比率）や返済期間によっても変化します。

2. 団体信用生命保険に加入しなくても借り入れできる

フラット35専用の団体信用生命保険「新機構団信」が付帯されますが、加入は必須ではありません。加入しない場合は借入金利が0.2%引き下げられます。

3. 保証人と繰上返済手数料は不要

保証人ないし保証会社による保証が不要で、民間の金融機関の住宅ローンのような保証料や繰上返済手数料がかかりません。ただ金融機関によってはローン事務手数料が発生します。

4. 要件を満たすと金利が引き下げられる

【フラット35】S：省エネルギー性や耐震性などが高い住宅を取得したときに金利を引き下げる制度です。借入当初から一定期間の金利が引き下げられます。

【フラット35】リノベ：中古住宅の購入で一定の要件を満たすリフォームをしたときに借入当初から一定期間の金利を引き下げる制度です。

【フラット35】地域連携型：子育て世帯や地方移住者などに対して積極的な取り組みを行う自治体でマイホームを購入すると、金利が引き下げられる制度です。

●フラット35の融資条件の例（詳細は金融機関で異なる）

項目	条件
申込時の年齢	70歳未満
借入額	1000万円以上8000万円未満
返済負担率	・年収400万円未満：30%以下 ・年収400万円以上：35%以下
借入期間	年1.590%～年2.470%
住宅の床面積	・一戸建、連続建および重ね建：70㎡以上 ・共同建（マンション等）：30㎡以上

長期優良住宅であれば、最長50年の全期間固定金利住宅ローン「フラット50」が利用できる場合がある。フラット35との金利・借入条件の違いに注意しよう。

Section 04 団体信用生命保険・疾病保証

住宅ローンを借りた人が亡くなったり高度の障害が残ったときのリスクヘッジなのです。

住宅ローンの完済を保障する団体信用生命保険

住宅ローンを利用する人の多くが、団体信用生命保険（団信）に加入します。これは万一のときにローンの借入金が残っていても完済できるようにするための保険で、金融機関への債務残高を生命保険会社が保険金として支払います。団信で住宅ローンの負債をなくし、生活費や教育費などは家族に保険金が支払われる一般的な生命保険である程度賄えるようにしておけば、住宅ローンの借入があっても将来への不安を減らすことができます。

民間の金融機関で住宅ローンを利用する場合、特約以外の一般団体信用生命保険の保険料は金融機関が負担します。団信の保障期間はローンの返済期間と同じです。ローンの返済期間が終了して契約通り完済すると、団信の契約も終わりになります。

加入するには健康状態の告知が必要

団信への加入には、生命保険や医療保険と同じように被保険者（保障の対象となる人）の健康状態の告知が必要です。この場合の被保険者はローンの借り入れをする人です。告知書には「最近3か月以内に受けた医師の治療（指示・指導を含む）や投薬の有無」「最近3年以内の特定の疾病による手術や治療・投薬の有無」などを記入します。

健康状態の告知後に保険会社による審査が行われ、承認されると団信に加入できます。ただし虚偽の内容を告知すると告知義務違反となり、万一のときに保険金が支払われなくなってしまいます。購入希望者が審査に落ちるかもしれないという心配があったとしても、告知書には真実をありのまま記入してもらうようにします。

仕事のツボ　団信の保障内容は、ほかに加入している保険の補償内容やライフスタイルを考慮した上で、場合によってはファイナンシャル・プランナーにも相談して検討します。

●団体信用生命保険のしくみ

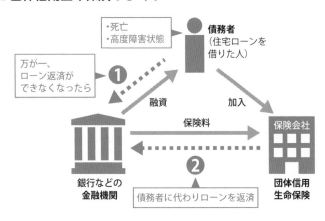

・死亡
・高度障害状態

債務者
（住宅ローンを
借りた人）

万が一、
ローン返済が
できなくなったら

①

融資　　　加入

保険料

②

銀行などの
金融機関

債務者に代わりローンを返済

保険会社

団体信用
生命保険

がん、3大疾病、8大疾病の特約も付けられる

　一般的な団信は被保険者が死亡あるいは高度障害状態のときのみ保険が適用されます。そのほかに、所定のがんと診断確定された場合の特約が付いた「がん団信」、がんと脳卒中、急性心筋梗塞になったときの特約が付いた「3大疾病保障型」、3大疾病に加えて5つ（金融機関によっては4つ）の生活習慣病に対しても保険が適用される「8大（7大）疾病保障団信」などもあります。

　これらの特約を付帯して保障の範囲を広げると、一般的には0.1～0.3%程度金利が上乗せされ、被保険者の負担増となります。

　しかし、がんと診断された場合に残債が半分になる「がん50%保障」を追加保険料なしで付帯している金融機関や、保険料負担がない疾病特約付き団信を提供する金融機関もあります。団信の提案時には金利だけでなく保障内容の確認も重要です。

　また、団信の特約保険料を金利上乗せではなく別途支払うタイプもあります。金利上乗せ型はローン利用者の条件にかかわらず金利の上げ幅は一律ですが、保険料支払い型は性別や年齢で保険料が変わります。

●団体信用生命保険の特約と保険適用の範囲

	一般団信	がん団信	3大疾病 保障団信	8大疾病 保障団信
死亡・高度障害	適用	適用	適用	適用
がん	非適用	適用	適用	適用
急性心筋梗塞・脳卒中	非適用	非適用	適用	適用
高血圧・糖尿病・腎疾患・肝疾患・慢性膵炎	非適用	非適用	非適用	適用

仕事のツボ　団信の審査に落ちたときは、通常の団信より金利は高いものの、病歴があっても引受範囲の広いワイド団信（加入条件緩和割増保険料適用特約付団体信用生命保険）なら加入できるかもしれません。

つなぎ融資

土地購入後に注文住宅を建てるときなど、住宅ローン以前に資金が必要。そんなときはつなぎ融資を利用する。

無担保ローンでつなぎ融資が受けられる

住宅ローンは購入する土地と建物を担保にします。建売住宅や分譲マンションはそれで問題ないのですが、土地を先に購入して後から注文住宅を建てたい場合などは、住宅ローンの融資を受ける前に資金が必要になります。土地の購入資金のほかにも建物の着手金、中間金などを用意する必要があります。これらの資金を自己資金で賄えないときは無担保ローンによるつなぎ融資を受けるのが一般的です。

無担保ローンは、不動産を抵当にする必要はありません。建物が完成し住宅ローンが実行されて借入金が支払われたときに全額返済します。それまでの期間は月々利息のみを支払います。ただし担保が不要な分金利は高く、10万円程度の手数料もかかります。つなぎ融資はほかに、住宅の買い替えで売却よりも前に物件を購入するようなケースで利用します。

なお無担保ローンは引渡し前に利用するため、住宅ローン控除の対象になりません。また無担保ローンの諸費用と住宅ローンの諸費用が両方必要になることも頭に入れておきます。

つなぎ融資と分割融資の違い

つなぎ融資と同様に、住宅の完成前に資金を手にすることができるのが分割融資です。これは購入する土地を抵当とする住宅ローンの一種で、借入金を何回かに分けて受け取ることで必要なタイミングで資金が得られます。

つなぎ融資は住宅ローンと二本立ての契約になりますが、分割融資は住宅ローン契約の一本のみです。借入金を受け取る回数や返済方法、金利など諸条件は金融機関との交渉で決まります。

仕事のツボ　分割融資よりはつなぎ融資の方がよく利用されます。

●一般的な住宅ローンとつなぎ融資を利用する場合の比較

建売住宅や分譲マンションを購入、通常の住宅ローンを利用する場合

住宅ローン返済

住宅購入・住宅ローン　　　　　　　　　　　　　住宅ローン完済
　　借り入れ

注文住宅を購入、つなぎ融資を利用する場合

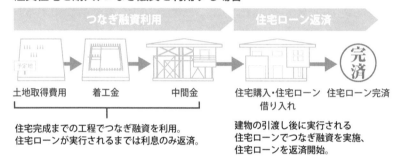

つなぎ融資利用　　　　　　　　　　住宅ローン返済

土地取得費用　　着工金　　　　中間金　　　住宅購入・住宅ローン　住宅ローン完済
　　　　　　　　　　　　　　　　　　　　　　　借り入れ

住宅完成までの工程でつなぎ融資を利用。　　　建物の引渡し後に実行される
住宅ローンが実行されるまでは利息のみ返済。　　住宅ローンでつなぎ融資を実施、
　　　　　　　　　　　　　　　　　　　　　　　　住宅ローンを返済開始。

買い替え（買い先行）でつなぎ融資を利用する場合の例

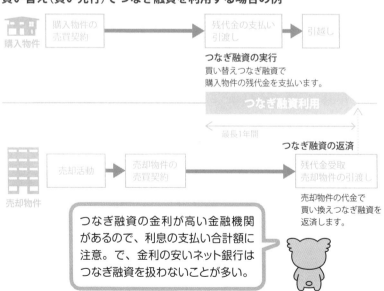

購入物件　　購入物件の　　　　　　　　残代金の支払い　　　引越し
　　　　　　売買契約　　　　　　　　　引渡し

つなぎ融資の実行
買い替えつなぎ融資で
購入物件の残代金を支払います。

つなぎ融資利用

最長1年間

つなぎ融資の返済

売却物件　　売却活動　　売却物件の　　　　　　　　残代金受取
　　　　　　　　　　　　売買契約　　　　　　　　　売却物件の引渡し

売却物件の代金で
買い換えつなぎ融資を
返済します。

> つなぎ融資の金利が高い金融機関
> があるので、利息の支払い合計額に
> 注意。で、金利の安いネット銀行は
> つなぎ融資を扱わないことが多い。

Section 06 収入合算

夫婦や親子など家族の収入を合算して住宅ローンを組むと、より多くの融資を受けることができるよ。

収入合算で借入額を増やせる

希望する物件に必要な額の融資が受けられなかったり、審査で減額されるおそれがあるときには、収入合算で世帯の年収を増やすことを検討します。

共働きであれば夫婦の収入を合算でき、親の収入と合算することも可能です。こうすると一人の名義人で住宅ローンを組むよりも借入可能額を増やすことができます。

収入合算は２種類のほかにペアローンもある

収入合算には、連帯保証と連帯債務という２つのパターンがあります。このほかにペアローンでも借入額が増やせます。

連帯保証は、収入合算をする人のうち一人の名義で借入をして、ほかの人が連帯保証人になります。たとえば夫が主債務者で借入をして妻が連帯保証人になると不動産の所有権を持つのは夫です。夫が債務不履行になると妻が返済する義務を負います。なお連帯保証人は住宅ローン控除（減税）が受けられず、団体信用生命保険にも加入できませんし、不動産の持ち分もありません。

連帯債務の方は、収入合算をする人がそれぞれローン全額の債務を負います。夫婦で連帯債務者になると、双方が住宅ローン控除を受けることができ、不動産の所有権は持ち分に応じて持ちます。団体信用生命保険は、主な債務者が一人だけ加入できます。

３つめがペアローンです。住宅ローンを一人ずつ契約して借入金の合計額を増やします。双方が審査を受けて承認される必要があり、手数料も別々にかかります。その一方で住宅ローン控除が別々に適用され、団体信用生命保険にも双方が加入できます。不動産の所有権は双方の持ち分に応じます。

仕事のツボ　ペアローンを利用して不動産購入をする場合の持分は、原則として住宅購入のため住宅ローンを含めて支出した金額の割合になります。.

●収入合算（連帯債務・連帯保障）とペアローンの特徴

	収入合算		ペアローン
	連帯保証	連帯債務	
債務者の人数	1名	連帯債務者の全員	2名が別々にローンを契約する
借入可能額の目安	債務者と連帯保証人の収入の合計額	連帯債務者の合計額	2名の収入の合計額
借入金の返済義務	基本は債務者で債務者が返済不能時は連帯保証人	連帯債務者全員	2名がそれぞれのローンに対して返済義務を負う
住宅ローン減税	債務者のみ利用可能	連帯債務者全員が利用可能	2名が利用可能
団体信用生命保険	債務者のみ加入可能	連帯債務者のうち主債務者のみ加入可能	2名がそれぞれ加入可能
名義	債務者のみの名義	連帯債務者の持ち分に応じた共有名義	2名の持ち分に応じた共有名義

連帯保証

夫
債務者

住宅ローン5000万円 → 銀行

妻
連帯保証人

連帯保証

夫が住宅ローン5000万円の返済ができなくなった場合
妻が返済義務を負う

連帯債務

夫
債務者

住宅ローン5000万円
（連帯債務） → 銀行

妻
連帯保証人

夫婦で住宅ローン5000万円の返済義務を負う

ペアローン

夫
債務者

住宅ローン2500万円 → 銀行

お互いに連帯保証

妻
連帯保証人

住宅ローン2500万円

夫婦それぞれが2500万円借入。
お互いに連帯保証した合計5000万円の住宅ローン

> 連帯債務とペアローンは不動産が共有名義。住宅ローン控除をそれぞれ利用できるだけでなく、買い替えなどで居住用不動産を売却するときは3000万円特別控除も受けられる。

個人信用情報・ブラックリスト

金融機関では、住宅ローン審査で属性評価の手段として個人信用調査が行われているよ。

個人信用情報は信用情報機関に問い合わせる

　金融機関による住宅ローンの審査は、担保評価と債務者の属性評価によりますが、このうちの属性評価は信用情報登録機関を通じた個人信用調査が行われます。具体的にはこれまでの借り入れの経歴、返済や遅延の状況を確認します。これは多重債務や過剰な貸し付けを防ぐためです。

　信用情報登録機関は銀行系、クレジットカード会社系、消費者金融系があり、誰でもこれらの機関に個人信用情報を請求できます（右ページ上段参照）。ただ第三者の個人信用情報は本人の同意なく調査できないため、住宅ローン事前審査の申込み時には、借り入れる人が個人情報同意書にサインして金融機関に提出します。個人情報同意書には、信用情報登録機関による情報の開示と提供に同意する旨が記されています。不動産会社の担当者は、物件の購入希望者に個人情報同意書を提出する理由を事前に説明し理解を得ておくようにします。

延滞などの事故記録は5年間残る

　借り入れをして返済が遅れたり、自己破産、個人再生をしたことがあると事故記録となり、その履歴は一般的に5年から10年の間信用情報登録機関に残ります。いわゆる「ブラックリスト」への掲載です。事故記録があるとローン審査は否決されることを覚悟せねばならず、履歴が消えるまで待たなければならないケースも出てきます。

　仕事のツボ　過去の借入や事故に関する履歴は、各登録機関で通常1件500円程度で取得可能。

●信用情報登録機関

銀行系	・全国銀行個人信用情報センター（KSC） ・一般社団法人全国銀行協会（JBA）
クレジットカード （信販会社）系	・株式会社シー・アイ・シー（CIC）
消費者金融系	・株式会社日本信用情報機構（JICC）

●個人信用調査で注意すること

・クレジットカードのキャッシング枠があるとき
　→実際にはキャッシングをしていなくても枠の金額だけ借り入れをしているとみなされる

・複数のクレジットカードでキャッシングしているとき
　→多重債務者となり審査で否決されることが珍しくない

・携帯電話やスマホの本体を通話料金と一緒に分割払いしている
　→クレジット契約をしているとみなされる

家族に隠している、記憶にない、恥ずかしくて言えないなど、さまざまな背景から、調査で事故記録が判明することもあるよ。

担保評価

購入する不動産が担保として高く評価されれば、融資をより多く受けることが可能。

担保評価の基準となる不動産評価額

金融機関は融資の返済が滞った場合に資金を回収するため、不動産に抵当権を設定します。その不動産を担保に取るといくらで売却できるかという評価によって融資額が変わります。担保評価が低い物件は借入金額が下がるだけでなく、借入期間が短くなるなど条件が不利になります。

担保評価は、購入する不動産の評価額が基準になります。不動産評価額を算出する指標は、時価（不動産業者による評価額）、土地の公示地価や相続税路線価などいくつかあります。どの指標を重視するかは金融機関によります。また建物の築年数が古いほど評価額は下がります。旧耐震基準の建築物だったり、違法建築に該当する部分があるとさらに低くなります。総戸数が極端に少ないマンションも、担保としては高く評価されません。

住宅ローンでは担保掛目を計算する

不動産の担保評価額は、次の計算式で算出します。

担保評価額 ＝ 不動産評価額 × 担保掛目（%）

担保評価額は、不動産評価額よりも掛目（かけめ）に従って下がります。これは将来的に不動産の価値が下がっていくとみられるためです。担保掛目は60 ～ 80%程度が目安で、金融機関や借入期間などによっても変わります。

なお住宅ローンでは、担保評価額に借り入れる個人の属性評価を加味して融資可能額（＝購入可能額）が決まるのが一般的ですが、投資用不動産だと不動産の担保評価額がそのまま融資可能額となることもあります。

仕事のツボ　個人の属性も評価する住宅ローンのほかに、担保評価額だけで融資額を決める不動産担保ローンもあります。

●担保評価の計算式と例

担保評価を算出するには、土地と建物の評価額を算出します。

①土地の評価額 ＝ 相続税路線価 × 土地面積

- 相続税路線価：本来は相続税や贈与税の申告に使う土地の評価額。公示地価の70%程度となる。

> 路線価には、税務署が所管する相続税路線価と市町村が所管する固定資産税路線価がある。土地の担保評価では相続税路線価がよく使われる。

②建物の評価額＝ 再調達価格 × 建物面積 × 残存年数 ÷ 法定耐用年数

（上記は積算法による計算式）

- 再調達価格：対象の建物を再度取得（新築・購入）するときの価格（円／㎡）。
- 法定耐用年数：対象となる建物が一般的に使用できる年数のことで財務省で決められている。経理ではこれを元に減価償却費を計算する。
- 残存年数：対象の建物が耐用年数になるまでの年数。

③不動産担保評価 ＝ ①土地の評価額 ＋ ②建物の評価額

計算例

下記の条件での試算を行ってみます。

- 土地面積：110㎡
- 相続税路線価：25万円
- 建物面積：220㎡
- 建物：木造（耐用年数22年）
- 築年数：16年 → 残存年数6年（22年－16年）
- 再調達価格：15万円

①土地の評価額 ＝ 25万円 × 110㎡ ＝ 2750万円
②建物の評価額 ＝ 15万円 × 220㎡ × 6年 ÷ 22年 ＝ 900万円
③不動産担保評価額 ＝ 2750万円 ＋ 900万円 ＝ 3650万円

担保掛目が80%の場合の担保評価額
3650万円 × 80% ＝ 2920万円

> 他人が所有する不動産は当然ながら担保にできない。共有名義は担保になるが、名義人がみな合意することが条件だ。

Section

09 火災保険・地震保険

不動産の売買とともに取り扱うことが多いのが火災保険と地震保険。その代理店になっている不動産会社も多い。

火災保険の補償範囲は幅広い

火災保険は、火災だけでなく落雷、爆発、風災、雪災、雹災、外部からの物の落下・飛来などによって保険の目的物（住宅なら建物や家財）が損害を被った場合に補償する保険です。住宅用と事業用に分類され、目的物の所在地や建物の構造、火災保険商品などによって保険料が異なります。掛け金は契約期間が長くなるほど割安になります。

火災保険の契約者は目的物を所有している人になり、持ち家であれば建物と家財、貸家のオーナーであれば建物、賃借人は家財が補償されます。分譲マンションだと居住する専有部分は居住者が、共有部分は管理組合が契約をするのが一般的です。

補償の範囲は物件の性質や立地などでも異なる

火災保険は、物件によって契約する目的物が異なります。

住宅物件では、建物と家財の両方か、建物のみ、あるいは家財のみが保険の目的物となります。持ち家で「建物のみ」を選択した場合、家具・家電などの家財は補償の対象になりません。どこまで保険の対象とするかは、家財の種類や金額などにより考慮します。なお事業用物件の場合には、什器や備品、商品なども含めて対象にすることができます。

火災保険の契約内容によっては、盗難や水害などが補償の対象外となります。マンションの高層階であれば水害の心配はあまりありませんが、ハザードマップの浸水エリアの一戸建であればリスクが高くなります。ただ補償範囲が広くなるほど保険料は高くなるので、住まいの環境やリスクを考慮してどこまで補償するかを検討しましょう。

仕事のツボ　勤務する不動産会社が損害保険の取扱代理店になっていれば、自分も損害保険募集人資格を取ることで顧客に保険商品を提案できます。

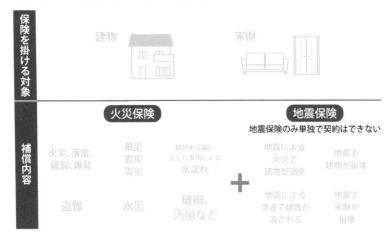

●火災保険・地震保険の対象と補償内容

保険を掛ける対象／補償内容

建物　家財

火災保険　地震保険

地震保険のみ単独で契約はできない

火災、落雷、破裂、爆発　風災雹災雪災　給排水設備に生した事故による水濡れ　地震による火災で建物が消失　地震で建物が損壊

盗難　水災　破損、汚損など　地震による津波で建物が流される　地震で家財が損壊

地震保険は単独では加入できない

地震や噴火・津波による損害は、天災が原因なので火災保険だけでは補償されません。そのため補償範囲を広げたのが地震保険です。

地震保険は基本的には単独で加入できず、火災保険とのセットになります。また支払われる保険金額は、火災保険の保険金額の50%または一定の限度額までに制限されます。

火災保険の場合は保険料（料率）が保険会社ごとに変わりますが、地震保険は国と保険会社が共同運営していて、条件が同じならどの保険会社でも保険料は一律です。ただし地震などによる損害額や修理費が全額支払われるわけではありません。損害の程度により保険金額の割合が決定し、下表のように4段階に分かれます。

なお地震が原因で発生した火災の損害は、地震保険に加入していないと補償されないので注意します。

●地震保険の支払い保険金額の4段階

・全壊…地震保険金額の100%

・大半損…地震保険金額の60%

・小半損…地震保険金額の30%

・一部損…地震保険金額の5%

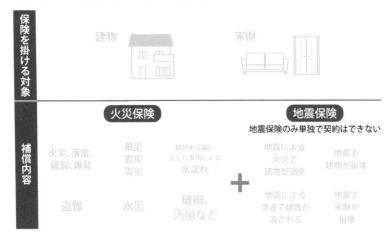

MEMO ここ数年大規模な災害が相次いでいるため、大手損害保険会社は火災保険の最長契約期間を短縮する方針をとっている。

火災保険や地震保険は書類を取り寄せて、顧客に内容を詳しく説明しよう。代理店や募集人の登録をせずに提案や募集するのは違法行為になるよ。

品確法の適合証明による地震保険の割引適用

品確法（住宅品質確保促進法）に基づく「建設住宅性能評価書」「設計住宅性能評価書」、長期優良住宅の普及の促進に関する法律に基づく認定書類、住宅金融支援機構が定める技術基準に適合していることを示す「適合証明書」などがあると、地震保険の割引制度の適用を受けられます。

6

売買契約の流れ

重要事項説明、37条書面、不動産売買契約書、手付金、手付解除、契約違反、契約解除、債務不履行、ローン特約、オーバーローン、損害賠償請求、危険負担、管理費の清算、固定資産税の清算、マンション管理費の清算、売買契約書特約、解除条件付契約、停止条件付契約、契約案内、取引成立台帳、本人確認書類、買い替え特約

重要事項説明とは

宅地建物を売買するときには、宅建業者が必ず重要事項説明をするのです。

なぜ重要事項説明をするのか

宅地建物の取引は、しばしば権利関係や取引条件が複雑で、通常は買主や借主には十分な知識や経験がありません。法令による利用制限や契約条件をよく理解せずに素人が契約を締結してしまうと、思わぬ損害を被ってしまうことになりかねません。

そんなことがないように、宅地建物取引業者（宅建業者）は不動産を購入したり借りようとする人に重要事項を説明する義務があります。これは専門的な知識や経験、調査能力を持つ宅地建物取引業者が十分な説明をすることで、買主や借主が取引の内容を理解して契約をするためです。

重要事項説明書に書かれているのは最低限の事項

重要事項説明は、契約が成立する前に宅地建物取引士（宅建士）が行うことになっています。そして説明する内容についての書面を交付しなければなりません（宅建業法第35条第1項）。この書面を重要事項説明書といいます。また宅建士は説明する相手に取引士証を提示します（同法第35条第4項）。さらに重要事項説明書には宅建士の記名が必要です（第35条第5項）。

重要事項説明書には、不動産を取得したり借りようとする人があらかじめ知っておくべき事項を列記しています（→P.316）。ただこれらはあくまでも最小限必要な内容です。取引の内容によってはほかにリスクがあったり、想定外の費用がかかるかもしれません。宅建業者は、買主や借主保護の観点から、こうしたことも調査した上で説明する義務を負っています。

MEMO 宅建業者が重要事項説明義務に違反した場合は、業務停止処分や免許取消処分の対象となる。また宅建士が取引士証の掲示義務に違反すると10万円以下の過料に処される。

●不動産の契約に関する流れ

購入・売却・入居の申し込み → 重要事項説明 → 契約当事者の本人確認 → 売買(賃貸)契約締結 → 住宅ローン契約の締結(売買のときのみ) → 引渡

「重要事項説明書」と「売買(賃貸)契約書」は宅建業法で書面交付が義務付けられているのだ。

●重要事項説明の概要

説明する人	宅建士
説明を受ける人	売買時は買主、賃貸時は借主、交換時は両当事者
説明の時期	契約の成立前
交付について	宅建士の記名がある 重要事項説明書を交付して説明 説明の際には、取引士証を提示する義務がある

重要事項説明の目的は買主(借主)を保護すること。買主や借主から省略してほしいと言われても、説明する必要があるよ。

●重要事項説明の項目一覧

①物件に関する権利関係の明示

- 登記された権利の種類、内容等
- 私道に関する負担
- 定期借地権または高齢者居住法の終身建物賃貸借の適用を受ける場合※

②物件に関する権利制限内容の明示

○都市計画法、建築基準法等の法令に基づく制限の概要【計３２７項目】
○用途その他の利用に係る制限に関する事項※

③物件の属性の明示

- 飲用水・電気・ガスの供給・排水施設の整備状況またはその見通し
- 宅地造成または建物建築の工事完了時における形状、構造等（未完成物件のとき）
- 当該宅地建物が造成宅地防災区域内か否か
- 当該宅地建物が土砂災害警戒区域内か否か
- 当該宅地建物が津波災害警戒区域内か否か
- 石綿（アスベスト）使用調査結果の内容
- 耐震診断の内容
- 住宅性能評価を受けた新築住宅である場合（住宅性能評価書の交付の有無）
- 台所、浴室、便所その他の当該建物の設備の整備の状況※
- 管理の委託先※

④取引条件（契約上の権利義務関係）の明示

- 代金、交換差金以外に授受される金額及びその目的
- 契約の解除に関する事項
- 損害賠償額の予定または違約金に関する事項
- 契約期間および契約の更新に関する事項※
- 敷金等契約終了時において精算することとされている金銭の精算に関する事項※
- 契約終了時における建物の取壊しに関する事項※

⑤取引に当たって宅地建物取引業者が講じる措置

・手付金等の保全措置の概要（業者が自ら売主の場合）
・支払金または預り金の保全措置の概要
・金銭の貸借のあっせん
・瑕疵担保責任の履行に関して講ずる措置の内容

⑥区分所有建物の場合はさらに次の事項

・敷地に関する権利の種類および内容
・共有部分に関する規約等の定め
・専有部分の用途その他の利用の制限に関する規約等の定め
・専用使用権に関する規約等の定め
・所有者が負担すべき費用を特定の者にのみ減免する旨の規約等の定め
・修繕積立金等に関する規約等の定め
・通常の管理費用の額
・マンション管理の委託先
・建物の維持修繕の実施状況の記録

※ 貸借の代理・媒介を行う場合に限って説明が必要となる項目

これらの事項だけでなく、「その他重要な事項」も説明することになります。

宅建業者が相手なら重要事項説明書の交付だけでもよい

　平成29年の改正法施行により、買主が宅建業者の場合は重要事項説明を面談のうえ行う必要がなくなり、重要事項説明書を交付するだけでよくなりました。ただその場合は重要事項説明書に次のような文言を付け加

えることが推奨されています。
　『買主（又は借主）様は宅建業者であるため、買主（又は借主）様には本書を宅地建物取引業法第35条第6項に基づく書面として交付し、説明は行いません。』

Section
02 重要事項説明書の作成

> 重要事項説明書は、買主の購入目的に合わせて作成する。リスク事項も隠さずにきっちり記載しよう。

重要事項説明書の作成は慣れるまで大変

　不動産業務の中で、重要事項説明書の作成は一番大変な作業です。独特な言い回しや専門用語が多いため、慣れないうちは時間がかかります。一連の調査業務で取得した資料を準備して、買主の購入目的や要望に基づいて必要な項目を埋めていきましょう。

　重要事項説明の作成時には、適切な資料を用いて、必要な項目を記入していきます。以下の資料を準備して作成に取り掛かるようにします。

●**仲介会社・売主不動産会社の免許番号、免許年月日、取引士の氏名・番号がわかるもの**

●**売主に関する資料**
　(個人)身分証明書、住民票(写)
　(法人)法人の登記事項証明書
　　※氏名・住所等に相違点がある場合は、それを証明する資料も必要

●**物件に関する事項**
　登記事項証明書、公図、実測図、地積測量図、建物図面(各階平面図)、設計図書、仕様書、境界確認書、各種覚書、住宅地図、固定資産評価(公課)証明書、都市計画図、都市計画情報、道路台帳図、該当する条例や法律に関する資料、上下水道台帳、ガス埋設管図、ハザードマップ、建築確認済証、検査済証、建築計画概要書、台帳記載事項証明書、建物状況調査の結果、住宅性能評価書、修繕履歴、アフターサービス基準、アスベスト調査結果の記録
　　(マンション)分譲時パンフレット、重要事項調査報告書、管理規約、資料細則、総会議事録3期分
　　(借地)土地賃貸借契約書
　　(賃貸中の場合)賃貸借契約書、建物管理契約書、レントロール
　※その他物件に応じて必要な資料が追加されます。各調査のページを参考にして下さい。

> 時間と手間がかかる作業だけど、以前作成した重要事項説明書を流用するなどで時間は短縮できるようになるのだ。

●重要事項説明書の一般的な項目

A 不動産の表示

B 売主の表示と占有に関する事項

I 取引の対象となる宅地または建物に直接関係する事項

① 登記記録に記録された事項

② 都市計画法・建築基準法等の法令に基づく制限の概要

③ 私道に関する負担等に関する事項

④ 飲用水・ガス・電気の供給施設および排水施設の整備状況

⑤ 宅地造成または建物建築の工事完了時における形状・構造等 (対象不動産が未完成物件または新規物件のとき)

⑥ (マンションの場合) 一棟の建物またはその敷地に関する権利およびこれらの管理・使用に関する事項

⑦ 建物状況調査の結果の概要 (既存の住宅のとき)

⑧ 建物建築および維持保全の状況に関する書類 (原本) の保存の状況・耐震診断の内容

⑨ 建築確認済証等の発行年月日・番号

⑩ 住宅性能評価を受けた新築住宅である場合

⑪ 石綿使用調査の内容

⑫ 当該宅地建物が造成宅地防災区域内か否か

⑬ 当該宅地建物が土砂災害警戒区域内か否か

⑭ 当該宅地建物が津波災害警戒区域内か否か

⑮ 水防法の規定により市町村の長が提供する図面 (水害ハザードマップ) における当該住宅建物の所在地

II 取引条件に関する事項

① 売買代金および交換差金以外に売主・買主間で授受される金銭の額

② 契約の解除等に関する事項

③ 損害賠償額の予定または違約金に関する事項

④ 手付金等保全措置の概要 (宅地建物取引業者が自ら売主の場合)

⑤ 支払金または預り金の保全措置の概要

⑥ 金銭の貸借のあっせん

⑦ 契約不適合責任 (瑕疵担保責任) の履行に関する措置の概要

⑧ 割賦販売に係る事項

⑨ 土地の測量によって得られた面積による売買代金の清算

⑩ 契約不適合による補償請求、代金減額請求および損害賠償請求

III その他の重要な事項

IV 添付書類

V 備考

VI その他の事項

●重要事項説明書の例（一般仲介、売主・買主とも個人、マンション売買）

売主・買主名を記載します。

宅建業者（仲介）の情報を記載します。共同仲介であれば自社と共同仲介会社両方の取引態様と会社情報を記載します。

一般仲介用・区分所有建物（敷地権）＜重.No.3＞

MIRAIAS

重要事項説明書

買主　　　　買主 太郎 様　　　　　　売主　　　　売主 次郎・売主 花子 様

宅地建物取引業法第35条および第35条の2の規定にもとづき、以下の不動産の各項目の内容についてご説明いたします。この内容は重要ですので、十分理解されるようお願いします。

取引態様	☑ 売買 ・ □ 交換 ☑ 媒介 ・ □ 代理 ・ □ 売主
宅地建物取引業者	免許証番号　東京都知事(1)第〇〇〇〇号 免許年月日　令和〇年〇〇月〇〇日 主たる事務所　東京都〇〇区〇〇一丁目〇〇番〇号 の所在地　〇〇〇ビル5階 商　号　〇〇不動産販売株式会社 代表者氏名　代表取締役 〇〇 〇〇　　㊞

宅建業者の仲介印

説明をする宅地建物取引士	登録番号　（東京）第〇〇〇〇〇号
	氏　名　営業 三郎
	業務に 従事する 事務所　〇〇不動産販売株式会社 本店 東京都〇〇区〇〇一丁目〇〇番〇号 電話番号 03-〇〇〇〇-〇〇〇〇

供託所等に関する説明	□ (1)供託所に営業保証金を供託
	営業保証金の供託所 およびその所在地
	☑ (2)宅地建物取引業保証協会の社員
	宅地建物取引業 保証協会の名称・所在地：東京都千代田区岩本町二丁目6番3号
	宅地建物取引業 保証協会の 事務所・所在地　東京本部 東京都千代田区富士見2丁目2番4号 東京不動産会館
	弁済業務保証金の 供託所・所在地　東京法務局 東京都千代田区九段南1丁目1番15号

取引態様	☑ 売買 ・ □ 交換 ☑ 媒介 ・ □ 代理 ・ □ 売主
宅地建物取引業者	免許証番号　国土交通省(3)第〇〇〇〇号 免許年月日　令和〇年〇〇月〇〇日 主たる事務所　東京都〇〇区〇〇四丁目〇〇番〇号 の所在地　〇〇〇スクエア3階 商　号　株式会社△△不動産 代表者氏名　代表取締役社長 〇〇 〇〇　㊞ 東京都□□区〇〇三丁目〇番〇号 〇〇通り支店長 〇〇 〇〇

説明をする宅地建物取引士	登録番号　（東京）第〇〇〇〇〇号
	氏　名　住宅 五郎
	業務に 従事する 事務所　株式会社△△不動産　△△通り支店 東京都〇〇区〇〇三丁目〇番〇号 電話番号 03-〇〇〇〇-〇〇〇〇

供託所等に関する説明	☑ (1)供託所に営業保証金を供託
	営業保証金の供託所 東京法務局 およびその所在地 東京都千代田区九段南1丁目1番15号
	□ (2)宅地建物取引業保証協会の社員
	宅地建物取引業 保証協会の名称・所在地
	宅地建物取引業 保証協会の 事務所・所在地
	弁済業務保証金の 供託所・所在地

上記宅地建物取引士から宅地建物取引士証の提示のもとに、以下の不動産の各項目の内容について重要事項の説明を受け、説明書を受領しました。

　　　　　　　　　　　　　　　　　　　　　　　　　　　　　　年　　　月　　　日

買主　　　　　　　　　　　　　　　　　　売主

住所　　　　　　　　　　　　　　　　　　住所

氏名　　　　　　　　　　　㊞　　　　　　氏名　　　　　　　　　　　㊞

1

重要事項説明を受けた後に日付と売主・買主が記名・押印する欄です。

2ページ目以降の書き方は特典PDFを参照してください。

● **重要事項説明書の例**（売主宅建業者・買主個人、新築戸建の場合）

> 買主名を記載します。

> 売主宅建業者の宅建情報を記載します。

売主宅建業者用・土地建物＜重 No.10＞

MIRAIAS　　　　　　**重 要 事 項 説 明 書**

買主　　　**買主 太郎**　　様

宅地建物取引業法第35条および第35条の2の規定にもとづき、以下の不動産の各項目の内容についてご説明いたします。この内容は重要ですので、十分理解されるようお願いします。

取引態様	☑ 売買・□ 交換	売主（宅地建物取引業者）	宅地建物取引士
免許証番号・年月日		国土交通大臣（○）第○○○号・令和○年○月○日	登録番号　（埼玉）第○○○○号
主たる事務所の所在地		東京都○○区○○三丁目30番7号	氏　名　建売 六郎
商　　　号		△△ホーム株式会社	業務に従事　△△ホーム株式会社本店
代　表　者　氏　名		代表取締役 ○○ ○○	する事務所　電話番号　03-○○○○-○○○○

> 売主宅建業者契約印

共託所等に関する説明（　□ 1.供託所に営業保証金を供託　☑ 2.宅地建物取引業保証協会の社員
1.営業保証金の供託所およびその所在地
2.宅地建物取引業保証協会の名称・所在地　　（公社）不動産保証協会、東京都千代田区紀尾井町3番30号
　宅地建物取引業保証協会の事務所・所在地　（公社）不動産保証協会、東京都本部、東京都千代田区平河町一丁目8番13号全日東京会館
　弁済業務保証金の供託所・所在地　　　　　東京法務局、東京都千代田区九段南一丁目1番15号

取引態様	☑ 売買・□ 交換　☑ 媒介・□ 代理	取引態様	□ 売買・□ 交換　□ 媒介・□ 代理
免許証番号	東京都知事(1)第○○○○号	免許証番号	
免許年月日	令和○年○月○○日	免許年月日	
主たる事務所の所在地	東京都○○区○○一丁目○○番○号	主たる事務所の所在地	
商　　号	○○ビル5階	商　　号	
代表者氏名	○○不動産販売株式会社 代表取締役 ○○ ○○	代表者氏名	

> 宅建業者（仲介）の情報を記載します。

> 宅建業者の仲介印

説明をする宅地建物取引士	登録番号	(東京)第○○○○号	説明をする宅地建物取引士	登録番号	
	氏　名	仲介 八郎		氏　名	
	業務に従事する事務所	○○不動産販売株式会社 本店 東京都○○区○○一丁目○○番○号 電話番号 03-○○○○-○○○○		業務に従事する事務所	電話番号

供託所等に関する説明	□ (1)供託所に営業保証金を供託		供託所等に関する説明	□ (1)供託所に営業保証金を供託	
	営業保証金の供託所およびその所在地			営業保証金の供託所およびその所在地	
	☑ (2)宅地建物取引業保証協会の社員			□ (2)宅地建物取引業保証協会の社員	
	宅地建物取引業保証協会の名称・所在地	(公社)全国宅地建物取引業保証協会 東京都千代田区岩本町2丁目5番3号		宅地建物取引業保証協会の名称・所在地	
	宅地建物取引業保証協会の事務所・所在地	(公社)全国宅地建物取引業保証協会 東京都本部 東京都千代田区富士見2丁目2番4号 東京不動産会館		宅地建物取引業保証協会の事務所・所在地	
	弁済業務保証金の供託所・所在地	東京法務局 東京都千代田区九段南一丁目1番15号		弁済業務保証金の供託所・所在地	

上記宅地建物取引士から取引士証の提示のもとに、以下の不動産の各項目の内容について重要事項の説明を受け、説明書を受領しました。

　　　　　　　　　　　　　　　　　　　　　　　　　　　　年　　　月　　　日

買主

住所　　　　　　　　　　　　　氏名　　　　　　　　　　　㊞

> 重要事項説明を受けた後に日付と買主が記名・押印する欄です。

1

2ページ目以降の書き方は特典PDFを参照してください。

Section 03 売買契約書とは

不動産売買契約書を作成するのは、売主と買主がともに不利益を被ることなく契約を完結するためなのだ。

トラブルを防ぐため不動産売買契約書を作成する

不動産売買契約書は、不動産の売買契約について売主と買主で合意した内容を書面にしたものです。契約書を作成しておくことで、後日当事者双方の意見の食い違いなどで発生するトラブルを防止することにつながります。契約書で定めた内容は売主と買主の合意のもとで取り決めたものとして扱われて、基本的に双方の合意がない限り変更はできません。

売買契約書と「37条書面」

売買契約書とともに作成するのが「37条書面」です。これはその不動産物件の売買のルールについて売主と買主の双方が納得していることを証す書面で、宅建業法第37条で交付しなければならないと規定されています。ただ37条書面の記載事項は売買契約書と重複する内容が多いため、「この契約書は宅地建物取引業法第37条に定められている書面を兼ねています」といった一文をつけて、契約書と一つにまとめるのが一般的です。

不動産売買契約書に記載される一般的な規定は右ページの通りです。P.326〜331の「売買契約書の見本（中古戸建／マンション）」も参考にしてください。

説明する人	宅建業者
説明を受ける人	契約の両当事者
交付について	宅建士の記名がある契約書面（37条書面）を交付

●売買契約書に記載される事項①

①売買の目的物および売買代金
・売主所有の売買対象不動産を契約書記載の売買代金をもって買主が買い受けることを規定。
・売買代金のほか、取引対象となる不動産を明確にするために、土地・建物の所在や地番、面積など売買対象となる不動産の詳細情報を記載。
・マンションは、区分所有建物の詳細情報や敷地権の目的たる土地の詳細情報を記載。

②手付金
・不動産売買契約締結時に、買主が売主に支払う手付金の額を規定。
・手付金は残代金支払い時に売買代金一部に無利息で充当（代金から差し引く）するのが普通。

③売買代金の支払いの時期・方法等
・売買代金の支払い方法や内金および残代金の額と支払日を規定。

④売買対象面積・測量・代金清算
・売買対象の土地・建物などの面積の規定。土地は「登記事項証明書（登記簿）に記載の土地面積を取引対象」とするか、「実際の測量で得られた実測面積を取引対象」にする方法がある。
・不動産売買契約締結後に行った測量で、登記事項証明書（登記簿）に記載の面積と実際の面積が異なる場合は、その増減分について「別途売買代金の清算を行う」か「実測面積に差異が生じても清算しない」かを事前に相談した上で契約条文に規定。

⑤境界の明示
・戸建や土地の不動産取引の場合、売主は買主に隣地との土地の境界を現地で境界標によって明示することを規定。境界標がないときは、売主は隣地所有者の立会い・承諾のもと、新たに境界標を設置して境界を確定させることが必要。

⑥所有権の移転の時期
・買主が売主に売買代金全額を支払った時点で、買主に所有権が移転することを規定。

⑦引渡しの時期
・不動産の引渡し日を規定。一般的には「所有権の移転の時期」の規定により所有権移転日と不動産の引渡し日は同じになる。買い替えの場合には別途引渡し日を規定。

⑧抵当権等の抹消
・所有権移転時期までに、抵当権・賃借権などの買主への所有権移転を阻害する一切の負担を売主が除去・抹消することを規定。

 重要事項説明書に記載した内容と契約書に規定された内容が違っていると、後で問題になるので必ず確認します。

●売買契約書に記載される事項②

⑨所有権移転登記等
・売主は売買代金の受領と同時に買主への所有権移転の登記申請をする義務を規定。
・一般的に、所有権移転登記申請に要する費用は買主の負担として規定。

⑩引渡し完了前の滅失・毀損
・不動産の引渡し完了前に、天災など売主・買主双方に責任のない事由により不動産の滅失や毀損が発生し、かつ修復が困難な場合には、不動産売買契約の解除が可能なことを規定。
・これにより売買契約を解除する場合は、売主は買主に対し、受領済の売買代金等を無利息で返還する。

⑪物件状況等報告書
・売主は、不動産売買契約締結時点の不動産に関する状況を「物件状況等報告書」で買主に説明することを規定。

⑫公租公課等の分担
・売買対象となる不動産から生ずる収益、または対象不動産に賦課される固定資産税や都市計画税といった公租公課などの諸負担については、引渡し完了日で清算し、引渡し完了日の前日まで売主、引渡し完了日以降は買主が収益または負担することを規定。

⑬契約不適合責任
・不動産の引渡し完了後一定期間に、契約不適合責任が見つかった場合の売主の契約不適合責任に関する内容を規定（→ P.338）。

⑭設備の引渡し・修補
・売主は、不動産に付帯する主要設備の引渡しの有無を「設備表」に記載し、その記載内容の通りに設備を引渡すことを規定。
・引渡す設備のうち故障や不具合がないとした主要設備は、売主が使用可能な状態で引渡し、通常引き渡し完了日から７日以内に請求を受けた故障・不具合は、売主が修補する責任があることを規定（逆に、故障や不具合があるとした主要設備は売主に修復責任はない）。

⑮手付解除
・手付解除の規定。不動産売買契約書に記載の手付解除期日までは、売主は手付金の倍額を買主に支払うことで、買主は手付金を放棄することで不動産売買契約を解除できる（→ P.332）。

⑯契約違反による解除・違約金
・売主または買主が不動産売買契約の債務の履行を怠ったときは、書面により債務の履行を催告した上で、不動産売買契約を解除して違約金の支払いを請求できる規定（→ P.334）。

CHAPTER
6
売買契約の流れ

●売買契約書に記載される事項③

⑰融資利用の特約
・買主が金融機関から融資の承認を得られない場合、融資承認取得期日までは不動産売買契約を解除できる特約。融資利用の申込先、融資承認取得期日、融資金額、融資利用の特約に基づく契約解除期日の取り決めは不動産売買契約書に記載する（→ P.336）。

⑱敷地権が賃借権の場合の特約（マンションの場合）
・区分所有建物（マンション）の敷地（敷地権）が賃借（賃借権）の場合、売主は土地所有者から賃借権譲渡承諾書を取得することを規定（賃借権を買主に譲渡するために必要）。
・売主が賃借権譲渡承諾書を得られない場合は、賃借権譲渡承諾の特約に基づく契約解除期日までであれば、不動産売買契約を解除できるとする特約を規定。

不動産売買契約書の種類

　不動産売買契約書は、「一般仲介用」「消費者契約用」「売主宅建業者用」の3つに分類されます。

　また、売買物件の違いにより「土地」「土地建物」「区分所有建物（敷地権・非敷地権）」「借地権付建物」「定期借地権付建物」「新築建物」などの種類があります。土地・土地建物の契約書はさらに「公簿売買型」と「実測清算型」に分かれます。

　これらの契約書の中から当事者の事情や物件に合わせて、また宅建業法と消費者契約法の規定を順守するのに適した書式で作成します。

●不動産契約書の書式例

種類	売主	買主
一般仲介用	消費者	消費者
	消費者	事業者
	消費者	宅建業者
	事業者	事業者
	事業者	宅建業者
	宅建業者	宅建業者
消費者契約用	事業者	消費者
	事業者	事業者
	事業者	宅建業者
売主宅建業者用	宅建業者	消費者
	宅建業者	事業者

●売買契約書の例（1ページ目）

売買物件の登記された内容を記載。枠に収まりきらない場合・土地にセットバック部分が含まれる場合・増築など登記の情報と異なる事項がある場合には、特記事項に記載する。

不動産売買契約書

不動産の表示

一棟の建物の表示

所　在	○○区○○五丁目○○番地○○		
建 物 の 名 称	○○タワーマンション　Aレジデンス		
構　造	鉄筋コンクリート造陸屋根32階建	延床面積	66543.32㎡

専有部分の建物の表示

家屋番号	○○区○○五丁目　○○番○○	建物の名称	○○○○	種　類	居宅
構　造	鉄筋コンクリート造1階建	床 面 積		30階部分（登記簿）	66.53㎡

別紙「設備表」において売主が「有」とした設備を含む。（第13条第1項）

付属建物　☐ 1.有 ・ ☑ 2.無

符号	敷地権の目的たる土地の表示				敷地権の表示	
	所 在 お よ び 地 番	地目	地積（登記簿）	敷地権の種類	敷地権の割合（（準）共有持分）	
1.	○○区○○五丁目○○番地○○	宅地	11,659.38㎡	所有権	1000000分の7000	
2.	○○区○○五丁目○○番地○○	宅地	626.15㎡	所有権	1000000分の7000	
3.	○○区○○五丁目○○番地○○	宅地	429.28㎡	所有権	1000000分の7000	
4.	○○区○○五丁目○○番地○○	宅地	24.08㎡	所有権	1000000分の7000	
5.	○○区○○五丁目○○番地○○	宅地	12,240.53㎡	所有権	1000000分の7000	
	合計（　6　筆　）				25016.27㎡	

敷地権の種類が借地権（地上権、賃借権）の場合	土地所有者	住所	余白		氏名	余白
	目的	堅固な建物の所有を目的とする。		期限		
	種類	☐ 1.旧法による借地権	☐ 2.普通賃貸権		地代	余白

特記事項	6.所在および地番：○○区○○五丁目○○番地○○、地目：宅地、地積（登記簿）36.85㎡ 　　敷地権の種類：所有権、敷地権の割合：1000000分の7000　以下余白

売買代金および支払い方法等

売 買 代 金 （第1条）	［消費税相当額 ーーーーー 含む］			金90,000,000円
手 付 金 （第2条）	本契約締結時支払い			金4,500,000円
内　金 （第3条）	第 1 回	ーーーーー		ーーーーー
	第 2 回	ーーーーー		ーーーーー
残 代 金 （第3条）		○○○○年○月○日		金85,500,000円
引 渡 日 （第6条）	☑ 1.売買代金全額受領日	☐ 2.		
手 解 除 期 日 （第14条第1項）				○○○○年○月○日
違 約 金 の 額　（第15条第2項）	☑ 1.手付金の額	☐ 2.売買代金の10％相当額	☐ 3.	
融資	融資利用の有無 （第16条）	☑ 1.有 ☐ 2.無		
	申込先：　○○銀行　○○支店		融資金額	
	融資承認取得期日：　○○○○年○月○日	（同条第2項）		金90,000,000円
	申込先：　ーーーーー		融資金額	
	融資承認取得期日：　ーーーーー	（同条第2項）		ーーーーー
	申込先：　ーーーーー		融資金額	
	融資承認取得期日：　ーーーーー	（同条第2項）		ーーーーー
	融資利用の特約に基づく契約解除期日（同条第2項）			○○○○年○月○日
賃借権譲渡承諾の特約に基づく契約解除期日（第17条第2項）				ーーーーー

売買代金・手付金・違約金・融資などに関する金額と期日を記載。

326

1枚目は物件の詳細、支払いに関する詳細、特約事項、売主と買主の押印などがあります。

既存住宅の場合、建物状況調査により売主・買主双方が確認した事項について記載する。

売買契約に特約がある場合は記載。枠に収まりきらない場合は、別紙に記載。

一般仲介用・区分所有建物（敷地権）＜契.No.7＞

建物の構造耐力上主要な部分等の状況について確認した事項（既存の住宅に ☑ 該当する・□ 該当しない）		
「建物の構造耐力上主要な部分」または「雨水の浸入を防止する部分」の状況について建物状況調査により売主、買主の双方が確認した事項	☑ 1.有	□ 2.無
別添「○○○○年○月○日付建物現状調査報告書」参照。以下余白		

特約

第1条　売主は、本物件建物を○○○○（以下「賃借人」という。）に賃貸しているため、売主は、○○○○年○月○日までに、その責任と負担において当該賃貸借契約を解除し、かつ賃借人を本に完全に立退かせるものとします。
　　2　前項の賃借人を立退かせることができないとき、売主は、買主に対し、○○○○年○月○日までであれば、書面による通知のうえ、本契約を解除することができます。
　　3　前項により本契約を解除したとき、売主は、買主に対し、受領済の金員を無利息にてすみやかに返還します。なお、売主は、買主に対し損害賠償の責任は負いません。　　以下余白

売主　**売主　次郎**　と買主　**買主　太郎**　とは

表記不動産の売買契約（以下「本契約」という。）を締結した。その証として本契約書2通を作成し、売主・買主署（記）名押印各その1通を保有する。

　　　　　　　　　　　　　　　　　　　年　　　月　　　日

売主	住所	
	氏名	
買主	住所	
	氏名	

この契約書は、宅地建物取引業法第37条に定められている書面を兼ねています。

宅地建物取引業者・宅地建物取引士
東京都知事（○）第○○○○号
東京都○○区○○一丁目○○番○号
○○○ビル5階
○○不動産販売株式会社
代表取締役　○○　○○

（東京）第○○○○号
住宅　三郎

仲介を行う宅建業者・取引士の内容を記載。

売主・買主の記名押印欄。

売買代金により所定の印紙を貼付して消印をする。

印紙
記載金額（消費税等を除く）に応じた印紙を貼付

●売買契約書の例（2ページ目）

（売買の目的物および売買代金）
第1条　売主は、買主に対し、表記区分所有建物（以下「建物」という。）および表記敷地権の目的たる土地の（準）共有持分（以下「土地」という、建物および土地を総称して以下「本物件」という。）を表記売買代金（以下「売買代金」という。）で売渡し、買主は、これを買受けました。

（手付金）
第2条　買主は、売主に対し、表記手付金（以下「手付金」という。）を本契約締結と同時に支払います。
　2　売主は、手付金を表記残代金（以下「残代金」という。）支払いのときに、売買代金の一部に無利息にて充当します。

（売買代金の支払いの時期、方法等）
第3条　買主は、売主に対し、売買代金として、表記内金（以下「内金」という。）を、残代金を表記各支払日までに現金または預金小切手をもって支払います。

（売買対象面積）
第4条　売主、買主は、本物件の売買対象面積を表記面積とし、同面積が測量による面積と差異が生じたとしても、互いに売買代金の変更その他何らの請求もしません。

（所有権の移転の時期）
第5条　本物件の所有権（敷地権の種類が借地権のときは、建物の所有権と敷地に関する借地権）は、買主が売主に対して売買代金全額を支払い、売主がこれを受領した時に売主から買主に移転します。

（引渡し）
第6条　売主は、買主に対し、本物件を表記引渡日に引渡します。
　2　売主、買主は、本物件の引渡しに際し、引渡しを完了した日（以下「引渡完了日」という。）を記載した書面を作成します。

（抵当権等の抹消）
第7条　売主は、買主に対し、本物件について、第5条の所有権の移転時期までにその責任と負担において、先取特権、抵当権の担保権、地上権、賃借権等の用益物権その他名目形式の如何を問わず、買主の完全な所有権等の行使を阻害する一切の負担を除去抹消します。

（所有権移転登記等）
第8条　売主は、買主に対し、売買代金全額の受領と同時に本物件について、買主の名義に所有権の移転登記申請手続をします。
　2　前項の登記申請に要する費用は、買主の負担とします。ただし、本物件に関する所有権の登記名義人の住所、氏名の変更登記を要する場合の費用は、売主の負担とします。

（引渡し完了前の滅失・損傷）
第9条　売主は、本物件の引渡し完了前に天災地変、その他売主、買主いずれの責めにも帰すことのできない事由により、本物件が滅失または損傷して、修補が不能、または修補に過大な費用を要し、本契約の履行が不可能となったとき、互いに書面により通知して、本契約を解除することができます。また、買主は、本契約が解除されるまでの間、売買代金の支払いを拒むことができます。
　2　本物件の引渡し完了前に、前項の事由によって本物件が損傷した場合であっても、修補することにより本契約の履行が可能であるときは、売主は、これを修補して買主に引渡します。
　3　第1項の規定により本契約が解除されたとき、売主は、買主に対し、受領済みの金員を無利息にてすみやかに返還します。

（物件状況等報告書）
第10条　売主は、買主に対し、本物件について、本契約締結時における状況等を別紙「物件状況等報告書」に記載して説明します。

（公租公課等の分担等）
第11条　売主、買主は、本物件および建物等の本物件に対して賦課される固定資産税、都市計画税等の公租公課ならびに管理費等、ガス、水道、電気料金および各種負担金等の諸負担について、引渡完了日の前日までの分を売主の収益または負担とし、引渡完了日以降の分を買主の収益または負担として、引渡完了日において清算します。なお、公租公課の起算日は1月1日とします。

（契約不適合による修補請求）
第12条　売主は、買主に対し、引渡された建物の専有部分が次に該当する場合は、品質に関して契約の内容に適合しないもの（以下「契約不適合」という。）として、引渡完了日から3カ月以内に通知を受けたものにかぎり、契約不適合責任を負い、それ以外の建物の契約不適合および土地の契約不適合ならびに共用部分に原因がある契約不適合について、責任を負いません。
　（1）給排水管の故障
　（2）シロアリの害
　2　売主は、買主に対し前項の契約不適合責任の内容は、修補にかぎるものとし、買主は、売主に対し、前項の契約不適合について、前項の請求以外の無効、解除、売買代金の減額請求または損害賠償の請求をすることはできません。
　3　前項の建物の契約不適合の修補範囲等は、別表（修補範囲等）中「建物の修補範囲等」の記載によります。
　4　買主は、売主に対し、本物件について第1項の契約不適合を発見したとき、すみやかに通知して、修補に急を要する場合を除いて立会機会を与えなければなりません。
　5　売主は、本契約締結時に第1項の契約不適合を知らなくても、本条の責任を負いますが、買主が本契約締結時に第1項の契約不適合を知っていたときは、売主は本条の責任を負いません。

（設備の引渡し・修補）
第13条　売主は、買主に対し、別紙「設備表」中「設備の有無」欄に「有」とした各設備を引渡します。
　2　売主は、買主に対し、前項により引渡す設備のうち、「故障・不具合」欄に「無」とした「主要設備」にかぎり、使用可能な状態で引渡します。
　3　売主は、買主に対し、設備について、前項の契約不適合責任を負います。ただし、前項で設備表に「故障・不具合」欄に「無」とした「主要設備」については、売主は買主に対し、引渡完了日から7日以内に通知を受けた故障・不具合にかぎり、修補する責任を負います。なお、修補の範囲等は、別表（修補範囲等）中「設備の修補範囲等」の記載によります。
　4　売主は、買主に対し、「主要設備」のうち故障・不具合に「有」とした「主要設備」、「主要設備」以外の「その他の設備」および「設備表」に記載のない設備については、故障・不具合があったとしても責任を負いません。

（手付解除）
第14条　売主、買主は、本契約を表記手付解除期日までであれば、互いに書面により通知して、解除することができます。
　2　売主が前項により本契約を解除するときは、売主は、買主に対し、手付金等受領済みの金員および手付金と同額の金員を現実に提供しなければなりません。買主が前項により本契約を解除するときは、買主は、売主に対し、支払い済みの手付金の返還請求を放棄します。

328

2枚目は一般的な不動産売買に関する契約事項です。これと異なる点は1枚目に特約として記載します。

一般仲介用・区分所有建物(敷地権)〈契. No.7〉

(修補の遅滞を含む契約違反による解除・違約金)
第15条　売主、買主は、第12条第1項の契約不適合について売主が同条第2項の修補を遅滞した場合を含めて、その相手方が本契約にかかる債務の履行を遅滞したとき、その相手方に対し、相当の期間を定めて債務の履行を催告したうえで、その期間内に履行がないときは、本契約を解除することができます。
　2　前項の規定による契約解除において、売主、買主は、その相手方に表記違約金(以下「違約金」という。)の支払いを請求することができます。ただし、本契約および社会通念に照らして相手方の責めに帰すことができない事由によるものであるときは、違約金の請求はできません。なお、違約金に関し、現に生じた損害額の多寡を問わず、相手方に違約金の増減を請求することができません。
　3　違約金の支払い、清算は次のとおりおこないます。
　　(1)　売主が違約した場合、売主は、買主に対し、すみやかに受領済みの金員を無利息にて返還するとともに、違約金を支払います。
　　(2)　買主が違約した場合、違約金が支払い済みの金員を下回るときは、買主は、売主に対し、すみやかにその差額を支払い、支払い済みの金員が違約金を上回るときは、売主は、買主に対し、受領済みの金員から違約金相当額を控除して、すみやかに残額を無利息にて返還します。

(融資利用の特約)
第16条　買主は、売買代金に関して、表記融資金を利用するとき、本契約締結後すみやかにその融資の申込み手続きをします。
　2　表記融資承認取得期日までに、前項の融資の全部または一部の金額につき承認が得られないとき、または否認されたとき、買主は、売主に対し、表記契約解除期日までであれば、本契約を解除することができます。
　3　前項により本契約が解除されたとき、売主は、買主に対し、受領済みの金員を無利息にてすみやかに返還します。
　4　買主が第1項の規定による融資の申込み手続をおこなわず、または故意に融資の承認を妨げた場合には、第2項の規定による解除はできません。

(敷地権が賃借権の場合の特約)
第17条　売主は、敷地権の種類が賃借権のとき、当該賃借権を買主に譲渡することについて、土地所有者の賃借権譲渡承諾書を取得します。なお、承諾料は売主の負担とします。
　2　前項の賃借権譲渡承諾書を交付できないとき、売主は、買主に対し、本契約を表記賃借権譲渡承諾の特約に基づく契約解除期日までであれば、書面による通知のうえ解除することができます。
　3　前項により本契約を解除したとき、売主は、買主に対し、受領済みの金員を無利息にてすみやかに返還します。

(印紙の負担区分)
第18条　売主、買主は、各自が保有する本契約書にその負担において法令所定の印紙を貼付します。

(管理規約等)
第19条　売主、買主に対し、本物件の管理規約等の定めがある場合には、それを記載した書面を引渡し完了時までに交付します。
　2　買主は、前項の管理規約等で定められた義務のすべてを売主に継承させ、買主はこれを承継します。

(契約当事者が複数のときの特約)
第20条　売主、買主の一方または双方が複数のときの本契約に関する債務は連帯債務とします。また、本契約に関する通知は、複数の当事者のうちの一人に到達したときに、その全員に効力を生じます。

(管轄裁判所に関する合意)
第21条　売主、買主は、本契約に関し、紛争が生じた場合、本物件所在地を管轄する裁判所を専属的合意管轄裁判所とします。

(規定外事項の協議義務)
第22条　本契約書に定めのない事項については、民法、建物の区分所有等に関する法律、その他関係法規および不動産取引の慣行に従い、売主、買主互いに誠意をもって協議します。

(反社会的勢力の排除)
第23条　売主、買主は、その相手方に対し、次の各号の事項を確約します。
　　(1)　自らが、暴力団、暴力団関係企業、総会屋もしくはこれらに準ずる者またはその構成員(以下総称して「反社会的勢力」という。)ではないこと。
　　(2)　自らの役員(業務を執行する社員、取締役、執行役またはこれらに準ずる者をいう。)が反社会的勢力ではないこと。
　　(3)　反社会的勢力に自己の名義を利用させ、本契約を締結するものでないこと。
　　(4)　本物件の引渡しおよび売買代金全額の支払いのいずれもが終了するまでの間に、自らまたは第三者を利用して、本契約に関して次の行為をしないこと。
　　　ア　相手方に対する脅迫的な言動または暴力を用いる行為
　　　イ　偽計または威力を用いて相手方の業務を妨害し、または信用を毀損する行為
　2　売主、買主の一方について、次のいずれかに該当した場合には、その相手方は、何らの催告を要せずして、本契約を解除することができます。
　　　ア　前項(1)または(2)の確約に反する申告をしたことが判明した場合
　　　イ　前項(3)の確約に反し契約をしたことが判明した場合
　　　ウ　前項(4)の確約に反した行為をした場合
　3　買主は、売主に対し、自らまたは第三者をして本物件を反社会的勢力の事務所その他の活動の拠点に供しないことを確約します。
　4　売主、買主が前項に反した行為をした場合には、何らの催告を要せずして、本契約を解除することができます。
　5　第2項または前項の規定により本契約が解除された場合には、解除された者は、その相手方に対し、違約金(損害賠償額の予定)として売買代金の20%相当額を支払います。
　6　第2項または第4項の規定により本契約が解除された場合には、解除された者は、解除により生じる損害について、その相手方に対し一切の請求をすることができません。
　7　第2項または第4項の規定により本契約が解除された場合の違約金については、第2項、第4項、第5項および前項の規定によるものとし、第15条は適用しません。
　8　買主が第3項の規定に違反し、本物件を反社会的勢力の事務所その他の活動の拠点に供したと認められる場合において、売主が第4項の規定により本契約を解除するときは、買主は売主に対し、第5項の違約金に加え、売買代金の80%相当額の違約罰を制裁金として支払います。ただし、宅地建物取引業者が自ら売主となり、かつ宅地建物取引業者でない者が買主となる場合には、本項は適用しません。

以　上

●売買契約書の例（3ページ目）

別表（修補範囲等）

1. 建物の修補範囲等

契約不適合責任の種類・箇所		修補等の対象範囲	修補等の内容
①給排水管の故障	給排水管（専有部分内給排水管）の故障箇所	給排水管の亀裂、漏水。 キッチン設備、浴室設備機器、洗面設備機器、トイレ設備機器等の給排水設備機器、蛇口、これら設備機器と給排水管とのジョイント部分および設備機器に付随する給排水管は対象となりません。 （設備の修補範囲に該当します）	配管継手部分の修補、または亀裂管の取替えによる修補。
②シロアリの害	シロアリによる被害箇所	専有部分について、シロアリによる被害箇所が現に発生している場合に限り、修補の対象とします。 建物周辺部の植木、切り株または近隣にシロアリが発生していても、建物本体に被害箇所が現に発生していない場合は、修補の対象とはなりません。	当該被害箇所等への薬剤散布。 程度により、補強または部分的取替えによる修補。

留意点

●本表は、不動産売買契約書（契約不適合による修補請求等）の条項による「建物の修補範囲等」を示したものです。

●買主が、引渡完了日から3カ月以内に建物の契約不適合を通知した場合、売主は、上記記載の（修補範囲等）に基づき修補を行います。

3枚目は建物や設備の修補に関する情報が記載されます。

（区分所有建物）

2. 設備の修補範囲等

		設備の名称	故障・不具合の現象例	修補等の内容	免責事項
主要設備	給湯関係	給湯設備	・配管の接続不良による水漏れ ・器具の機能不良	・調整 ・部品交換	・電球、電池、ゴムパッキン等消耗品
	水廻り関係	キッチン設備			
		浴室設備			
		洗面設備			
		トイレ設備			
		洗濯設備			
	空調関係	冷暖房機	・器具の機能不良		
		床暖房設備			
		換気扇			
		24時間換気システム			
	その他	インターホン	・器具の機能不良		

留意点

●本表の記載は、不動産売買契約書（設備の引渡し・修補）の条項における「設備の修補範囲等」を示したものです。

●買主が、引渡完了日から7日以内に主要設備の故障・不具合を通知した場合、売主は、上記記載の（修補等の内容）に基づき修補を行います。

●本表の主要設備以外に、売主・買主間で合意した主要設備があるときは、その修補範囲等については、本表の内容に準ずるものとします。

売買契約書の留意点①
手付金と手付解除

手付金には、不動産売買契約が成立したことを明確にする重要な役割があるのです。

契約時に買主が売主に支払うお金で後から支払額に充当される

不動産の売買では、契約時に買主が売主に一定の金銭を支払う慣習があります。これが手付金です。契約後一定期間が経過してから残代金の支払いと引渡しが行われることが多いため、手付金によって契約が成立したことを明確にします。手付金には引渡しまでの期間の法律関係を安定させ、双方に解約権があることを認める意味があります。買主の債務不履行があった場合には、違約金として買主から売主に支払われる金銭（もしくは金銭の一部）になります。

手付金の額は売主と買主の合意により決まりますが、一般的には売買価格の5%～10%の間で設定します。手付金を支払っても法律上は売買代金の一部を支払ったことにはなりませんが、売買契約書で「手付金は、残代金支払時に売買代金の一部に充当する」などと定めるのが一般的です。

手付解除は手付解除期日より前にしかできない

手付金が授受された後に、契約を取り消して手付解除をすることになった場合の手続きは売主と買主のどちらが解除するかで支払金額等が変わります（右ページ中段参照）。

民法では、取引の相手方が「履行に着手するまで（民法第557条1項）」は手付解除ができると定めています。「履行に着手」とは、売主であれば契約で決められた不動産の工事に着手し始めた場合、買主であれば内金を支払った場合などです。しかし手付解除は何の理由もなしにできるので、契約解除になるかもしれないという不安定な状態が長く続くと困ります。そのため当事者間の合意により「手付解除期日」を契約書に記し、いつまでなら手付け解除ができるかを明確にするのが一般的です。

仕事のツボ　手付解除日を設定する場合は、不動産会社の定休日と重ならないように。手付解除の申し出を受けることができずトラブルになるのを防ぐためです。

●手付金が持つ３種類の意味

証約手付	不動産売買契約成立を明確に表す証拠として交付される。
解約手付	契約成立後でも一方の当事者だけの意思で契約解約できる。「売主からは手付金の倍額を返還する」「買主からは手付金を放棄する」で解約可能。損害賠償を負う必要はない。
違約手付	債務不履行があったとき、買主の違約は手付金が違約金として没収され、売主の違約は手付金を返還するとともに手付金と同額を違約金として支払う（違約金＝手付金の場合）。

●手付の解除と手付解除日

売主側が手付解除	「買主から受領した手付金の返還」＋「手付金と同額の金銭を買主に支払う」ことで手付解除が可能（通称「手付倍返し」）。
買主側が手付解除	本来であれば返還される（不動産の売買代金の一部に充当する）手付金を放棄することで手付解除が可能。

手付解除期日は、契約から決済までの期間により以下のような設定が望ましいとされる。また、手付解除期日が定まっていない場合は「当事者の一方が契約の履行に着手するまで」が目安となる。

- ・契約から決済まで1か月以内 ：残代金決済日の1週間前から10日前
- ・契約から決済まで1か月〜3か月：契約日から1か月程度経過した日
- ・契約から決済まで4か月以上 ：契約日から2か月〜3か月程度経過した日

売主が不動産業者の場合の「手付金等の保全措置」

　売主が宅建業者で買主が一般消費者の場合は「手付金等の保全措置」を行います。売主の倒産などで引渡しが不可のときに、支払済みの手付金などを返還してもらうためです。

　なお、以下の場合は「手付金等の保全措置」は不要
　①未完成物件：受領する手付金等の額が売買代金の100分の5以下、かつ1000万円以下
　②完成物件　：受領する手付金等の額が売買代金の10分の1以下、かつ1000万円以下
　③買主への所有権移転登記をした場合
　④宅建業者間の取引

MEMO　売主が宅建業者の売買契約の場合、所属団体によっては手付解除期日を定めないこともある。

Section
04-2

売買契約書の留意点②
契約解除

契約上の義務が果たされない
と、最後は契約解除となります。

契約の義務を果たせないときの損害賠償の金額は契約時に決める

不動産の売買契約が成立すると、売主には不動産を買主に引渡して登記を移転する義務が、買主には代金を売主に支払う義務が生じます。この義務を履行しないと契約違反（債務不履行）となり、損害賠償の責任が発生します。催告を受けても義務を履行しないと契約を解除されることになります。

不動産の売買は高額な取引になるため、違約金としての損害賠償の予定額を契約時にあらかじめ定めることになっています。一般的には物件の売買金額の10～20%が違約金の額とされます。実際の損害額に関わらずこの額を契約に反した側が支払うことになります。

契約解除の通知は必ず書面で行う

たとえば物件の売買金額が4000万円で違約金を10%と定めていた場合は、実際の損害額が200万円であっても800万円であっても、違約した側が4000万円の10%である400万円を支払うことで違約に関する請求は完了します。

売主の違約の場合は受け取った手付金を買主に返還してさらに違約金を支払い、買主の違約の場合は違約金額から支払った手付金額を差し引いて支払います。違約金を手付金と同額と定めることもできます。

なお契約解除の通知は、解除期日（→P.332）内に書面で行います。口頭での解約通知では、一方が解約となったつもりでいても相手方が契約が継続していると認識していて争いが発生するおそれがあります。トラブル防止のため解除に関する覚書を作成し、確実に解除する必要があります。

仕事のツボ　宅建業者が売主の場合は、違約金の額が売買価格の20%を超えてはなりません。

●「契約解除に関する覚書」の例

契約解除に関する覚書

　売主○○○○と買主○○○○とは、両者間で○○○○年○月○日付締結した後記表示の不動産売買契約（以下「原契約」という。）に関してつぎのとおり合意した。その証として本覚書2通を作成し、売主・買主署（記）名押印のうえ各自1通を保有ものとします。

　第1条　売主、買主は、原契約を買主の違約により○○○○年○月○日付にて解除します。

　第2条　買主は、売主に対して、原契約第○条（修補の遅滞を含む契約違反による解除・違約金）にもとづき違約金○,○○○,○○○円から売主に支払済み金員金○,○○○,○○○円を差し引いた金○,○○○,○○○円を、本覚書締結と同時に支払うものとします。

　第3条　売主、買主は、本覚書に定めるもののほか、債権債務のないことを互いに確認しました。　以上

○○○○年○月○日

売　主　　住　所

　　　　　氏　名　　　　　　　　　　　　　　㊞

買　主　　住　所

　　　　　氏　名　　　　　　　　　　　　　　㊞

＜宅地建物取引業者・宅地建物取引士＞
東京都知事（○）○○○○号　　　　（東京）第○○○○○号
東京都○○区○○1-2-3　　　　　仲介　八郎
○○不動産株式会社　㊞
代表取締役　○○　○○

＜不動産の表示＞
【土地】所在地番：○○区○○一丁目○○番○○
　　　　　地目：宅地　地積：○○．○○㎡
【建物】所在地　：○○区○○一丁目○○番地○○
　　　　家屋番号：○番○　構造：木造スレート葺2階建　種類：居宅
　　　　床面積　：1階○○．○○㎡　2階○○．○○㎡　延床面積　○○．○○㎡（登記簿）以上

違約解除の催告の方法

　違約解除をするには、相手に対して「契約の履行を催告」をする必要があります。催告は通常、内容証明郵便で書面を送ります。

　書面の内容は「代金を本書面到着後7日内にお支払いください。お支払いいただけない場合は期間経過をもって本契約を解除します」といったものです。

MEMO　催告とは、契約の相手方が義務を履行しない場合に、その義務を履行するよう促すこと。

売買契約書の留意点③
ローン特約

売買契約後に住宅ローンが通らなかったときのリスクに対応する措置なのです。

特約の有効期間は契約後1か月程度

　不動産の売買契約後の金融機関の審査で、住宅ローンが承認されない、期日に間に合わないなどで代金を支払えないリスクを回避するため、通常は契約書に住宅ローン特約の条項を設定します。融資が承認されなかったときは、特約により契約は白紙解除され、不動産の権利関係は契約前の状態に戻ります。

　ローン特約は売買契約締結日から1か月程度の間有効とするか、融資が承認される予定の最終日から1週間ないし10日後を目安とします。ただ不動産会社の担当者は買主と売主にそれぞれの事情があることを考慮して、双方が納得できるようにローン特約の解除日を設定します。

ローンが承認されなかったときの対応

　住宅の売買契約締結からローンが承認されるまでの間は、実際に売買が可能か確定していません。このような期間を短くするため、買主は契約したらなるべく早く金融期間に住宅ローンを申請し、申請後にその旨を売主に伝えます。

　ローン審査の結果が全額否認や一部減額のときは、買主は他に必要な資金の調達方法を検討しますが、難しければ買主はローン特約の解除日の前に売主に契約解除を伝え、その旨を記した覚書を両者で締結します。引き続き買主がほかのローンに申し込み、売主も合意するのであれば、その旨の覚書を締結します。買主が購入を諦めれば、売主は別の購入希望者を探します。

　融資の承認取得期日までに審査結果が出ないときは、不動産会社の担当者から金融機関に状況を問い合わせます。承認される見込みがあれば覚書を締結して契約が解除される期間を再設定します。ほかの調達手段を買主と検討し、調達できなければ特約の期日までに契約解除を売主に伝えて覚書を締結します。

仕事のツボ　年末年始や大型連休中は、金融機関の審査が進まない場合があります。ローン特約の有効期間は、金融機関の担当者に本承認までのスケジュールを確認した上で、余裕を持って設定します。

●ローン特約による「契約解除に関する覚書」の例

契約解除に関する覚書

　売主〇〇〇〇と買主〇〇〇〇とは、両者間で〇〇〇〇年〇月〇日付締結した後記表示の不動産売買契約（以下「原契約」という。）に関してつぎのとおり合意した。その証として本覚書2通を作成し売主・買主署（記）名押印のうえ各その1通を保有する。

第1条　売主、買主は原契約を、買主の申し出にもとづき〇〇〇〇年〇月〇日付にて解除します。

第2条　売主は、買主に対し、前条による解除にともない、原契約第〇〇条（融資利用の特約）にもとづき、本覚書締結と同時に受領済みの手付金〇〇〇〇円を無利息にて返還します。

第3条　売主、買主は、本覚書に定めるもののほか、債権債務のないことを互いに確認します。

以 上

〇〇〇〇年〇月〇日

売 主 住 所

　　　氏 　名　　　　　　　　　　㊞

買 主 住 所

　　　氏 　名　　　　　　　　　　㊞

＜宅地建物取引業者・宅地建物取引士＞
東京都知事（〇）〇〇〇〇号　　　（東京）第〇〇〇〇〇号
東京都〇〇区〇〇1-2-3　　　　　仲介　八郎
〇〇不動産株式会社　㊞
代表取締役　〇〇　〇〇

不動産の表示
土地　所在地番：〇〇区〇〇一丁目〇〇〇〇番〇〇　敷地権の種類：所有権
　　　地目：宅地　地積：計〇〇〇〇㎡（持分〇〇〇〇/〇〇〇〇）
建物　所在地　：〇〇区〇〇一丁目〇番地〇（〇〇〇マンション〇〇〇〇号室）
　　　家屋番号：〇〇区〇〇一丁目〇番の〇　専有面積：〇〇〇〇㎡（登記簿）　以上

オーバーローン

　住宅ローンは、その購入に必要となる金額までしか融資を受けられないのが一般的です。

　ただし自宅の買い換えをするときに前の家のローンが残っていて売却だけでは完済できなかったり、諸費用についても借入が必要になるときなどに、オーバーローンといって購入金額を超えて融資を受けることがあります。

　オーバーローンを利用する場合は、そのことを売主にも伝えておくべきです。そして売主も承認したことをローン特約に明記します。

　もし金融機関がオーバーローンを認めなかったときは、特約で定めた期日までに売買契約を解除するように不動産会社が助言します。

MEMO 買主がそれと知りながら虚偽の証明書などを提出したために融資の全部または一部の承認が得られなかった場合、ローン特約による解約はできない。

Section
04-4
売買契約書の留意点④
契約不適合責任

> 売買した物件が契約通りでないときに、買主は売主に対応を要求できるのです。

売主は引渡し時までに生じた欠陥について責任を負う

不動産取引の場合、建物の見えないところの老朽化や損傷、欠陥工事、土地であれば土壌汚染や埋蔵物などについて、買主から責任を問われることがあります。売主は買主に対して、引渡し時までに生じた欠陥については契約不適合責任（旧・瑕疵担保責任）を負っているからです。

契約不適合がある場合、買主は売主に「追完請求」「代金減額請求」「損害賠償請求」「契約解除」の責任を追求できます（右ページ上段参照）。

買主からの通知の請求期限は多くの場合3か月とする

民法では、買主が不具合などを知ってから1年以内に売主に通知しないと契約不適合責任による権利を行使できません。この期限を過ぎると、法的には売主に対応義務はありません。なお個人間の不動産売買契約では請求期限を3か月と定めることが多く、この場合は契約で定めた期限が優先適用されます。

なお、不動産売買契約書で「契約不適合責任を免責」とする旨を規定すれば、この規定が優先されて買主は売主に責任を問えません。ただし売主が知りながら告げなかった問題点は免責されず、免責規定を定める場合は、売主が把握している建物の欠陥や不具合をすべて買主に説明しておく必要があります。

「催告解除」と「無催告解除」

「催告解除」は、追完請求をしたのに売主が応じない場合に買主が請求して契約を解除することです。

一方「無催告解除」は、そもそも契約の目的を達成できない場合に催告なしに可能となる契約の解除です。

仕事のツボ　中古の不動産売買では、シロアリ被害や雨漏り・水漏れなど契約不適合責任になる問題がありがちなので特に注意しよう。

●契約不適合責任に基づく4種類の責任請求

追完請求	契約内容に適合するように対象物の補修を求める権利。たとえば契約時に分からなかった屋根の雨漏りが発覚したときに売主の費用負担で屋根を修理することなどを請求できる。
代金減額請求	契約不適合の部分に相当する代金の返還か、不動産の売買価格の減額を求める権利。住宅の一部に不具合があり、その他の部分は利用可能な状態で、売主が不具合の補修に応じないときにその分の代金の減額を請求できる。
損害賠償請求	売主が住宅の雨漏りを知っていたのに告知せず、その補修が困難で契約を解除するようなときに売買代金の返還と併せて損害賠償を売主に請求できる。
契約解除	一般的な不動産売買契約では、買主の自己都合による契約解除は違約金の対象となるが、契約不適合が理由の解除は違約金の支払いは不要。たとえば修理の請求に売主が応じないときは、買主は不動産売買契約そのものを解除でき、売主は売買代金を買主へ全額返還しなければならない。

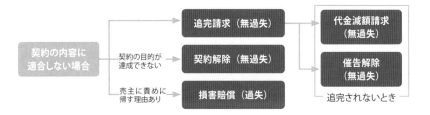

●「契約不適合責任を免責」する条文の例

●売主の契約不適合責任免責の特約（例）
　売主は、本契約書第○条（契約不適合による修補請求）の定めにかかわらず、本物件につき一切の契約不適合責任を負わないこととし、買主はこれを確認しました。

●売主が設備表を発行せず、設備の修補義務も負わない特約（例）
　売主は、本契約書第○条（設備の引渡し・修補）の定めにかかわらず、本物件の設備につき一切の修補義務を負わないこととします。なお、設備表については交付しないこととし、買主はこれを確認しました。

Section 04-5 売買契約書の留意点⑤ 引渡し前の滅失・損傷と危険負担

> 物件の売買契約後から引渡しまでに、天災などで建物が壊れてしまったときの対応は売主の負担になります。

滅失や損傷の責任は物件の引渡しまでは売主、引渡し後は買主

売買契約を締結してから引渡しを完了するまでの間に何か問題が発生してしまったら、売主と買主のどちらの責任になるでしょうか。明らかな売主の過失で建物が壊れたりした場合は、当然売主の責任になります。逆に何かの事情で買主が問題を起こせば、買主が責任を負います。

不動産取引では、その不動産が物理的に無くなったり使えなくなることを「滅失」といい、一部が滅失することを「損傷」と呼びます。問題は、地震や台風といった天災や近隣からの延焼など、どちらの責任でもない不可抗力が原因で滅失や損傷が発生してしまったケースです。

不動産売買契約書には、このようなときにどちらが危険負担をする（リスクを負う）かをはっきりさせるため、右ページ中段のような内容の規定を明記します。これにより引渡しまでは売主、引渡し後は買主が危険負担をします。

売主が修理を拒否した場合は売買契約の解除も可能

一般的な不動産売買契約書では、売主、買主どちらの責任でもない理由で不動産が引渡しまでに滅失や損傷した場合、売主が修理や補修をすることが可能であれば、売主の責任で補修して引渡しすると規定します。売主が補修できなかったり、多額の費用がかかって負担できない場合は、売買契約の解除もできます。この場合買主は売買代金を支払う責任を負わず、売主が手付金等を預かっている場合には買主に返還するという内容を定めます。

● **不動産売買契約書における「危険負担」の規定（例）**

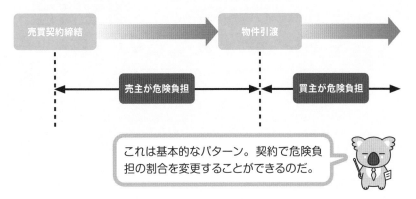

これは基本的なパターン。契約で危険負担の割合を変更することができるのだ。

● **不動産売買契約書における「危険負担」の規定（例）**

売主、買主は不動産の引渡し前に、不動産が天災地変等の売主、買主いずれの責にも帰すことができない事由により、不動産が滅失、損傷して、修補が不能、または修補に過大な費用を要し、本契約の履行が不可能となったときは互いに書面により通知して本契約を解除することができるものとします。

売買契約で、危険負担について別途優先される規定をする場合は、売主と買主の双方が納得したかをしっかりと確認。

売買契約書の留意点⑥ 固定資産税、管理費などの清算

買主は売主に固定資産税と都市計画税、マンションの管理費などの清算金を支払うんだ。

固定資産税と都市計画税の清算は引渡し日が基準

固定資産税と都市計画税は、その年の1月1日時点に土地・建物を所有している人（納税義務者）に対して課税されます。年度の途中で不動産の所有者が変更になっても納税義務者は変わりません。不動産の売買にあたっては、引渡しの前日まで売主が、それ以降は買主がこれを負担するケースが大半です。税金はその年の1年分が売主に請求されるので、引渡し時点を基準に日割り計算をして、買主が売主に清算金を支払います（右ページ上段参照）。

納税義務者の変更は前述の通り毎年1月1日ですが、固定資産税・都市計画税の起算日は地域によって異なり、関東では1月1日、関西では4月1日とする傾向があります。この起算日によって清算金の額が変わります。

マンションの売買では、固定資産税と都市計画税と同時に管理費や修繕積立金を同じく引渡し日を基準として清算します。当月分の管理費等が前月末に引き落とされるマンションで、4月15日に引渡しをする場合、引渡し月の1日を起算日として4月14日までの14日分を売主、4月15日から4月30日までの16日分を買主の負担とし、買主は売主に清算金を支払います（右ページ下段参照）。

引渡しが翌年になる場合は前年度の税額で清算することも

契約の翌年1月以降に引渡しをする場合、売主と買主が合意の上で、前年度の固定資産税等によって清算することがあります。その場合は下記のように不動産売買契約の特約として処理します。

●売買契約書特約（例）
売買契約書第○条に定める「公租公課等の分担」中、本物件に賦課される固定資産税および都市計画税については、残代金支払いの際、令和3年度の同税年税額に基づき清算を行い、後日確定する令和4年度同税年税額と差異が生じたとしても再清算は行わないこととします。

仕事のツボ 管理費などの清算金は、管理会社の処理が遅れることがあるので、引渡し当月分と翌月分の2か月分にわたって清算しておくと安心です。

●固定資産税・都市計画税の課税のイメージと清算金の計算例

納税義務者は関東も関西も1月1日時点での所有者となりますが、課税の期間は関東では1月1日からの1年分、関西では4月1日からの1年分を納めることが多くなっています。

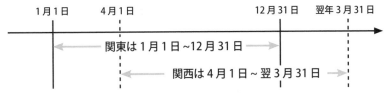

●清算金の計算例

以下の条件の時の清算金は下記のようになります（小数点以下は四捨五入）。

・**固定資産税・都市計画税の合計額　10万円**
・**引渡し日　9月27日**

[1月1日を起算日とするケース]
・**売主の負担**
　1月1日〜9月26日の **269日分**
　10万円×（269÷365）= **7万3699円**

・**買主の負担**
　9月27日〜12月31日の **96日分**
　10万円×（96÷365）= **2万6301円**

[4月1日を起算日とするケース]
・**売主の負担**
　4月1日〜9月26日の **179日分**
　10万円×（179÷365）= **4万9041円**

・**買主の負担**
　9月27日〜翌年3月31日の **186日分**
　10万円×（186÷365）= **5万959円**

この金額を清算金として買主は売主に支払う

●マンション管理費の清算金の計算例

以下の条件の時の清算金は下記のようになります（小数点以下は四捨五入）。

・**管理費月額　2万円**
・**引渡し日　6月17日**
・**売主の負担**
　6月1日〜16日の **16日分**
　2万円×（16÷30）= **1万667円**

・**買主の負担**
　6月17日〜30日の **14日分**
　2万円×（14÷30）= **9333円**

この金額を清算金として買主は売主に支払う

ガス、水道、電気料金などの負担金、賃貸中の物件の賃料収入などの収益も引渡完了日が清算の基準になる。

Section 04-7

売買契約書の留意点⑦
売買契約書特約

標準的な不動産売買契約書の内容の追加・変更は特約条項として処理します。

取引ごとに契約内容を追加したり修正をする

標準的な不動産売買契約書には、基本となる項目や条項が記載されています。不動産取引は個々に事情が異なるので、その記載以外に「特別な約束事」として加えるのが特約条項です。内容は、契約に関する特別な条件、土地建物に関する事項、権利関係・周辺環境・物件状況・設備に関わる容認事項などさまざまです。「売買契約書第○○条の定めにかかわらず～」と、他の既存条項を一部打ち消すこともあります。

売主が宅建業者の場合、買主に不利になる特約は無効になる

特約は、取引条件に合わせて定められ、売主と買主間の合意に基づきます。ただし宅建業者が売主となって個人との間で宅地や建物の売買契約をする場合、一般消費者を保護する観点から、買主に不利な特約を設けると無効になります。

たとえば「種類、または、品質に関する契約不適合を担保すべき責任」（契約不適合責任、→P.338）に関して、買主に不利となる特約はしてはなりません。また品確法（住宅の品質確保の促進等に関する法律）により10年間と定められた住宅の構造耐力上主要な部分の契約不適合責任についても、買主に不利となる特約は無効になります。

宅建業者が売主のときの買主が通知する期間を引渡し日から2年以上に延ばす特約は買主保護の観点で認められています。

●主な特約の例

●契約不適合責任免責の特約と設備の修補義務免責の特約　→ P.338

●売主の責任と負担で確定測量図を交付する特約
1. 売主は、その費用と責任において本件土地引渡時までに確定測量図を作成し、買主に引渡すものとします。
2. 引渡時までに隣地所有者の協力が得られない等の事由により売主が確定測量図を買主に交付できなかった場合には本売買契約は自動的に解除となります。この場合には、売主は、受領済の金員を無利息で遅滞なく買主に返還しなければならず、買主は売主に対し、違約金の請求はなし得ないものとします。

●建物に増築未登記部分があることを買主が了承して買い受ける特約
買主は、予め下記の点を確認し、了承のうえ本物件を買い受けるものとします。
1. 建物の表示は登記簿に基づくものであること。
2. 建物の表示のほか増築部分 (浴室) が未登記であり、固定資産課税台帳に記載された建物面積は 1 階○○. ○○㎡ (増築部分○. ○○㎡)、2 階○○. ○○㎡となっていること。

●売主指定の司法書士で所有権移転登記を行う特約
本物件の所有権移転の際の司法書士は、原則として、売主指定の司法書士を使用することを、買主は、事前に承諾するものとします。

●抵当権の同時抹消の特約
売主および買主は、売主が買主から受領する残代金で、本物件に設定されている抵当権に係る債務を完済するため、第○条 (抵当権等の抹消) 記載の抵当権 (根抵当権) の抹消登記申請手続きについては、第○条 (所有権移転登記等) の所有権移転登記申請手続きと同時に行うことを確認した。

●引渡し前の立ち入り等承諾の特約
売主は、本物件の引渡し前であっても買主又は買主の関係者が地盤調査(ボーリング)、測量・建築予定看板設置、その他建築準備の為、本物件に必要な範囲で立入り、使用すること及び特定行政庁への建築確認申請などの建築に必要な手続きを行うことを予め承諾し、これに協力するものとします。

●容認事項の特約
買主は、下記事項を承諾の上、本物件を買い受けるものとします。
・本物件の植栽の枝葉が○側隣接地(地番：○○番○)へ越境していること。
・本物件○側接面道路上に、電柱が植栽されていること。
・本物件○側接面道路上にごみ集積場があること。
・本物件建物の延べ床面積は、容積率の制限をオーバーした違反建築物であり、現行の法規制では、建替えの際、現在の建物と同規模の建物は建築できないこと。

●住宅の買い替えについての特約　→ P.362

Section 04-8　売買契約書の留意点⑧　停止条件付契約と解除条件付契約

「停止条件付契約」と「解除条件付契約」は似てるけど、中身はまったく違うんだ。

条件が揃うと効力が生じる停止条件付契約

停止条件付契約は、一定の条件が成り立つことで初めて効力が生じる契約です。その条件が成立しなければ契約はなかったことになります。

たとえば一定期間内に指定した業者で家を建てることを条件とする「建築条件付き土地の売買契約」は、建築請負契約が締結されることを停止条件とします。建築業者が決まらないと土地の売買契約は無効になります。

他にも停止条件付契約によくある例として、市街化区域内の農地を転用目的で売買するケースが挙げられます。この場合は農業委員会への届出が必要になるため（農地法第5条）、届出が受理される前に土地の売買契約をする際には、届出の受理を停止条件として売買契約を締結します。

条件が揃うと効力がなくなる解除条件付契約

解除条件付契約は、停止条件付契約とは反対に、契約締結時に効力が発生しているが一定の条件が成り立つと消滅する契約です。これには、解除条件の発生で自動的に契約解除となる「解除条件型」と、解除条件の発生で解除する権利を得るが契約の続行も選択できる「解除留保型」があります。

金融機関から融資の承認が得られなかった場合に、買主が売買契約を解除できる融資利用特約（住宅ローン特約）は解除条件型契約の代表例です。また自宅の買い替えのために居住中の自宅を売却するときに、売却がまとまらずに新居の購入費用が得られないことがあります。このような状態を防ぐため、自宅の売却が不調に終わったら購入の売買契約を解除できる特約を盛り込んだ解除条件型契約をするのが一般的です。

●停止条件付契約の例

①建築条件付土地売買の建築工事請負契約締結を停止条件とする特約

第○条　本契約は、本契約締結後３か月以内に、売主、買主間において、本物件を敷地とする一戸建住宅を建築するための建築工事請負契約が締結されることを停止条件とします。

2　前項の条件が成就しないことが確定したとき、売主は、買主に対し、すみやかに受領済みの金員を無利息にて返還します。

②成年被後見人の居住用不動産売却に当たり家庭裁判所の許可を停止条件とする特約

第○条　本契約は、○○○○年○月○日までに本物件の売却について民法第８５９条の３の家庭裁判所の許可が得られる事を停止条件とし、成年被後見人○○○の成年後見人○○○は本契約締結後ただちに同許可申請手続きを行います。

2　前項の条件が成就しないことが確定したとき、売主は、買主に対し、すみやかに受領済の金員を無利息にて返還します。

③農地転用の届出受理を停止条件とする特約

第○条　本契約は、○○○○年○月○日までに農地法第５条第１項第６号の農地転用の届出が受理されることを停止条件とし、売主、買主は、本契約締結後ただちに協力して同届出をおこないます。

2　前項の条件が成就しないことが確定したとき、売主は、買主に対し、すみやかに受領済みの金員を無利息にて返還します。

④破産管財人が売主で裁判所の許可を停止条件とする特約（→ P.376）

●解除条件付契約の例

①買い替えの場合の解除条件付売買契約の特約（→ P.362）

②破産管財人が売主で裁判所の許可を解除条件とする特約（→ P.376）

③任意売却で差押取下げと抵当権抹消を解除条件とする特約

第○条　売主は、残代金支払い日までに、本物件について、差押債権者○○○の差押の取下げおよび抵当権者○○○の抵当権を抹消するものとし、前記の期日までに差押の取下げおよび抵当権の抹消がなされなかったとき、本契約は無条件で解除となり、売主は、買主に対し、受領済の金員を無利息にて返還します。

2　売主が、前項の差押および抵当権に係る債務を、買主から受領する残代金（の一部）で完済するため、売主、買主は、第○条の抵当権等の抹消の登記手続きについては、本契約書第○条の所有権移転登記申請手続と同時に行うことを確認しました。

停止条件付契約は「条件が揃うと有効」、解除条件付契約は「最初は有効で、条件が揃わないと無効」。

Section
05

契約案内と各種書類の準備

契約日が近づいたら、売主と買主への案内文を作成、必要になる書類などを準備します。

契約当日に手間取らないためにしっかり準備しておく

売買契約前に準備をしっかりと行うことで、契約当日に手続きや作業がスムーズに進行できます。

不動産売買の仲介をする担当者は、契約の日時や必要な金銭、書類についての案内文書を作成します。この契約案内には、売買契約の当日に向けて必要となる項目を記載します。売主と買主はこれを受け取ることで事前準備がしやすくなります。これとともに、売買契約時に売主と買主の記名や押印が必要な書類や交付すべき資料を準備します。ほかの不動産会社との共同仲介の場合は、その仲介会社の分も準備します。

本人確認をして取引台帳を保存する

売買契約の実行時には、署名捺印する人たちが本当に契約当事者（売主と買主）かどうか本人確認をします。これは犯罪収益移転防止法で定められていて、宅建業者等の特定事業者は①取引時確認、②確認記録・取引記録の作成・保存（7年間保存）、③疑わしい取引の届出、の3つを行う義務があります。これは犯罪による不正な収益の移転（マネー・ロンダリング、反社会的勢力による被害など）の防止のためで、本人確認は①の取引時確認として必要です。

また宅建業者には、取引の内容を帳簿として備え付けることが義務づけられています（宅建業法第49条）。帳簿は「成立台帳」「取引成立台帳」または「取引台帳」とも呼ばれます。決まった様式はありませんが、法令で定められた項目が記載されている必要があります。そして事業年度の末日から5年間保存をしなければなりません。パソコンや磁気ディスクでの管理や保存は、必要に応じて紙面やディスプレイ上に表示することが可能であれば認められます。

●契約当日に必要な書類

契約当事者（売主と買主）・仲介会社の記名押印が必要な書類

・**売買契約書**（37条書面）
　原則、当事者分（売主・買主各1部）の部数原本を準備。
・**重要事項説明書**
　原則、当事者分（売主・買主各1部）＋仲介会社数の原本を準備。
※売買契約書、重要事項説明書は仲介会社印（売主の場合は会社の契約印）を
　押印します。

契約当事者の記名・押印が必要な書類

・**物件状況報告書**
・**付帯設備表**
・**仲介手数料支払い約定書**
・**犯罪収益移転防止法における本人確認書類**（確認記録・顧客カード・チェック
　クリスト）

売主の記名・押印が必要な書類

・**手付金領収書**
　売主が一般個人の場合、仲介会社が売主から買主へ発行する手付金の領収
　書を準備します。
・**媒介契約書**（媒介契約書）
　※媒介契約が未締結、もしくは媒介契約を締結しなおす必要がある場合

買主の記名・押印が必要な書類

・**媒介契約書**（購入）
・**住宅ローンを利用する場合は、住宅ローンの本申込みに必要な書類**

その他

・**物件資料一式**
　重要事項説明添付資料一覧に記載の調査資料を契約当事者・仲介会社分準
　備をします。原本は買主に交付、その他へはコピーを交付します。自社の保
　管分のコピーも忘れないようにしましょう。
・**契約書類ファイル**
　契約書類を顧客に渡す際に使用するファイルです。勤務する会社により使用
　や対応が異なります。

●契約案内の作成

買主が契約当日に手付金を用意できるように、遅くとも契約日の1週間前までには案内を送付しよう。

契約案内の例（売主用）

【売主様用】

契約のご案内

○○○○年○月○日

売主　花子　様

この度は、弊社をご利用いただき、誠にありがとうございます。
ご契約にあたりまして、当日ご用意いただくものなど、必要な事項を下記の通りご案内申し上げますので、
ご高覧いただきますようお願い申し上げます。

Ⅰ．契約不動産のご確認

不動産の表示	●●区●●2丁目○○番○所在の土地建物

▶ 対象物件

Ⅱ．契約日時・場所のご確認

契約日	○○○○年○月○日（月）	開始時間	17:00
契約場所	●●●建設株式会社　●●本店（東京都●●区●●6丁目8-8）		

▶ 契約日時／契約場所

A.契約内容のご確認

売買代金		金77,800,000円
手付金	本契約締結時授受	金3,500,000円
内金　第1回	------------------------------	
第2回	------------------------------	
残代金	決済時授受	金74,300,000円
残金決済予定日（ご契約上の最終期日）		○○○○年○月○日（木）

▶ 契約内容に関する事項（売買価格、手付金、残代金、残代金決済日、引渡し日など）

B.仲介手数料のご確認

仲介手数料（税込）	金2,633,400円

Ⅲ．ご用意いただく金銭等

	項目	金額	金種	備考
1	仲介手数料（ご契約時）	金1,331,700円	現金	手付金より相殺いたします。
2	収入印紙代（ご契約時）	金30,000円	現金	手付金より相殺いたします。
3	-------------	--------		
	合計	金1,361,700円	--	

▶ 契約時に必要な金銭（仲介手数料、契約書印紙代など）

Ⅳ．契約時必要書類等

	項目	備考
1	登記済権利証もしくは登記識別情報（原本）	本人確認書類として写しを頂戴します。
2	印鑑証明書（原本）	本人確認書類として写しを頂戴します。
3	実印	
4	本人確認書類（運転免許証もしくはパスポート）	本人確認書類として写しを頂戴します。
5	固定資産税納税通知書	固定資産税精算参考書類として写しを頂戴します。
6		
7		

▶ 契約時に必要な書類等（→ P.349）

Ⅴ．その他

・契約時必要書類等で、お手元にない書類や紛失されている書類がありましたら、事前にご相談ください。
・ご契約の所要時間は約2時間を予定しております。
・その他、ご不明な点などございましたら、お気軽にご連絡くださいませ。

東京都知事（○）第○○○○号
▲▲▲不動産株式会社
東京都●●区●●7丁目6-5　▲▲▲第一ビル3階
担当：仲介　三郎
電話：○○○-○○○○-○○○○

▶ 宅建業者名、担当者、連絡先

仕事のツボ　非対面取引で電子契約をする場合、必要書類の印刷やコピーの代わりに電子契約システムを利用する準備をして交付用の PDF ファイルを用意します。

契約案内の例（買主用）

【買主様用】

契約のご案内

〇〇〇〇年〇月〇日

買主　太郎　様

この度は、弊社をご利用いただき、誠にありがとうございます。
ご契約にあたりまして、当日ご用意いただくものなど、必要な事項を下記の通りご案内申し上げますので、
ご高覧いただきますようお願い申し上げます。

Ⅰ．契約不動産のご確認

不動産の表示	〇〇マンション〇〇〇号室

→ 対象物件

Ⅱ．契約日時・場所のご確認

契約日	〇〇〇〇年〇月〇日（月）	開始時間	11:00
契約場所	●●不動産株式会社　●●店 （東京都●●区●●1丁目2-3●●ビル4階）		

→ 契約日時
契約場所

A.契約内容のご確認

売買代金		金52,000,000円
手付金	本契約締結時授受	金2,600,000円
内金　第1回	--------------------	
第2回	--------------------	
残代金	決済時授受	金49,400,000円
残代金決済予定日（ご契約上の最終期日）		〇〇〇〇年〇月〇日（木）

B.仲介手数料のご確認

仲介手数料（税込）	金1,782,000円

→ 契約内容に関する事項
（売買価格、手付金、残代金、残代金決済日、引渡し日など）

Ⅲ．ご用意いただく金銭等

	項目	金額	金種	備考
1	手付金	金2,600,000円	現金	
2	仲介手数料（ご契約時）	金891,000円	現金	
3	収入印紙代（ご契約時）	金30,000円	現金	
	合計	金3,521,000円	--	

→ 契約時に必要な金銭
（手付金、仲介手数料、契約書印紙代など）

Ⅳ．契約時必要書類等

	項目	備考
1	本人確認書類（運転免許証もしくはパスポート）	本人確認書類として写しを頂戴します。
2	実印	
3	手付金	上記Ⅲ．ご用意いただく金銭等のとおり。
4	仲介手数料（一部）	上記Ⅲ．ご用意いただく金銭等のとおり。
5	収入印紙	上記Ⅲ．収入印紙代として現金でご用意ください。
6		
7		

→ 契約時に必要な書類等
（→ P.349）

Ⅴ．その他

・契約時必要書類等で、お手元にない書類がありましたら、事前にご相談くださいませ。
・ご契約の所要時間は約2時間を予定しております。
・その他、ご不明な点などございましたら、お気軽にご連絡くださいませ。

東京都知事（〇）第〇〇〇〇号
▲▲▲不動産株式会社
東京都●●区●●7丁目6-5　▲▲▲第一ビル3階
担当：仲介　三郎
電話：〇〇〇-〇〇〇〇-〇〇〇〇

→ 宅建業者名、担当者、連絡先

買主からの支払いを振り込みで行
うときは振込先の記載を忘れずに。

●対面取引での本人確認書類の種類と確認方法

下記の確認記録・顧客カード・チェックリストを用意します。

個人	①本人特定事項（氏名・住所・生年月日） ②取引を行う目的 ③職業
法人	①本人特定事項（本店・所在地） ②取引を行う目的 ③事業内容 ④実質的支配者（そのものの本人特定事項）

個人：顔写真付きの書類

運転免許証、運転経歴証明書、在留カード、特別永住者証明書、個人番号カード（マイナンバーカード）、旅券等（パスポート）、身体障害者手帳、精神障害者保健福祉手帳、療育手帳、戦傷病者手帳
→原本の提示で確認

個人：顔写真なし

国民健康保険、健康保険、船員保険、後期高齢者医療または介護保険の被保険者証、健康保険日雇特例被保険者手帳、国家公務員共済組合または地方公務員共済組合の組合員証、私立学校教職員共済制度の加入者証、国民年金手帳、児童扶養手当証書、特別児童扶養手当証書、母子手帳、契約書類に押印した印鑑に係る印鑑登録証明書
→下記の方法で確認
　・原本の提示＋もう一種類の本人確認書類または現在の住居の記載がある補完書類の提示
　・原本の提示＋もう一種類の本人確認書類もしくは現在の住所の記載がある補完書類または
　　その写しの送付
　・原本の提示＋取引関係文書を書留郵便等により、転送不要郵便物等として送付

個人：その他の書類

戸籍謄本または抄本、住民票の写し（原本）または住民票の記載事項証明書、官公庁発行・発給書類
→原本の提示＋取引関係文書を書留郵便等により、転送不要郵便物等で送付して確認

法人：特定事項を確認する書類

登記事項証明書、印鑑登録証明書（いずれも確認日前3か月以内に発行されたもの）等
→原本の提示

MEMO　本人確認のための書類は、公益財団法人不動産流通推進センターのウェブページからダウンロードできる。
https://www.retpc.jp/shien/maneron/

●取引台帳(帳簿)に記載が必要な項目

・取引年月日

・宅地・建物の所在および面積

・取引態様 (売買、交換、代理、媒介の別)

・相手方および代理人、媒介に係る取引当事者

・取引に関与した他の宅建業者の商号・名称

・宅地の場合、現況地目・位置・形状その他概況

・建物の場合、構造上の種別・用途その他概況

・売買金額、交換物件の品目および交換差金または賃料

・報酬額

・取引に関する特約その他の参考事項

※自ら売主となる新築住宅の販売については、以下の項目も追加で記載が必要です。
  ・当該新築住宅を引渡した年月日
  ・当該新築住宅の床面積
  ・宅建業者の販売瑕疵負担割合
  ・瑕疵担保責任保険法人名

参考例 取引台帳(売買) 平成　年　月　日

仕事のツボ　買主が手付金を準備するのに、銀行窓口の営業時間に行くことができず ATM を使うことがあります。その場合は引き出し限度額に注意して不足しないようにします。

Section
06
売買契約当日の流れ

契約当日は何をするか改めて順序を整理して、必要な準備を漏れなく進めておこう。

■ 売主と買主の双方に分かりやすく説明する

契約日を迎え、必要な書類に売主と買主が署名と押印をすると売買契約が成立します。基本的にはこの時点で、契約前の状態に戻すことはできません。

重要事項説明は事前に済ませておくのが望ましいですが、買主の時間がない場合などは契約時にまとめて行います。売買契約書の読み上げや、物件状況報告書および付帯設備表の説明も、やはり事前にしておくのが一般的です。

契約日にまとめて済ませる場合の流れは右ページの通りです。それぞれの所要時間は目安で、物件の内容や性格、質疑応答の長さなどで異なります。

■ 手付金の支払いで注意すること

通常は手付金を現金で支払いますが、高額なときは振込や小切手を使うこともあります（土日や休日の売買契約では、振込手続きや手付金の着金確認ができない可能性に注意）。小切手は不渡り防止のために預金小切手を依頼します。安全性を優先する場合は、銀行かその取引先にしか支払えない線引き小切手（横線小切手）にする方法もありますが、すぐに現金化できない可能性があります。

やむを得ない事情で、売主と買主が別の日程や場所で売買契約を行うケースがあり、これを「持ち回り契約」といいます。どちらが先に署名・押印をするかの決まりはありませんが、売主や所有者（もしくは代理人）の本人確認が重要であるため、売主から先に契約するのが好ましいといえます。

この場合、手付金の支払いは多くが振込対応になります。そして売買契約の成立は、売主と買主の双方の署名・押印が済み、手付金の振込着金確認ができた時点になります。持ち回り契約は売主と買主が対面しないため、契約・物件・付帯設備に関する認識のずれが生じないよう十分に注意します。

仕事のツボ　重要事項説明の際に取引士証を提示しないと 10 万円以下の過料となるので注意します。

●売却契約当日の流れ①

①契約に使用する接客スペースでの準備

売買契約は、通常は不動産会社事務所の応接室・会議室で行います。契約手続きの前には、以下のものを机の上に用意します。

・P.349 の契約当日に必要な書類
・ペン、朱肉、スタンプ台、印鑑マット、切手ぬらし器、紙幣カウンターなど

②来店・挨拶

売主と買主が来店したら、用意した場所まで案内します。売主と買主が事前に顔合わせをしていることもありますが、改めて双方に紹介をします。

③重要事項説明（所要 1 時間程度）

契約に先立ち、物件や取引条件に関する重要な事項について、宅地建物取引士の資格を持つ担当者が取引士証を提示して説明します。

一般の人にとって不動産に関する事項は、専門用語が多く、何を質問すればよいのかも分からないのが普通です。ですからただ読み上げるのではなく、図表や添付書類などを使って分かりやすく話すことを心がけましょう。

特に買主には、購入目的に合わせて説明するようにします。相手が理解しているかどうかの確認も忘れずにしておきます。「そんなことと知っていたら買わなかった」「説明を聞いたような気もするけど、そういう意味だとは思わなかった」などのトラブルが後々発生しないようにします。

④売買契約書の読み上げ（所要時間 30 分程度）

売主が持参した本人確認資料により、不動産の名義人（もしくは代理人）であることを確認します。次に売買契約書面に記載された内容を読み上げ、対象物件、価格などの条件について売主と買主が合意した内容に間違いがないか確認します。さらに契約書の裏面の条文と特約を読み上げます。

⑤物件状況報告・付帯設備表の説明

売買物件の状況や、売買物件に含まれる設備等について説明をします。売主と買主との間で認識の違いがあった場合は、話し合いの上、物件状況報告書、付帯設備表を再作成する場合があります。

MEMO　売買契約の成立時点は「売主・買主両名の署名・捺印」が済み、「手付金の授受（売主が受け取った）」がなされたとき。

●売却契約当日の流れ②

⑥売買契約書類への署名・押印

売主と買主が、売買契約書、重要事項説明書、物件状況報告書、付帯設備表、その他必要な書類（仲介手数料支払約定書・犯罪収益移転防止法に関する書類など）に署名・押印を行います。売買契約書と重要事項説明書に契印をします。売買契約書には所定の収入印紙を貼付して消印をします。契印と消印は売買当事者の売主と買主の印鑑で行います。また手付金領収書の署名・押印もこの時にします。

⑦手付金の授受と領収書発行

買主が売主へ手付金を支払い、売主は買主へ手付金の領収書を発行して売買契約が成立します。また仲介取引で売買契約時に仲介手数料の一部を不動産業者が受領する場合は、このタイミングで行います。

⑧契約書類等の複写

必要書類のコピーを取り、配布および保管をします。

⑨契約書類の交付

売主と買主に売買契約書類を交付します。契約書類と準備した契約添付資料一式を契約書ファイルに入れて双方に渡します。

⑩その他打合せ

残代金決済の回数やタイミング、引渡しまでのスケジュール、再内覧をする場合のスケジュールなどは、売主と買主の双方で調整することになるので、この時点で仲介業者として説明をしておきます。そのほか売買契約に関する打合せを行います。

（売主との打ち合せ事項）
・測量、解体、修繕、占有者の立ち退きや許可、届出等が必要な事項
・抵当権抹消に関する事項
・住み替え先に関する事項

（買主との打ち合せ事項）
・住宅ローンの本申し込み手続きに関する事項
・リフォームなど修繕に関する事項
・建築物の建築に関する事項
・自宅の売却に関する事項

MEMO IT・非対面式の売買契約の作業については P.438 を参照。

●契約書類などコピーが必要な書類

書類名	原本	コピー
売買契約書	売主・買主	仲介業者
物件状況報告書 付帯設備表 重要事項説明書	売主・買主	仲介業者 （仲介業者用原本がない 場合）
売主本人確認資料 （身分証・印鑑証明書・住民票（写）・ 登記識別情報通知・登記済権利証など）	コピーして原本を 売主に返却	仲介業者
買主本人確認資料 （身分証・印鑑証明書・住民票（写）など）	コピーして原本を 買主に返却	仲介業者
法人の場合の本人確認資料 （法人登記事項証明書・法人代表者身 分証明書・従業員証明書など）	コピーして原本を 買主に返却	仲介業者
宅建業者の場合の確認資料 （業務権限証明書・取引士証）	コピーして原本を 買主に返却	仲介業者
仲介手数料支払約定書	仲介業者	売主・買主
手付金領収書	買主（売主から発行）	仲介業者・売主

重要事項説明は買主のためのものだけ
ど、認識のずれからトラブルにならない
ように、できれば売主にも説明しよう。

契約時に実印を使うのが望ましい理由

　不動産の売買契約書類に使用する
印鑑の定めはありませんが、次のよ
うな理由で実印を押すことが一般的
とされています。

・売主が真の不動産所有者であることを確認する（取引の安全性を高めるため）
・所有権移転の時に法務局が書類を照合しやすくする（登記に関する理由）
・契約の重要性を高める（心理的な理由）
・住宅ローンや融資を受けるときに金融機関が本人照合をするため（ローンに
　関する理由）

●売買契約書、重要事項説明書の契印

袋とじでない場合の契印

袋とじの場合の契印

契約書

（表）

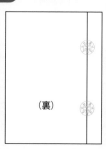

（裏）

表か裏のどちらかに契印をします。

●線引き小切手の例

契約書、重要事項説明書の訂正処理

　売買契約書、重要事項説明書に誤りがあった場合、売主・買主の署名・押印前であれば訂正して再度印刷製本を行います。署名・押印後に気づいたら、訂正してその部分に訂正印を押します。

●売買契約書の訂正

　誤った文字を二本線で消して、その上部に正しい内容を書き加えます。訂正部分の近くの余白部分に削除した文字数と書き加えた文字数を記載して、売買契約当事者（売主と買主）が押印をします。

●重要事項説明書の訂正

　必要なのは宅地建物取引士の宅建士印のみですが、宅地建物取引業者印と宅地建物取引士の両方の訂正印を押すのが一般的です。

共同仲介の場合には両社分の訂正印が必要です。

買い替えの場合の注意点

自宅を売却して新居を購入するケースでは、売買契約に買い替えに関する解除条件や引渡しの猶予期間を設定します。

「購入先行型」と「売却先行型」のメリットとデメリット

　自宅を売却して買い替える場合は、売主であると同時に買主になります。売却した代金は、新居の購入資金や住宅ローンの完済に使われます。新居の購入のため住宅ローンを利用するケースもあります。

　買い替えの際に、先に新居を購入する「購入先行型」だと仮住まいが必要ありません。ただ購入契約を済ませても売却が進まないと、二重ローンが発生したり、購入物件のための融資が受けられなくなるなどのリスクがあります。

　自宅を先に売却する「売却先行型」には、こうしたリスクはありません。しかし売却してから新居となる住み替え先が見つからないと仮住まいが必要になり、その費用がかさんでしまうリスクがあります。

「引渡し猶予」の設定

　買い替えでは、自宅の引渡しと新居への入居の間に日数が空いてしまうことも想定して「引渡し猶予」を設定します。引渡し猶予期間中はまだ新居に入れず、一方ですでに自宅の売却代金を受け取っているので、所有権は売却先に移っています。そのため「猶予期間中は売主が居住することを了承する」旨を売買契約書特約もしくは別途覚書に明記します。

　引渡し猶予期間は、数日から1週間程度とするのが一般的です。なお引渡し猶予を設定した場合、公租公課の分担は残代金支払い日（引渡し日）ではなく実際の引渡し日で決まることに注意します。

●引渡し猶予特約（例）
第○条　本契約は売主が買替えの為、本物件の引渡しを残代金支払後7日間猶予するものとします。

　仕事のツボ　買い替えはスケジュール管理が肝心。契約上のリスクも確認し、売主と買主の双方から十分にヒアリングをしてから諸条件を設定します。

●買い替えの処理の流れ

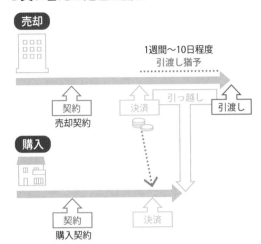

自宅が売却できないと、違約金が発生したり、想定外の仮住まいの費用がかかる。慎重に計画して条件を設定しよう。

買い替え特約が設定できないときの対応

　売買契約で買い替え特約（→ P.362）を設定しておくと、買い替えをする人が現在持っている物件が売却できない場合に契約を無条件で解除できます。しかし一方でその物件の売主は、買い替え特約で契約を解除されてしまうおそれがあるので立場が不安定になります。大きなデメリットになることから、売主が買い替え特約の設定を承諾しない場合もあります。

　売主が承諾しなくても新居の買主が契約を進めることを希望するのであれば、仲介する不動産会社は買主に今の住居が売却できない場合のリスクを十分説明します。その上でリスクを最小化するように努めなければなりません。

　たとえば今の自宅が一定の期日までに売却できなければ、不動産業者に買い取ってもらうという契約をします。ただこうした買取契約は通常の売却よりも価格が低くなる傾向があるので、買取金額は事前に明らかにして、なおかつ買い替えが可能な資金計画を提示します。この際に仲介手数料などの諸経費も含めて考慮します。

　また万一解約になったときに支払う手付金と違約金は、なるべく最小限に抑えられるように設定します。

　このように買い替え特約の設定にあたっては、売主と買主の双方にデメリットが発生しうるので、そのことを十分に理解してもらうようにします。

MEMO　不動産会社によっては、買い替えで一定期間に売れない場合、買取保証や「立替払制度」によるつなぎ融資のサービスをするところがある。

●買い替え特約の例

●先行購入するときの特約

第○条　買主は、その所有する下記表示不動産（以下「所有物件」という。）を売却し、その売却代金を本物件の売買代金に充当する予定であるため、○○○○年○月○日までに所有物件の売却の契約が締結できないとき、買主は、売主に対し、本契約を解除することができます。

2　前項により本契約が解除されたとき、売主は、買主に対し、すみやかに受領済みの金員を無利息にて返還します。なお、売主は、買主に対し、損害賠償の責任は負いません。

〔所有物件の表示〕※不動産情報を記載

●買主が先行売却するときの特約

第○条　買主は、その所有する下記表示不動産（以下「所有物件」という。）を売却し、その売却代金を本物件の売買代金に充当する予定であるため、所有物件の買主○○○○との間で○○○○年○月○日付売買契約（以下「売却契約」という。）を締結済みです。

2　万一、買主の責めに帰さない事由により売却契約が解除となった場合、本物件の所有権移転の時期（もしくは「○○○○年○月○日」）までであれば、買主はこの契約を無条件で解除することができます。

3　前項により本契約が解除されたとき、売主は、買主に対し、すみやかに受領済みの金員を無利息にて返還します。なお、買主は、売主に対し、損害賠償の責任は負いません。

〔所有物件の表示〕※不動産情報を記載

●売主が先行売却するときの特約

第○条　売主は、本契約締結後すみやかに本物件の買換先として、下記の不動産（以下「購入物件」という）を購入するため、購入物件の売主○○○○との間で売買契約を締結します。

2　万一、売主の責めに帰さない事由により購入物件の売買契約の締結が出来なかった場合、および締結した売買契約が解除となった場合、売主は、買主に対し、本物件の所有権移転の時期（もしくは「○○○○年○月○日」）までであれば、本契約を解除することができます。

3　前項により本契約が解除されたとき、売主は、買主に対し、すみやかに受領済みの金員を無利息にて返還します。なお、売主は、買主に対し、損害賠償の責任は負いません。

〔購入物件の表示〕※不動産情報を記載

CHAPTER

7

知っておきたい売買契約の知識

本章で取扱う業務のキーワード

覚書、クーリングオフ、代理人、任意代理人、法定代理人、成年後見制度、成年後見人、保佐人、補助人、ハンコ代、担保権解除料、破産管財人、共有名義、相続物件、遺言書、遺産分割協議、法定相続人、海外居住者、月額返済額早見表

覚書

契約内容の変更があった場合に、口約束で
はなく、証拠として覚書を残すことが大切。

覚書は契約書と同じ効力を持つ

覚書は当事者間で合意した事項をまとめた書面で、一般的には契約書の内容
を変更した場合などに、変更事項を記した文書のことをいいます。具体的には
右ページの上段のようなことが発生したときに覚書を作成します。

覚書は当事者全員の署名捺印され、契約書と同等の効力を持ちます。高額
な不動産売買においては、売主と買主が話し合った内容を覚書として残してお
くことが特に重要です。覚書に決まった形はありませんが、一般的にはP.366
の表に記した項目が必要になります。

覚書に印紙が必要な場合

作成した覚書が課税文書にあたる場合は、その「記載金額」に応じて所定の
額の収入印紙を貼付する必要があります。「記載金額」は、覚書の文面から次
のように判定します。

（1）変更金額が記載されている場合
- ・変更金額が変更前の契約金額を増加させるものであるときは、その増
  加金額が記載金額になります。
- ・変更金額が変更前の契約金額を減少させるものであるときは、その変
  更契約書の記載金額はないものとなります。

（2）変更後の金額のみが記載され、変更金額が明らかでないときは、変更
  後の金額が記載金額となります。

なお覚書に記載した金額が1万円未満の場合や、覚書が電子契約の場合、非
課税文書となるので印紙を貼る必要はありません。

MEMO 覚書と似たものに「念書」があります。これは契約の当事者の片方に個人的な希望があり、その内容を相手
が約束するときに作成します。

●覚書が必要になる場合

売主と買主の間で交わす場合

売買価格や期日を変更した

契約条件や内容を変更した

住宅ローンの内容を変更した

測量によって土地面積が増減したため売買代金の清算をした

手付金を仲介会社が預かった

契約当事者を変更した

隣接する土地所有者や権利関係者との間で作成する覚書

土地境界に関する覚書

越境物や工作物に関する取り決めの覚書

私道に関する通行、掘削承諾に関する覚書

●「記載金額」の判断基準

(1) 変更金額が記載されている場合の計算例

例1 当初の売買金額1000万円を1200万円とすると記載した文書、あるいは、当初の売買金額1000万円を200万円増額すると記載した文書
→変更金額が変更前の契約金額を200万円増加させるものであるから、記載金額は増加金額である200万円

例2 当初の売買金額1000万円を800万円とすると記載した文書、あるいは、当初の売買金額1000万円を200万円減額すると記載した文書
→記載金額はなし

(2) 変更後の金額のみが記載され、変更金額が明らかでないときは、変更後の金額が記載金額となります。

例 当初の売買金額を1200万円に変更すると記載した文書
→記載金額は変更後の金額である1200万円

●覚書に必要な主な項目

表題	「覚書」「〇〇に関する覚書」など
前文	・契約内容の要約
	・当事者いずれが「甲」で「乙」であるか
本文	具体的な合意内容について
後文	・当事者同士が合意したことを証明する宣誓文
	(必要に応じて)
	・該当案件の覚書の部数
	・誰が該当覚書を所持者しているか
	・必要があれば覚書の効力発生日　など
覚書作成日	該当覚書を作成した日付
当事者名	当事者両名の住所・署名・捺印
仲介業者	宅建業者・宅建士の内容と捺印

覚書

印紙

A（以下、甲という）と B（以下、乙という）は、両当事者間で締結された○○○○年○月○日締結の不動産売買契約（以下「原契約」という）の内容につき、下記のとおり変更することに合意したので本覚書を締結します。

記

第1条　原契約第○条に定める「△△」を「××」に変更するものとする。

第2条　原契約第○条に定める売買代金および原契約第○状に定める残代金を下記の通り変更するものとする。
　　　　変更前：売買代金「○○○○○○円」　残代金「○○○○○○円」
　　　　変更後：売買代金「○○○○○○円」　残代金「○○○○○○円」

以上、本覚書締結の証として 2 通作成し、甲乙各自署捺印のうえ各自 1 通ずつ保有する。

　　　　　　　　　　　　　　　　　　　　　　　　　　　　　　　　　　○○○○年○○月○○日

甲　　住所　○○市〜

　　　氏名：A　　　　　㊞

乙　　住所　○○市〜

　　　氏名：B　　　　　㊞

宅地建物取引業者・宅地建物取引士

東京都知事（○）第○○○○○号
東京都○○区○○〜　　　　　　　　　　宅地建物取引士
□□□不動産株式会社　　　　　　　　　（東京)第○○○○号
代表取締役　□□　□□　　　　　　　　　□□　□□

（不動産の表示）

建物　所在：○○市○○一丁目○○○番地○○　家屋番号：○○○番○○　　構造：木造スレート葺○階建　種類：居宅
　　　床面積：1階○○．○○㎡　2階○○．○○㎡　（延べ床面積○○．○○㎡）
土地　所在：○○市○○一丁目○○○番○○　　地目：宅地　地積：○○．○○㎡　地目：宅地　以上

Section 02 クーリングオフ

売主が宅建業者で、買主が一般の人の場合、
クーリングオフ（契約解除）が認められる。

クーリングオフで買主側から契約解除できる

クーリングオフは、消費者保護の観点から購入者が一方的に申込みを撤回したり契約を解除できる制度です。販売業者から執拗な勧誘を受けたり間違った認識で購入してしまったケースを連想しますが、不動産の売買でも告知日から一定期間内であるなどの適用条件を満たせば、クーリングオフが認められます。

クリーングオフが認められる条件は、「不動産の売主が宅地建物取引業者であること」「買受けの申込みや契約を締結した場所が、宅地建物取引業者の事務所などではないこと」「クーリングオフの告知を受けた日から8日以内」「引渡しや代金支払いが完了していないこと」となります。

クーリングオフの告知は、「クーリングオフの告知書」（→P.370）で行います。購入申込者や買主に対し、申込みの撤回や契約の解除を行うことができること、またその撤回や解除を行う方法について所定の事項が記載されます。

なおクーリングオフについて告知を受けていないときは、代金支払い前ならクーリングオフの対象となります。

宅建業者へは書面を配達証明付き内容証明郵便で送付する

クーリングオフは、口頭ではなく売主へ書面で請求します。送付はハガキでも封書でもファックスでもかまいませんが、通常はトラブルを防ぐために「配達証明付き内容証明郵便」を利用します。宅建業法では「申込みの撤回等は、申込者等が……書面を発した時に、その効力を生ずる」と定めています。

宅建業者は、クーリングオフによって取り消された契約で受領済みの金額を買主へ返還しなければなりません。なお申し込みの撤回などに伴って生じた損害賠償や違約金は請求できません。

●クーリングオフが可能となる条件

①不動産の売主が宅地建物取引業者であること
個人から住宅などを購入した際、買主が宅建業者である場合も適用されない。

②買受けの申込みや契約を締結した場所が、宅地建物取引業者の事務所などではないこと
宅地建物取引業者の事業所などで契約した場合には、消費者が正常で安定した状況のもとで「不動産を買う」と意思決定して契約場所に行ったと考えられるため適用されない。ほかに以下の場所で契約を行った場合も適用されない。
- ・事務所以外で宅地建物取引業者が業務を行っている場所
- ・マンションや戸建のモデルルームの案内所など
- ・買主が自ら指定した自宅や勤務先

③クーリングオフの告知を受けた日から8日以内
宅建業者から「クーリングオフ告知書」を交付して告知がされた場合、告知を受けた日から数えて8日を経過したとき（9日目以降）は、クーリングオフはできない。なお、クーリングオフについて告知を受けていないときは、代金支払い前ならクーリングオフの対象となる。

④引渡しや代金支払いが完了していないこと
買主が宅地や建物の引渡しを受け、かつ、その代金全額を支払ったときは適用されない。

●クーリングオフの判断チャート

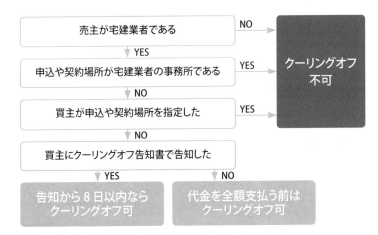

○○○○年○月○日

クーリング・オフ告知書

住所：東京都○○区○○5-6-7
氏名：○○　○○　様

売主
免許番号：東京都知事○○○号
商号または名称：○○不動産株式会社
代表者氏名　　：代表取締役○○　○○
主たる事務所の所在地：東京都○○区○○1-2-3

　申込みの撤回等に関して下記のとおり告知します。

末尾記載の不動産について
1. この書面により説明をした日から起算して8日間を経過する日までの間は、宅地または建物の引渡し
を受け、かつ、その代金の全部を支払った場合を除いて、書面により買受けの申込みの撤回または売
買契約の解除を行うことができます。
2. 1による買受けの申込みの撤回または売買契約の解除があったときは、その買受けの申込みの撤回
または売買契約の解除にともなう損害賠償または違約金の支払は請求しません。
3. 1による買受けの申込みの撤回または売買契約の解除は、買受けの申込みの撤回または売買契約の
解除を行う旨を記載した書面を発した時に、その効力を生じます。
4. 1による買受けの申込みの撤回または売買契約の解除があった場合において、その買受けの申込み
または売買契約の締結に際し手付金その他の金銭が支払われているときは、遅滞なく、その全額を返
還します。

　　＜不動産の表示＞

上記内容の告知書を受領しました。
○○○○年○月○日

氏名：　　　　　　　　㊞

クーリングオフの対象になる不動産売買では、トラブル回避のためにも告知書の交付を忘れないようにしよう。

非対面で契約したときのクーリングオフは？

　リモート会議ツールを利用した非対面での契約締結では、顧客の所在場所が契約場所となります。この場合は、顧客が自宅にいる、顧客の希望により非対面での締結にしたなどの事実を記録に残しておくことでトラブルを回避するようにします。

代理人

売買契約の場に売主や買主の本人が出られ
ないときは、代理人に手続きを依頼できる。

代理人は本人に代わって契約などの法律行為ができる

　代理人は、本人に代わって契約などの法律行為ができる人のことです。不動産取引の契約をする際には、不動産の所有者である売主と、買主の双方が立ち合うのが原則です。しかし本人の都合がつかずに代理人が手続きをするケースもあります。代理人が売買契約等を締結する際には、出席する人物が代理人であることを取引の相手に明らかにする必要があります。

　代理人には「法定代理人」と「任意代理人」があります。法定代理人は、未成年者の親権者や、成年後見人など法律で定められた代理人です。それ以外の契約者本人が自由に指名できる代理人が任意代理人です。

法定代理人には委任状が必要

　満18歳未満の未成年は、法定代理人の同意がなければ不動産の売買はできません。多くの場合、親権者である両親が法定代理人となり売買を行います。売買の当事者である未成年と代理人の親権は、戸籍謄本を用意して確認します。

　任意代理人は、「共有名義で全員が出席できない」「遠方にいる」などの事情で本人が売買契約に立ち会えない場合に指名します。指名した第三者が代理権を持つことを証明するために、委任状を作成します。委任状に決まった様式はありませんが、一般的には契約する本人の実印で押印した委任状と印鑑証明書を示し、どの範囲まで代理人に権限を委任するかを明記します。ただ不動産取引のような重要な取引では、書面のみの確認だけでは不十分です。本人と代理人に面談するか、最低でも電話で双方が合意しているか確認します。

委任状の項目が空欄の白紙委任や、委任状へ
の捨印はトラブルを招きがちなので避けよう。

仕事のツボ　未成年で両親が離婚している場合は親権者が、両親とも死亡している場合は裁判所が選任した後見人が法定代理人になります。なお未成年であっても結婚していると成年者として扱われます。

●未成年者の場合の契約書類への記名・押印例

住所：○○市○○五丁目 16-3

氏名：山田　一郎

山田一郎法定代理人

○○市○○五丁目 16-3

親権者　父　山田　太郎　㊞

親権者　母　山田　花子　㊞

●代理人への委任状の例と契約書類への記名・押印例

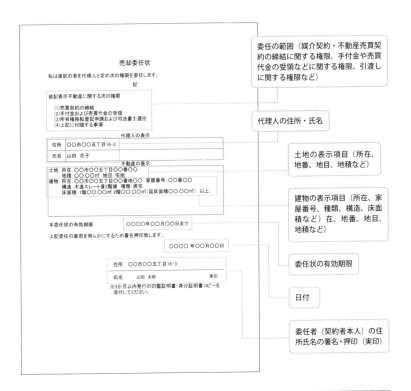

委任の範囲（媒介契約・不動産売買契約の締結に関する権限、手付金や売買代金の受領などに関する権限、引渡しに関する権限など）

代理人の住所・氏名

土地の表示項目（所在、地番、地目、地積など）

建物の表示項目（所在、家屋番号、種類、構造、床面積など）在、地番、地目、地積など）

委任状の有効期限

日付

委任者（契約者本人）の住所氏名の署名・押印（実印）

住所：○○市○○五丁目 16-3

氏名：山田　太郎

山田太郎代理人

○○市○○五丁目 16-3

山田　花子　㊞

 親と未成年の子が共同で不動産購入時に、親が融資するなどして不動産に抵当権を設定する行為は利益相反となり禁止されている。こうした場合は親以外の特別代理人を家庭裁判所に請求する必要がある。

Section 04 成年後見制度

判断能力が十分でない人の不動産を売買するときは、本人に代わって後見人が取引を進めることになるよ。

財産管理や法的な判断をサポートする後見制度

不動産取引の場で契約者本人の意思能力を確認をせず、後日能力がなかったことが判明すると、宅建業者は意思能力の調査義務違反を問われ、損害賠償責任を負う可能性があります。高齢者が面接する日によって判断が異なる場合は、医師または司法書士・弁護士などの専門家に意思能力の有無を確認してもらった上で取引を進めなければなりません。

高齢による認知症や知的障害などの理由で判断能力の不十分な人のために、不動産や預貯金などの財産管理や身の回りの法的な判断をサポートするのが成年後見制度です。これには認知症などになってから利用する「法定後見制度」と、将来に備えて判断能力があるうちに契約する「任意後見制度」があります。

3種類ある法定後見制度

「法定後見制度」とは家庭裁判所によって選任された後見人等が本人に代わって財産や権利を守る制度で、法定後見人になるのは多くの場合本人の親族です。財産状況などにより、司法書士や弁護士などが選ばれる場合もあります。法定後見には後見、保佐、補助の3つの類型があり、後見人に与えられる権限や職務の範囲が異なります。

法定後見では、選任の申し立て後に家庭裁判所が親族（推定相続人）への照会や、面接による本人調査を行います。医師による鑑定もあり、後見人選任の審判が下りるまで通常1か月半から3か月程度かかります。任意後見は、通常申し立て後1か月程度で審判が下ります。

いずれにしても、不動産の売買スケジュールから逆算して取引に支障が出ないように手続きを依頼します。

仕事のツボ　本人に判断能力がなく後見人になる人もいない場合、弁護士もしくは司法書士に成年後見人を依頼します。

●成年後見制度の種類

法定後見制度（すでに判断能力が不十分）		
成年後見人 判断能力が全くない 後見人に代理権と取消権が与えられる	・自ら不動産の売買を行うことができない状態の人（成年被後見人）が対象。家庭裁判所が適任者を成年後見人として選任する。 ・後見人であることは、法務局が発行する後見登記等の制度による登記事項証明書で確認できる。 ・成年後見人が代理で居住用不動産を売買等するには、家庭裁判所の許可が必要。成年後見人は売買契約書に記名・押印する。
保佐人 判断能力が著しく不十分 保佐人に特定の事項以外の同意権と取消権が与えられる	・本人が単独で不動産の売買について判断する能力が不足していると見られる人が対象。裁判所が保佐人を選任する。 ・契約は本人が行い、保佐人は契約書類に本人（被保佐人）の記名押印に併記して、同意権者・保佐人として記名押印する。 ・代理権付与の審判によって保佐人が代理権を持つこともあるため、保佐人の権限の範囲を事前にきちんと確認しておく。
補助人 判断能力が不十分 補助人に一部の同意権と取消権が与えられる	・原則的には単独で法律行為を行えるが、特定の行為については家庭裁判所が選任した補助人の同意を必要とする。 ・補助人も代理権を持つ場合があるので、権限の範囲の確認が必要。
任意後見制度	・将来、判断能力が不十分になった時に備える制度。 ・判断能力があるうちに任意後見人を選ぶ。

●成年後見人の選任の流れ

① 選任申し立て ▶ ② 審理
・申立人、成年後見人候補者との面談
・本人調査
（以下は必要な場合のみ）
・親族への意向紹介
・医師による鑑定 ▶ ③ 審判
成年後見等の開始、成年後見人等の決定 ▶ ④ 審判の確定

> 契約する本人と話をしていて、少しでもおかしいと感じたら家族や親族に同席をお願いして成年後見制度を説明しよう。

●契約書類などへの成年被後見人と成年後見人の記名押印の例

成年被後見人	山田太郎成年後見人
住所：○○市○○五丁目 16-3	○○市○○五丁目 16-3
氏名：山田　太郎	山田　花子　㊞

Section 05 破産管財人

破産した人の不動産売却は、破産管財人となった弁護士など専門家に逐次報告や相談をしながら進めよう。

破産者の財産は破産管財人が管理し債権者に配当する

債務者（借金を抱えている人）の財産状況が悪化して返済ができなくなり、破産手続開始の申立てがなされると、裁判所の決定により破産手続が開始されます。破産手続では、裁判所が選任した破産管財人に破産者の所有する財産の管理や処分をする権利があります。一般的には破産管財人に選任されるのは弁護士です。破産管財人は、破産した人の財産を管理し、売却して現金に換え、債権者に平等に配当します。

破産者の不動産売却では停止条件特約か解除条件特約を付ける

破産者の不動産は破産財団に属し、破産手続き中は売主（破産者）に財産の処分権はありません。不動産を含む財産の処分権者は破産管財人になりますが、自由には不動産を売却できず、裁判所の許可を得た上で債権者と交渉します。交渉時にはその人物が破産管財人であることが確認できる書類が必要です。債権者全員が不動産の売却に合意し、破産管財人が買主との間で条件交渉を進めて合意が成立すると、破産管財人を売主とする売買契約を締結します。

売却する不動産が借入金などの担保になっている（担保権が付いている）ときは、担保権者の権利が他の債権者よりも優先します。担保権者が複数いる場合は、破産管財人が各担保権者に配当して担保権抹消を依頼します。配当を受けられない担保権者が担保権解除料（ハンコ代）を請求してくることもあるので、一定額を支払って担保権を抹消してもらうような交渉も必要になります。

担保権（抵当権）の抹消ができず不動産の売買が成立しないことも考えられ、そのときは買主に全額返還する旨を売買契約書に記しておきます。具体的には「停止条件特約」か「解除条件特約」（右ページ下段参照）を加えます。

仕事のツボ　担保権が抹消できないときの特約を「停止条件特約」と「解除条件特約」のどちらにするかは、破産管財人になった弁護士の見解に従います。

●破産者と破産財団、破産管財人の関係

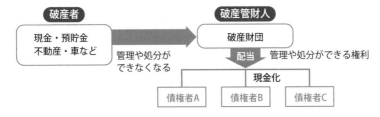

●破産管財人であることの確認に必要な資料

交渉人が破産管財人であることを確認する書類は次の通りです。

・破産管財人の選任書（3か月以内に作成のもの）	・破産管財人の本人確認資料
・破産管財人の印鑑証明書	・破産管財人の印鑑
・裁判所の売却決定許可書	

●破産管財人が売主となる場合の売買契約書類等への記名押印例

破産者　○○ ○○　破産管財人

住所：○○区○○三丁目 14-2 弁護士ビル 4 階

氏名：弁護士　○○ ○○　　㊞　裁判所届出印

●破産管財人が売主となる場合の売買契約の特約の例

●停止条件特約（例）

第○条　本契約は、○○○○年○月○日までに、破産法第７８条第２項１号の裁判所の許可および本物件の抵当権者が本物件に設定された抵当権の抹消に同意することを停止条件とし（破産者○○ ○○の破産管財人弁護士○○ ○○は、本契約後ただちに同許可申請手続きを行い）ます。

2　前項の条件が成就しないことが確定したとき、売主は、買主に対し、すみやかに受領済の金員を無利息にて返還します。

●解除条件特約（例）

第○条　売主は、○○○○年○月○日までに、本物件の売却につき破産法第７８条第２項１号の裁判所の許可および本物件の抵当権者が本物件に設定された抵当権の抹消の同意を得るものとします。

2　前項の許可を得ることができなかったとき、本契約は無条件で解除となり、売主は、買主に対し、すみやかに受領済の金員を無利息にて返還します。

MEMO　破産した人の不動産の売却方法には、競売と任意売却がある（→ P.434）。もし、破産者に売却や交換ができるような財産がなく、しかも債務を免責しても問題がない場合は、破産管財人は選任されない。

共有名義

不動産を一人で購入するのが難しければ、
複数の人で共有名義にする方法もあります。

「夫婦が共有で購入」か「親から援助」が代表的なパターン

複数の名義人（共有名義）で不動産の購入を希望する場合、持ち分を定めます。共有名義で自宅を購入する代表的なケースには、「夫婦が共有で購入しそれぞれ住宅ローンを組む」「親から援助を受ける」があります（右ページ参照）。

この場合、各自の不動産の持ち分は、購入資金を実際に出した割合に合わせる必要があります。資金の負担比率と違う持分割合にすると、資金を出した人から出さなかった人への贈与とみなされ、贈与された人は贈与税を払うことになるので注意しなければなりません。

●個人の持ち分を決めるための計算式

$$個人の持ち分割合 \ = \ \frac{個人の出した資金}{不動産の購入代金}$$

●不動産の持分を決める購入代金に含めるもの / 含めないもの

購入代金に含めるもの	●土地 購入代金（土地上の建物代金を含む） 建物の取り壊し費用 整地・埋め立て・地盛り・下水道・よう壁工事費等 ●建物 建築費または購入代金（設計変更費用も含む） 増改築・リフォーム費用 建物付属設備（エアコン・給湯設備等） 建築請負契約書の印紙代	●土地・建物共通 購入のための仲介手数料 不動産取得税 登録免許税・登記手数料 印紙代（売買契約書、借入金契約書） ローン関連費用（事務手数料、ローン保証料、 　　　　　　　　ローン保証事務手数料など） 抵当権設定の登録免許税・登記手数料 固定資産税・都市計画税の清算金 借入日から使用開始までの期間の下記の費用 　　（借入金金利、ローン保証料、団体信用生 　　命保険料）
含めないもの	使用開始日以降の下記の費用 　　（借入金金利、ローン保証料、団体信用生 　　命保険料） つなぎローン事務手数料 つなぎローン金利	火災保険料等（家屋・家財・地震） 管理準備金・管理費・修繕積立金 引越し代 家財（家電製品・家具・カーテン等） 町会費

仕事のツボ　共有名義の持ち分と出資割合については、売買契約を締結する前に税理士に問題がないかどうか確認してもらおう。

●共有名義で自宅を購入する代表的なケース

夫婦が共有でローンを組むケース それぞれローンを組むケース

①それぞれが個別債務者として住宅ローンを申し込む
→それぞれのローン借入額を夫と妻の持分に反映。

②夫を主たる債務者、妻を収入合算の連帯保証人とする
→夫単独の借入れなので、ローン全額分（つまり頭金以外）は夫の持分に反映。

③夫を主たる債務者に、妻を収入合算の連帯債務者にする
→夫と妻のどちらの債務として扱ってもかまいません。半々ずつなど負担分を適宜決めて、それぞれが負担する債務を所有権に反映します。取り決めた債務は必ず各自がその割合で返済します。

親から援助を受けるケース

①共有
→親の出した資金分を親の持分として親子共有で登記する。

②親からの贈与
→相続時精算課税制度や、住宅取得等資金の非課税制度などの優遇措置を利用する際は、贈与を受ける子の資金として扱い、購入した不動産は子の単独所有とする。優遇措置を利用せず単純に贈与を受けると子供に贈与税がかかる。

③親からの借入金
→子の単独所有とする。親子間の借り入れでも、贈与にならないように金銭消費貸借契約書を作成し、一定の利息を付けて定期的に返済する必要がある。

●夫婦で共有名義にするには（6000万円で購入する場合）

●持ち分は資金の出資割合によってきまる。

	資金の状況		持ち分	
	夫	妻	夫	妻
手元の住宅用資金	1500万円	1500万円	$\dfrac{4500万円}{6000万円}=\dfrac{4.5}{6}$	$\dfrac{1500万円}{6000万円}=\dfrac{1.5}{6}$
住宅ローン	3000万円			
計	4500万円	1500万円		

●持ち分を同じするには出資割合を同じにする。

	資金の状況		持ち分	
	夫	妻	夫	妻
手元の住宅用資金	1500万円	1500万円	$\dfrac{3000万円}{6000万円}=\dfrac{1}{2}$	$\dfrac{3000万円}{6000万円}=\dfrac{1}{2}$
住宅ローン	1500万円	1500万円		
計	3000万円	3000万円		

MEMO 贈与の非課税制度などの優遇措置については、P.186 を参照。

Section
07

相続物件

相続が発生後に不動産を売却するには先に
相続登記の手続きが必要になるのです。

相続に関連する不動産売却は法律や税金の専門家の力を借りる

不動産の所有者が亡くなり、その不動産の名義を被相続人（亡くなった人）から相続人（財産を受け取る人）に変更することを相続登記といいます。相続登記の完了後に相続人を売主とした不動産の売買は問題ありませんが、相続登記前に相続人が媒介契約を不動産会社と締結し、売却活動や売買契約を締結することもあります。その場合は売主となる相続人の確定が必要になります。相続人の確定は、通常は遺言書ないし遺産分割協議によります。

相続を伴う不動産売却の相談を受けたときは、必要に応じて次のような専門業種と連携して手続きを進めます。

・相続争いがある場合→弁護士

・不動産登記→司法書士

・相続財産額が多く多額の相続税の申告がある→税理士

相続の発生と不動産売却の流れ

不動産の所有者が亡くなると（「相続の発生」といいます）、不動産の所有権は相続人に移転しているものとみなされます。ただし相続登記は未了の状態なので、相続人を確定するには被相続人の出生から死亡までの戸籍謄本等を取得し、並行して被相続人が所有していた現金・預金・不動産や借入金・ローンなどの財産の状況を調べます。また相続不動産の適正な財産価値を算出する必要があれば、不動産鑑定士に不動産鑑定評価書の作成を依頼します。

相続した財産が一定額以上になり相続税の納付が必要になると、10か月以内に作業を終えて申告と納付をするため、あまり時間の余裕はありません。

仕事のツボ　被相続人の本籍が度々移っている場合などは、戸籍謄本などの取得が大変。専門家に依頼するほうが手間がかからず間違いも少ない。

●相続人の確定方法

遺言書による相続	遺言書があるときは有効なものかを確認。有効なら遺言書の内容に従って遺産分けを行うのが原則となるが、相続人や遺言書で指定された遺産を取得する人全員の同意があれば、遺言書とは違う内容で遺産を分割できる。
遺産分割協議による相続	遺言書がない場合、相続人全員で遺産の分け方を話し合う(遺産分割協議)。相続人全員の合意の上で、各人が署名して実印を押印し、印鑑証明書を添付した遺産分割協議書を作成する。相続争いを起こさず、相続人全員の合意を得るのがポイント。相続人が1名ならば遺産分割協議書は不要。

●相続登記までに可能な手続きとタイミング

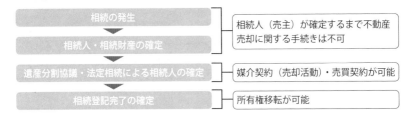

相続の発生 ── 相続人・相続財産の確定 ── 相続人(売主)が確定するまで不動産売却に関する手続きは不可

遺産分割協議・法定相続による相続人の確定 ── 媒介契約(売却活動)・売買契約が可能

相続登記完了の確定 ── 所有権移転が可能

●相続人の確認に必要な書類

下記のような必要書類等で相続人であることを証明します。

①被相続人(亡くなった人)に関するもの	②相続人(財産を受け取る人)に関するもの	③その他
・戸籍謄本、除籍謄本、改正原戸籍 　(出生から死亡まで) ・住民票の除票または戸籍の附表 　(登記簿上の住所および本籍地記載のあるもの)	・公的身分証明書 ・戸籍謄本 ・住民票(写) ・印鑑証明書	・遺言書 ・遺産分割協議書 ・登記済み権利証または登記識別情報通知

●相続登記未了の場合の特約例

第○条　売主は、第○条の所有権移転登記の時期までに、その責任と負担において、本物件につき売主名義の相続登記を完了します。

MEMO 相続人が未成年の場合には法定代理人が必要。遺産分割協議書には代理人が実印を押印し印鑑証明書を添付する。

●法定相続人の範囲と法定相続分

法定相続人とは民法で定められた相続人のことです。配偶者は常に法定相続人となりますが、そのほかに子ども、父母、兄弟の順番に相続人になることがあります。順位が上の法定相続人がいる場合にはそれより下位の父母、兄弟は法定相続人になることができません（子どもがいれば父母と兄弟は法定相続人になることができない）。

また、民法では相続人の間で遺産分割の合意ができなかったときの遺産の持分として下記のような法定相続分を決めています。

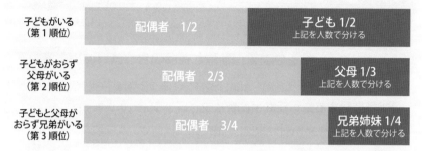

子どもがいる（第1順位）	配偶者 1/2	子ども 1/2 上記を人数で分ける
子どもがおらず父母がいる（第2順位）	配偶者 2/3	父母 1/3 上記を人数で分ける
子どもと父母がおらず兄弟がいる（第3順位）	配偶者 3/4	兄弟姉妹 1/4 上記を人数で分ける

兄弟姉妹を除く法定相続人には、最低限の遺産取得が補償される「遺留分」があります。遺言書で遺留分より少ない財産の相続しか認めていない場合は、相続人から遺留分侵害額を請求がされることがあります。

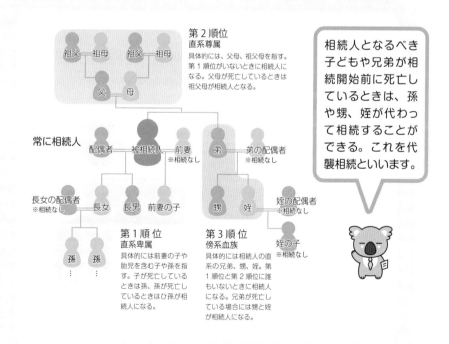

第2順位
直系尊属
具体的には、父母、祖父母を指す。第1順位がいないときに相続人になる。父母が死亡しているときは祖父母が相続人となる。

祖父 — 祖母　祖父 — 祖母

父　母

常に相続人

配偶者　被相続人　前妻 ※相続なし　弟　弟の配偶者 ※相続なし

長女の配偶者 ※相続なし　長女　長男　前妻の子　甥　姪　姪の配偶者 ※相続なし

孫　孫

第1順位
直系卑属
具体的には前妻の子や胎児を含む子や孫を指す。子が死亡しているときは孫、孫が死亡しているときはひ孫が相続人になる。

第3順位
傍系血族
具体的には相続人の直系の兄弟、甥、姪。第1順位と第2順位に誰もいないときに相続人になる。兄弟が死亡している場合には甥と姪が相続人になる。

姪の子 ※相続なし

相続人となるべき子どもや兄弟が相続開始前に死亡しているときは、孫や甥、姪が代わって相続することができる。これを代襲相続といいます。

仕事のツボ　相続人が多数いる場合、相続人を代表する「相続代表者」を選任して様々な手続きを任せることがあります。

●相続に関する専門業種一覧

		弁護士	司法書士	行政書士	税理士
相続発生前	相続税対策	×	×	×	○
	遺言書の作成	○	○	○	△
	成年後見人制度や申立手続き	○	○	×	×
	家族信託	○	○	△※2	×
	遺言信託・遺言の執行	○	○	×	×
相続発生後	相続財産の調査	○	○	○	○
	相続放棄	○	○	×	×
	遺言書の検認	○	○	×	×
	相続税の申告、故人の確定申告（準確定申告）	△※1	×	×	○
	遺留分侵害請求	○	△	△	×
	遺産分割協議書作成	○	○	○	△
	遺産分割調停・審判の代理	○	×	×	×
	不動産の名義変更手続き	○	○	×	×

※1 税理士登録をしている弁護士　　※2 信託契約書を作成して公正証書にする業務のみ可

相続絡みの案件は、必要な書類を自分だけで判断せずに司法書士や弁護士などの専門家に確認してもらおう。

残代金決済日は相続税の納税期限までに済ませよう

　相続税の申告と納付は、被相続人が死亡したことを知った日の翌日から10か月以内が期限です。

　納付に備えてこの期限までに不動産を売却した残代金の受け取りができるスケジュールになっているか確認しましょう。

　なお相続税を期限までに納付しないと、相続税にプラスして無申告加算税や延滞税を支払わなければなりません。

海外居住者の不動産取引

海外に居住する日本人や、外国人との不動産取引には、通常とは違うところがある。

非居住者の不動産売却は税金を源泉徴収する

　日本の「居住者」として扱われるのは、1年以上継続して日本に居住しているか、生活の中心が日本にある人です。それ以外の居住期間が1年未満または生活の中心が国外にある人は「非居住者」となります。居住者・非居住者の区分は所得税法上のもので、住民票の有無とは関係ありません。

　非居住者が日本国内の不動産を売却した場合、物件を購入した人は売買代金の支払金額の10.21％相当額を源泉徴収して、対価の支払いをした翌月の10日までに税務署に納付する義務があります。源泉徴収は手付金・中間金・残代金などの支払いごとに必要です。このため売主の非居住者に渡るのは、支払金額の89.79％相当額です。源泉徴収分は売主の売却金額に対してかかる所得税額なので、売主は翌年に確定申告をして申告分離課税として清算します。

　なお不動産の売買金額が1億円以下で、かつ購入した本人かまたは親族がそこに居住するのであれば、源泉徴収の必要はありません。

賃貸の場合も源泉徴収が必要になる場合がある

　非居住者が賃貸した不動産では、賃借人は家賃の支払いの際、支払金額の20.42％相当額を源泉徴収して税務署に支払う義務があります。そのため非居住者に支払われる金額は、支払金額の79.58％相当額になります。賃借人は家賃の支払いをした翌月10日までに税務署に納付し、賃貸した非居住者は確定申告をすることにより源泉徴収された金額を精算します（総合課税）。

　なお、不動産を賃借した個人が、自分かまたは親族の居住の用に供するためのものである場合には、源泉徴収の必要はありません。

仕事のツボ　売却代金が1億円を超えるかどうかの判定は、共有者ごとの持分に応じて行います。売買代金が1億円以下でも固定資産税等の精算金を含めると1億円を超えることがあるので注意。

●国内の不動産物件の売買で源泉徴収が必要か不要か

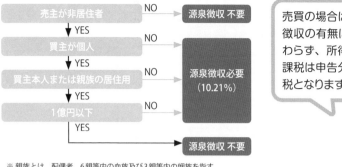

売買の場合は源泉徴収の有無にかかわらず、所得税の課税は申告分離課税となります。

※ 親族とは、配偶者、6親等内の血族及び3親等内の姻族を指す。

●国内の不動産物件の賃貸で源泉徴収が必要か不要か

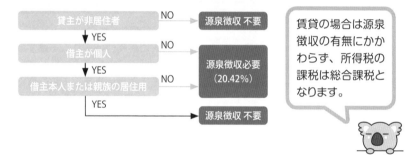

賃貸の場合は源泉徴収の有無にかかわらず、所得税の課税は総合課税となります。

●非居住者等に対する所得税の源泉徴収の特約例

第○条　売主は、自己が所得税法に定める非居住者（または外国人）に該当することを確認のうえ、買主が法の定めにしたがい売買代金（建物にかかる消費税等相当額を除いた金額）の１０．２１％相当額金○○○,○○○円を売買代金から源泉徴収することを承諾します。

2　買主は、前項により第２条の手付金および第３条の売買代金の支払いに際し、表記手付金に対する源泉徴収税額金○○,○○○円、表記第１回内金に対する源泉徴収税額金○○,○○○円、表記残代金に対する源泉徴収税額金○○○,○○○円をそれぞれ控除して売主に支払います。

3　買主は、前２項により源泉徴収した金員を同法の定める所定の期日までに、自己の納税地を所轄する税務署に申告納付しなければなりません。

●非居住者が取引をする際の本人確認書類

・在留証明／サイン証明→大使館・領事館で取得
・顔写真付き本人確認書類（運転免許証、パスポート等）

必要な書類は利用する金融機関で異なる場合があります。また外国政府や国際機関の発行した証明書等を日本語に翻訳する必要があると、その費用も発生します。

日本国内に住所がなくても国内で所得が発生していると、本人の代わりに税務手続きをする納税管理人が必要に。信頼できる人や税理士を選任することが多いよ。

外為法による届出義務

　外為法（外国為替及び外国貿易法）により、外国人が日本の不動産を取得したときには届出義務があります。不動産の外国人購入者は「国内の事務所に勤務する者」と「入国後6か月以上経過している者」を除いて原則非居住者扱いとなり、不動産取得の報告義務があります。

　外国人に義務付けられた不動産取得の報告は、日本銀行を経由して財務大臣宛てに行います。不動産取得の日から20日以内という期限があるので注意が必要です。

　なお以下の場合、報告は不要です。

①他の非居住者から不動産を取得した

②非居住者本人の事務所用として取得した

③非居住者本人またはその親族の居住用目的で取得した

④非居住者の使用人もしくはその他従業員の居住用目的で取得した

⑤日本国内で非営利目的の業務を行う非居住者が、この業務を遂行するために取得した

外国人が不動産を購入する案件で注意すること

　日本の不動産を外国人が購入することに制限は特にありませんが、専門用語が多い不動産売買契約を理解することは難しいはずです。日本語の理解の度合いを確認し、慣習の相違によるトラブル発生の可能性も考慮し、できるだけ日本語の分かる知人や通訳の同席を求めます。売買契約書には「日本国の管轄で、日本の法律により、日本語を基準とした契約である」旨を特約で明記します。

　購入時の費用の注意点は、日本人が買い手の場合と同じですが、購入資金を海外から送金するときに、1日当たりの送金金額に上限がある場合があり、時間がかかる可能性があります。最近では事前に必要資金を不動産仲介会社の口座へ送金し、決済当日に仲介会社から代金を支払うケースが多くなっています。

　ローンを利用する場合は、金融機関が返済のリスクを考慮して、借りる人が永住権を持っているか、配偶者が日本人か、などを条件としたりします。永住権を持たなくても、国内に居住していなくても融資をする金融機関はありますが、金利が高かったり、融資額を抑える傾向があります。金融機関や案件ごとに融資条件は異なるので注意します。

● 外国人が取引をする際の本人確認書類

① 日本居住の外国人 / 在留資格がある外国人
- ・住民票
- ・在留カード / 特別永住者証明書
- ・印鑑証明書（ローンを利用する場合必要）
- ・顔写真付き本人確認書類（運転免許証、パスポートなど）

② 日本に居住していない外国人 / 在留資格がない外国人
- ・宣誓供述書（AFFIDAVIT）/ サイン証明書 / 在留証明書など→大使館・領事館で取得
- ・顔写真付き本人確認書類（パスポート等）

● 当事者が外国人である場合の特約例

第○条　売主・買主は、本物件の不動産売買契約および本物件にかかる重要事項説明書について下記事項を了承します。
①本売買契約書の準拠法は日本法とすること。
②本売買契約書の国際裁判管轄は日本国とすること。
③本売買契約書に関して紛争が生じた場合（本重要事項説明書の記載に関して紛争した場合を含む。）は、○○地方裁判所を第一審の専属的合意管轄裁判所とすること。
④本重要事項説明書および本売買契約書において使用される言語は日本語による表記を正文とし、他のいかなる言語（中国語、英語を含み、以下「外国語」という。）に翻訳されたもの（口頭を含む）が存在する場合といえども、それらは参考、補足資料にすぎず、日本語の正文のみが契約としての効力を有すること。よって、日本語による内容と外国語による内容の間に齟齬があった場合、日本語による内容が優先されること。

借入100万円あたりの月額返済額　早見表

資金計画表（P.154）などで使用する借入を100万円したときに月々の支払額がいくらになるかを表わした表です。

例えば、金利2%、25年で400万円を借りた時の月額の返済額は1万6952円（4238円×4）になります。

（単位：円）

金利	返済期間					
	10年	15年	20年	25年	30年	35年
1.50%	8,979	6,207	4,825	3,999	3,451	3,061
1.60%	9,023	6,252	4,871	4,046	3,499	3,111
1.70%	9,067	6,297	4,917	4,094	3,547	3,160
1.80%	9,112	6,343	4,964	4,141	3,596	3,210
1.90%	9,156	6,389	5,011	4,190	3,646	3,261
2.00%	9,201	6,435	5,058	4,238	3,696	3,312
2.10%	9,246	6,481	5,106	4,287	3,746	3,364
2.20%	9,291	6,527	5,154	4,336	3,797	3,416
2.30%	9,336	6,574	5,202	4,386	3,848	3,468
2.40%	9,381	6,620	5,250	4,435	3,899	3,521
2.50%	9,426	6,667	5,299	4,486	3,951	3,574
2.60%	9,472	6,715	5,347	4,536	4,003	3,628
2.70%	9,518	6,762	5,397	4,587	4,055	3,683
2.80%	9,564	6,810	5,446	4,638	4,108	3,737
2.90%	9,609	6,857	5,496	4,690	4,162	3,792
3.00%	9,656	6,905	5,545	4,742	4,216	3,848
3.10%	9,702	6,954	5,596	4,794	4,270	3,904
3.20%	9,748	7,002	5,646	4,846	4,324	3,960
3.30%	9,795	7,051	5,697	4,899	4,379	4,017
3.40%	9,841	7,099	5,748	4,952	4,434	4,075
3.50%	9,888	7,148	5,799	5,006	4,490	4,132
3.60%	9,935	7,198	5,851	5,060	4,546	4,191
3.70%	9,982	7,247	5,902	5,114	4,602	4,249
3.80%	10,029	7,297	5,954	5,168	4,659	4,308
3.90%	10,077	7,346	6,007	5,223	4,716	4,367
4.00%	10,124	7,396	6,059	5,278	4,774	4,427

8

契約後から引渡しまで

住宅ローンの本申込み、不動産抵当権の抹消、残代金決済、残代金明細、契約不適合、ユーザーフォロー

Section 01 買主側の手続き： 住宅ローンの本申込みと契約

売買契約の後に買主は住宅ローンの本申込みをして金融機関の本審査を受けるよ。

住宅ローンの本申込みは買主任せにせずしっかりサポートを

買主が住宅ローンを利用する場合、売買契約書の融資特約による融資承認期日までに金融機関の本承認を得る必要があります。そのための本申し込みをする際には、住宅ローンの種類、金利の種類、借入金額・期間、借入名義人などの必要事項を金融機関の所定の書類に必要事項を記入し、書類と併せて提出します。また団体信用生命保険の審査も本申込み時に同時に行います。

融資の金額や条件に誤りがあってはいけないので、手続きは買主任せにするのではなく、不動産会社の担当者が金融機関との間に入ります。

本審査の結果は、一般的な金融機関であれば、本申し込みから1〜2週間程度で通知されます。住宅金融支援機構のフラット35は、申し込みの内容によっては最大1か月程度かかる場合もあります。

住宅ローンの正式契約は原則金融機関の平日の営業時間に行う

金融機関による住宅ローンの本審査を通過したら、融資実行日（残代金決済および引渡しと同日）を確定させて、正式な契約へと進みます。原則として平日の営業時間内に買主が金融機関に出向き、住宅ローン契約（金銭消費貸借契約）を締結します。最近では土日対応をしたり、郵送、インターネットで住宅ローン契約ができる金融機関も増えています。

住宅ローンの借入額が決まると、正式な登記をするために司法書士に費用の見積もりを依頼します。住宅ローンの抵当権設定手続きでは司法書士と金融機関の担当者がやり取りをするため、それぞれの連絡先を伝えておくと手続きがスムーズになります。

仕事のツボ 　住宅ローン契約を締結してから住宅ローン実行（融資実行）が可能になるまでの期間は金融機関により異なるので、事前に確認をしてスケジューリングをします。

● 住宅ローン本審査のスケジュール

```
              ┌───────────────────────────────┐
              │        本審査の申し込み         │
┌─────────┐   └───────────────────────────────┘
│10日から  ├──┐
│2週間前後 │  │ ┌───────────────────────────────┐   ┌──────────────────┐
└─────────┘  └→│        本審査結果の通知         │───│ 融資承認期日までに │
                └───────────────────────────────┘   │ 受けることが必要   │
              ┌───────────────────────────────┐     └──────────────────┘
              │ 住宅ローン（金銭消費貸借契約）の締結 │
              └───────────────────────────────┘
              ┌───────────────────────────────┐
              │        住宅ローンの実行         │
              └───────────────────────────────┘
```

● 住宅ローンの利用に必要な書類の例

利用する住宅ローンの種類や金融機関によって、必要書類や諸費用は異なります。

●個人の場合

- 個人ローン借入申込書（兼）保証委託申込書[1]
- 団体信用生命保険申込書兼告知書[1]
- 個人情報の取扱いに関する同意書[1]
- 運転免許証やパスポート、マイナンバーカードなど本人確認資料
- 健康保険証
- 売買契約書、重要事項説明書（原本提示と写しの提示）

- 印鑑証明書と印鑑
- 住民票（写）
- 源泉徴収票（給与証明書）
- 住民税課税決定通知書（または住民税課税証明書）
- 融資関係費用（印紙代、事務手数料、保証料など）[2]

※1.電子化やネット入力に対応している金融機関もある。
※2.融資実行時に差し引かれることがある。

●法人代表の場合

- 法人の決算書（銀行が指定する期分）

- 法人の納税証明書（銀行が指定する期分）

> 本審査に必要な提出書類は、勤務先の会社や市区町村役場などで発行するものが複数ある。予め必要書類を買主に案内して、融資承認期日までに承認を得られるようにしよう。

● 登記費用の見積もりに必要となる書類など

- 物件の登記事項証明書
- 売買契約書
- 固定資産税評価証明書
- 住宅ローンの借入金額がわかるもの

Section 02
売主側の手続き：
不動産抵当権の抹消

売主は不動産が借入金の担保になっていたら、買主の住宅ローン本申込みの承認後に、抵当権等を抹消する手続きをするよ。

▌売主のローンは買主からの入金後に一括返済後、抵当権を抹消

物件に対する売主の住宅ローンが残っている場合、残金の完済に必要な金銭は買主から受け取る売買代金で一括返済するのが一般的です。この完済依頼の手続きは決済の2〜4週間前までに、借り入れをしている金融機関に売主が申し出ます。その後金融機関の担当者と司法書士に互いの連絡先を知らせて、売却する不動産の抵当権等を抹消する手続きの準備を進めてもらいます。

必要となる書類は売主か司法書士が金融機関の窓口に取りに行きます。金融機関が遠方にあるときは、抵当権の抹消登記をする法務局に近い支店で書類が受け取れるように依頼しておきます。その後司法書士が書類の準備とチェックをして、法務局に登記申請をします。

▌引渡しまでに必要な手続きは専門家の手を借りてスムーズに

登記名義人の氏名や住所に変更があれば、登記情報も変更します。登記に関するこれらの手続きは、不動産の所有権を買主名義に移転する前、つまり買主から残代金を受領する前に行う必要がありますが、通常は決済当日に所有権移転登記と合わせて行います。司法書士からは、抵当権抹消や登記名義人変更などに関わる登記費用の見積もりを事前に取得します。

このほかに売買契約において引渡しまでに行わなければならない手続きは、弁護士・司法書士・土地家屋調査士・解体業者・リフォーム業者などの専門家と連携をしながら行います（→P.034）。

なお、建物の増築や地目の変更、土地の分筆・合筆登記、および相続登記が未了のケースなど手続きが解除条件・停止条件となっている場合は、所定の期日までに条件を成就できるように済ませておかなければなりません。

MEMO　抵当権抹消や登記名義人変更などに関わる登記費用の見積もりを、忘れずに取得するようにします。

●売買条件、解除条件、停止条件などに関する手続きが必要な例

- ・故障設備の修補
- ・残置物の撤去
- ・家屋の解体と建物の滅失登記
- ・農地法に基づく転用の届出
- ・後見人制度に伴う裁判所の売却許可などの手続き
- ・境界の明示義務、隣接所有者との境界確定(測量)
- ・私道の通行掘削承諾の取得
- ・借地の場合の譲渡承諾の取得などの手続き

●抵当権の抹消登記に必要な書類

- ・物件の登記事項証明書
- ・売買契約書
- ・登記名義人変更登記に必要な書類(住民票や相続人を証明する書類など)

> フラット35やネット銀行は手続きに時間がかかるため、抵当権抹消の手配を早めにしておこう。

抵当権抹消や解除条件、停止条件手続きが遅れたとき

　抵当権抹消や解除条件、停止条件が期日までに間に合わない場合は、契約当事者の間で期日を延長するか、契約を解除するかを話し合います。

　そこで決定した事項については、覚書を作成して書面化することを忘れないようにします。

引越し前に必要な
手続きの案内

行政機関や郵便局、金融機関、学校、電気・ガス・水道などのインフラ、火災保険などの手続きが必要になるよ。

引越に伴い必要となる手続きを案内する

　自宅の売買契約を結んで所有権が売主から買主に移る前に、住所変更を始めとする各種手続きや引っ越しの準備を始めます。どのような手続きが必要でどれだけ手間がかかるかを、売主や買主が知ることは少ないので、不動産会社の担当者が案内します。売主と買主が行うことになる主な手続きは次の通りです。

決済・引渡しの 1 か月前までに必要な手続き	
転校手続き：公立校	・小中学校は引越しが決まったら担任の先生に連絡し、在学証明書、教科書給与証明書などを受け取る。 ・公立高校の手続きは都道府県により異なるため、引越し先の都道府県の教育委員会に問い合わせる。
転校手続き：私立校	小学校は日本私立小学校連合会、中学校と高校は都道府県庁所在地にある私立・中学高等学校協会などに編入希望先の学校名、所在地、電話番号、学科などを問い合わせ、その学校に連絡する。
引越し業者の手配	・複数の業者から見積もりを取り、料金やサービスを検討する。 ・料金は移動距離や、梱包負担代行などサービスによって変わる。
決済・引渡しの 2 週間前まで	
固定電話の移設手続き	・管轄の電話局に新旧の住所、氏名、引越し月日、移設希望日を電話連絡する。 ・電話局の管轄が変わる場合は 3 日以内に移転先の電話局から引越し先の取り付けの連絡がくるので、移設日の指定があればその 1〜2 週間前までに申し込む。 ・同タイミングでインターネットプロバイダーやケーブルテレビ局などの解約と加入の手続き行う。
決済・引渡しの 1 週間前まで：行政手続き	
転居届	・市区町村役所に印鑑を持参して住民移動票を提出、転出証明書を受け取る。 ・新居の市区町村役所に転出証明書を提出し転入届をする。
印鑑登録の消去	・市区町村役所へ転出届を提出すると、自動的に印鑑登録は消去される。印鑑登録カードは窓口に返却。 ・転居届提出後は、住民票や印鑑登録証明書は取得できない。マイナンバーカードなども住所変更する。

仕事のツボ　引越しの当日は電話を使うことが多いので、固定電話の取り外しは引越しが済んでからにするといいでしょう。

	決済・引渡しの1週間前まで：電気・ガス・水道の転居連絡
電力会社	・領収書・検針票に記載の電力会社の支社・営業所に、住所、氏名、引越し日、転居先の住所、領収書のお客様番号を電話等で連絡。 ・転居先を管轄する電力会社の支社・営業所には使用開始日、住所、氏名を伝える。
ガス会社	・領収書・検針票に記載のガス会社の支社・営業所へ住所、氏名、引越し日、転居先の住所、領収書または検針票のお客様番号を電話等で連絡する。 ・転居先のガス会社に引越し日、新住所、氏名、ガス栓開栓の希望日時、旧住所で使用していたガスの種類を伝える。
水道局	・領収書・検針票に記載の水道局の支所・営業所に住所、氏名、引越し日、転居先の住所、領収書または請求書のお客様番号を電話等で連絡。 ・転居先の受持ち支所・営業所には使用開始日、住所、氏名を連絡。

	決済・引渡しの1週間前まで：そのほかの手続き
郵便局への転居届	・転居届の用紙を郵便局や市区町村の窓口で受取り、新居の住所を郵便局に提出する。またはハガキに新旧の住所、氏名、捺印、家族・同居人の氏名、転居月日を記入して、最寄の郵便局へ郵送する。 ・転居届の用紙を郵便局や市区町村の窓口で受取り、新居の住所を郵便局に提出する。またはハガキに新旧の住所、氏名、捺印、家族・同居人の氏名、転居月日を記入して、最寄の郵便局へ郵送する。
金融機関の手続き	・普通預金・定期預金などの住所変更手続きをする。転居先に同じ銀行の支店がある場合は、届出印鑑、口座番号、新旧住所、氏名を伝えて、口座移転・住所変更の手続きをする。口座移転をすると口座番号が変わるので、新しいキャッシュカードが発行されます。 ・取引銀行を変える場合は、公共料金の自動引き落としの解約届を提出。銀行ローン、クレジットカード、生命保険、火災保険、損害保険、株式などの住所変更手続きも必要となる。
運転免許書などの身分証明書	早めに住所変更をしておく。

売主と買主のスムーズな住み替えのために、必要な手続きの一覧を用意して案内しよう。

買主だけが必要な手続き

残代金決済の1か月前までにしておきます。

火災保険	加入期間とプラン（地震保険や家具・家財保険の有無など）を選び、引渡し日から保険の対象となるようにする。
リフォーム	売主が引渡しをしたらすぐ工事ができるように準備を。工事内容を決めて費用を確認する。マンションの場合は工事開始の2週間から1か月前までに管理組合への申請を求められることが多い。

Section 04
残代金決済日時と場所の案内、必要書類の準備

残代金の授受と物件の引渡しをする日時と場所を決めるのです。

決済は平日の午前中に行うのが基本

不動産仲介業者は、買主から売買代金の残代金が支払われると同時に売主から所有権が移転する登記の手続きをする日時と場所を決めます。この決済をもって不動産の売買取引が完了します。

通常は金融機関の営業日である平日の午前中に行います。万一何らかのミスが生じて書類の不備を修正する必要があったり、振込みが遅れたりしたとしても対処できるようにするためです。決済の所要時間は1時間から1時間半前後を見ておきます。場所は買主側が指定するのが原則です。買主が住宅ローンを利用するときは、ローンを実行する金融機関で決済するのが一般的です。

スムーズな決済のために残代金明細を作成して事前に案内

残代金決済日は関係者と連絡の上、3週間〜1か月前までに確定します。仲介業者は決済日までに、買主から売主に支払われる残代金および固定資産税清算金、管理費の清算金、売主と買主の登記費用、買主の住宅ローンに関する諸経費などを確認しておきます。金額とともに、右ページ上段の問い合わせ先に連絡して、必要な書類の漏れや間違いがないかをチェックします。

そして当日の日時と場所、上述した項目と金額の一覧を記した残代金明細を作成し、メールないし郵送で売主と買主に送付します。決済日の2週間前には当事者に残代金明細を届けます。共同仲介の場合は、ほかの仲介業者にも残代金明細を送付します。

そのほか決済時には右ページ下段に記したような書類が必要になるので準備しておきます。

仕事のツボ 賃貸中物件の取引の場合は、敷金の引継ぎや賃料の清算金の授受を忘れずに。

●金額や書類の問い合わせ先

登記に関するもの	司法書士
融資に関するもの	利用する予定の金融機関
建物表示登記に関すること（新築住宅の場合）	土地家屋調査士

●事前に準備する書類の例

売主側	身分証明書、登記識別情報通知（権利証）、実印、印鑑証明書、銀行通帳・銀行印（ローン返済銀行のもの）、住民票（写）など（住所変更がある場合）
買主側	身分証明書、実印、印鑑証明書、住民票（写）、銀行通帳・銀行印（ローン利用する銀行のもの）、フラット35適合証明書（フラット35を利用する場合）

●残代金決済時に仲介業者が準備する書類

[戸建／マンション共通]
・残代金領収書（売主から買主へ交付）
・固定資産税・都市計画税清算金領収書（売主から買主へ交付）
　（売主が宅建業者の場合、上記の2種類の領収書は売主業者が準備するのが一般的）
・仲介手数料領収書
・引渡確認書

[マンションの場合]
・管理費・修繕積立金の清算金領収書（売主から買主へ交付）
・区分所有者変更届
・管理費等引落口座依頼書
[賃貸している物件の場合]
・敷金清算領収書（買主から売主へ交付）
・賃料等清算領収書（買主から売主へ交付）

残代金明細を送付したら、売主と買主に連絡して記載事項に不明点がないか確認してもらおう。

残代金決済のご案内

2022 年 1 月 10 日

〇〇　〇〇　様　〇〇　〇〇　様

この度は、弊社をご利用いただき、誠にありがとうございます。
2021年11月15日付締結の不動産売買契約に基づき、下記のとおり残代金決済を執り行わせていただきますので、以下の通りご案内申し上げます。

Ⅰ. 契約対象不動産のご確認

＜不動産の表示＞	〇〇マンション　１１０１号室

Ⅱ. 決済内容のご案内

a.お引渡し前の最終現地確認日

＜日時＞	2022年1月20日（木曜日）　12時00分より　所要予定時間30分から1時間程度
＜備考＞	売主様・買主様および仲介会社立会いのもと、売買契約時に交わした「物件状況報告書」および「設備表」を参照し、契約時と現状の差異がないか現地で確認を行います。

b.ご決済日時・場所

＜日時＞	2022年1月31日（月曜日）　10時00分より　所要予定時間　1時間～2時間程度
＜場所＞	●●銀行　●●支店（2階） ●●区●●町●●丁目●番●号　●●ビル3階
＜備考＞	お手数ですが、銀行内の決済場所（個室）が不明なため、決済場所に到着されましたら携帯までお電話ください。

c.ご決済時必要書類等

項目	通数	備考
☑ 実印	各自	
☑ 本人確認書類（運転免許証等）	各自	
☑ 住民票（写）（原本）	各1	金消時に提出済であれば不要
☑ 印鑑証明書（原本）	各1	金消時に提出済であれば不要
☑ 銀行通帳（〇〇銀行）	各自	住宅ローン借入銀行のもの
☑ 銀行印	各自	同上
☑ 自己資金		※備考参照
☐		
☐		
☐		
☐		
☐		
☐		

【買主様用】

Ⅲ. 当日の金銭の流れ

a.内訳

①売主様へ支払う金銭

	項　目	金　　額	金種	備　　考
☑	残代金	金63,000,000円		売買価格－手付金（売買契約書参照）
☑	令和3年度固定資産税等清算金	金100,959円		年税額：110,000円×335/365日
☑	2022年1月管理費等清算金	金968円		月額管理費等30,000円×1/31日
☑	2022年2月管理費等清算金	金30,000円		
☐				
	合計	金63,131,927円	振込	

②売主様から受領する金銭

	項　目	金　　額	金種	備　　考
☐				
☐				
☐				
☐				
	合計			

③その他へ支払う金銭

	項　目	金　　額	金種	備　　考
☑	仲介手数料	金1,188,000円	現金	支払先：仲介会社
☑	登記費用（移転・設定）	金356,040円	現金	支払先：司法書士
☑	火災保険・地震保険料	金158,000円	振込	支払先：保険会社
☑	融資手数料	金1,320,000円	※	融資実行時に差し引きされます
☐				
☐				
	合計	金3,022,040円		

b.ご決済日時・場所

①売主様へ支払う金銭（残代金等）・・・・　金63,131,927円

②売主様から受領する金銭・・・・・・・・

③その他へ支払う金銭（諸費用等）・・・・　金3,022,040円

・ご決済日前々日までに、不足額を支払口座へご入金くださるようお願い致します。

《　お支払額（差引後）合計　（①＋③）－②　》　金66,153,967円

Ⅳ. 備考

上記金額に住宅ローンの借入金を充当し、金〇〇〇〇〇〇〇円が不足となります。
ご決済日前日までに、支払口座へのご入金をお願いします。
※②の売主様から受領する金銭がある場合、①の売主様へ支払う金銭から相殺し清算いたします。

〇〇不動産株式会社

電話：080-XXXX-XXXX　　　　　　　　　　　　　　　担当：〇〇　〇〇

残代金決済のご案内

2022 年 1 月 10 日

○○　○○ 様

この度は、弊社をご利用いただき、誠にありがとうございます。
2021年11月15日付締結の不動産売買契約に基づき、下記のとおり残代金決済を執り行わせていただきますので、以下の通りご案内申し上げます。

Ⅰ. 契約対象不動産のご確認

＜不動産の表示＞	○○マンション　１１０１号室

Ⅱ. 決済内容のご案内

a. お引渡し前の最終現地確認日

＜日時＞	2022年1月20日（木曜日）　　12時00分より　　所要予定時間30分から1時間程度
＜備考＞	売主様・買主様およおび仲介会社立会いのもと、売買契約時に交わした「物件状況報告書」および「設備表」を参照し、契約時と現状の差異がないか現地で確認を行います。設備機器の取扱説明書やリモコン類を新居にご移動されているようでしたら、この期日までに、売却不動産へご移動くださる様、お願い申し上げます。

b. ご決済日時・場所

＜日時＞	2022年1月31日（月曜日）　　10時00分より　　所要予定時間　1時間～2時間程度
＜場所＞	●●銀行　●●支店（2階） ●●区●●町●●丁目●番●号　●●ビル3階
＜備考＞	お手数ですが、銀行内の決済場所（個室）が不明なため、決済場所に到着されましたら携帯までお電話ください。

c. ご決済時必要書類等

	項目	通数	備考
☑	登記識別情報通知（原本）	1	
☑	実印	1	
☑	銀行通帳（○○銀行）	1	住宅ローンを返済する銀行のもの
☑	銀行印	1	同上
☑	本人確認書類（運転免許証等）	1	
☑	住民票（写）（原本）	1	
☑	印鑑証明書（原本）	1	
☑	住戸の鍵	4	
☑	ポスト解除番号		当日口頭でお知らせ頂いても結構です
☑	宅配BOXキー	2	
☑	分譲時パンフレット（原本）	1	
☑	管理規約・使用細則（原本）	1	
☐			

【売主様用】

Ⅲ. 当日の金銭の流れ

a.内訳

①買主様より受領する金銭

項　　目	金　　額	金種	備　　考
☑　　　　残代金	金63,000,000円		売買価格－手付金（売買契約書参照）
☑　令和3年度固定資産税等清算金	金100,959円		年税額：110,000円×335/365日
☑　2022年1月管理費等清算金	金968円		月額管理費等30,000円×1/31日
☑　2022年2月管理費等清算金	金30,000円		
☐			
合計	金63,131,927円	振込	買主様から指定口座へ振込

②買主様へ支払う金銭

項　　目	金　　額	金種	備　　考
☐			
☐			
☐			
☐			
合計			

③その他へ支払う金銭

項　　目	金　　額	金種	備　　考
☑　　仲介手数料	金1,188,000円	現金	支払先：仲介会社
☑　登記費用（抹消・住所変更）	金32,600円	現金	支払先：司法書士
☐			
☐			
☐			
☐			
合計	金1,220,600円		

b.ご決済日時・場所

①買主様より受領する金銭（残代金等）・・　金63,131,927円

②買主様へ支払う金銭・・・・・・・・・

③その他へ支払う金銭（諸費用等）・・・・　金1,220,600円

> ・売主様希望の残代金お受取口座が複数口座となる場合、2口座目以降の振込手数料は、売主様のご負担となりますので、あらかじめご了承ください。

《　お受取額（差引後）合計　　①－（②＋③）　金61,911,327円

Ⅳ. 備考

※②の買主様に支払う金銭がある場合、①の買主様より受領する金銭から相殺し清算いたします。

○○不動産株式会社

電話：080-XXXX-XXXX　　　　　　　　　　　　担当：○○　○○

Section
05

引渡し前確認

決済日が近づいたら、現地で不動産物件の最終確認をする。後々問題が発生するのを回避できる最後の機会だよ。

建物の引渡し前確認は売主と買主立ち合いで行う

引渡し前確認は、原則として売主と買主の立ち会いのもとに行います。物件状況等報告書と設備表や図面などに従って付帯物や境界などを確認します。

中古住宅の場合は、設備表の通りに付帯物が設置されているか、資料にない残置物がないかを確認します。さらに売買契約締結の後に新たに設備の故障や瑕疵などが発生していないかを調べます。

新築住宅では、建物の図面や仕様書をもとに完成した建物をチェックします。契約時に受け取った図面にない変更工事などがあった場合には変更後の図面と現況を照らし合わせます。

土地の引渡し前確認では境界標や解体の状況などをチェック

契約書の内容通りに境界標が設置されているかを確認します。古家を解体して引渡す場合は更地になっているか、越境物を解消する条件の場合はそのようになっているか確かめておきましょう。

契約不適合・設備故障の連絡があった時の対応

不動産を引渡した後も、契約不適合期間内に瑕疵等が発生したり、設備の修補期間内に設備故障などがあった際は、連絡を受けたら速やかに現地確認に向かいます。

急を要する場合を除いて、売主が現場確認をする前に修補をすることはできないので、瑕疵や故障部分を写真や動画で撮影し、売主と立ち合いの日程を調整します。

修補をするときは、瑕疵・設備保証などがあればその手続きを手伝います。保証がない場合はリフォーム業者を紹介したり手配をします。

取引完了後のユーザーフォロー

賃貸収入が発生している不動産の売却や購入では、確定申告が必要になります。取引当事者がサラリーマンの場合は、確定申告の経験がないことが多く見落としがちな点です。売却したときの譲渡所得の申告も必要です。購入したときは住宅ローン控除が適用されることが多いので、これらについても案内し、申告する時期や内容を伝えておきます。

このほか相続や税金、不動産に関する権利について相談を受けたときは、その内容に合わせて弁護士や司法書士、税理士などの専門家を紹介します。提携している士業の無料相談サービスをしている不動産会社もあります。勤務先の不動産会社が提供している成約者向けの無料・有料のさまざまなサービスを有効活用してもらいましょう。

取引完了後のユーザーフォローは、デキる不動産営業担当になる近道だ。引き続き不動産の相談や顧客の紹介を受けられるように、よい関係づくりをしよう。

●不動産会社の成約者向けサービスの例

24 時間駆けつけサービス	トイレの詰まり、建具や設備の不具合などに 24 時間対応し、専門会社のサービススタッフが駆けつける。
再契約特典＆顧客紹介特典	成約者が再び契約をしたり、成約者から紹介をうける際に、仲介手数料を割引したり、商品券をプレゼントする。
引越し優待	提携している引越し会社の引越し代金が割引される。
リフォーム優待	提携しているリフォーム会社の料金が割引される。
インテリア優待	提携インテリア会社の家具が優待価格で購入できる

Section 06 残代金決済当日の流れ

取引の最後となる残代金決済の日には、登記申請、残代金受領、各種清算、引渡しなど、多くの手続きがあります。

当日は先に到着して準備をする

不動産取引の締めくくりとなる決済の当日は、所定の場所に売主・買主・仲介業者・司法書士・金融機関の担当者が集まります。司法書士から登記書類の説明があった後、書類への署名捺印、金融機関の融資実行、必要書類の記入、残代金等の支払い、書類や鍵の引渡し、売主の借入先の抵当権抹消書類の授受、火災保険の説明などが行われます。

不動産会社の担当者は、残代金決済場所には開始時間より少し早く到着するように向かい、送金に必要な伝票などを準備します。

場所は融資を行う金融機関の会議室などが一般的です。融資担当に来店したことを伝え、関係者が集まったら作業を始めます。

振込伝票や出金伝票に仲介会社が代筆するのはNG。必ず本人に記入してもらおう。

引渡確認書

引渡確認書は、引き渡す日時、対象物件、渡す鍵の本数や種類、書類が記載された書面で、売買契約が完了したことを証明するものです。これに売主と買主それぞれが署名・押印をしたものを交付します。

仕事のツボ 残代金決済日が月末や給料日の場合は、銀行が込み合って振込手続きに時間がかかるので注意します。

●残代金決済当日の流れ

①本人確認、登記申請の依頼
売主と買主の本人確認と、所有権移転登記の申請に必要な書類が揃っているか、物件の所有権の移転の障害となるような権利設定等がなされていないかを司法書士が確認する。

②融資実行
司法書士による確認が済んだら、金融機関により融資が実行され、買主の口座に融資金額が入金される。

③残代金の支払い
買主が振込伝票に必要な内容を記入して、売主へ残代金等（残代金・固定資産税等清算金などを合算ないし相殺した金額）を支払う。振込は「至急扱い」または「電信」で行う（一般的な振込だと、処理が遅れて着金確認に数時間かかることがあるため）。仲介手数料や登記費用・火災保険料などの諸費用支払いに必要な出金手続きもこのときに行う。一般的には振込や現金で支払いをしますが、預金小切手を使うこともあり。

④必要書類の記入
着金するまでの間に、その他の必要な書類（→ P.397）に署名・捺印をする。記入した書類は銀行担当者に必要な枚数（売主・買主・仲介会社・司法書士用）のコピーを依頼する。

⑤火災保険手続き
買主が火災保険に加入する場合に手続きを行う。不動産会社が損害保険の代理店になっていれば自ら対応する。その他の損害保険代理店であれば担当者が同席して行う。事前に保険加入のための書類記入手続きを済ませておくこともあり。

⑥着金確認
ネットバンク、ATM での通帳記帳や残高照会、銀行への電話確認などにより、買主から売主へ振り込んだ残代金等の着金を確認する。確認が済んだら売主が買主に領収書を交付する。

⑦引渡し
着金の確認後、売主が買主に物件の鍵や書類（図面・パンフレット・保証書・説明書など）を渡す。郵便ポストの開錠番号も忘れずに伝える。引渡しが済むと引渡確認書を交付する。

⑧諸費用の支払い
仲介手数料、司法書士への報酬など諸費用を支払う。

⑨取引完了
以上で取引は完了。マンションの場合は、管理会社に管理費等口座振替依頼書や区分所有者変更届を発送するのを忘れずに。

MEMO 残金決済は買主に融資する金融機関で行われるほか、買主が法人の場合はその社屋や、仲介する不動産会社の会議室で行われることもある。

Section 07

買い替え時の決済の注意点

住宅の買い替えで、売却と購入を1日で済ませることもある。結構大変。

先に売却の決済をしてから購入の手続きに進むのがセオリー

不動産の買い替えで同日のうちに売却と購入の決済を行うことを「同時決済」といいます。事前に必要書類をよく確認するとともに、金銭の流れのシミュレーションを念入りにしておきましょう。

通常、売却した資金で、売却物件の住宅ローンを完済したり、購入物件の支払いに充てるので、売却の決済を先行させるのが原則です。その決済で買主から代金を受け取り、住宅ローンを完済して金融機関の抵当権を抹消し、買主に所有権が移転するという流れになります。

購入決済の手続きは 13 時までに開始する

次は購入するための残代金決済です。銀行の営業時間である15時までにすべての振込・着金手続きを完了しなければならないため、遅くとも13時には開始します。なお最初の決済の開始時刻はそこから逆算し、金融機関の場所を移動する時間も考慮して設定します。

購入決済は、金融機関から新たに住宅ローンを借り入れて、場合によっては売却で手元に残った自己資金と合わせて購入代金を支払い、売主から所有権の移転を受けます。

後日、引渡し猶予期日までに引越しを完了します。売却物件を空室にして買主に引渡したら、引渡し確認書を交付して一連の手順が終了します。

仕事のツボ　予定外のできごとがあっても対応するため、売却の決済時間は 2 時間程度と長めに見積もり、余裕を持ったスケジュールを組みます。

●買い替えによる同時決済のタイムスケジュール例

①9時半に売却決済を開始して11時半までに完了

②購入の決済場所まで30分〜1時間で移動

③12時半に購入決済を開始して14時半までに完了

> スケジュールに余裕がなく同日に同時決済ができなければ、売却の決済をした翌日に購入決済をするなど2日に分けて実行しよう。

CHAPTER

9

不動産の税金の基礎知識

本章で取扱う業務のキーワード

確定申告、住宅ローン控除、譲渡所得、売却時の税金、
不動産売却時の税金、分離課税、相続税

Section 01 確定申告の案内

不動産取引で利益が出れば譲渡税の申告が必要。売主や買主が確定申告するときは、必要な手続きを案内しよう。

どんなときに確定申告をするか

不動産を売却して利益（譲渡益）が生じたときや、アパートなどの賃貸用不動産を所有して家賃収入がある場合は、所得税の確定申告が必要になります。一方で住宅ローンで自宅を購入したときには、住宅ローン控除が受けられるケースが多くあります。サラリーマンの場合、初年度に確定申告をしておくと、その後何年かにわたり所得税が還付されます。

サラリーマンは確定申告をする機会が少なく、不動産関係の税金の申告となれば初めての人が大半です。そもそも申告すべきなのかどうかもよく分かりません。このような個人の売主や買主には、不動産業者が確定申告の時期や手続きについて案内をしましょう。

申告期間は翌年2月16日〜3月15日

住宅ローン控除と売却時の申告については、この後のページで詳しく説明します（→P.412〜417）。ここでは確定申告に共通する内容を紹介します。

確定申告は、1月1日から12月31日までの1年間の所得について、翌年の2月16日から3月15日（その日が休日の場合は日にちがずれる）の間に行います。必要になる書類や領収書類はそれまでに用意しておきます。サラリーマンなどの給与所得者は、勤務先が年末調整をして年末または1月始めに「給与所得の源泉徴収票」を発行します。これも申告に必要な書類になります。

税金は申告期限（通常は3月15日）までに納付します。その翌日以降になると原則として延滞税がかかります。なお確定申告をすることで税金が戻る還付申告の場合は、上記の期限以降の申告も認められています。

●不動産関連で必要な確定申告の種類

10年以上の住宅ローンを返済中	所得税の住宅ローン控除を受けるため
所有不動産を売却した	売却金額に対する譲渡所得税の申告
所有不動産の家賃収入がある	家賃収入礼金、更新料に対する所得税・住民税の申告

●確定申告の流れ

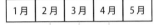

今年	1月	2月	3月	4月	5月	6月	7月	8月	9月	10月	11月	12月

翌年	1月	2月	3月	4月	5月

今年1年間の収益（住宅ローン減税はローンの支払額）を元に確定申告書を作成する

振替納税の場合は申告した税金は4月の中旬に申告書に記載の口座から引き落とされる

2月15日〜3月15日の期間に申告書を税務署に提出する

確定申告を案内するときには、税務署の確定申告相談窓口や提携している税理士の連絡先も合わせて伝えるようにしよう。

還付申告の期限は5年間

　前年に源泉徴収されていったん納めた税金が戻る確定申告を、還付申告と言います。住宅ローン控除や医療費控除を受ける場合などがこれにあたります。申告期限は還付する理由が発生した翌年から5年以内ですが、住宅ローン控除を確実に受けるために早めに申告するようにします。

Section
02 住宅ローン控除

住宅ローンを利用している人は、確定申告をすれば
入居した次の年から住宅ローン減税が受けられるよ。

住宅ローン控除の内容と要件

住宅ローンを組んでマイホームを新築・購入すると、入居の次の年から一定期間は、ローンの年末残高を基準に計算した金額が各年分の所得税額から控除されます。控除を受けるためには確定申告が必要で、申告先は自宅の所在地を管轄にしている税務署です。

2022年1月1日以降の新制度では、「住宅ローンの年末残高に対して0.7%の減税」「控除期間は最大13年間」となっています。ただし住宅ローンの返済期間が10年以上であることが条件です。所得税だけで控除しきれないときには住民税から減税しますが、この場合所得税の課税総所得金額などの5%（最高9.75万円）が上限となります。なお住宅ローン控除（住宅ローン減税）の要件は、右ページ上段のようになっています。

サラリーマンは2年目以降は確定申告が不要にできる

給与所得以外に収入のないサラリーマンが住宅ローン控除を利用する場合、住宅ローンを組んで入居した1年目には確定申告をして、2年目以降は勤務先の年末調整で手続きを行います。個人事業者など給与所得以外の所得がある人は、毎年確定申告をして住宅ローン控除の手続きをします。

●住宅ローン控除の例

- 住宅ローン残高：4000万円
- 1年間の所得税：19万円
  →減税額：21万円（内訳　所得税19万円、住民税2万円）

MEMO 住宅取得等資金の非課税制度は、2023年12月までの贈与の非課税枠は省エネ等住宅1000万円、その他住宅用家屋は500万円となる。

●住宅ローン控除の適用のための要件

①住宅ローンの返済期間が 10 年以上

②自ら居住すること

住宅ローン控除が設けられた趣旨から、減税を受ける人が住むことが条件。

③床面積が 50㎡以上

合計所得金額 1000 万円以下で新築住宅を取得する場合は、40㎡〜50㎡の住宅も適用可能。マンションは専有部分の登記簿上の床面積で判断し、階段や通路など共用部分は含まない。

④昭和 57 年（1982 年）以降に建築された住宅であること

昭和 56 年（1981 年）より前の場合は「耐震基準適合証明書の取得」「住宅性能評価書（耐震等級 1 以上）の取得」「既存住宅売買瑕疵保険への加入」のいずれかが必要。

⑤居住用割合が 1/2 以上であること

自営業などで自宅を事業に利用している場合は、居住用の割合が 1/2 を超えること。

⑥年間合計所得金額 2000 万円以下

2000 万円を超えるとその年は減税を受けられない。超えない年は控除を受けられる。

税金に関わる制度は毎年改正される。住宅ローン控除の要件や控除額などは最新の情報を要確認。

●住宅ローン控除を受ける確定申告に必要な書類

書類名	入手先
確定申告書（Ａ）	税務署、国税庁のサイト
特定増改築等）住宅借入金等特別控除額の計算明細書	税務署、国税庁のサイト
住宅取得資金に係る借入金の年末残高証明書	住宅ローンを借入れたすべての金融機関
建物・土地の登記事項証明書	法務局
建物・土地の不動産売買契約書や請負契約書の写し	契約時の書類
源泉徴収票の原本	勤務先
耐震基準適合証明書または住宅性能評価書の写し（一定の耐震基準を満たす中古住宅の場合）	不動産会社

Section 03　売却時の税金

自宅の売却にかかる譲渡税は、所得税などとは別の計算になる。一定の条件で特別控除などの特例があるよ。

不動産を売却したときの利益は譲渡所得になる

　土地や建物などの不動産を売却して得た利益は「譲渡所得」となり、その利益に対して「譲渡所得税」が課税されます。譲渡所得は、毎年定期的に発生する所得ではなく臨時所得なので、ほかの所得とは別に計算する「分離課税」扱いになります。

　譲渡所得の計算方法は右ページ上段のようになります。税率は売却不動産の所有期間が5年以下の短期譲渡所得か、それを超える（6年以上）長期譲渡所得かにより異なります。それぞれの税率は右ページ下段の通りです。

自宅を売却した時の5つの特例

　自宅を売却した場合の譲渡税は、一定の条件を満たすときに税額控除などの特例が認められます。この特例は次の5種類があり、それぞれ利用できる条件が異なります。

　①3000万円特別控除
　②10年超所有軽減税率の特例
　③特定居住用財産の買換え特例
　④居住用財産買換え等の場合の譲渡損失の損益通算及び繰越控除
　⑤特定居住用財産の譲渡損失の損益通算及び繰越控除

　①〜③は自宅を売却時・買い替え時の利益にかかる譲渡所得税（右ページ上段参照）の計算時に利用できるもので、課税譲渡所得の額を少なくしたり、通常よりも低い税率で税額を計算したり、課税自体を繰り延べたりすることができます。④〜⑤は自宅の売却・買い替えで損失が発生したときに、その後の3年間にわたって損失分をその年の利益から控除することができる制度です。

●譲渡所得と譲渡所得税の計算

下記の計算式で譲渡所得を求めます。

譲渡収入金額：土地・建物の譲渡代金、固定資産税・都市計画税の清算金
取得費：次の①、②のうち大きい金額
　　　　①実額法：土地建物の購入代金と取得に要した費用を合計した金額から、建物の減価
　　　　　償却費を差し引いた金額
　　　　②概算法：譲渡収入金額× 5％
譲渡費用：売るために直接かかった費用

> 譲渡所得＝譲渡収入金額－（取得費 ＋ 譲渡費用）

つぎに、課税所得から特別控除を引いて課税譲渡所得を求めます。特別控除には「居住用の3000万円特別控除の特例等」などがあります。

> 課税譲渡所得 ＝ 譲渡所得 －（特別控除）

課税譲渡所得を元に譲渡所得税を計算します。税率は不動産の所有期間で異なります。

> 税額 ＝ 課税譲渡所得 × 税率（所得税・住民税）

●不動産の所有期間と譲渡所得税の税率

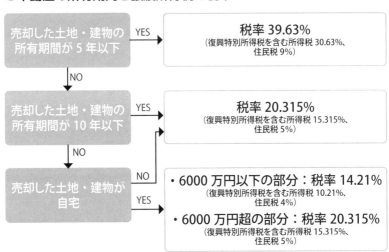

●自宅を売却時・買い替え時の利益にかかる譲渡所得税の特例

特例を受けられる共通の条件は下記の通り。

①現在主として住んでいる自宅（家屋、敷地、借地権）の売却であること。

②住まなくなった日から3年を経過する日の属する年の12月31日までに売ること。

③家屋を取り壊した場合は、次の要件すべてに当てはまること。

・敷地の譲渡契約が、家屋を取り壊した日から1年以内に締結され、かつ、住まなくなった日から3年を経過する日の属する年の12月31日までに売ること。

・家屋を取り壊してから譲渡契約を締結した日まで、その敷地を貸駐車場などその他の用に供していないこと。

④売手と買手が、親子や夫婦など特別な関係でないこと。

● 3000万円の特別控除の特例

特例の内容：譲渡所得から3000万円を控除できる。
税金は（譲渡所得－3000万円）の残高（課税譲渡所得）にかかる。

特例を受けるためには上記の条件の他に下記のような条件がある。

①売った年の前年および前々年にこの特例または居住用財産の譲渡損失についての損益通算及び繰越控除の特例の適用を受けていないこと。

②売った年、その前年および前々年に居住用財産の買換えや居住用財産の交換の特例の適用を受けていないこと。

③売った家屋や敷地等が収用等の場合の特別控除など他の特例の適用を受けていないこと。

● 10年超所有軽減税率の特例

特例の内容：軽減税率（14.21％）が適用できる。
3000万円の特別控除も併用できる。

特例を受けるためには上記の条件の他に下記のような条件がある。

①売った年の1月1日に売った家屋や敷地の所有期間がともに10年を超えていること。

②売った年の前年および前々年にこの特例の適用を受けていないこと。

③売った家屋や敷地が居住用財産の買換えや交換の特例など他の特例の適用を受けていないこと。

● 特定居住用財産の買換え特例

特例の内容：自宅を12月31日までに売って買い替えたときに、発生した譲渡益に対する課税を将来に繰り延べることができる。

特例を受けるためには上記の条件の他に下記のような条件がある。

①居住期間が10年以上で、売った年の1月1日において売った家屋やその敷地の所有期間が共に10年を超えるものであること。

②売った年の前年および前々年に自宅を譲渡した場合の3000万円の特別控除の特例または自宅を売ったときの軽減税率の特例、居住用住居の譲渡損失についての損益通算及び繰越控除の特例の適用を受けていないこと。また、収用等の場合の特別控除など他の特例の適用を受けないこと。。

③売却代金が1億円以下であること、買換える建物の床面積が50㎡以上で、土地の面積が500㎡以下などのほか、買替えの期間などについて様々な条件がある。

●居住用財産買換え等の場合の譲渡損失の損益通算及び繰越控除の特例

特例の内容：敷地面積 500㎡以下の居宅の譲渡損失を他の所得と損益通算できる。
損失を 3 年繰り越して、それぞれの年所得から控除できる

　居住用財産（旧居宅）を売却して譲渡損失が生じた方で、新たに居住用財産（新居宅）を購入した方が下記の条件を満たすと、この特例を受けることができる。
①現在主として住んでいる自宅（家屋、敷地、借地権）の売却であること。
②譲渡の年の 1 月 1 日における所有期間が 5 年を超える資産（旧居宅）で日本国内にあるものの譲渡であること。取り壊された家屋およびその敷地は、家屋が取り壊された日の属する年の 1 月 1 日において所有期間が 5 年を超えるものであること。
③災害によって滅失した家屋で当該家屋を引き続き所有していたとしたら、譲渡の年の 1 月 1 日において所有期間が 5 年を超える家屋の敷地の場合は、その敷地を災害があった日から 3 年を経過する日の属する年の 12 月 31 日までに売ること。
④譲渡の年の前年の 1 月 1 日から売却の年の翌年 12 月 31 日までの間に日本国内にある資産（新居宅）で家屋の床面積が 50 平方メートル以上であるものを取得すること。
⑤買換資産（新居宅）を取得した年の翌年 12 月 31 日までの間に居住の用に供することまたは供する見込みであること。
⑥買換資産（新居宅）を取得した年の 12 月 31 日において買換資産について償還期間 10 年以上の住宅ローンを有すること。
⑥売った家屋や敷地等が、収用等の場合の特別控除など他の特例の適用を受けていないこと。

●特定居住用財産の譲渡損失の損益通算及び繰越控除の特例

特例の内容：譲渡損失を他の所得と損益通算できる。
損失を 3 年繰り越して、それぞれの年所得から控除できる。

　居住用財産（旧居宅）を売却して譲渡損失が生じた方で、新たに居住用財産（新居宅）を購入した方が下記の条件を満たすと、この特例を受けることができる。
①現在主として住んでいる自宅（家屋、敷地、借地権）の売却であること。
②譲渡に借地権の設定などの譲渡所得の基因となる不動産等の貸付けが含まれること。
③譲渡の年の 1 月 1 日における所有期間が 5 年を超える居住用財産で日本国内にあるものの譲渡であること。取り壊された家屋およびその敷地は、家屋が取り壊された日の属する年の 1 月 1 日において所有期間が 5 年を超えるものであること。
④災害によって滅失した家屋で当該家屋を引き続き所有していたとしたら、譲渡の年の 1 月 1 日において所有期間が 5 年を超える家屋の敷地の場合は、その敷地を災害があった日から 3 年を経過する日の属する年の 12 月 31 日までに売ること。
⑤譲渡した居住用財産の売買契約日の前日において、その居住用財産に償還期間 10 年以上の住宅ローンの残高があること。
⑥居住用財産の譲渡価額が上記⑤の住宅ローンの残高を下回っていること。

ここに示すのはあくまでも各特例の概要。実際には必ず専門家に詳細の確認を取るようにしてください。

Section 04 相続税に関する基礎知識

親が亡くなって相続税を払うために不動産を売却するケースも多いのです。

相続税は10か月以内に納めなければならない

相続とは、「被相続人（亡くなった人）の遺産（主に不動産や金融資産など）を相続人（遺産を受けとる人）に移転する」ことです。相続税は、相続や遺贈（下記MEMO参照）により財産を取得した人に対して課税される税金で、相続した遺産の状況によって評価額が決まり、その額が一定以上であれば評価額に応じて相続税を支払う必要があります。

相続税は、被相続人が死亡したことを知った日の翌日から10か月以内に、被相続人の住所地の所轄税務署にして申告して納税します。期限を過ぎると延滞税などがかるおそれがあります。

相続の流れと相続税の計算表法

相続は、法定相続人（下記MEMO参照）が誰か、遺言があるかを確かめることから始まります。遺言があれば基本的にはその内容に従って遺産を分けます。ない場合は法定相続人が協議して分け方を決め、その内容を遺産分割協議書にまとめます。

遺産分割協議書をもとに課税される遺産の総額を計算し、相続開始の3年前以内に被相続人から贈与があれば相続財産として加算します。そこから基礎控除額を差し引いた額を各相続人の取得額ごとに分けて、個々に相続税を計算します。申告と納税を済ませたら、不動産を始めとする財産の名義変更をします。

被相続人が住んでいた自宅の相続には、一定の条件を満たせば小規模宅地の特例が適用されます。土地面積が330㎡までが条件ですが、相続税の8割が減額されます。事業用宅地、貸し付け事業用宅地も条件や減額割合は異なりますがこの特例が適用されます。

MEMO 法定相続人とは民法で定められた相続人で、配偶者は常に法定相続人となる（→ P.382）。遺贈とは、遺言によって法定相続人以外に遺産を渡すことで、法定相続人以外も遺産を残すことができる。

●相続の手続きの流れ

相続の発生

↓

相続人の確定 — 法定相続人の確定、遺言等の有無の確認など

↓

相続財産評価等 — 財産・債務のリストアップ等、遺産分割協議書の作成（遺言がない場合）

↓

相続税額算出 — 相続税の課税価格の計算等、納税方法の検討

↓

相続税の申告・納税

↓

相続財産の名義変更

> 相続や相続税の業務は専門性が高いので、税理士などの専門家と相談しながら進めます。

●相続税の計算法

①各相続人等の「課税価格の合計額」の計算

課税価格の合計額 ＝
下記の合計
・本来の相続財産
・みなし相続財産
・相続開始前3年以内の贈与財産
（令和6年1月1日以降の贈与財産は3年以内から7年以内となります）
・相続時精算課税制度を選択した贈与財産
－
下記の合計
非課税財産
債務・葬式費用

②「課税遺産額」の計算

課税遺産額 ＝ 課税価格の合計額 －
遺産にかかる基礎控除
3000万円＋600万円×法定相続人の数

③各相続人の税額の算出

下記の手順で計算する
・課税遺産額を法定相続の割合で案分
・法定相続人ごとの相続税を計算
　各相続人の相続税＝課税遺産額×法定相続分×税率－控除額
・上記の各相続人の相続額を合計

④各相続人の納付税額の算出

各相続人等の税額 ＝ 課税遺産額 × 各人の課税価格 ÷ 課税価格の合計額

上記の計算式で各法定相続人ごとの税額を求め、下記の法定相続人ごとの税額控除を反映して各人の税額を求める。
　・2割加算　・贈与税額控除　・未成年者控除　・相次相続控除　・配偶者の税額軽減
　・障害者控除　・外国税額控除

●相続税の小規模宅地の特例

個人が相続や遺贈で取得した宅地等で、相続開始の直前まで「被相続人」や「被相続人と生計を一にしていた被相続人の親族」が居住していたり事業に使用していた一定の面積以下のものは、相続税の課税価格に算入すべき価額を減額することができます。これを「小規模宅地等の特例」と呼びます。主に「特定居住用宅地」「特定事業用宅地」「貸付事業用宅地」があり、減額の割合は異なります。

特定居住用宅地　限度面積330㎡　減額される割合80%

●被相続人の居住の用に供されていた宅地等の要件

①被相続人の配偶者

②被相続人の居住の用に供されていた一棟の建物に居住していた親族

相続開始の直前から相続税の申告期限まで引き続きその建物に居住し、その宅地等を相続開始時から相続税の申告期限まで所有していること。

③①と②以外の親族で下記の要件を満たすこと。

(1)取得者が日本国籍を有しない者ではないこと。

(2)被相続人に配偶者がいないことと、相続開始の直前において被相続人の居住の用に供されていた家屋に居住していた相続人がいないこと。

(3)相続開始前3年以内に取得者、取得者の配偶者、取得者の三親等内の親族または取得者と特別の関係がある一定の法人が日本国内に所有する家屋に被相続人が居住したことがないこと。相続開始時に取得者が居住している家屋を相続開始前のいずれの時においても被相続人が所有していたことがないこと。

(4)その宅地等を相続開始時から相続税の申告期限まで有していること。

●被相続人と生計を一にしていた被相続人の親族の居住の用に供されていた宅地等の要件

①被相続人の配偶者

②被相続人と生計を一にしていた親族

相続開始前から相続税の申告期限まで引き続きその家屋に居住し、その宅地等を相続税の申告期限まで所有していること。

特定事業用宅地　限度面積400㎡　減額される割合80%

●被相続人の事業の用に供されていた宅地等の要件

その宅地等の上で営まれていた被相続人の事業を相続税の申告期限までに引き継ぎ、その申告期限までその事業を営んでいること。その宅地等を相続税の申告期限まで有していること。

●被相続人と生計を一にしていた被相続人の親族の事業の用に供されていた宅地等の要件

相続開始の直前から相続税の申告期限まで、その宅地等の上で事業を営んでいること。その宅地等を相続税の申告期限まで有していること。

貸付事業用宅地　限度面積200㎡　減額される割合50%

●被相続人の貸付事業の用に供されていた宅地等の要件

その宅地等に係る被相続人の貸付事業を相続税の申告期限までに引き継ぎ、その申告期限までその貸付事業を行っていること。その宅地等を相続税の申告期限まで有していること。

●被相続人と生計を一にしていた被相続人の親族の貸付事業の用に供されていた宅地等の要件

相続開始前から相続税の申告期限まで、その宅地等に係る貸付事業を行っていること。その宅地等を相続税の申告期限まで有していること。

CHAPTER

10

仕事に必須のキーワード

本章で取扱う業務のキーワード

不動産買取事業、不動産賃貸業務、原状回復のガイドライン、オーナーチェンジ、投資用不動産、借地権、定期借地権、普通借地権、競売、任意売却、IT 重説、電子署名、電子契約、バーチャルリアリティ、ホームステージング、建物解体、建築条件付き土地、建築請負契約、消費者契約法、売主課税事業者、リースバック、リバースモーゲージ、囲い込み、既存住宅売買瑕疵保険、耐震基準適合証明書、クレーム対応

Section 01

不動産買取事業

主に買取再販業者・建売業者・マンション開発業者が行う事業なのです。

不動産会社が自分で不動産を買い、付加価値を付けて売る

不動産買取事業では、購入した不動産を右から左へ販売してもなかなか利益は得られません。部屋をリフォームする、建物をリノベーションする、土地を分筆して区画分譲する、土地に新たに建物を建てるなど、付加価値を高くする必要があります。そのための経費と利益は上乗せして販売しますが、利益率は地域や物件の種別、不動産会社の企業規模によるものの、多くは10％程度です。

この事業は、大きな利益が見込める反面、買取時に融資を受けることも多く、計画通りに販売できないと赤字のリスクもあります。良い条件の買取物件情報を収集し、リスクを踏まえて収支を計算するとともに、消費者に求められる商品づくりや付加価値を生み出す力が必要です。

買取物件紹介の安定したルートづくりには時間がかかる

買取物件の情報を収集するルートには「不動産会社から入手する」「不動産所有者から直接買い取る」があります。前者は、不動産会社への飛び込み営業や電話営業からスタートします。最初から良い案件は紹介してもらえませんが、根気よくアプローチを続け、繰り返し数多くの買取査定を受けて取引にまでつなげることで、安定した仕入れ（購入）ルートの一つになります。情報量が多いのは大手不動産仲介会社ですが、地元の不動産の動きに詳しい中小の仲介会社や賃貸物件を扱う会社、大型案件であれば金融機関なども開拓します。

後者は不動産一括査定サイトを利用したり、不動産所有者へのダイレクトメールで不動産所有者から直接買い取ります。不動産仲介会社に手数料を支払う必要がなく、所有者と直接交渉できるのがメリットです。ただし根気が必要で、簡単には集客できないと覚悟しておく必要があります。

仕事のツボ　検討に値する情報をもらったら、すぐに販売までのシミュレーションをして購入条件を回答します。レスポンスが遅いと後回しにされがちで、熱意も感じられないので印象がよくありません。

●不動産買取事業における販売価格の内訳

販売価格＝仕入（購入）価格＋購入経費＋売却経費＋利益

●不動産買取業者の種類と主な経費

買取業者の種類	事業内容と主な経費
マンション買取再販業者 中古戸建買取再販業者	マンション・一戸建を仕入れてリフォームやリノベーションを実施して付加価値をつけて販売する 【主な経費】仲介手数料（仕入時・販売時）／内装解体費用／リフォーム、リノベーション費用／借入金利、融資諸費用／保有のランニングコスト／不動産取得税　など
建売業者	土地を仕入れて分筆を行い、新築戸建を建築して販売する。 【主な経費】仲介手数料（仕入時・販売時）／建物解体費等／地盤改良費用／土地造成費用／分筆、測量費用／建物建築費用／不動産取得税　など
ワンルームマンション業者	ワンルームマンションの一室を仕入れて投資家に直接販売する。 【主な経費】仲介手数料（仕入時）／セミナー代、DM代／賃貸募集に関する経費／不動産取得税　など
収益物件買取・開発業者	土地を仕入れてアパート・一棟マンションを新築したり、中古アパート・一棟マンションを購入して内外装のリフォームなどによる収益力向上を行って販売する 【主な経費】仲介手数料（仕入時・販売時）／建物解体費等／地盤改良費用／近隣対策費用／建物建築、リフォーム、リノベーション費用／賃貸募集に関する経費／不動産取得税　など
デベロッパー 大手デベロッパー	土地を仕入れて新築分譲マンションやビルなどを企画・建築して販売する。 【主な経費】仲介手数料（仕入時）／販売代理手数料（販売時）／建物解体費等／地盤改良費用／近隣対策費用／建物建築費用／広告費／不動産取得税　など

●仕入れ（購入）に適した物件の例

物件の状況
・敷地が広い
・建物が老朽化しボロボロ
・権利関係の問題や近隣とトラブルがある
・心理的瑕疵がある
・違反建築物

売主の事情
・買い替えで売主が急いでいる
・売却に伴う買主との交渉などの手間が面倒
・金銭的な事情ですぐに不動産を処分したい

一言でいうと物件の仕入れがすべて。いい条件で購入できる人脈づくりが大切だよ。

MEMO　反復継続して不動産を売却できるのは宅建業者のみ。広い土地を細分化して宅地にしたり建売住宅として販売することができる特権を持っているといえる。

Section 02 不動産賃貸業務

不動産賃貸業務は、大家さんと借りたい人を仲介する仕事なのです。

住居や事務所を借りたい人に物件をあっせんする業務

　不動産賃貸業務では、居住用のマンションや一戸建を探している人たちに物件情報を紹介したり、法人向けに事務所の移転や新規開設をするためのテナントの仲介をします。自社が紹介できる物件を多く収集するために、仲介や管理を任せてくれる大家さんを探したり、同業他社から情報を収集することが仕事になります。

　個人が部屋を探している場合、希望者が申し込んでから入居できるまでは1週間前後を見ておきます。法人のオフィスの賃貸物件では内装工事を行うことがあり、居抜きであれば2週間から1か月程度ですが、スケルトンだと1か月から1か月半程度の期間が必要になります。

家賃を確実に払ってくれるかを確認する入居前審査が必要

　部屋を借りたいという申込みがあると、物件を貸し出していいかどうかについて「入居前審査」を行います。個人の場合は収入や年齢、人間的に信頼できるかなどについて見ます。また家賃を滞納したり万一払えなくなることを想定して、連帯保証人を付けたり、家賃保証会社と契約してもらいます。審査に通るために連帯保証人と家賃保証会社の両方が必要になることもあります。法人で借りる場合の必要書類と、個人で借りる場合の必要書類は右ページ中段の通りです。

　入居時に必要となる費用の内訳は右ページ下段に示しました。

MEMO　「居抜き」とは前借主の造作や設備・什器が残っていて、そのまま使用できる状態のこと。「スケルトン」とは室内の床・壁・内装など何もない躯体だけの状態のこと。

●不動産賃貸契約の手順

①借り手が入居申込書を提出する

▼

②入居前審査を受ける

▼

③重要事項説明を受け契約する

▼

④申込金を払う

▼

⑤鍵の引渡しを受けて引っ越し

●入居前審査で必要となる書類

法人で借りる場合
・法人登記簿謄本・決算報告書(直近 3 期分)
・会社案内(企業の HP やパンフレット)
・事業計画書
・連帯保証人の身分証明書・連帯保証人の収入
　証明書(源泉徴収票や確定申告書など)

個人で借りる場合
・契約者の身分証明書
・契約者の収入証明書
・連帯保証人がいる場合、その身分証明書と収
　入証明書

●入居時にかかる費用

敷金	退去するときの原状回復工事などの費用
礼金	貸主に入居時(または契約更新時)に払う料金
仲介手数料	不動産会社への仲介業務の代金
前家賃	1 か月分など家賃を前払いする
火災保険(損害保険)	借主の過失で生じた不動産の被害を補てんする保険料
保証料	家賃保証会社を利用する場合の料金
鍵交換代	新しい鍵に換える費用

家賃保証会社とは借主から保証料を受け取り、家賃を滞納したり未払いの場合に代わって支払う会社。連帯保証人がいないときに必要です。

定期借家契約と賃貸借契約の解除

賃貸借の契約形態には、普通借家契約と定期借家契約があります。

普通借家契約では、貸主から契約を打ち切ることができません。これに対して定期借家契約では、契約時に賃貸借の期間を限定することができます。一時的に使わないことになった一軒家やマンションの部屋を貸したいというときに便利です。

ただ条件付きになるので希望者は普通借家契約よりも限定され、借り手が探しにくくなり、家賃は普通借家契約より安くなる傾向があります。

なお契約期間中は特別な事情なしに借主から解除することができませんが、特約などによって借主からの契約解除を認めることがあります。また契約期間終了後の再契約も可能です。

借主からの賃貸契約の解除時には、事前に貸主に予定日を連絡します。契約の内容にもよりますが、少なくとも解除の1か月前までには通知するようにします。立ち退く際には管理会社または貸主の立ち会いのもとに原状回復の確認をし、借主が鍵を返却します。管理会社の意向で契約解除と立ち退きを同時に済ませることもあります。

	普通借家契約	定期借家契約
契約期間	1年以上	期間は自由に決められる（数か月も可）
契約の更新	可能（貸主は更新を拒絶できない）	不可（再契約は可能）
中途解約	貸主は原則不可 借主は特約があれば可能	借主からは原則不可（やむを得ない事情があり、底面積200㎡未満の場合は可能）
契約解除の連絡	契約によるが、遅くとも1か月前までに連絡	1年以上の定期借家契約は期間満了の1年前から6か月前までに契約終了の通知を行う
メリット	貸主：期限を限って貸し出せる	借主：家賃が安いケースがある

仕事のツボ 定期借家契約では、賃貸借契約書のほかに合意書が必要になります。この合意書がないと普通借家契約として扱われます。

AD（広告手数料）とは

　空室物件や稼働率を高めたい物件を、仲介業者に優先して客付けしてもらうために払う報酬です。

　販売図面の帯部分に AD50(AD0.5)、AD100(AD1) などと表記されていて、

それぞれ家賃の 0.5 か月分、1 か月分が広告費として仲介業者に支払われることを意味します。仲介手数料だけでは広告費が賄いきれないときの手数料となります。

原状回復

　原状回復とは、立ち退き時までに借りたときの状態に戻すことです。そのために借主は必要に応じて修繕などをする義務があります。

　どこまで原状回復するかについては、国土交通省が定めた「原状回復

をめぐるトラブルとガイドライン」が基準となります。

　東京都では賃貸住宅紛争防止条例で、契約の時点で原状回復について借主に説明することを義務づけています。

退去時の原状回復でトラブルを防ぐため、入居時の賃貸物件の状況をチェックした書面を貸主と借主で共有しよう。

Section 03 オーナーチェンジ物件

入居者はそのままで不動産の所有者を変更すること。不動産会社が投資用に販売する物件も多い。

投資用不動産としてオーナーチェンジ物件を販売する

オーナーチェンジ物件はすでに入居者がいる状態のままで、入居者と旧オーナーが結んだ賃貸借契約を新たなオーナーに引き継ぎます。こうした物件を不動産会社が販売するときには、「賃貸借契約の更新手続きなどが行われているか」「賃借人の退去や減額請求がないか」「サブリース契約や管理契約の解約で問題はないか」といった点に注意が必要です（右ページ下段参照）。

投資用不動産物件の販売のポイント

投資用の不動産物件は、購入する人にとってはどれだけ収益が得られるかが決め手になります。オーナーチェンジ物件は、購入する人にとっては借主を募集しなくてもすぐ家賃収入が得られるメリットがあります。一方ではすでに人が住んでいるので、室内の状況を確認してから契約することが難しくなります。空き室は中に入ることができますが、その部屋の賃料収入がない状態で契約することになります。

空き室リスクのほかにも、修繕費用が発生することがあります。購入者が仲介した不動産会社に不満を持ったり、クレームにならないようにするには、あらかじめリスクとリターンについて理解してもらっておくことが大切です。

投資用不動産を購入する人は、賃料収入や売却で得られる利益が目的だ。相手の希望に合った物件を紹介しよう。

●オーナーチェンジで新しい所有者に引き継がれる権利と義務

賃料を受け取る権利

退去時に建物、部屋が返還される権利

退去時に原状回復してもらう権利

建物を使用させる義務

建物を修繕する義務（経年劣化などで）

敷金を返還する義務

●オーナーチェンジ物件の販売で注意すること

賃貸借契約の更新手続きなどが行われているか

賃貸借契約が更新されていなかったり、条件変更の書面化が行われていないことがある。こうした場合は、新しいオーナーに引継ぐ際に現状の賃貸借の状態と一致するような手続きや書面の作成が必要となる。

賃借人の退去や減額請求がないか

物件の売買契約日が賃貸借契約の期限の後で、なおかつ引渡し日の前になっている場合は注意が必要。賃借人が更新をせずに退去してしまったり、更新のタイミングで賃料の減額請求をしてくることがありえる。これらの発生時に売主と買主がどう負担するかについて、売買契約の中で取り扱いを定めておく。

サブリース契約や管理契約の解約で問題はないか

サブリース契約の場合、新たなオーナーが収入増額のためサブリースを解除して引渡しをするよう求めることがある。この場合、サブリース契約が解除できなかったり、契約解除するとき違約金を請求される可能性があるため、事前に確認しておく。賃貸管理を管理会社に委託している場合も同様で、管理契約によって問題が起きないか確認が必要。

MEMO サブリース契約とは、賃貸物件の管理形態の一種で、不動産会社が物件の所有者から不動産を借り上げて入居者に転借する契約。所有者は空室のリスクなく安定した家賃収入を得られるが賃料は相場より安い。

Section
04

借地権の基本

土地を購入しなくても、ほかの人から借りて建物を建てることができる。このような借地は、地主の権利にも配慮が必要。

土地を借りて建物を建てると借地権が発生する

　土地を借りて建物を建てた人には、借地借家法に基づく借地権が発生します。借地権により、第三者である地主から土地を借り、対価として毎月地代を支払って借りた土地（借地）の上に建物を建てることができます。ただし建物がなく駐車場や資材置き場などになっていると借地権は発生しません。

　土地を借りた人を「借地権者」、貸す側の地主を「借地権設定者」「底地人」と呼びます。借地権には「賃借権」と「地上権」があり、賃借権は借地権者が第三者に建物を売却する際は地主の承諾が必要ですが、地上権は地主の承諾なしに売却や転貸ができます（ただし、地上権が設定されることはまれです）。

借地権には期限がないものと、期限が決められているものがある

　借地権には「旧法上の借地権」「普通借地権」と、1992年の借地借家法で創設された「定期借地権」があります。このうち定期借地権は原則として借地期間の更新がなく、期間満了によって借地権は消滅して貸す前の状態に戻り地主が土地を所有します。借地権者はそれまでに建物を撤去し更地にして戻さなければなりません。

　旧法上の借地権は、借地借家法ができる前の法律に基づいて契約した借地権で、旧法の規定が適用されます。旧法上の借地権と借地借家法による普通借地権は、当初設定した存続期間を過ぎると契約を更新し、その後一定期間ごとに更新をしていくのが基本です。

MEMO　一般定期借地権と事業用定期借地権は、公正証書による契約書が必要。公正証書でないと普通借地権とされるおそれがある。

● 借地権者にとっての借地のメリットとデメリット

メリット	・土地に対する固定資産税と都市計画税がかからない ・購入して所有するよりも安価で済む ・借地権付き建物として売却できる（多くの場合、地主の承諾が必要）
デメリット	土地の賃貸借契約の内容や借地借家法から次のような制約があることも。 ・名義変更や増改築ないし建替えには地主の承諾が必要で、承諾料の支払いが必要 ・地代が値上がりする場合がある ・契約更新の際に地主に更新料を支払わなければならないことも

地主の許可なく賃借権を売買することはできない。買主に迷惑がかかるので、売却時には地主との間で売買の確認をしておく。

●「旧法上の借地権」「普通借地権」「定期借地権」の期間

旧法上の借地権（旧法）

期間の定めの有無	堅固建物		非堅固建物	
	ある場合	ない場合	ある場合	ない場合
設定当初の存続期間	30年以上	60年	20年以上	30年
更新後の存続期間	30年以上	30年	20年以上	20年

普通借地権（借地借家法）

期間の定めの有無		ある場合	ない場合
設定当初の存続期間		30年以上	30年
更新後の存続期間	初回	20年以上	20年
	2回目以降	10年以上	10年

定期借地権（借地借家法）

	一般定期借地権	建物譲渡特約付借地権	事業用定期借地権
設定当初の存続期間	50年以上	30年以上	10年以上50年未満
更新後の存続期間	更新なし。 期間満了後は建物解体、土地を明け渡し	建物譲渡により借地権は消滅	更新なし。 期間満了後は建物解体、土地を明け渡し

Section 05 借地権の更新と購入・売却

借地は土地と建物の所有者が別。契約の更新や売却
時には双方の言い分を調整する必要があるのです。

借地権の更新には法定更新と合意更新がある

借地権は、借地人と地主の合意がなくても「法定更新」と言って自動的に更新されます。これに対して両者の合意のもとに更新するのが「合意更新」です。良好な関係を保つ意味では合意更新が望ましく、更新料を支払う法律上の義務がない法定更新でも実際には一定額の更新料を払うことが多いようです。

借地権の購入の際には、金融機関のローンを利用することが多くなります。金融機関によっては借地権の住宅ローンを取り扱わないこともあります。また、取り扱いできる場合でも、通常は銀行指定の地主の承諾書と地主の印鑑証明書の提出が必要になります。

借地権を売却するときには基本的に地主の承諾が必要

借地権を遺産相続したが、自分はその家に住まないので地代を支払わなければならない建物を売却したいというケースがあります。一般的に借地権の売買の際には地主の許可が必要なので、「地主の借地の譲渡承諾」を条件とすることを売買契約書に明記するようにします。

借地権の売却にあたって用意する書類は、借地権契約書、建物の権利書（登記識別情報）、地代の支払いを証明する領収書などです。土地の分筆や合筆などを経て借地権契約書と建物の権利書の土地所在地が異なっている場合もあるので、地主を通して土地登記情報の確認をします。

また借地権契約で、売却時には借地権者が地主に譲渡承諾料を払うことになっている場合もあります。高額な譲渡承諾料を請求されて交渉がまとまらないときは、借地非訟という裁判所の手続きで売却することができます。このほかの借地権を手放すための処理方法は右ページ下段を参照してください。

MEMO 借地非訟とは、裁判所が地主に代わって借地権の譲渡を許可する手続きのことで、承諾料の金額も裁判所が定める。

●借地権の法定更新と合意更新

法定更新	・借地契約を借地借家法に基づき自動的に契約期間が更新されること ・一定期間前に「契約を更新しない」「条件を変更しなければ契約更新」等の通知がないときは、従前の契約と同一の条件で契約を更新できる ・法定更新は強行規定なので、借地契約で法定更新を無効にできない
合意更新	・借地契約を当事者の合意によって契約期間を更新すること ・更新時の契約条件等の変更は原則自由だが、借地借家法の強行規定に反する特約で借地権者に不利なものは無効

●借地権の処理方法

地主による借地権の買い取り

この場合は譲渡許諾料がかからない。買い取り価格の交渉がポイントになる。

地主から底地を買い取って売却する

「借地権＋底地」の状態にして土地所有権を得た後に売却する。地主が底地を手放したがっていることもあるので交渉しだい。

借地と底地の交換

借地権と底地の権利比率に従って土地を分割し、それぞれの所有地とする。測量と分筆登記をした後に土地の所有権が確定する。

借地条件を変更し利用方法を変える

たとえば一軒家を賃貸物件に建て替えて家賃収入が得られるようにする。借地条件を変更するために地主に承諾料を払うことが多くなる。

借地権の取引を行うときは複数の可能性を考えながら、地主、売主、買主と調整を進めよう。

Section 06 競売と任意売却

住宅ローンの返済ができなくなると、担保の不動産が競売される。任意売却をして返済に充てるという方法もあるよ。

競売は強制的に不動産が売却される

　住宅ローンの借主（債務者）から返済が滞ると、金融機関（債権者）は残りの全額を一括で返済するよう要求するようになります。どうしても返せなければ、担保になっている自宅が強制的に売却されてローンの残金回収に充てられます。この手続きを競売といい、不動産の所有者（債務者）の同意なしに売却することを裁判所が認めて該当物件の購入者を決定します。

債権者の合意の元に所有者が売却する任意売却

　これに対して、債権者の合意のもとに不動産の所有者（債務者）が売却するのが任意売却（任売）です。任意売却は、売主となる債務者にとって「①売却価格が高くなる」「②債権者や買主と交渉ができる」「③外部に知らせずに処理できる」などのメリットがあります（右ページ上段参照）。

　一方で買主にとっては、売主の契約不適合（瑕疵担保）責任と設備の修補義務が原則として免責されるのでマイナスになります。売却代金は債権者に返済するため全額が充てられ、売主に資金が残らないのが一般的なので、賠償や修補をするのが現実的に難しいからです。

　不動産会社は、以下のようにして任意売却の情報を取得します。

　①金融機関やサービサー（債権回収を行う法人）から紹介を受ける

　②競売情報誌などから情報を得て債権者である金融機関を訪問する

　③滞納している不動産所有者から売却の相談を受ける（→P.437）

　任意売却は、債権者が設定している担保権をすべて外してもらうことが条件となります。金融機関のほかに債権者がいて、一人でも同意しない債権者がいれば任意売却はできません。

仕事のツボ　住宅ローンのほかに税金や保険料、カード払いなどの滞納がないかも確認。既に差し押さえられていたら、税務署やカード会社などに解除の条件と不動産売却時の支払い方法を確認します。

●競売と任意売却の流れ

競売の流れ

① 裁判所の競売申し立て受理

② 差押登記

③ 競売開始決定

④ 現況調査・評価命令

⑤ 配当要求終期の決定・公告債権
　提出の催告

⑥ 現況調査報告書、評価書、物件
　明細書提出

⑦ 売却基準価額決定

⑧ 入札期間・開札期間・売却基準
　評価額の公告

⑨ 入札期間

⑩ 開札期間

⑪ 売却許可決定（売却決定日）

⑫ 買受人より代金納付

⑬ 引渡し命令

⑭ 明渡し

任意売却の流れ

① 債権者の　　　　　① 債務者の
　競売申し立て　　　　債務返済不能
　・費用の予納

② 任意売却情報の取得と調査（仲介業者）
　・債務者訪問
　・物件調査・価格調査
　・各債権者訪問

③ 媒介契約締結と販売活動（仲介業者、債務者）

④ 売却活動（仲介業者）

⑤ 債務者へ弁護士・税理士を紹介（仲介業者）

⑥ 売却契約締結（仲介業者、債権者、債務者）

⑦ 引渡し準備（仲介業者、債務者）
　・債務者の引っ越し先の確保
　・決済前日までの債務者の引っ越し

⑧ 決済と競売申し立ての取り下げを同時に行う
　・残代金の支払いと引き落とし（売買の決済）
　・債権者全員に配分して、抵当権の抹消（法務局）
　・競売の申し立てを取り下げ

●債務者にとっての任意売却のメリット

① 売却価格が高くなる

競売では最高価を付けた人が買受人となるが、買い受け価格は低くなる。任意売却では市場
価格相当になるため、競売よりも高く売れる可能性が高い。

② 債権者や買主と交渉ができる

引越費用などが受け取れるように債権者と交渉したり、買主に契約日や明け渡し日などの希望
を伝えて日常生活への影響を最小限にできる。

③ 外部に知らせずに処理できる

競売では裁判所やインターネットで公告され、競売の事実を友人知人や近隣の人に知られる
可能性があるが、任意売却はクローズな形で売却できる。

任意売却のメリットとデメリットを売主（債務者）と
買主の両方に十分理解してもらった上で進めよう。

MEMO　競売手続き中の不動産でも、競売の開札期日の前日までは原則として任意売却が可能です。

●売却資金の配分表の例

〇〇〇〇年〇〇月〇〇日

〇〇銀行 御中

融資物件の任意売却に係る配分表

物件名	〇〇マンション 〇〇〇号室		
売却価格	25,000,000円（＝A）		
諸費用	費用科目	金　額	
第一抵当権者以外への配当（＝B）	仲介手数料	891,000円	
	抵当権抹消費用（登記費用）	25,840円	
	滞納修繕積立金（〇〇〇〇年〇月分迄）	30,820円	
	滞納管理費（〇〇〇〇年〇月分迄）	153,860円	
	後順位抵当権者に係る抵当権抹消応諾費用	抵当権者名	金　額
		〇〇ファイナンス㈱	500,000円
		㈱〇〇ローン保証	300,000円
		▲▲保証㈱	100,000円
		計	900,000円
	その他　契約印紙代	10,000円	
	引越代	200,000円	
第一抵当権者への配当（＝A－B）		22,788,480円	

債務者氏名　　**債務 太郎**

任意売却申出仲介会社　　〇〇不動産株式会社

担当者　〇〇　〇〇

連絡先　住　所　　東京都〇〇区〇〇1-2-3

電　話　　０３－〇〇〇〇－〇〇〇〇

ＦＡＸ　　０３－〇〇〇〇－〇〇〇〇

債務者から相談を受けたときの対応

不動産会社は、債務者からの依頼を受けて金融機関などの債権者と交渉をします。債務者は先の見えない状況の中で常に不安な状態です。売却後も住宅ローンは残ってしまったり、破産寸前のこともよくあります。

不動産会社の担当者はこうした債務者に対して親身になって相談に乗り、手続きの流れや期日の説明をしましょう。必要があれば弁護士を紹介します。そうすることで債務者の協力も得られやすくなります。

①不動産査定報告書の作成

現実的に売却できる適正価格の査定書を作成して提出します。

②借入残高の確認

債務者に借入残高を開示してもらいます。多くのケースでは売却価格は借入残高を下回ります。債権者が複数いる場合、抵当権の優先順位が低い債権者は回収が十分にできなくなるので、担保解除料（ハンコ代）の交渉をします。

③配分案の作成と必要経費の承諾

引越代や仲介手数料、土地の測量費用などを売却代金から捻出できるようにするとともに、売却資金の配分表を作成し各債権者の承諾を得ます。

●ハンコ代とは

抵当権の順位が低く回収額が不足する債権者に担保を解除（抵当権を抹消）してもらうために払う金額。通称「ハンコ代」と呼ばれ、50万円〜10万円程度が相場です。

Section 07 ITを活用した非対面売買契約・重要事項説明

2022年5月の宅建業法改正で、不動産取引でも電子契約ができるようになった。

電子契約の基本的な流れ

不動産取引では電子契約でも契約を締結する前の重要事項説明が必要です。書面の事前交付をメールなど電子的な手段で行うことは認められています。その上で宅建士がウェブ会議システムなどによって「IT重説」をします。

重要事項説明が終わったら電子契約を結び、書面の契約書の押印の代わりに「電子署名」をします。

従来は紙の契約書を作成し宅建士が記名押印することが義務づけられていました。契約書には規定の収入印紙を貼付することで印紙税を納めていました。電子契約では、契約書の印刷や製本、宅建士の記名押印、印紙税がすべて必要なくなります。

電子署名を行う相手が本人かをチェックし、なりすましを防ぐ

押印義務の廃止は、デジタル改革関連法の施行に伴って進められました。それが不動産業務にも適用されます。不動産取引においては金額が大きくなるため、収入印紙の貼付免除は大幅なコストカットにつながります。契約書などの書類を電子データで管理できるようになり、業務の効率化や執務スペースの節約にもなります。対面での説明や契約をするときのように場所を移動しなくてもいいので、手間や時間もかかりません。

ただし電子署名を行う相手が本人であることを確認することが重要です。メールのアドレスや内容のチェックはもちろん、電子署名時に利用するウェブサービスを通じて本人確認をすることで、なりすましなどの詐欺を防ぐようにします。

●電子化が認められる不動産関連の契約書

・媒介契約書（宅建業法 34 条の 2 書面）
・重要事項説明書（宅建業法 35 条書面）
・賃貸借契約書（宅建業法 37 条書面）
・売買契約書（宅建業法 37 条書面）
・定期借地権設定契約書（借地借家法 22 条書面）
・定期建物賃貸借契約書（借地借家法 38 条書面）

●電子契約のメリットとデメリット

メリット

・業務の効率化
・時間と費用が省ける
・日程調整がしやすい
・コストを削減できる
・署名・捺印、郵送等の手間が省ける

デメリット

・非対面での契約になり、なりすましのリスクがある
・契約する相手がパソコンの作業など IT の扱いになれていないと、対面よりも時間がかかることがある
・通信環境により途中で不具合が生じるおそれがある

詳しくは国土交通省の「重要事項説明書等の電磁的方法による提供及び IT を活用した重要事項説明実施マニュアル」を参照。

Section
08 囲い込み

他の不動産会社に物件を案内せずに、売主と買主の両方から手数料を受け取ろうとすること。問題行為だが珍しくないんだ。

囲い込みで仲介手数料を二重取りする

不動産業界には、「囲い込み」という言葉があります。これは売主から不動産の売却を依頼された不動産会社が、意図的に他の不動産会社に物件を紹介しないことです。買い手も自社で見つければ、売主と買主の両方から仲介手数料を二重取りできるからです。これを「両手仲介」と言うこともあります。

売却を希望する人から不動産売却の仲介を依頼された不動産会社は、国土交通大臣指定のデータベースである「レインズ」に物件情報を登録する義務があります（→P.032、108）。こうして不動産業界全体で物件情報を共有し、できるだけ早く買主が見つかって売れるように努力しなければなりません。

ところが囲い込みをする業者はレインズに登録をせず、自社だけで売りと買いを独占しようとします。こういうことをすると買主が見つかりにくくなってしまい、「売れ残り」扱いになったり、「もっと値段を下げないと売れない」と不動産会社に言われたりするのです。

よくある囲い込みのやり方とは

またレインズには物件を登録をして、他の不動産会社の問い合せがあったときにあえて紹介しないという囲い込みもあります。「すでに申し込みがある」「図面を作成している最中だ」「担当者が今いない」などがよくある断り文句です。ただレインズに同じ情報がそのままずっと載っているとおかしいと思われます。そこで「売主の都合でしばらく内見できません」と言いわけをしたり、一般媒介契約（→P.032）を勧めてレインズに載せないといった囲い込み隠しの手法も広まっています。

仕事のツボ 囲い込みは宅建業法では違反と規定されていませんが、顧客の依頼目的に反するため、法的な責任を問われることがあります。

●囲い込みとは

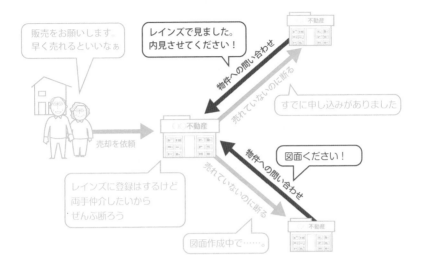

売主もレインズで販売状況が確認できるので、物件の条件が悪くないのに売れないと「囲い込み」していないか調べられてしまうよ。

レインズの「取引状況管理」機能

2016年から囲い込み対策を目的として、状況管理機能を導入しました。専任・専属専任媒介物件をレインズに掲載する場合、取引状況の入力が必須となっており、以下の3種類から選択します。しかしながら、実態と異なる取引状況で登録されているケースも散見され、囲い込みの抜本的改善にはなっていません。

（1）公開中　　（2）書面による購入申込みあり　　（3）売主都合で一時紹介停止中

MEMO 残念ながら「囲い込み」は今なお行われていて、業界外部からの指摘を受けたりマスコミにも取り上げられるなど問題視されている。

Section
09

ホームステージング・VR

新築や空家の販売では、より魅力的に見せるためにホームステージングをしたり、VRの仮想空間で案内する手もあります。

■ ホームステージングのプランと費用

ホームステージングは「家（home）を演出すること（staging）」で、住宅の室内に家具や小物を配置し、物件をより魅力的に演出して集客・成約率・成約金額を上げることを目的とする販売手法です。アメリカでは一般的に行われてきましたが、日本でも2010年代から徐々に利用されるようになりました。

費用は部屋の広さや導入する家具によりますが、ワンルームで5万円、3LDKなどファミリータイプで30万円〜50万円程度が相場です。リビングダイニングだけなど、予算に応じてプランを調整してもいいでしょう。家具や家電製品はレンタル品を使います、期間は3か月程度が一般的です。

■ 不動産VRのメリット

VR（バーチャルリアリティ）が普及し、ホームステージングで「不動産VR」を採用する不動産会社が増えています。

不動産VRは、ウェブ上で建物の周囲の外観や、周辺環境、内観を見られるサービスです。VRゴーグルを装着して、離れた場所にある物件の内部もあたかもその部屋にいるかのように360度映像で内見・内覧することができます。実際の家具類が不要なので準備が簡単で費用も節約できます。

現地での内見のためのスケジュール調整や移動が必要なくなるので、不動産会社の業務も効率化できます。建物が完成前でも、コンピュータ・グラフィックスで描いて室内の内見をしたり現地に配置したりできるので、暮らしのイメージをいち早く持ってもらえます。

不動産VRを専門業者に外注してもいいけれど、360度カメラとVR編集ソフトを使って自社で作成することもできるよ。

●ホームステージングをすることでこれだけ印象が変わる

ホームステージング Before

ホームステージング After

●VRの利用

VRによる外観の例

VRによる内観の例

ホームステージングにどこまで費用をかけるか

　費用をかけた分だけ見た目の魅力は増しますが、それが高価格で売れることにつながるかどうかは成約するまで分かりません。

　一方では費用を抑えると魅力が伝わらないかもしれません。ホームステージング業者やインテリア・コーディネーターなど専門家の意見も聞いて費用対効果を考え、どこまで投資するか判断するようにします。

仕事のツボ　不動産 VR では、家具付物件と誤解されなるおそれがあるので、実際には置いていないことを断っておきます。

Section 10 建物解体

建物付きの土地を更地にして売却するときは、建物を解体する時間と費用がかかるのです。

建物解体の流れとかかる費用

宅地の建物を解体する場合、多くの売主は依頼先を知りません。そのため、不動産会社が業者への依頼や必要な手続きをします（右ページ上段参照）。

解体費と産業廃棄物の処理費用は、建物の面積や構造、立地条件などによって決まり、解体する面積が広いほど高額です。また一般的な木造家屋なら比較的安く収まりますが、軽量鉄骨やRC造（鉄筋コンクリート構造）の建物は高くなります。狭小地や道路が狭く重機搬入が出来ない立地では、手作業での解体割合が増えるため費用が割高になります。

相続空き家の 3000 万円特別控除

相続した空き家とその敷地を2023（令和5）年末までに売却すると、下記の要件に当てはまれば、売却による譲渡所得から最高3000万円まで控除できます（被相続人の居住用財産（空き家）に係る譲渡所得の特別控除の特例）。この特例を「更地渡し」で受けるには、売主の建物解体費用の負担が必要です。

● 「相続空き家の 3000 万円特別控除」の要件
- 相続開始の直前において土地建物を所有していた被相続人（故人）の居住の用に供されていた家屋であること
- 1981（昭和56）年5月31日以前に建築された家屋であること
- 区分所有建築物(マンション等)以外の家屋であること
- 相続の開始直前においてその被相続人以外に居住していた者がいなかったこと
- 相続開始時（亡くなったとき、または亡くなったことがわかったとき）から土地建物譲渡の時まで事業の用、貸付の用または居住の用に供されていないこと
- 譲渡価格が1億円以下であること
- 家屋を取り壊しする場合は、取り壊した家屋について相続の時からその取り壊しの時まで、事業の用、貸付の用または居住の用に供されていたことがないこと
- 家屋を譲渡する場合、譲渡時においてその家屋が現行の耐震基準に適合するものであること

※令和6年1月1日以降は相続人が3人以上の場合は最大2000万円までの控除となります。

 悪天候が続くと解体工事が完了するまで時間がかかることがある。余裕を持ってスケジュールを立てておこう。

●解体工事にかかる費用の目安

費目	相場
解体費（1坪あたりの単価）	木造：2万5000円〜4万円 鉄骨：3万5000円〜6万円 RC： 4万5000円〜8万円
廃棄物の処理費（1㎡あたりの単価）	1万5000円〜4万円

●建物解体の流れ

① 解体業者から見積もりをとる

1社ではなく複数の解体業者に見積もりを依頼します。解体業者の許可・事業者登録内容により対応できる建物の構造や規模、地域が異なります。

② 解体業者が現地確認して見積もりを作成し建物所有者に提示

③ 解体業者を決定して「解体工事請負契約書」を締結

売主や買主の希望通りになるかどうか作業内容をチェックします。特に気を付けなければならないのは、建物や外構など一部を残して解体工事を行う場合や、売主だけでは解体撤去ができない共有の塀などです。工事代金と支払い時期が、資金計画上問題がないかも確認します。

④ 各種届出と近隣へのあいさつ

解体工事に入る前に、建設リサイクル法による解体工事事前届出や現地への解体看板の設置をします。建物や現場の状況により届出の内容は異なります。近隣にもあいさつに回り、工事期間中の騒音や振動について了解を得ておきます。できれば施主（売主）も一緒に回るようにします。

⑤ 解体工事

足場の組立や養生をして、建物の構造物と基礎、外構を取り壊します。さらに地中の設備配管や埋設物の撤去を行います。解体工事で出た木材やコンクリートなどの廃材は、産業廃棄物として処理します。最後に整地をして完了です。30坪程度の木造家屋の解体現場であれば、終わるまでおおよそ1週間〜10日程度です。

⑥ 建物滅失登記

不動産登記法により、解体工事で建物を取り壊した場合、1か月以内に法務局で建物滅失登記を申請するよう定められています。解体工事業者に印鑑証明書・建物取壊証明書を準備してもらい、土地家屋調査士や司法書士に建物滅失登記を委任します。

建築請負契約・建築条件付き土地

土地を購入して注文住宅を建てるときの施工会社が決められている取引です。

注文住宅を建てるときには請負契約を結ぶ

　土地だけを購入して注文住宅を建てるときには、売主とは別にハウスメーカーや工務店などと建築請負契約を結びます。これは建物を完成させる業務に対する契約で、契約時に工事費の10％程度、着工時・上棟時・引渡し時にそれぞれ30％程度を分割して支払うケースが多くなっています。資金の準備と住宅ローンで融資を受けるタイミングを、支払いに合わせるように配慮します（→ P.302）。

建築条件付き土地は施工会社が決まっている

　建築条件付き土地では、「売主の指定する施工会社」との間で「一定期間内に建物を建てる請負契約を結ぶこと」が土地の購入条件になります。これにはハウスメーカーが売主である分譲地に多いフリープランの建築ができるタイプと、建物の仕様がある程度決まっているタイプがあります。後者は建築確認が下りていないため新築戸建表記ができず、土地の販売を先行して行う場合によく見られます。このタイプで建築できる建物の仕様が制限されても、部分的に選択や変更ができることもあります。

　建築条件付き土地を販売する際は、建物参考プランを掲載しますが、一見すると建売住宅と勘違いされるおそれがあるので、右ページ上段のような広告表示の要件を満たす必要があります。

　なお建築条件付き土地の売買契約では、建築工事請負契約が所定の期間内に間に合わなかった場合に、契約を取り消して売主は受け取った金額をそのまま買主に返却するという停止条件を明記します。

仕事のツボ　建築条件付き土地の請負契約締結の「一定期間内」は、物件ごとに異なりますが「3か月以内」が多くなっています。

●建築条件付き土地の広告要件

・建築条件付き土地である旨の表記
・建物請負契約を締結しなければならない期限
・建築条件が成就しない場合、土地契約は解除されて支払い済みの金員は遅滞なく返還される旨の表記
・建物参考プランは一例である旨の表記
・建物参考プランに係る建築代金と、これ以外に必要となる費用の内容と金額

●建築条件付土地売買の特約（停止条件）

第○条　本契約は、本契約締結後3か月以内に、売主が指定する○○建設株式会社と買主間において、本物件を敷地とする一戸建住宅を建築するための建築工事請負契約が締結されることを停止条件とします。

　　2　前項の条件が成就しないことが確定したとき、売主は、買主に対し、すみやかに受領済みの金員を無利息にて返還します。

建築条件付き土地は、建売住宅よりは自由度があり、注文住宅よりは安く家を建てることができるのが特徴だよ。

Section 12 宅建業者が売主になる不動産取引

宅建業者が売主だと、責任を負う範囲が一般の個人よりも広くなります。

宅建業者対一般人の取引では様々な制限が存在する

宅建業者が売主で買主が一般の顧客の場合は、宅建業法によって次のような制限があります。売主が宅建業者の物件を仲介するときも注意が必要です。

●宅建業者が売主になる場合の制限事項

①広告時期の制限（宅建業法第33条）
宅地の造成または建物の建築に関する工事について、その工事に必要な都市計画法による開発許可、建築基準法による建築確認等の後でないと広告の掲載はできません。

②自己の所有に属しない宅地または建物の売買契約締結の制限
（宅建業法第33条の2、第36条）
自己の所有に属しない宅地または建物は、以下の場合を除いて売買契約を締結できません。
・当該宅地または建物を取得する契約を締結しているとき。もしくは取得することができることが明らかな場合で国土交通省令で定めるとき
・当該宅地または建物の売買に手付金など保全の措置が講じられているとき

③事務所等以外の場所においてした買い受けの申込の撤回等（クーリングオフ）（宅建業法第37条の2） P.368を参照。

④損害賠償の予定の制限（宅建業法第38条）
売買契約で、当事者の債務不履行を理由とする契約解除に伴う損害賠償の予定額は、売買代金の20%を超えて定めることはできません。

⑤手付の額の制限等（宅建業法第39条）
売買契約時に受領する手付金は、消費税などを含めて売買代金の20%を超えてはいけません。また手付金は解約手付とみなされ、契約当事者の一方が契約の履行に着手するまでは手付解約ができます。

仕事のツボ 一般の買主に不利になる特約を定めた場合、その特約は無効になります。

⑥担保責任についての特約の制限（宅建業法第 40 条）

売買契約で、その目的物が種類または品質に関して契約の内容に適合しない場合における
その不適合を担保すべき責任期間について、買主に不利となる特約をしてはなりません。た
だし引渡しの日から 2 年以上となる特約の場合を除きます。

⑦手付金等の保全（宅建業法第 41 条）

売主宅建業者は下記に記載された額を超える手付金等を受領する場合は、原則として保全
措置を講じないといけません。なお、手付金「等」とは手付金のみに限らず、内金や代金に
充当される金銭も含まれます。宅建業者は、銀行・信託銀行や保証機関に一定の保管手数
料を支払い、手付金等の保証をします。
・未完成物件の場合：消費税を含む売買代金の 5 ％または 1000 万円
・完成物件の場合：消費税を含む売買代金の 10%mまたは 1000 万円

⑧宅地又は建物の割賦販売の契約の解除等の制限（宅建業法第 42 条）

割賦販売の場合の規制です。買主から賦払金の支払いがない場合には、30 日以上の相当
の期間を定めてその支払を書面で催告し、その期間内に支払いが履行されないときでなけ
れば、支払遅滞を理由としての契約を解除と、支払時期の到来していない賦払金の支払を
請求することはできません。

「手付金等の保全」は、万一売主の会社
が倒産しても買主から受け取ったお金は
戻ってくるようにするための規定だよ。

アフターサービス

　建物を引渡してからの一定期間、
ハウスメーカーや工務店、分譲会社
などが建物の構造や設備・仕様の保
守点検や修繕などを保証するサービ
スです。2000 年 4 月に品確法（住
宅の品質確保の促進等に関する法律）
が施行され、新築住宅は基礎・柱・
屋根などの構造耐力上主要な部分や
雨水の浸入を防止する部分は、最低
10 年間の保証が義務付けられまし
た。また品確法に基づく規定とは別
に、引渡し後の定期点検や 10 年目以
降の長期点検、メンテナンスを行っ
ている会社もあります。
　新築住宅を宅建業者が販売する場
合には、アフターサービスの内容を
記載した「アフターサービス基準書」
を買主に交付します。

Section
13

売主課税事業者・消費者契約法

前年度の事業収入が 1000 万円を超える個人が
建物を売却したときは消費税の納付が必要です。

事業収入 1000 万円超だと消費税の課税事業者になる

事業収入が 1000 万円を超えると、法人も個人も消費税の課税事業者になります。課税事業者が所有する不動産はすべて事業用不動産となり、建物を売却すると消費税が発生します。土地の売却については消費税は発生しません。消費税の課税業者となるのは、下記のときになります。

①**基準期間における課税売上高が 1000 万円超**
基準期間とは 2 期前の事業年度(個人事業主の場合は 2 年前の 1 月から 12 月)です。この期間の課税売上高が 1000 万円を超えると課税事業者となります。

②**特定期間における課税売上高または給与などの金額が 1000 万円超**
基準期間の課税売上高が 1000 万円以下の場合は、特定期間の課税売上高が 1000 万円を超えているかで判断します。特定期間とは、原則として前年度の期首から 6 か月間(個人事業主の場合はその年の前年 1 月 1 日〜 6 月 30 日までの期間)です。この場合は課税売上高の代わりに給与など人件費の支払いを受けた合計額でも判定できます。

消費者を保護する規定もある

消費税の課税事業者が消費者へ不動産を売却する場合、消費者契約法が適用されます。消費者契約法における「事業者」の定義は法人もしくは事業として行う個人事業主で、消費者は「事業者」以外の個人です。

この法律に基づき、消費者が「誤認」(不実告知、断定的判断の提供、不利益事実の不告知 など)や「困惑」(不退去、退去妨害など)で不利な契約をして、それを知ったときから 6 か月間かつ契約日から 5 年以内であれば、その契約を取り消すことができます。ほかにも消費者に不利益で無効になる契約条項の規定があります(右ページ参照)。

仕事のツボ　賃貸収入がある個人がアパートやビルを売却するときは、取引の前に課税事業者に該当するかを税理士に確認しましょう。

●消費税がかかる不動産取引

・消費税の課税事業者が売主の不動産売買契約

・消費税の課税事業者が貸主の事務所・店舗の不動産賃貸契約

売却取引の後に課税業者に該当することが分かると、売却代金から消費税を納税する分、手取り金額が減るのです。

●消費者に不利益なため無効となる契約条項

・事業者の債務不履行により生じた損害賠償責任のすべてを免除する条項（一部のみの免除は有効）

・事業者の故意または重過失にもとづく債務不履行により生じた損害賠償責任の一部を免除する条項（一部だけの免除もできない）

・事業者の債務履行の際に、不法行為により生じた損害賠償責任のすべてを免除する条項

・事業者の債務履行の際に、故意または重過失にもとづく不法行為により生じた損害賠償責任の一部を免除する条項

・目的物に隠れた瑕疵があるときに、事業者の瑕疵担保責任にもとづく損害賠償責任のすべてを免除する条項（瑕疵の修補責任や代替物提供などを定めれば有効）

・消費者が支払う損害賠償額を予定するもので、同種契約における平均的な損害額を超えるもの（超える部分は無効）

・消費者が支払う遅延損害金などで、年利14.6％の割合を超えるもの（超える部分は無効）

・民法、商法などに比べて消費者の権利を制限し、または義務を加重するもので、民法による信義則に反し消費者の利益を一方的に害するもの

個人の賃料収入の課税・非課税の違い

　駐車場収入・貸事務所・貸店舗など事業性のある個人（消費者）の収入は消費税の課税売上に該当します。

　一方アパートの賃料収入など居住用不動産の賃料収入や土地の貸付は非課税売上になります。

MEMO　宅建業者が不動産を売却するときは、消費者契約法ではなく宅建業法の規定が適用されます。

Section

14 リースバックとリバースモーゲージ

どちらも自宅を手放すけれども、住み続けるための手段です。

┃ リースバックは売却した自宅を借りて住むことができる

事情があって自宅を手放さざるを得なくなったけれども、できれば我が家に住み続けたいというときには、リースバックという制度を利用することが可能です。これは自宅を売却した相手（買主）と賃貸借契約を結んでもらって家賃を払うというしくみです。

自宅に住みながら売却代金が手に入るだけでなく、不動産にかかる税金や住宅ローンの支払いも不要になります。状況が許せば後で買い戻すことも可能ですが、さらに別の買主に売却されたり、賃料が値上げされることもあり得ます。

買い取り先はリースバック業者（不動産業者）が一般的ですが、オーナーチェンジ物件（→P.428）として販売するパターンもあります。買主が不動産業者ではなく一般個人の場合、売買契約の締結までに賃貸借契約書の案を作成し、契約期間・契約条件・敷金などについて当事者同士で確認する調整作業が必要になります。

┃ リバースモーゲージは後で売却することを前提に融資を受ける

一方リバースモーゲージは、自宅を所有したままで担保にして借り入れをする制度です。全額を一括して借り入れる場合と、月ごとに分割で受け取る場合がありますが、借入額の利子分は毎月支払います。借入金は、契約期間が終了したり、所有者が亡くなったときに自宅を売却することで返済します。なお住宅ローンが残っている自宅でも利用できます。

ただし地価の変動などで不動産としての担保評価が下がり、借り入れ額が担保評価を上回ってしまうこともあります。すると入金がなくなったり、不足分を払うことになるリスクもあるので頭に入れておきます。

●リースバックのしくみ

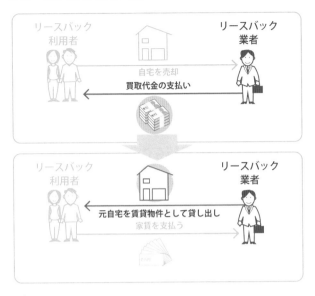

●リバースモーゲージのしくみ

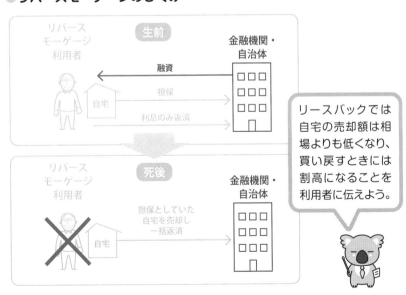

リースバックでは自宅の売却額は相場よりも低くなり、買い戻すときには割高になることを利用者に伝えよう。

MEMO リバースモーゲージが担保割れして返済義務がある状態で自宅の所有者が亡くなると、相続人が返すべき借金となってしまう。

Section
15

既存住宅売買瑕疵保険と
耐震基準適合証明書

中古住宅の購入者や売却者に対して、安心を提供する手段なのです。

中古住宅の欠陥や不具合を保証する既存住宅売買瑕疵保険

　新築住宅で瑕疵（欠陥や不具合）が見つかった場合は、補修などを行う責任（瑕疵担保責任）を売主が負います。中古住宅ではその役目を果たす「既存住宅売買瑕疵保険」があります。売主はこの保険に加入することで瑕疵があったときの補修費用を用意でき、買主は安心して購入することができます。

　既存住宅売買瑕疵保険に加入するには、住宅診断の検査を受けなければなりません。検査を行う機関は国土交通省が指定した法人などです（「MEMO」参照）。保険期間と費用の目安は右ページ中段のようになります。なお保証の対象は木造住宅と鉄筋コンクリート造で異なります。宅建業者は、既存住宅売買瑕疵保険を売主と買主に紹介し、加入の窓口となることが望ましいといえます。

耐震基準適合証明書があれば安心できる

　中古住宅が現行の耐震基準をクリアしていることを証明するものとして「耐震基準適合証明書」があります。申請先は指定確認検査期間、登録住宅性能評価期間、住宅瑕疵担保責任保険法人のほか、建築士事務所に所属する建築士も受け付けています。売主と買主のどちらも申請できますが、よりメリットが大きいのは安心して購入できる買主側といえます。

　耐震診断を正式に依頼すると現地調査と住宅診断が行われ、基準に適合すれば耐震基準適合証明書が発行されます。申請から発行までの期間は最低1か月です。この証明書により売買時にかかる登録免許税や不動産取得税が軽減されます。有効期間は現地調査日から2年間です。ただし耐震基準を満たしていなかったときは補強工事をした後に発行されます。工事は半年以上かかることもあり、高額の費用がかかるので、取得するかどうかは申請者の判断となります。

MEMO　住宅瑕疵担保責任保険法人（住宅あんしん保証、日本住宅保証検査機構、住宅保証機構、ハウスジーメン、ハウスプラス住宅保証）のほかにもこの保険の検査を行う機関がある。

●既存住宅売買瑕疵保険のしくみ

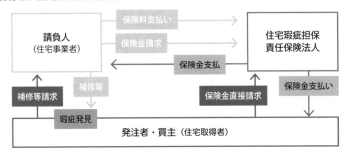

●既存住宅売買保険の保険期間と費用の目安

マンションの場合	[保険期間1年]	最大保証金額 500万円		最大保証金額 1000万円	
	家の広さ	〜70㎡未満	70〜85㎡未満	〜70㎡未満	70〜85㎡未満
	費用	3万3000円	3万5000円	3万5000円	3万6000円
	[保険期間5年]	最大保証金額 1000万円			
	家の広さ	〜70㎡未満	70〜85㎡未満		
	費用	4万3000円	4万7000円		

一戸建の場合	[保険期間1年]	最大保証金額 500万円		最大保証金額 1000万円	
	家の広さ	〜125㎡未満	125〜150㎡未満	〜125㎡未満	125〜150㎡未満
	費用	4万円	4万5000円	4万3000円	4万8000円
	[保険期間5年]	最大保証金額 1000万円			
	家の広さ	〜125㎡未満	125〜150㎡未満		
	費用	6万5000円	7万7000円		

耐震基準適合証明書の取得費用は1通で約3万〜5万円が相場。
ほかに耐震性能を調べる住宅診断には10万〜15万円程度が必要。

●既存住宅売買瑕疵保険の保証の対象

木造住宅	基本構造：基礎、土台、床板、柱、横架材、壁、斜材、屋根版、小屋組 雨漏り ：屋根、開口部、外壁
鉄筋コンクリート造	基本構造：基本構造／基礎、床板、壁、基礎杭、屋根版、 雨漏り ：屋根、開口部、外壁、排水管

クレーム対応

不動産取引は取引金額が大きく、一般の人には常に不安が付きまとう。ちょっとしたことがトラブルやクレームにつながる。

クレーム対応を誤ると会社の存続にも関わる時代に

インターネットの発達で誰でも不動産の情報が手に入れられるようになりましたが、それでも一般消費者と不動産業者の間には大きな情報格差があります。自宅の購入後や売却後に「こんなはずではなかった」と思うと、その矛先は宅建業者にも向かいます。今の時代は何かあるとすぐSNSなどで拡散されるため、クレームに対する不誠実な対応は会社の存続を脅かしかねません。

なによりも初期対応と誠実さが大切

売主や買主から苦情があったときには、初期対応と誠実さがその後の経過を大きく左右します。物件の設備の故障などはすぐに現地確認をして修繕を手配し、その経過を報告します。そのほかにも取引の経過に関する苦情などの場合には、売主や買主は不満を抱えながらも何がどうなっているのか頭を整理できないケースが大半です。勘違いだったり、正当な主張でないようでも、反論したり門前払いすることなく、しっかりと耳を傾けましょう。そして後で確認や調査が必要になったときのために、聞いた内容を文書にして記録します。

苦情がエスカレートしてクレームに発展したときは、隠ぺいすることをせず、社内で情報共有をします。申し立てられたクレーム内容に基づいて事実確認をして、契約書類や初期から現在までの電話やメール、対面などでのやり取りを経過書として作成します。早い段階で弁護士にも相談して意見を聞きましょう。

苦情に対しては、すぐ解決に動く、非があれば謝罪するなど、適切な対応をすることが、クレームに発展するのを防ぐ。

●クレームやトラブルの種類と対応法

①広告や表示に関するもの

印刷物やインターネットに掲載された販売物件情報に、誤表記や「おとり広告」に該当する事項があるとクレームに発展する可能性があります。「不動産の表示に関する公正競争規約」を参考に正しい表記をします。悪意のない誤りについては、その旨の通知と速やかな修正が必要です。

②媒介契約に関するもの

査定時における価格の根拠明示義務や販売活動の定期報告の違反、囲い込み（→ P.440）があった場合は、不当価格販売や機会損失のクレームが発生します。このほか媒介契約の更新忘れなどにも注意します。

③物件調査・重要事項説明に関するもの

消費者とのトラブルの多くは、重要事項説明時の調査不足によるものです。「そうと知っていたら購入しなかった」というクレームはよくあります。物件に関する説明責任は宅建士の重要な業務でもあります。都合の悪いことや買主にとって不利益となることも包み隠さず伝えるべきです。

④契約条件に関するもの

買主と売主のどちらかが一方的に不利だったり、契約不履行の場合のリスクが十分に説明されていなかった、履行が不可能な内容で契約を締結したなど、当事者に対する配慮の不足からクレームになります。

⑤対応に関するもの

約束を守らなかった、不誠実な態度を見せたなど、担当者の対応に関するクレームです。担当者との相性が著しくよくないときには担当を変更します。

解決に向けた交渉とともに再発防止対策を

事実確認の結果、関係者の謝罪で済むトラブルもありますが、実際に損害が発生した場合は法令違反の有無、責任の所在や金銭賠償の必要性を検討し、解決に向けた交渉をします。なかなか解決まで至らなくても、その間は被害を受けた相手（顧客）と定期的な報告連絡は大切です。

万一法的な争いに発展したら、弁護士に依頼します。また無事に解決したとしても、再発防止のための対策を立てることを忘れないように。

INDEX

著者

山本 健司（やまもと　けんじ）

法政大学法学部卒業。50年続く不動産会社の3代目として家
業に従事。その後、東急リバブル株式会社に入社し、契約件数
全国1位を連続受賞。ソニー不動産株式会社(現SREホールディ
ングス株式会社)に転職後、最年少マネージャーとして、社長
賞を受賞。2018年ミライアス株式会社を創業し、透明性の高
い不動産売買仲介サービス「スマート仲介」を打ち出す。不動
産業務のDX化により業界の働き方改革にも一石を投じている。
不動産売買の専門家として新聞・雑誌・テレビ・ラジオなど取
材実績多数。不動産メディア複数の記事監修も行っている。

■ミライアス株式会社
https://miraias.co.jp/

参考文献

・知りたいことが全部わかる！不動産の教科書(池田浩一 著、ソーテック社)
・7日でマスター 不動産がおもしろいくらいわかる本(池田浩一 著、ソーテック社)
・誰も教えてくれない 不動産売買の教科書(姫野秀喜 著、明日香出版社)
・最新版〈2時間で丸わかり〉不動産の基本を学ぶ(畑中学 著、かんき出版)
・知りたいことがよくわかる! 図解不動産のしくみと新常識(脇保雄麻 著、ナツメ社)
・知識ゼロからわかる不動産の基本(林秀行著、小社刊)

編集協力	福永 一彦
カバー・本文デザイン	坂本 真一郎（クオルデザイン）
DTP	羽石相

「全部自分でできる人」になる

「不動産の仕事」大全

2023年 2月20日　初版第1刷発行
2024年 8月 6日　初版第5刷発行

著者	山本 健司
発行人	片柳 秀夫
発行	ソシム株式会社
	https://www.socym.co.jp/
	〒101-0064　東京都千代田区神田猿楽町1-5-15 猿楽町SSビル
	TEL：(03)5217-2400（代表）
	FAX：(03)5217-2420

印刷・製本	株式会社暁印刷